JN418370

알기쉬운

무역실무

김창선 지음

도서출판 두남

머리말

무역(貿易)이란 바꿀 무(貿), 바꿀 역(易), 즉 나라와 나라 사이에 필요한 물건을 서로 사고파는 것을 말하며, 물건뿐 아니라 기술이나 서비스처럼 보이지 않는 상품도 사고팝니다. 이 때 우리나라에서 만든 것을 다른 나라에 파는 것을 수출, 다른 나라에서 만든 것을 우리나라로 사 오는 것을 수입이라고 합니다.

기름 한 방울 나지 않는 자원 빈국인 우리나라는 1964년 수출 1억불을 달성한 것을 기념하여 '수출의 날'을 제정하였습니다. 이후 1987년부터 무역의 날로 변경되어 2011년도 12월 5일 '무역의 날'에는 무역 1조 달러를 달성하여 세계에서 아홉 번째 1조 클럽 국가가 되었으며, 작년 2013년도까지 내리 3년 무역 1조 달러를 유지하고 있으니 세계가 놀라고 주목하고 있습니다. 이는 자원이 빈약한 만큼 국민들이 잘 살기 위해서는 무역증대를 통하여 국민경제발전을 도모할 수밖에 없는 여건이며, 수출확대정책을 꾸준히 추진해온 결과로 볼 수 있습니다.

무역학의 세 축이라면, 무역의 발생이론과 정책 환경분야를 연구하는 국제경제이론분야, 기업의 국제화와 해외투자, 해외생산과 국제마케팅 분야를 연구하는 국제경영분야, 그리고 무역거래의 각 단계마다 실무적으로 접근하는 무역실무분야를 말합니다. 본서는 바로 세 축 중 실무분야를 보다 이해하기 쉽게 최신의 실무내용을 설명하려고 노력하며 집필하였으며, 저자의 오랜 강의와 연구의 결과로 축적된 내용으로 정리하였습니다.

본서를 통해 무역실무의 전반적인 내용을 개괄적으로 이해하려고 하는 무역실무 담당자에게는 유익한 도움이 될 것으로 믿으며, '무역영어', '무역관리사'나 '국제무역사' 등의 자격을 취득하기 위한 수험생이나 대학생들에게도 무역실무 체계를 이해하는데 도움이 될 것입니다. 특히 무역실무를 가르치는 교수님들께는 한 학기 교재로서 교과 내용을 편제하여 훨씬 수월하리라 봅니다.

본서 집필과정에서 가능한 한 쉽게 설명하려고 노력하였지만 아직도 많은 부분의 보완이 필요하다고 여겨지며 계속하여 보완해 나가도록 하겠습니다. 미흡한 점에 대해서는 본서를 보시는 여러분들의 기탄없는 충고와 지도를 바랍니다.

끝으로 촉박한 출판시간에도 본서의 출판을 기꺼이 허락해주신 도서출판 두남의 전두표 사장님과 이승구 상무님, 편집부 여러분에게 감사의 말씀을 드립니다.

2014. 7월

저자 김창선 올림

차 례

제1부 무역실무 기초

제2부 무역실무 개요

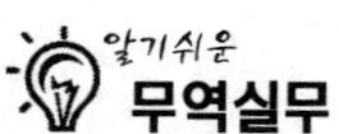

제3부 무역서류

제4부 우리나라의 무역관리제도

무역실무 기초

제 1 부

학습목표

제1부에서는 무역실무과정을 학습하기에 앞서 기본지식으로 먼저 익혀야할 내용을 설명하고자 한다. 나무를 보기 전에 숲을 먼저 보자는 것이다. 기초지식을 먼저 익혀 이어지는 무역업무 절차별로 좀 더 자세한 이해를 도모할 수 있을 것이다.

첫째, 지구가 이제 하루 생활권이라는 측면에서 국제간에 이루어지는 거래에는 어떠한 형태의 거래가 있으며, 수출입, 즉 무역이 국제거래에서 차지하는 위치를 확인하고,

둘째, 국제거래를 규제하는 관계 법령에는 국내와 국제간에 어떤 법규가 있고, 그 법령의 성격은 무엇인가,

셋째, 수출입의 개념과 특성 및 거래방식에는 어떠한 종류가 있는가,

넷째, 수출입거래의 결과, 외국환의 결제가 어떤 과정으로 이루어지는가 등의 총괄적인 접근이 이루어진다.

다섯째, 최근 이슈가 되고있는 FTA와 원산지증명제도는 무엇인가.

1-1 국제거래의 의의

지구를 둘러싸고 있는 여러 국가간에 다양한 형태의 거래가 이루어지고 있는데 이를 쉽게 말해 '국제거래'(國際去來, international trade)라고 한다. inter-national은 국가와 국가 사이, 즉 국제간의 거래(trade)를 의미한다.

제2차 세계대전 전후의 경제발전기가 시작되는 1950년대까지는 국제거래의 중심은 무역거래, 즉 상품을 사고팔고 즉 매매와 그것과 관련되는 여러 거래(해상운송, 해상보험, 대금결제를 위한 은행거래 등)를 내용으로 하는 것이었으나 1950년대 이후의 경제발전, 기술혁신 혹은 교통・통신의 발달은 단순한 물품의 매매뿐만 아니라 대규모의 공장건설이나 첨단기술의 국제적인 이전과 국제적인 대부(貸付), 외국주식의 취득, 외국에서의 지점・자회사의 설립 등과 같이 국경을 초월하여 행하여지는 자본의 이전 등의 새로운 거래형태를 만들어 내어 점점 다양성을 띠게 되었다.

무역(trade)이라고 함은 주로 외국과 교역을 하는 국제경제거래를 의미하는 것으로서, 협의의 무역은 물품의 매매, 즉 상품거래만을 뜻하고 있으나, 광의의 무역은 상품거래와 상품 이외의 무역외거래, 용역거래 및 자본거래를 모두 포함하고 있는 개념이다.

광의의 무역거래와 이에 수반되는 자금의 이동, 즉 결제거래를 모두 합하여 국제거래라고 하며, 외국과의 거래라는 점에서 대외거래(對外去來)라고 하기도 한다.

이와 같은 국제거래 결과, 외국환에 의한 채권 채무의 결제가 수반되어야 하는 점 등 국내거래와는 여러 가지 상이한 특수성이 많기 때문에 국가가 관리를 수행하는 것이 일반적이며, 우리나라에서도 여러 가지 법령을 통하여 동 거래를 관리하고 있다.

1-2 국제거래 관계법령

이와 같은 국제거래의 관계법령으로는 국내법규와 국제규칙이 있다. 국내 법규로 무역거래, 즉 상품거래를 규제하고 있는 무역관계법령과 관세관계법령이 있다. 자본거래 및 용역거래를 규제하고 있는 법령으로는 외국인투자촉진법령이 있으며, 상품・자본 및 용역거래 등에 따른 결제거래와 해외투자, 단기외화차입 및 이전거래 등의 무역외거래를 규제하는 법령으로서는 외국환거래법령이 있다.

무역관계법령은 상품거래에 따른 일반원칙과 직접적인 통제를 규정하고 있는 법령이며, 관세관계법령은 관세(關稅)라는 가격기구(price mechanism)를 통한 간접적인 관리를 규정하고 있는 법령이다. 일반적으로 무역관리는 후진국일수록 직접적인 통제를, 선진국에 가까워질수록 간접적인 관리를 시행하고 있다.

국제거래 즉 대외거래는 경상거래와 자본거래로 대별되며, 경상거래는 무역거래와 무역외거래로 구분되고, 무역거래는 수출거래와 수입거래로 다시 세분된다.

대외거래의 관련법규는 대외거래의 구체적인 형태에 따라 적용할 법을 제정하여 실시하고 있다. 즉, 무역거래에 있어서 물품의 수출입은 '대외무역법'이 규제를 하고 그 수출입에 따른 물품대가의 영수 및 지급 방법은 '외국환거래법'이 규제를 하고 있다.

무역외거래에 있어서는 기술도입은 '외국인투자촉진법'의 적용을 받으며 나머지 분야는 '외국환거래법'이 적용된다. 자본거래에 있어서 외국인의 국내투자는 '외국인투자촉진법', 거주자의 외화자금 차입이나 해외투자는 '외국환거래법'의 적용을 받는다.

이들을 도시(圖示)하면 〈도 1-1〉과 같다.

▌도 1-1▌ 국제거래의 내용 및 법령체계

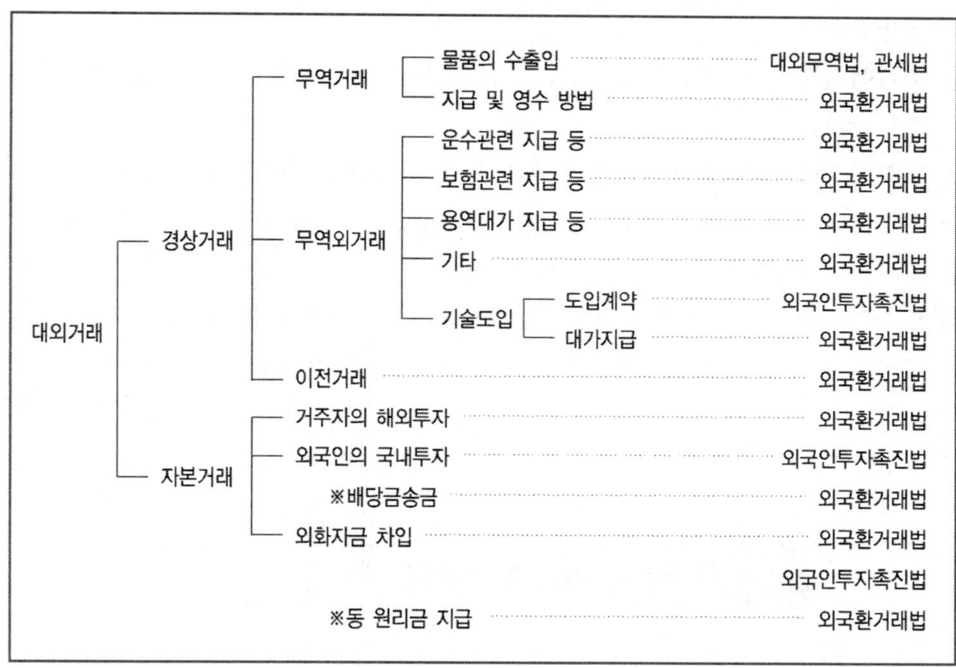

또한, 국제거래를 할 때에는 국가와 국가간의 거래이기 때문에 각각 준거법규 및 관습이 상이하므로 분쟁의 여지가 많다. 따라서 이와 같은 분쟁을 예방하기 위하여 국제적으로 적용이 되는 규칙을 제정하였는데 물품의 수출입거래와 관련하여 특히 중요한 규칙은 아래와 같으며, 국제상공인의 단체인 국제상업회의소(I.C.C. ; International Chamber of Commerce)에 의하여 많은 규칙들이 제정되었다. 무역업무에 보다 밀접한 관련이 있는 일부 규칙에 대한 설명은 해당 장에서 설명하도록 한다.

① 신용장통일규칙(UCP; Uniform Customs and Practice for Documentary Credits) : 제11장에서 상세하게 설명한다.

② 신용장대금상환에 관한 국제규칙(URR; Uniform Rules for Bank-to-Bank Reimbursement under Documentary Credits)

③ 전자식 서류제시에 관한 통일규칙 부록(eUCP; UCP Supplement for Electronic Presentation)

④ 국제표준은행관행(ISBP; International Standard Banking Practice for the Examination of Documents under Documentary Credits) : 제11장에서 추가 설명한다.

⑤ 추심에 관한 통일규칙(URC; Uniform Rules for Collection) : 제11장에서 추가 설명한다.

⑥ 무역거래조건의 해석에 관한 국제규칙(INCOTERMS; ICC Rules for the use of domestic and international Trade Terms) : 제7장에서 추가 설명한다.

⑦ 협회적하보험약관(ICC; Institute Cargo Clauses) : 제9장에서 추가 설명한다.

⑧ 보증신용장 통일규칙(ISP 98; International Standby Practices 1998)

⑨ 청구보증 통일규칙(URDG; Uniform Rules for Demand Guarantee)

1-3 국제거래법령의 이해

무역을 관장하는 국내법규로는, 무역관리의 기본법규인 '대외무역법'과 '관세법' 및 '외국환거래법' 등이 있으며, 여기에서는 이들 법규에 대한 개괄적인 설명을 하고, 무역담당자로서 잘 알고 있어야 할 '대외무역법'의 주요내용에 대해서는 제4부 '우리나라의 무역관리제도'에서 자세한 설명을 하겠으나, '관세법'과 '외국환거래법' 등에 대한 설명은 각각의 법규의 설명교재나 '무역관계법규'라는 별도의 교재를 참고하여야 한다.

▌표 1-1▌ 우리나라의 무역관련 법규체계

법 규	관리대상	수 단
대외무역법	물품의 수출입(총괄) → 무역관리의 기본법	수출입공고, 승인 등
관세법	통관과 과세(이동) → 통관절차와 과세절차	수출입신고수리 및 납세
외국환거래법	지급과 영수(결제) → 지급 등의 방법	결제방법의 확인

1 대외무역법

가. 개요

대외무역법은 수출입거래에 관한 기본법으로서 과거의 '무역거래법'을 '산업설비수출촉진법', '수출조합법' 등과 통폐합하여 1986년 12월에 새로이 제정되었으며, 급변하는 대내외 무역환경 및 개방체제에 능동적으로 대응하고 민간 주도의 자율성 제고와 수출입에 있어 대외신용도를 제고시키고자 하는 것이 제정 취지이다.

대외무역법은 제정 이후 1989년 12월과 1993년 7월, 1997년 3월 등 최근까지 수차례에 걸쳐 대폭 개정 및 시행되고 있으며 동 법 제1조(목적)에서 「대외무역을 진흥하고 공정한 거래질서를 확립하며 국제수지의 균형과 통상의 확대를 도모함으로써 국민경제의 발전에 이바지」하는 데 있다고 정하고 있다.

이는 종전의 '무역거래법'이 그 목적을 「수출을 진흥하고 수입을 조정하여 동등하게 대외무역의 건전한 발전을 촉진」한다고 하여 관리무역체제를 표방하고 있는데 반하여 수출과 수입을 동등하게 진흥하여 무역확대에 의한 경제발전을 추진하되 공정한 거래질서를 확립하여 국제무역질서에 상응하는 무역국가가 될 것임을 천명하였으며, 「통상의 확대」를 도모하여 외국과의 통상교섭을 적극 추진할 것을 명시하고 있다.

나. 대외무역법령의 성격

(1) 수출입관리의 기본법

대외무역법은 우리나라 수출입의 관리를 위한 일반법이며 기본법이다.

동 법은「물품의 이동」과 관련하여 무역 거래의 전반을 관리하며, 산업통상자원부장관이 이 법을 관장하는 주무부장관이다.

(2) 무역거래규제의 최소화

대외무역법은 대외무역거래를 관리하는 법이므로 국제성을 인정하여 국제 상관습법이나 국제조약을 준수하되, 국제법규나 국제협정에서 무역에 관한 제한규정이 있을 경우 최소한의 범위 내에서 운영토록 하고 있다.

이에 따라 대외무역법 제5조에서는 헌법에 의해 체결, 공포된 무역에 관한 조약과 일반적으로 승인된 국제법규가 정하는 바에 따라 자유롭고 공정한 무역을 조장하는 것을 원칙으로 하고, 무역에 대한 제한을 정한 규정이 있을 경우에는 그 제한을 정한 목적을 달성하기 위하여 필요한 최소한의 범위 내에서 이를 운영하도록 하면서, 무역에 대한 제한 등 특별조치는 다음의 경우에 해당하는 경우에 한하여 할 수 있도록 하고 있다.

① 교역상대국에 전쟁, 사변 또는 천재지변이 있을 때
② 교역상대국이 국제협정에서 정한 우리나라의 권익을 부인할 때
③ 교역상대국이 우리나라의 무역에 대하여 부당하거나 차별적인 부담 또는 제한을 가할 때
④ 헌법에 의하여 체결, 공포된 무역에 관한 조약과 일반적으로 승인된 국제법규에서 정한 국제평화와 안전유지 등의 의무이행을 위하여 필요한 때
⑤ 인간의 건강과 안전, 동식물의 생명 및 건강, 환경보전 또는 국내 자원보호를 위하여 필요한 때

(3) 위임법적 성격

모든 법은 법-시행령-규정의 체계를 갖고 있다. 무역거래의 규제대상은 유동적이고 규제방법이 추상적이고 복잡하기 때문에 여타 법과 마찬가지로 '대외무역법'에서는

원칙적인 사항만을 규정해 놓고 시행에 관한 세부적 사항은 대통령령인 '대외무역법 시행령'이나 산업통상자원부장관이 제정 및 고시하는 '대외무역 관리규정'에 위임하고 있다.

그리고 이들을 다시 보충하기 위해 법규 보충적 작용을 담당하는 고시, 공고나 유권해석 및 예규, 통첩이 활용된다. 이와 함께 대외무역법상의 권한은 수출입행정의 신속화와 효율적인 운영을 도모하기 위하여 대부분 한국무역협회 등 하부기관이나 외국환은행 등 민간기관에 위임 또는 위탁되어 있다.

다. 대외무역법의 관리체계

대외무역법은 수출입거래에 대한 관리법이다. 따라서 대외무역법의 관리대상을 알아봄으로써 그 체계를 파악할 수 있는데, 이는 크게 보아 주체에 대한 관리로서 무역관련 업종에 대한 관리, 객체에 대한 관리로서 무역거래 대상물품에 대한 관리, 행위에 대한 관리로서 수출입승인에 대한 관리 및 행정관리로서 수출입 질서유지 및 벌칙규정 등으로 나누어 볼 수 있으며 제4부' 우리나라의 무역관리제도'에서 상세하게 설명하겠다.

관리대상	관리내용
주체(인적관리)	무역업고유번호 등
객체(물적관리)	수출입공고, 통합공고 등
행위에 대한 관리	수출입승인, 외화 획득용 원료수입, 특정거래형태의 수출입 인정, 원산지 관리 등
행정관리	수입에 의한 산업피해조사, 수출입 질서유지, 수출조합, 수입조합, 벌칙 등

2 관세법

가. 개요

우선 관세의 의미부터 살펴보자. 관세(關稅, customs duty, tariff)란 국가에서 징수하는 세금, 즉 국세의 하나로서, 국경과는 조금 의미는 다르나 관세 영역을 통해 수출·수입되거나 통과되는 화물에 대하여 부과되는 세금으로, 수출세, 수입세, 통과세의 세 종류가 있으나 현재 우리나라에는 수입세만 징수하고 있다.

관세법이란 외국에서 수입되고 외국으로 수출되는 물품, 즉 국경과는 의미가 약간 다른 관세선(customs line)을 통과하는 물품에 대해 규제하는 법이다.

우리나라 관세법은 1967년 11월 29일에 법률 제1976호로 전면 개정된 이후 수십 차례에 걸쳐 개정되었으며, 전문 13장 329조 부칙으로 구성되어 있다.

한편 수출용 원자재의 국산사용을 촉진하고 사후관리절차를 간소화하기 위하여, 수입시 징수한 관세 등 세금을 수출자 등에게 다시 환급해주는, 종전의 관세 사전면세제도에서 관세환급제도로 전환하면서 1974년 12월 12일에 법률 제2675호로 '수출용 원재료에 대한 관세 등 환급에 관한 특별법'을 별도로 제정 공포하여 시행하고 있다.

관세법은 「관세의 부과, 징수 및 수출입물품의 통관을 적정하게 하여 국민경제의 발전에 기여하고 관세수입의 확보를 기함」을 목적으로 하고 있다. 즉, 국민경제 발전과 관세수입 확보가 관세법의 궁극적인 목적이다. 관세자체가 국내산업을 보호하고 소비를 억제하며 국제수지를 개선하는 역할을 하고, 관세율과 관세제도의 조정을 통하여 국내물가의 안정과 수출지원을 도모하여 국민경제발전에 이바지하는 것이다.

한편 관세법은 국가재정수입의 확보를 목적으로 하는데, 국민경제 발전과 관세수입 확보는 관세의 부과, 징수 및 수출입 물품 통관절차를 적정하게 해야 이루어진다.

나. 관세법령의 기능 및 성격

관세법은 물품이 관세선을 통과할 때에 관세를 징수하는 데 대하여 규제하고 있으므로 조세법적 성격 및 관세선을 통과하는 통관에 대하여 규정하고 있으므로 통관법적 성격을 가지고 있으며, 각종 법규위반에 대한 처벌을 규정하고 있으므로 형사법적 성격도 가지고 있으며 법규 관장은 관세청장이다.

(1) 통관법적 성격

통관(通關, customs clearance)의 의미는 관세법에 따른 절차를 이행하여 물품을 수출, 수입, 반송하는 일, 즉 세관에서 행하는 업무를 말하며, 수출시의 수출통관과 수입시의 수입통관으로 구분한다. 제12장 무역통관에서 추가 설명하기로 한다.

실제 관세행정에 있어서 대부분 관세의 징수와 동시에 통관이 이루어져 관세징수와 통관이 일체가 되어 있기 때문에 통관만을 분리하여 파악하기란 어렵다. 그러나 통관은 관세징수와 엄격히 구별되는 개념이다.

통관을 좀 더 설명하면 대외무역법에 의거하여 정부의 수출입 허가 또는 승인 사항을 수출입 되는 실물과 대조, 확인하여 실물이 허가(승인)사항과 일치하는 경우 수출입신고라는 형식을 취하여 현실적으로 수출입을 실현하게 하는 행위이다. 다시 말하면 수출입하는 물품의 통로는 개항(開港)이란 특정통로에 허용하여 놓고 이 개항에 세관이 주재하여 서면으로 된 대외무역법상의 수출·입 승인사항을 수출입되는 실물에 의거 확인하는 절차 및 과정이 통관이다.

따라서 통관이란 무역관리에 관한 규제를 현장에서 집행하는 것으로 규제 자체가 실제 법적 성격이 있다면, 통관에 관한 관세법상의 규정은 절차법적 성격이 있다 하겠다.
관세법 제6장 「통관」이외에 운수기관에 관한 규제, 보세제도 등이 모두 직접, 간접으로 통관에 관련되는 규정이라고 할 수 있다.

(2) 조세법적 성격

관세법은 그 명칭이 「세법」인 바, 수입물품에 대한 관세의 부과, 징수, 감면에 관하여 규정하고, 징수의 확보를 위하여 보세제도, 운수기관에 대한 규제, 처벌 등을 규정하고 있다. 조세법으로서의 관세법은 실체적인 동시에 절차법이란 양면성을 가지고 있다. 즉, 관세의 납세의무 등 과세요건과 감면요건을 규정하는 동시에 그 징수절차와 감면절차도 함께 규정하고 있다. 이와 같은 조세법적 성격은 관세법의 대부분의 규정에 나타나 있다.

(3) 형사법적 성격

관세법에는 벌칙과 조사 및 처분에 관한 방대한 규정을 두고 있어 이를 관세형법이라고도 하고 있다. 관세형법이란 관세징수와 통관의 적정을 보호하기 위한 규정으로서 내국세 분야의 처벌법규인 조세범처벌법과 상호 보완관계에 있다.

다. 관세법의 관리체계

관세법의 체계는 크게 보아 동 법의 기능과 성격에 따라 물품의 통관절차와 관세 등의 과세절차로 구분하여 볼 수 있다.

먼저 통관절차는 수입통관, 수출통관 및 반송절차로 나누어 볼 수 있고, 과세절차는 과세의 4대요건, 즉 과세물건, 납세의무자, 관세율, 과세표준으로 나누어 살펴볼 수 있으며, 수출입물품이 관세영역과 보세구역의 경계선을 이동하는 것을 최종적으로 관리한다는 점에서 우리나라 수출입 관련 제반 법규를 총괄적으로 확인, 집행하는 기능을 갖고 위반사항이 있을 경우 이의 처벌에 대한 규정을 정하고 있다.

관리대상	관리내용
주체	납세의무자, 통관할 수 있는 자
객체	과세물건, 과세표준, 보세구역
행위	보세운송, 통관, 관세의 부과 및 징수 등
행정	심사와 심판, 조사와 처분, 벌칙 등

3 외국환거래법

가. 개요

외국환이란 일반적으로 무역, 무역외 및 자본거래를 원인으로 그 결과인 국제간의 채권, 채무의 결제수단을 말하며, 외국환거래법에서는 대외지급수단, 외화채권, 외화증권 등을 말한다. 따라서, 외국환업무는 이러한 대외지급수단의 매매, 발행 및 외국과의 지급과 추심 및 이에 부대하는 업무로서 외국환의 지급이나 영수를 발생케 하는 대외거래의 전 과정을 의미하고 있으며, 외국환관리는 이러한 거래의 전 과정을 직접 또는 간접으로 규제하는 것을 말한다. 외국환관리는 항상 고정되어 있는 것이 아니라 국내외적인 환경과 시대의 흐름에 따라 변화하는 것으로 전 세계적으로 점차 규제가 완화되어 가는 추세에 있다.

우리나라는 1988년 11월 IMF 제14조국에서 제8조국으로 이행하였고, 그 후 대내외 여건과 환경의 변화로 기업의 대외활동 촉진과 국민의 생활편의 증진을 위해 외환제도를 '규제위주'로부터 '원칙자유'로 전환할 필요성이 증대되었다.

즉 대내적으로는 금융개혁이 가속화되고 기업의 해외진출 등 국제화, 세계화가 촉진되어 왔고, 대외적으로는 WTO체제 출범 등 국경 없는 무한경쟁시대가 도래하였다.

이러한 환경변화에 대처, 21세기 선진경제 진입과 세계화에 대비한 국가경쟁력 강화를 위해 외국환관리법이 폐지되고 외국환거래법이 제정・시행(1999. 4. 1.)되었다.

외국환관리의 목적은 국제수지의 균형, 통화가치의 안정, 대외거래의 원활화를 기하는 데 있다고 할 수 있다. 일반적으로 대내적인 재정금융정책 및 가격정책만으로는 대내・대외 균형의 달성이 불충분하기 때문에 직접적인 대외경제거래 규제방식을 취하는 것이다.

우리나라의 외국환거래법 제1조는 "이 법은 외국환거래 기타 대외거래의 자유를 보장하고 시장기능을 활성화하여 대외거래의 원활화 및 국제수지의 균형, 통화가치의 안정을 도모함으로써 국민경제의 건전한 발전에 이바지함을 목적으로 한다."고 규정하고 있다.

외국환거래법은 외국환과 그 거래, 기타 대외거래에 다른 채권, 채무 관계를 규제하는 법이다. 외국환관리법은 1961년 12월 31일에 법률 제933호로 제정된 이후 1992년 9월 1일, 1996년 6월 등 수차례에 걸쳐 개정되었으며, 현재 외국환거래법으로써 전문 6장 32조 및 부칙으로 구성되어 있다.

동 법은 외국환과 그 거래, 기타 대외거래를 합리적으로 조정 또는 관리를 통하여 대외 거래의 원활화를 기하고 국제수지의 균형, 통화가치 안정, 국민경제의 건전한 발전에 이바지하는 데 그 목적이 있으며 기획재정부장관이 법규 관장 기관이다.

나. 외국환거래법령의 기능 및 성격

(1) 결제방법에 대한 허가

우리나라 외국환관리 체계상 외화의 영수는 적정한 대가의 대외수취에 대해 근거만 확인하면 원칙적으로 자유이나, 지급은 지급원인(계약) 또는 지급행위 중 어느 하나에 대해 허가 또는 인증을 받아야 한다.

외국환거래법의 중심규정은 이러한 결제방법에 대한 허가(인증)인데, 1999년 4월 1

일 이에 대한 관리 방법이 종전「원칙금지, 예외허용」방식(이를 positive list system이라 함)인 금지법 체계에서「원칙자유, 예외제한」방식(이러한 관리방식을 negative list system이라 함)으로 변경되었고 외환거래자유화 계획에 따라 많은 규제들이 완화되었다.

(2) 국제성

외국환거래법은 외국환거래라는 국제거래를 규제대상으로 하는 것이므로 국제상관습을 존중해야 하고 국제조약을 준수함으로써 국제적으로 통용될 수 있도록 하고 있다.

다. 외국환거래법의 관리체계

외국환거래법도 대외무역법과 마찬가지로 관리법적인 성격을 갖는다. 따라서 관리대상을 파악함으로써 외국환거래법 체계를 파악할 수 있다.

즉, 주체에 대한 관리로서 경제활동의 중심지를 기준으로 한 거주성에 대한 관리, 객체에 대한 관리로서 대외지급수단, 즉 외국통화, 외국통화로 표시된 지급수단, 표시통화와 관계없이 외국에서 사용할 수 있는 지급수단에 대한 관리이며, 행위에 대한 관리로서 결제방법, 즉 결제통화, 결제금액, 결제기관, 결제기간 등에 대한 관리 및 각종 벌칙 등 행정관리로 나누어 볼 수 있다.

관리대상	관리내용
주체	거주자, 비거주자
객체	외국환, 환율 등
행위	결제방법
행정	외국환수급계획, 외국환평형기금, 벌칙 등

4 외국인투자촉진법

외환・자본거래의 자유화와 외국인투자 유치강화를 위한 법령체계 정비를 위해 외환・자본거래 및 외국인투자 제도를 전면 개편하여 종전의 '외국인투자 및 외자도입에 관한 법'을 폐지하고, 1998년 9월 16일 '외국인투자촉진법'을 제정하여 같은 해 11월 17일 시행되었다.

주요내용은 외국인투자제도를 외국투자가 중심으로 개편하고, 지방정부가 외국인투자를 경쟁적으로 유치하도록 하는 투자환경을 조성하고 외국인투자 법체계를'규제・관리' 위주에서 '촉진・지원' 중심으로 개편하여 외국인투자 관리에 관한 사항은 최소한으로 축소하고, 각종 인・허가 절차를 간소화하였다.

제 2 장 수출입 개요

2-1 수출입의 개념

수출입이란 국가와 국가 사이에 행하여지는 상품의 매매거래를 의미하며 수출(export)과 수입(import)으로 구분되며, 이를 총칭하여 무역(貿易, international trade)이라고도 한다. 즉 물건, 돈, 기술 등 여러 가지 상품이 한 나라를 벗어나서 다른 나라와 거래되는 것을 말하며, 무역의 어원은 사기(史記)에 기록된 '以物相貿易(이물상무역)'에서 유래된 말로, 물건으로(以物) 서로(相) 바꾼다(貿易)는 뜻이다.

▌도 1-2▌ 수출의 개념도

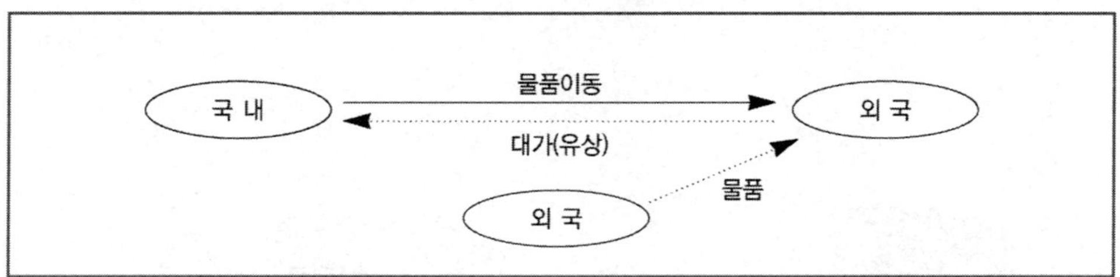

수출 및 수입의 정의에 관하여는 대외무역법 시행령 제2조(용어의 정의)에서 "수출이라 함은 매매, 교환, 임대차, 사용대차, 증여 등을 원인으로 국내에서 외국으로 물품을 이동하는 것과 유상으로 외국에서 외국으로 물품을 인도하는 것으로서 산업통상자원부장관이 정하여 고시하는 기준에 해당하는 것"이라고 명시하고 있고, "수입이라 함은 매매, 교환, 임대차, 사용대차, 증여 등을 원인으로 외국으로부터 국내로 물품을 이동하는 것과 유상으로 외국에서 외국으로 물품을 인수하는 것으로서 산업통상자원부장관이 정하여 고시하는 기준에 해당하는 것"이라고 규정하고 있다.

▌도 1-3▌ 수입의 개념도

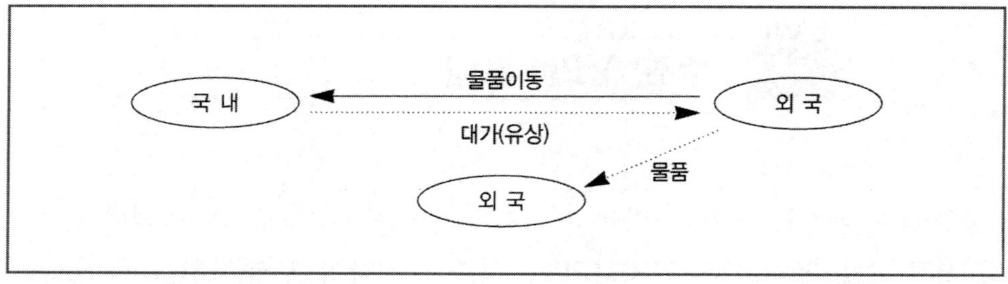

최근에는 전자적 형태의 무체물(無體物, 형체가 없는 물품)을 정보통신망을 통한 전송, 기타 산업통상자원부장관이 정하여 고시하는 방법으로 인수·인도하는 거래도 수출입의 범주에 포함시키게 되었으며, 전자적 형태의 무체물은 ① 소프트웨어산업진흥법에 의한 소프트웨어, ② 부호, 문자, 음성, 이미지, 영상 등을 디지털방식으로 제작하거나 처리한 자료 또는 영상물(영화, 게임, 애니메이션, 만화, 캐릭터 포함), 음향·음성물, 전자서적 및 데이터베이스 등을 말한다.

2-2 수출입 거래의 특성

수출입 거래는 국내거래와는 달리 여러 특수한 여건을 내포하고 있다. 물품의 국가간 이동으로 수출국과 수입국의 법령, 상관습 또는 가치관이 상이하며, 물품 결제통화가 외국 통화인 점 등으로 인하여 국내 상거래에 비하여 환율변동에 의한 환리스크가 상존하며, 상대방의 신용파악이 어려운 점, 물품의 납기 내 공급 및 수취 불확실성, 대금결제의 위험성, 분쟁발생 시 해결의 어려움 등이 있다. 특히 수출자에게는 수출대금 회수의 불안정성(신용위험)이 있으며, 수입자에게는 물품의 납기 내 수취의 불확실성(상업위험)이 있다.

2-3 수출입거래방식

수출입거래방식은 여러 가지가 있으며 대금의 결제방법을 기준으로 볼 때, 다음과 같이 송금방식, D/P・D/A 및 신용장방식 등으로 구분할 수 있다. 여기에서는 개념 정리 차원에서 간략하게 설명하고 이들 결제방법상의 장단점 등 보다 상세한 설명은 제2부 제10장 무역대금 결제에서 설명하기로 한다.

1 송금방식(remittance)

수출입 결제대금을 송금으로 결제하는 방법은 수입자가 물품을 받기 전에 미리 송금하는 사전송금방법과 물품을 받은 후에 송금하는 사후송금방법이 있다.

사전송금방법은 수출상의 입장에서 무역대금의 회수 불능 등과 같은 위험부담은 없어 좋은 조건이라고 할 수 있으나, 수입상은 대금만 먼저 지급하고 그 후에 물품을 받지 못하는 위험을 부담하게 된다. 사후송금방법은 물품을 받은 후 대금을 지급하는 수입상은 안전하나 수출상은 대금 미회수의 위험을 부담하게 된다.

송금방식의 구체적 결제수단으로서는 전신송금(T/T), 우편송금(M/T), 송금수표(D/D), 은행수표(bank check) 및 개인수표(personal check) 등이 있는데, 무역실무에서 가장 많이 이용되는 방식은 전신송금방식이다.

▌도 1-4▐ 송금방식 거래절차도

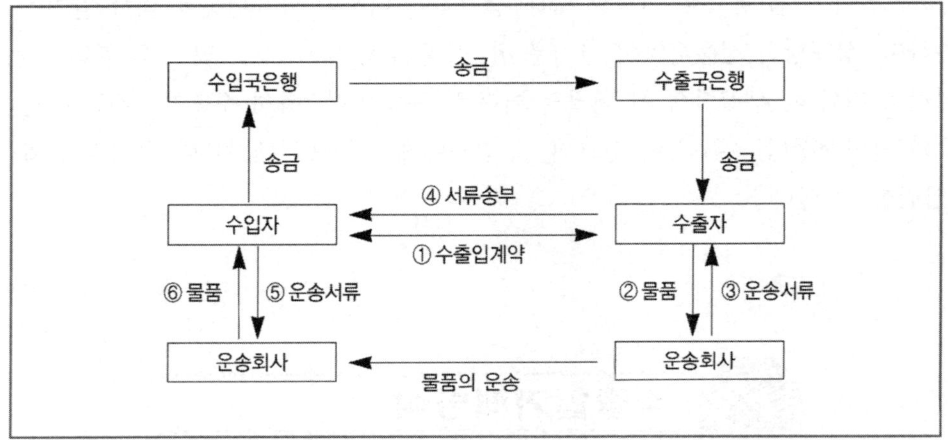

2 D/P, D/A 방식(collection, 무신용장거래)

추심결제(collection) 방식이란 수출상(채권자)이 먼저 계약물품을 선적한 후 수출지에 있는 거래 외국환은행을 통하여 수입상(채무자)에게 대금청구를 신청하고 수입지에 있는 추심은행을 통하여 수출대금을 회수하는 방식을 말하며, 이의 대표적인 예가 D/P(Document against Payment)와 D/A(Document against Acceptance)이다.

가. D/P(Document against Payment) 방식

D/P방식은 운송서류 인도 시 수입자가 대금지급을 요하는 일람출급거래(at sight)를 말하며, 서류지급도 조건이라고 불리는 방식으로 수출업자가 물품을 선적하고 거래은행에 환어음 및 운송서류를 추심의뢰하며, 이 은행은 추심의뢰은행이 되어 수입국의 추심은행 앞으로 동 운송서류를 송부하여 수입업자로부터 대금회수를 의뢰한다. 추심

은행(또는 제시 은행)은 수입자에게 운송서류 도착을 통지하며 수입자는 수입대금을 결제한 후에 서류를 인수받게 된다. 추심은행은 수입자가 결제한 수입대금을 수출국의 추심의뢰은행 앞으로 송금하고 추심의뢰 은행은 수출자에게 수출대금을 지급하는 방식이다.

▌도 1-5▐ D/P방식 거래절차도

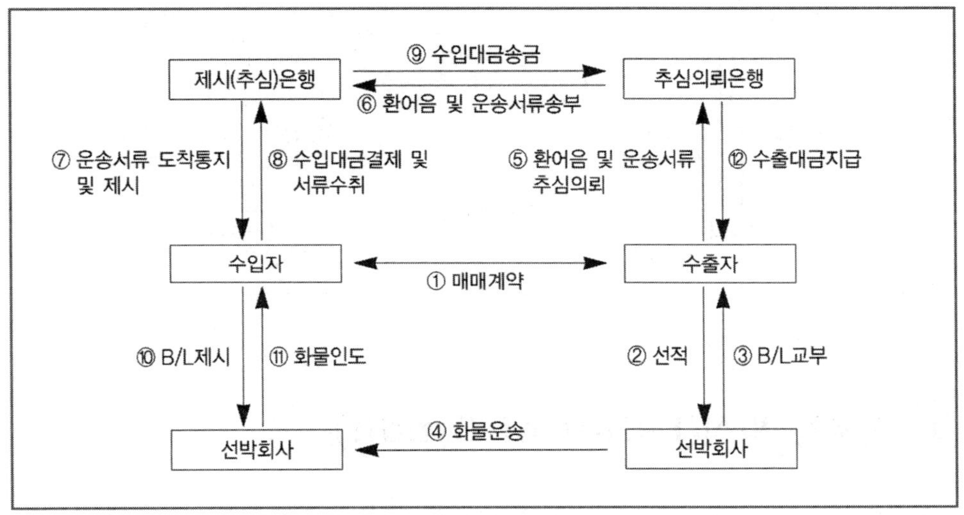

나. D/A(Document against Acceptance) 방식

D/A방식은 수입자가 추심(제시)은행으로부터 운송서류 수취 시 환어음에 인수표시만 하고 수입대금지급은 만기일에 하게 되는 일종의 외상거래로서 서류인수도조건이라고 불리는 방식이다. 수입자는 추심(제시)은행으로부터 서류가 제시되었을 때 만기일에 대금지불을 틀림없이 하겠다는 약속만 하고 일단 서류를 받게 되는데 이 대금지급의 약속행위를 '인수(acceptance)'라고 하며, 환어음에 'accepted by ABC Co.'라고 기재한 후 기명날인한다. 그리고 수입대금의 결제는 환어음에 지정된 기간 후의 어음만기일에 하게 되므로 수입자는 이 기간 동안 물품을 판매하여 수입대금을 결제할 수 있으므로 일종의 외상거래의 성격을 지니고 있다. 수입자가 만기일에 수입대금을 결제하며 추심(제시)은행은 추심의뢰 은행 앞으로 대금을 송금해 주고 추심의뢰은행은 수출자에게 수출대금을 지급하는 방식이다.

▌도 1-6▐ D/A방식 거래절차도

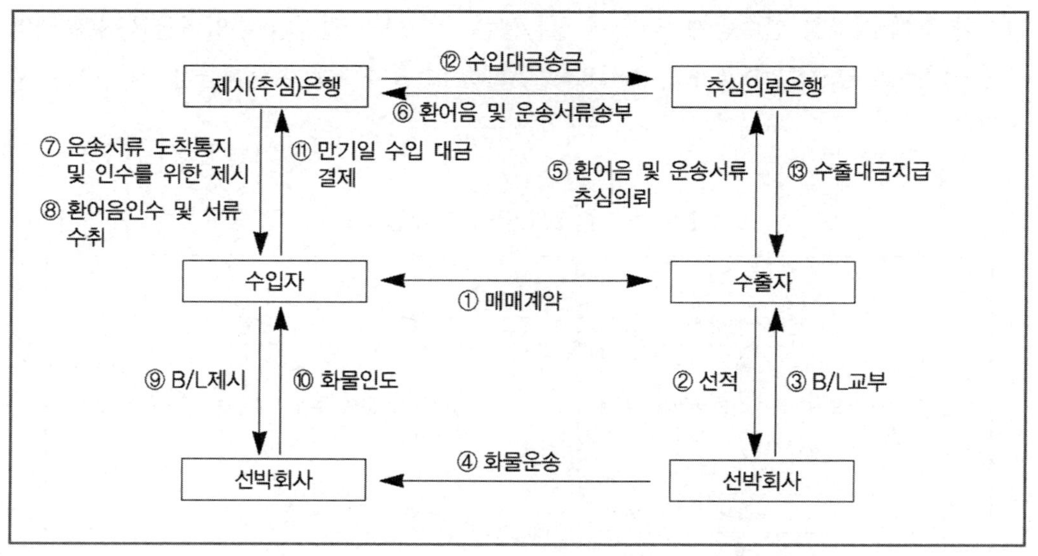

3 신용장 방식(Letter of Credit)

신용장은 수입상(applicant)의 요청에 의하여 신용장발행은행(issuing bank)이 신용장조건에 일치하는 운송서류와 상환으로 수출상(beneficiary) 또는 그 지시인에게 무조건 대금을 지급하거나 만기일에 가서 인수한 어음에 대한 대금지급을 약정하는 증서이다. 즉 요약하면 '발행은행의 수출상에 대한 조건부 지급확약'으로 정의되는 거래이다. 이것을 분석하면 거래내용을 정하는 사람은 수출상과 수입상이지만, 거래에 따르는 대금의 지급책임은 은행이 진다는 점이다. 따라서 신용장에 의한 무역대금의 결제는 송금방식이나 추심방식의 단점을 해결하여 줌으로써 금융기능과 지급보증의 기능을 갖고 있기 때문에 무역대금 결제방식 중 가장 많이 이용되는 결제방식이다.

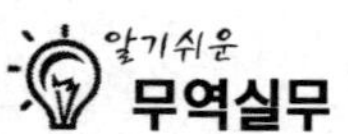

▮도 1-7▮ 신용장방식 거래절차도

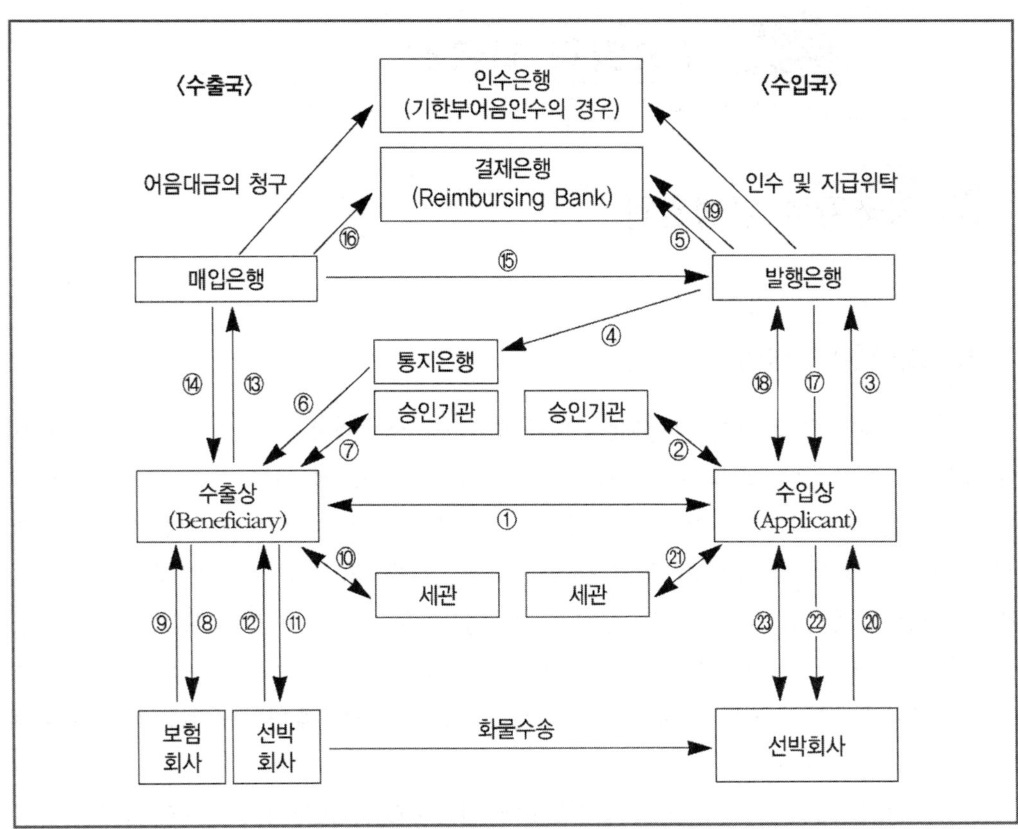

① 매매계약 체결
② 수입승인 신청 및 승인(제한품목)
③ 신용장(L/C) 발행 신청
④ L/C 발행
⑤ 지급위탁(Non-Depositary은행앞 L/C발행할 경우)
⑥ L/C 통지
⑦ 수출승인 신청 및 승인(제한품목)
⑧ 화물에 대한 보험부보신청(수출상이 부보하는 경우)
⑨ 보험증권발행
⑩ 수출신고
⑪ 화물선적 의뢰
⑫ 선하증권 발행
⑬ 화환어음 및 운송서류 매입의뢰
⑭ 어음 매입대금 지급
⑮ 환어음 및 운송서류 송부
⑯ 어음대금의 청구
⑰ 운송서류도착통지
⑱ 환어음 결제 및 운송서류 인도
⑲ 환어음 결제대금의 결제
⑳ 화물도착통지
㉑ 수입신고 및 관세납부
㉒ 운송서류(선하증권)제시
㉓ 화물인도

따라서 신용장 거래를 할 경우 수출상은 자신이 신용장에 대한 전문지식이 있고 신중하기만 하면 어떠한 경우에도 돈을 떼이지 않는 안전한 거래라는 점이 장점이다.

결제방법의 장단점 등에 대해서는 제10장 무역대금의 결제에서 보다 자세한 설명을 하기로 한다. 여기에서는 가장 많이 이용되고 있는 신용장방식의 거래절차에 대한 기본적인 이해를 확실히 해 두기 바란다.

2-4 수출입과 외국환

1 외국환의 발생원인

가. 외국환의 의미

앞에서 국제거래의 결과 발생되는 채권 또는 채무의 결제를 위해 이용되는 수단이 외국환이라고 하였다. 외국환(外國換, foreign exchange)에 대한 의미는 추상적인 의미와 구체적인 의미의 두 가지로 설명할 수 있다. 추상적인 의미로서의 외국환은 환(換)의 일종으로서 당사자 중 한 사람이 외국에 소재하고 있는 경우에 발생한다. 즉, 외국환이란 국제간의 채권・채무 관계를 현금을 직접 수송하지 않고 제3자(은행 등 금융기관)를 통하여 지급위탁의 방법에 의하여 결제하는 제도・수단을 말한다. 구체적인 의미로서는 외국환거래법(법 제3조 제1항 13호)상 대외지급수단, 외화증권 및 외화채권 등을 말하며, 외국환 관리의 대상이 된다.

여기서 대외지급수단이라 함은 외국통화와 외국통화로 표시되거나 외국에서 사용할 수 있는 지급수단을 말하며, 외화증권은 외국통화로 표시된 증권 또는 외국에서 지급받을 수 있는 증권을 총칭하며, 외화채권은 외국통화로 표시된 채권 또는 외국에서 지급받을 수 있는 채권을 말한다.

나. 외국환의 발생원인

① 국제간의 자금이동

국제간의 자금이동의 원인은 경상거래에 수반된 자금이동과 자본거래에 수반된 자금이동으로 구분할 수 있다. 경상거래에는 무역거래, 무역외거래, 이전거래가 해당되고, 자본 거래는 단기자본거래와 장기자본거래로 구분할 수 있다.

② 국제(대외)거래의 결제

국제간에는 경제거래가 필연적으로 발생하게 되고, 이러한 경제거래의 결과에 따라 대금지급을 하려면 외국환(foreign exchange)이라는 결제 제도 · 수단을 이용하게 된다. 이와 같이 외국환은 국제(대외)거래의 결과에 따라 발생하는 국제간 거래의 결제 수단이 된다.

▌도 1-8▐ 국제거래의 내용

- 국제(대외)거래
  - 경상거래
    - 무역(수출입거래)
    - 무역외거래
    - 이전거래[1]
  - 자본거래[2]
    - 단기자본거래
    - 장기자본거래
- → 외국환의 발생

2 외국환의 일반적 특징

외국환과 내국환은 격지자간의 채권 · 채무관계를 현금의 수송 없이 은행 등 금융기관이라는 중개기관을 통하여 결제한다는 점과 환의 수단으로서 수표나 어음 지급지시서 등을 이용한다는 점에서는 동일하다.

그러나 내국환에서는 환의 수단인 수표나 어음 등에 표시되어 있는 통화나 은행과 고객간의 수수 통화가 동일하고 자금이동도 동일국내로 한정되며 은행간의 결제차액을 결제하는 기관으로서의 중앙은행이 있다.

반면 외국환에서는 환의 수단으로서의 수표나 어음 등에 표시되어 있는 통화와 은행과 고객간의 수수통화가 동일하지 않은 경우가 많으며, 국제간 대차관계의 결제이므로 내국환의 중앙은행에 해당하는 결제기관이 없다. 따라서 외국환은 다음과 같은 특징을 가지게 된다.

1) 이전거래 : 거주자와 비거주자간의 증여, 정부간의 배상금지급, 군사원조 등
2) 자본거래 : 거주자와 비거주자간의 직접투자, 대부 및 차관의 원리금 지급 등

가. 환율의 개입

내국환거래는 동일 국가 내에서 동종통화에 의하여 결제되는 것이지만 외국환거래는 국제간의 채권·채무관계를 결제하는 것이므로 이종(異種) 통화간의 교환비율, 즉 환율의 적용문제가 발생하게 된다.

또한 외국환거래에는 환율의 변동에 의한 환위험(exchange risk) 문제가 따르게 된다. 이러한 환리스크가 존재하는 이유는 여러 가지 요인에 의하여 환율이 항상 변동하기 때문이다. 외국환은행과 고객 모두에게 있어서 「환리스크 방지(회피)」는 매우 중요한 사항으로 자리 잡고 있다.

나. 복잡한 환 결제구조

외국환거래는 내국환거래에서처럼 자금의 집중결제기관이 별도로 없기 때문에 환의 결제구조가 매우 복잡하고 다양해진다.

외국환거래에 있어서 은행은 자기은행의 해외지점이나 현지법인 외국의 예치환거래은행 등을 통하여 자금결제를 하고 있다.

다. 외국환거래와 국제수지

내국환거래는 동일국 내에서의 거래이기 때문에 일국의 국제수지에는 아무런 영향을 미치지 못하게 된다. 그러나 외국환거래는 국제간의 대차관계를 결제하기 때문에 일국의 국제수지에 영향을 미치게 된다. 즉 재화나 용역을 외국에 수출하는 경우 외국환의 수취(수입)가 발생하게 되고 반대로 재화나 용역을 외국으로부터 수입하는 경우 외국환의 지급이 발생하게 된다. 따라서 국제(대외)거래의 결과 외국환의 수취(receipts)가 지급(Payments)보다 많을 경우에는 국제수지 흑자요인이 되며, 그 반대일 경우에는 국제수지 적자요인이 된다.

라. 이자 요소 개입

외국환거래는 외국과의 거래이어서 시간적인 간격(time-lag)이 게재되므로 이자요소가 개입된다. 이러한 이자요소를 배제하기 위한 것으로 전신환(Telegraphic Transfer)이 있다.

3 외국환의 결제구조

가. 외국은행과의 환거래 계약

대외송금, 대외추심 등 외국환거래와 국제간 자금거래 업무 등의 원활한 수행을 위해 은행간에 환거래의 대상 점포, 업무의 종류, 거래통화의 종류, 대금결제방법 등의 계약 내용이 담긴 계약문(schedule of agency arrangement)과 함께 외국환거래에 필요한 서명부(list of authorized signatures), 전신암호문 또는 전신건(telegraphic test key), 비수(fixed number), SWIFT Authenticator Key, 거래조건 및 제 요율표(terms and conditions) 등 환거래에 필요한 각종 문서를 교환하는 것을 환거래계약이라고 하고, 이러한 제 문서를 부대문서(control documents)라고 한다.

이러한 계약을 체결한 은행을 환거래은행(correspondent bank) 또는 Corres은행이라 하며, 이에는 예치환(預置換)거래은행(depositary correspondent bank)과 무예치환(無預置換)거래은행(non-depositary correspondent bank)이 있다. 쉽게 말해 은행간 결제를 위한 계좌 유무에 따라 구분하는 것이다.

예치환거래은행이란 상대은행과의 환거래에 따르는 대금결제 등을 더욱 원활히 하기 위하여 상대방 환거래은행에 자기 명의의 당좌예치금 계정(our account)을 개설한 은행을 말하며, 상대방 환거래은행에 당좌예치금계정을 개설함이 없이 송금에 관한 지급의 위탁, 환어음추심의 위탁, 신용장의 통지 및 매입의 수탁 등과 같은 일반적인 환거래만을 유지하는 은행을 무예치환 거래은행이라 한다.

나. 은행간 자금 결제

① 예치환거래은행 상호간의 자금결제

돈을 보내는 은행과 돈을 받는 은행이 서로 환거래계약을 체결하고 있고 자행에 상대방 계좌를 보유하고 있을 경우에는 자금결제 방법이 아주 간단하다.

먼저 수출상에게 Nego대전으로 자기자금을 선지급한 매입은행이 신용장관련 서류를 개설은행으로 송부할 때 "우리 은행에 예치된 귀행 계좌에서 Nego대전을 인출하겠다"는 통지를 하고 서류를 받은 개설은행이 "우리 은행에 예치된 귀행 계좌에 Nego대전을 입금시키겠다"고 통보하면 양쪽 은행이 확인된 금액을 장부상에서 차기 또는 대기하는 방법만으로 모든 결제를 마칠 수 있게 된다.

▌도 1-9▐ 예치환은행과의 자금결제

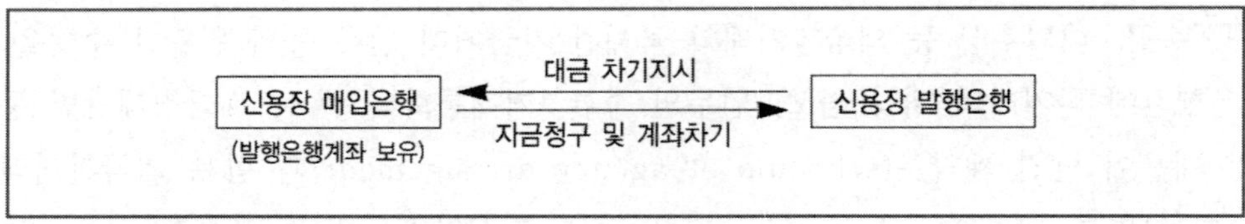

② 무예치환거래은행 상호간의 자금결제

양쪽 은행 사이에 계좌개설이 되지 않은 경우에는 '계정간 이체방식'에 의한 자금결제가 불가능하기 때문에 부득이 양쪽 은행 사이에 제3의 은행을 개입시켜야 하고 이 제3의 은행을 통하여 자금결제를 하게 된다. 이때 결제를 담당하는 제3의 은행을 상환은행(reimbursing bank)이라 하며, 결제은행이라 하기도 한다.

일반적으로 상환은행으로 선정되는 은행은 자본규모가 크고 조직망이 잘 정비된 세계 일류은행인 경우가 많다.

▌도 1-10▐ 무예치환은행과의 자금결제

상환은행
③ 대금 청구
① 지급위탁
① 신용장발행
신용장 매입은행
신용장 발행은행
② 서류 송부

3-1 FTA

1 FTA의 의의

최근 신문이나 TV 등에서 국제통상의 문제로 자주 듣게 되는 FTA는 무엇인지 알고 가자. 자유무역협정(FTA: Free Trade Agreement)은 상품 및 서비스 교역에 있어 관세와 기타 무역장벽의 제거를 통해 협정을 체결한 체약국간 자유무역을 실현하는 협정을 말한다. 쉽게 말하면 교역 당사국간에 관세율을 낮춰 무역을 증진시켜보자는 것이며, 협정을 체결한 국가간에 상품/서비스 교역에 대한 관세 및 무역장벽을 철폐함으로써 배타적인 무역혜택을 서로 부여하는 협정이라고 볼 수 있다.

우리나라가 이러한 FTA를 보다 적극적으로 추진하는 이유는, 지역주의가 세계적으로 확산되면서 FTA 역외국가로서의 피해를 최소화하고, 나아가 이러한 지역화에 따른

도전에 적극적으로 대응하기 위한 소극적인 측면과, 능동적인 시장개방과 자유화를 통해 국가 전반의 시스템을 선진화하고 경제체질을 강화하는 적극적인 측면이 있다고 할 수 있다.

그러면 FTA를 체결하면 어떤 이익이 있을까?

FTA를 체결하면 소비자가 비싼 국내 생산품 대신, 가격이 싼 수입품을 구입할 수 있기 때문에 개인경제 생활에 도움이 된다. 기업 또는 국가적 차원에서는 해외 원자재 및 부품을 값싸게 조달하고 외국자본을 유치하며 선진 기술을 이전받을 수 있게 된다. 그 밖에도

- 주요 경쟁국(미, 일, 중 등)의 FTA체결로 수출경쟁력 상실에 대한 회복의 계기
- 서비스, 상품의 자유이동으로 인한 교역확대 및 국민 후생 증대
- 외국자본의 유치 및 국내업체의 경쟁력확보를 위한 질적, 양적 변화 등의 이점을 찾을 수 있다.

FTA는 그동안 유럽연합(EU)이나 북미자유무역(NAFTA) 등과 같이 인접국가나 일정한 지역을 중심으로 이루어졌기 때문에 흔히 지역무역협정(RTA ; Regional Trade Agreement)이라고도 부른다.

지역무역협정은 체결국간 경제통합의 심화정도에 따라 5단계로 크게 구분할 수 있다.

자유무역협정 -> 관세동맹 -> 공동시장 -> 경제동맹 -> 완전경제통합

〈자유무역 협정의 종류와 포괄범위〉

<table>
<tr><th>역내 관세철폐</th><th>역외 공동 관세부과</th><th>역내 생산요소 자유이동 보장</th><th>역내 공동 경제 정책 수행</th><th>초국가적 기구 설치·운영</th></tr>
<tr><td>1. 자유무역협정 (FTA) 역내 관세철폐</td><td></td><td></td><td></td><td></td></tr>
<tr><td colspan="2">2. 관세동맹 (Customs Union) 공동관세 부과</td><td></td><td></td><td></td></tr>
<tr><td colspan="3">3. 공동시장 (Common Market) 생산요소 이동 자유화</td><td></td><td></td></tr>
<tr><td colspan="4">4. 경제동맹 (Economic Union) 재정 · 금융정책 상호조정</td><td></td></tr>
<tr><td colspan="5">5. 완전경제통합 (Complete Economic Union) 경제주권 포기, 경제정책 통합</td></tr>
</table>

(B.Balassa의 분류에 의한 발전단계별 경제 통합)

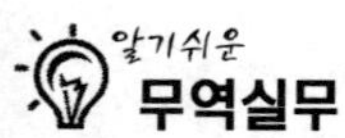

① 자유무역협정(FTA : Free Trade Agreement) : 회원국간 무역자유화를 위해 관세를 포함하여 각종 무역제한조치 철폐 (예 : 북미자유연합(NAFTA))
② 관세동맹(Customs Union) : 회원국간 역내무역 자유화 외에도, 역외국에 대해 공동관세율을 적용하여 대외적인 관세까지도 역내국들이 공동보조를 취함 (예 : 남미공동시장(MERCOSUR))
③ 공동시장(Common Market) : 관세동맹 수준의 무역정책 외에도, 회원국간 노동, 자본 등 생산요소의 자유로운 이동 가능(예 : 구주공동체(EC), 중앙아메리카 공동시장(CACM))
④ 경제동맹(Economic Union) : 회원국간 금융, 재정정책, 사회복지 등 모든 경제정책을 상호 조정하여 공동의 정책 수행 (예 : 유럽연합(EU))
⑤ 완전경제통합(Complete Economic Union) : 회원국들이 독립된 경제정책을 철회하고, 단일경제체제하에서 모든 경제정책을 통합/운영, 회원국간에 단일 의회 설치와 같은 초국가적 기구 설치

2 FTA의 주요내용

전통적인 FTA와 개발도상국간 FTA는 상품분야의 무역자유화 또는 관세인하에 중점을 두었으나, WTO체제 출범을 전후하여 상품에 대한 무역철폐 외에 서비스, 투자자유화, 지적재산권, 정부조달, 무역구제제도 등 협정의 대상범위가 점차 확대되고 있다.

구분	내용
▪ 관세	FTA의 궁극적 목표는 단계적으로 모든 상품에 대한 관세를 완전 철폐
▪ 원산지규정	협정국에서 생산된 상품에만 특혜가 적용
▪ 서비스	금융, 통신, 교육, 의료 등 다양한 분야의 서비스 무역 장벽 제거
▪ 투자자유화	투자관련 규제를 완화하여 양국간 투자 활성화
▪ 정부조달	정부조달 시장의 일부 또는 완전 개방으로 협정국에 실질적 투자 효과 발생

- 무역구제 ▸ 세이프가드 및 반덤핑조치 등을 상호 면제하는 방향으로 협상 진행
- 비관세장벽 ▸ 기술규정, 농수산물과 관련된 위생/검역 절차, 통관절차, 외환규제, 국영무역의 존재 및 선적전 검사 등을 포함
- 분쟁해결 ▸ WTO등 다른 국제기구의 분쟁해결절차가 아닌 FTA 당사국간 협정문대로 해결하여 시간과 비용 등 절약

3 FTA 추진절차

자유무역협정도 일반적인 조약체결과 마찬가지의 절차를 거치게 되나, 동시다발적 FTA 추진에 따라 대통령 훈령으로 자유무역협정체결 절차규정을 제정하였다.('04.6.8 대통령훈령 121호)

1) 준비 및 여건조성

① 외교통상부내 자유무역협정추진위원회(위원장 통상교섭본부장) 설치
② 양측 통상담당기관간 의견이 교환 또는 민간 기관간 또는 정부간 FTA타당성을 조사하기 위한 공동연구 실시
③ 필수 절차로 공청회 개최

2) 협상개시선언 : 통상장관회담이나 정상회담을 계기로 하여 FTA 협상개시를 정식선언

3) 협상 진행 : 분과별 협상 진행하며, 협상은 국가에 따라 차이가 있지만 대체적으로 1~2년 내외

※ 칠레와의 협상은 첫 번째로 34개월, 한/싱가포르FTA는 11개월, 한/EFTA FTA는 6개월, 한/ASEAN과는 1년 4개월, 한・미는 10개월 정도소요

4) 협상 타결 및 가서명 : 서로 협정문을 다 만들고 나면 양측 수석대표(보통 국장

급)가 협정문 최종본 하단 왼쪽과 오른쪽에 가서명, 이 때 실질적으로 협상이 타결 되었다고 함

5) 협상 정식서명 : 협상 타결 후 내부보고절차를 진행, 대통령 재가 후 정식서명

6) 협상 국회 비준절차 : 정식서명 된 협정문은 국회에 비준을 요청하고, 국회 동의가 있고, 국내절차를 완료했음을 상대국에게 통보하고, 체약국간 통보절차 완료 후 협정에서 정한 기간(통상 1-2개월)이 지나면 발효

▌우리나라 FTA 발효현황▐

2014년 7월 기준

발 효 (47개국)	칠레	‘04.4.1 발효
	싱가포르	‘06.3.2 발효
	EFTA (4개국)	'06.9.1 발효(스위스, 노르웨이, 아이슬란드, 리히텐슈타인 4개국)
	아 세 안 (10개국)	말레이시아, 싱가포르('07.6.1), 베트남('07.6.29), 미얀마('07.11.27), 인도네시아('07.12.7), 필리핀('08.1.1), 브루나이('08.7.1), 라오스('08.10.1), 캄보디아('08.11.1), 태국(‘10.1.1)
	인도	'09.8.7 서명, ‘10.1.1 발효
	EU (27개국)	‘10.10.6 서명, ’11.7.1 발효
	페루	‘11.3.21 서명, ’11.8.1 발효
	미국	'07.6.30 협정 서명 ‘11.2.10 한-미 FTA 추가협상 합의문서 서명 및 교환 ‘11.10.11 한-미 FTA 미국 상원 상원 재무위 통과 ‘11.11.22 한-미 FTA 비준안 국회 통과 ‘12.3.15 발효
	터키	‘13.5.1 발효

3-2 원산지제도

1 원산지증명의 의의

원산지(原産地, country or place of origin)란 물건 즉 상품의 생산지를 말하며, FTA 협정세율의 적용을 받기 위해서는 수입물품과 함께 그 물품과 관련된 원산지증명서(C/O ; Certificate of Origin)를 구비하여야 하며, 수입국 세관이 제출을 요구하는 경우 제출하여야 한다. 원산지증명서는 그 양식이 통일되어 있지 않으므로 FTA 및 각 협정에서 요구하는 양식을 제대로 제출할 때에만 원산지 증명의 효력이 있다.

2 원산지결정기준

원산지 결정기준이라 함은 특정물품의 원산지 자격을 부여하는 기준으로 수출물품이 특혜관세를 적용받기 위해서 갖추어야 할 조건이다. 1개국에서 생산된 경우 완전생산기준을 충족하는 것으로 보나, 2개국 이상에 걸쳐 생산된 경우 실질적 변형기준(세번변경기준, 부가가치기준, 가공공정기준)을 충족하여야 원산지 물품으로 본다. 여기에 원산지 기준을 강화 또는 완화하기 위한 보충적 기준으로서 미소기준, 누적기준, 중간재규정 등이 있다. 여기에 원산지 물품이 되기 위한 전제조건으로 이상의 기준을 만족하여야 하는 것 외에 기본적으로 갖추어야 하는 원칙이 있는데, 충분가공원칙(불인정공정기준에 해당하지 않아야 함), 직접운송원칙(원산지국에서 직접 운송되어야 함)과 역내가공원칙(원칙적으로 수출국과 수입국 내에서만 가공이 이루어져야 함)의 세 가지 원칙이 기본적으로 충족되어야 한다.

가. 완전생산기준(Wholly Obtained Criterion)

어떤 물품의 모든 생산과정이 협정의 일방 또는 당사국영역내에서만 이루어진 경우에 적용되는 기준. 수출국에서 전적으로 생산하여 수출할 수 있는 농산물, 축산물, 수산물, 광산물 등이 대부분이며, 일부 공산품도 이에 해당할 수 있으나 다국적 분업생산이 일반화된 현재는 극히 제한적이다.

나. 실질적 변형기준(Substantially Trasformed Criterion)

물품의 생산과정에서 2개국이상이 관여한 경우의 원산지결정기준으로서 대부분 FTA에서 실질적 변형이 수행될 것을 요건으로 한다. 실질적 변형 여부를 판단하는 기준으로 세번변경기준과 부가가치기준을 많이 사용한다.

① 세번변경기준(Traiff Shift Rules ; CTC: Change in Tariff Classification)

세번(稅番)이란 관세율표번호를 줄인 말로 품목코드인 HS코드를 의미한다. HS코드에 대한 설명은 제15장 15-3 '수출입물품의 관리'를 참고바라며, 국제공통 6단위와 추가분류 4단위를 더하여 10단위로 표시한다. 6단위 중 앞 2단위를 류(類, chapter), 4단위를 호(號, heading), 6단위를 소호(小號, sub-heading)라고 부른다.

수출국에서 원재료를 수입하여 제조·가공한 후 수출한 경우 원재료의 품목분류번호(HS CODE)와 수출품의 품목분류번호가 정하는 기준 이상으로 달라진 경우에 한하여 원산지를 인정하는 기준이다.

원산지 결정기준 중에서 세번변경기준은 물품의 생산과정에서 어느 정도의 물품의 실질적변형이 있는지를 세번을 기준으로 판단하는 것으로,

- 2단위변경(CC ; Chage of Chapter) : 협정문에는 '다른 류의 물품(재료)으로부터 ~로 변경'으로 표현 예) 철강(72류) ⇒ 기계(84류)
- 4단위변경(CTH ; Chage Tariff Heading) : 협정문에는 '다른 호의 물품(재료)으로부터 ~로 변경'으로 표현 예) IC(8542)+PCB(8534) ⇒ 튜너(8529) 생산
- 6단위변경(CTSH ; Chage Tariff SubHeading) : 협정문에는 '다른 소호의 물품(재료)으로부터 ~로 변경'으로 표현 예) 현미경부분품(9012.90) ⇒ 현미경(9012.10) 생산

② 부가가치기준(Value Added Rules)

수출국에서 생산 활동을 통하여 일정수준 이상의 부가가치를 창출한 경우 원산지를 인정하는 기준. 부가가치비율 산출에 필요한 기준가격, 산정공식 및 원산지를 인정하

는 부가가치비율은 협정별로 차이가 있다.

③ 특정가공공정 기준(Specific Process Rules)

제조공정 중 특정공정을 수행하거나 특정부품을 사용한 국가를 원산지로 인정하는 기준을 말한다. 예를 들면, 커피는 볶음공정을 수행한 나라가 원산지이고, 의류는 재단을 수행한 국가가 원산지이며, TV는 브라운관을 생산한 나라가 원산지로 판정된다.

다. 충분가공원칙

역내에서 해당 물품의 실질을 변형시키기에 충분한 정도의 공정을 거쳐서 생산된 물품에 한해 원산지물품으로 인정하는 원칙이다. 역내에서 단순한 공정을 수행한 경우 비록 다른 기준을 모두 충족하더라도 원산지물품으로 인정할 수 없도록 하고 있는데 이를 불인정 공정(Non-qualifying operations)이라 하며, 최소가공공정(Minimal process)또는 불충분가공(Insufficient working or processing)이라고도 한다.

불인정공정기준에 해당하지 않아야 하는 원칙인데, 비록 세번변경기준이나 다른 원산지기준을 충족한 경우라 하더라도 역내에서 수행된 공정이 단지 운송 또는 보존을 위해 필요한 작업이거나 판매를 위한 포장, 전시를 위한 단순한 작업에 불과한 경우에는 역내산으로 인정하지 않는다.

① 종류

- 운송 또는 저장목적으로 물품을 양호한 상태로 보존하기 위한 작업
- 포장개선 또는 물품의 상품성 개선을 위한 작업 또는 하역, 분류, 포장, 재포장 등 선적 준비작업
- 단순조립작업, 물품 특성이 변하지 않는 범위 내에서 물품의 혼합 등

라. 역내가공원칙

원칙적으로 수출국과 수입국내에서만 가공이 이루어져야 하는 원칙이나, 역외가공(Outward Processing)특례가 인정되는 경우는 자국산 부품을 사용하여 역외국에서 반제품을 만든 후 자국으로 반입하여 최종가공한 물품에 대하여 일정부분 원산지를 예외적으로 인정하며, 제품 생산의 최종 공정 또는 중간의 일부공정이 역외에서 수행되

더라도 최종 생산품의 역외산 재료비율이 일정부분 이하일 때 역내산으로 인정한다.

<table>
<tr><th colspan="2">구 분</th><th>칠 레</th><th>싱가포르</th><th>EFTA</th><th>ASEAN</th><th>미국</th></tr>
<tr><td colspan="2">일반적 역외가공</td><td>불인정</td><td>불인정</td><td>역외가공비용 10%이하</td><td>불인정</td><td>불인정</td></tr>
<tr><td rowspan="2">제한적 역외 가공</td><td>요건</td><td>불인정</td><td>비원산지재료가격40% 이하+원산지재료가격 45%이상</td><td>비원산지재료가격40%이하+원산지재료 가격이 총재료비의 60%이상</td><td>비원산지재료비FOB 40%이상 +원산지재료가격이 총비용의 60%이상</td><td>역외가공위원회 설치근거마련</td></tr>
<tr><td>제한적 역외가공품목</td><td>불인정</td><td>130개품목</td><td>153개품목</td><td>각국별 100개</td><td>역외가공위원회 설치근거마련</td></tr>
</table>

마. 직접운송원칙

FTA 상대국의 원산지로 결정된 경우에도 당해 물품이 생산·가공 또는 제조된 이후에 원산지가 아닌 국가를 경유하여 운송되거나 원산지가 아닌 국가에서 선적된 경우에는 그 물품의 원산지로 인정하지 않는다.(FTA특례법 제9조 2항) 다만, 협정에서 달리 정하거나 당해 물품이 원산지가 아닌 국가의 보세구역에서 운송의 목적으로 환적되었거나 일시적으로 장치되었음이 인정되는 때에는 원산지로 인정받을 수 있다 .

3 원산지증명서

가. 양식

각 FTA별 원산지증명서의 유효기간은 한·칠레 FTA : 서명된 일자로부터 2년, 한·싱가포르, 한-EFTA, 한-인도, 한-EU FTA : 발급일로부터 12개월, 한·아세안 FTA : 발급일로부터 6개월(원칙), 한·미 FTA : 발급일로부터 4년이다.

나. 발급기관

FTA협정관세적용을 위한 원산지증명서는 국가기관이 발급하는 기관발급과 수출자

자율발급방법이 있다. 좀 더 설명하면, 자유무역협정이 정하는 방법과 절차에 따라 원산지국가의 세관 그 밖의 발급권한이 있는 기관이 당해 물품에 대하여 원산지를 확인하여 발급하는 기관발급방법과, 자유무역협정이 정하는 방법과 절차에 따라 수출자가 자율적으로 당해 물품에 대하여 원산지를 확인하여 작성, 서명하는 자율발급방식이 있다. 자율발급을 하여야 하는데 기관발급된 원산지증명서를 제출한다면 양허세율을 적용받지 못한다.

증명방식	체결 국가
기관증명	싱가폴, 아세안, 인도
자율증명	칠레, EFTA, EU, 미국, 터키
기관 및 자율 혼용	페루

- ○ 한-칠레 FTA의 경우 : 수출자 자율발급방식으로 수출자가 작성
- ○ 한-싱가포르 FTA의 경우 : 기관발급방식으로 싱가포르는 세관, 한국은 세관, 자유무역지역관리원(자유무지역 입주기업의 신청에 한함), 대한상공회의소에서 발급,
- ○ 한-EFTA FTA의 경우 : 수출자 자율발급방식이나 원산지증명서 별도양식이 없고 원산지신고문언을 상업송장(INVOICE)등 무역서류에 기재하는 것으로 원산지증명서류가 됨. 다만, 스위스치즈에 대해서는 스위스연방농업국이 인증한 기관에서 원산지증명서(FTA특례법시행규칙 서식6의 4 서식)를 발급받아야 함.
- ○ 한-아세안 FTA의 경우 : 기관발급방식으로 세관 및 정부가 권한을 위임한 기관에서 발급
- ○ 한-인도 FTA의 경우 : 인도는 인도수출검사위원회, 한국은 기관발급방식임.
- ○ 한-EU FTA의 경우 : 인증수출자 자율발급방식임
- ○ 한-페루 FTA의 경우 : 한국에서는 인증수출자 또는 증명서 발급기관이, 페루에서는 이증수출자 또는 페루 통상본부가 발급함.
- ○ 한-터키 FTA의 경우 : 수출자 자율발급 방식임.

다. 발급절차

수출물품에 대한 FTA 원산지증명서는 우선 원산지증명서 발급신청할 때에는 발급시 구비서류 및 원산지기준에 충족여부 등을 확인하여야 하며, 우리나라 원산지증명서 발

급기관은 상공회의소, 자유무역지역관리원이며, 인터넷을 통해 세관에서 원산지증명서를 발급받으려면 관세청 UNIPASS이용 (http://portal.customs.go.kr)을 하면 된다.

3-3 협정관세율

1 적용요건

FTA협정관세를 적용받으려면 다음 요건을 충족해야 한다.

가. 협정에서 정한 관세인하 양허품목일 것

FTA는 관세양허협정이므로 각국의 사정에 따라 관세인하품목과 철폐시기가 다르므로 양허대상 및 세율을 확인하여야 한다.

나. 협정에 따라 체약상대국을 원산지로 하는 물품일 것

① 협정에서 정한 원산지결정기준에 의하여 협정국가가 원산지가 되어야 하므로 단순히 수출국가나 경유국가가 FTA국가라고 하여 협정관세를 적용할 수는 없다.

② 원산지국가로부터 직접 운송되는 물품에 대하여 원칙적으로 적용되며 원산지가 아닌 국가를 경유하여 운송되거나 원산지가 아닌 국가에서 선적된 경우에는 그 물품의 원산지로 인정하지 않으며 이를 '직접운송원칙' 이라 한다. 다만, 경유국에서 환적 또는 일시장치되는 등 운송상의 목적인 경우 제외

③ 원산지증명서류를 갖추고 있어야 하므로 수입자가 원산지증명서를 구비하지 못하였거나 구비한 원산지증명서가 협정의 규정에 의한 원산지증명서가 아니거나 기재요령에 맞지 않는 경우에는 협정관세 적용을 신청할 수 없다.

다. 세관장에 협정적용신청서를 제출하여야 함 (한 · 칠레 FTA는 제외)

수입신고시에(사전협정적용신청) 또는 수입신고수리후 1년이내에(사후협정적용신청) 협정적용신청을 하여야 한다.

2 우선요건

○ 일반적으로 협정세율은 관세법상의 MFN 실행세율(일반세율) 보다 우선 적용되는 것이 원칙이나, 협정세율이 오히려 관세법의 규정에 의한 일반세율보다 높은 경우에는 관세법의 규정에 의한 일반세율이 우선하여 적용된다. 다만, 관세법에 의해 부과되는 반덤핑방지관세(관세법 제51조) · 상계관세(관세법 제57조) · 보복관세(관세법 제63조) · 긴급관세(관세법 제65조) · 특별긴급관세(관세법 제68조)는 FTA협정세율 보다 우선 적용된다.

※ 근거 : 자유무역협정이행을 위한 관세법의 특례에 관한 법률 제5조, 한 · 칠레 FTA특례법 제3조

3 협정적용절차

가. 관세율할당(TRQ)

관세율할당(TRQ ; Tariff Rate Quota)이란 일정 물량(In-quota)에 대하여 낮은 세율이 적용되도록 양허된 경우를 말하며, 협정관세는 동일한 물품에 대하여 수량기준에 따라 2 이상의 세율을 정한 경우 그 중 낮은 세율을 적용한다.

관세율할당물품으로 낮은 세율을 적용받고자 하는 자는 주무부장관(또는 그 위임을 받은 자)의 추천을 받은 후 당해 추천서를 수입신고 수리전까지 세관장에게 제출하여야 한다.(FTA특례법시행령 제4조, 한 · 칠레FTA특례법시행령 제2조)

나. 원산지 확인

FTA 등 특혜관세용 원산지증명서는 반드시 원본을 제출하는 것은 아니며, 통관단계에서 원산지증명서 사본 제출을 허용하되, 원산지증명서 사본에 다음과 같은 내용을 부관부로 기재하여 사본제출에 대한 책임을 명확히 하고 있다. 다만, FTA 특혜관세 사후적용신청 시에는 반드시 원본을 제출하여야 한다.

- 특혜원산지증명서 사본처리 지침 (공정무역과-882호, '07.3.13) 참조

본 사본이 원본과 다를 경우 관세법 등 관련법령에 의해 처벌받을 수 있음을 알고 있으며, 세관에서 요구시 원본을 제출하겠습니다. 수입자 : OOO 서명

원산지증명서 없이 협정관세적용신청서만 작성하여 세관에 제출하면 협정관세가 적용되지 않는다.

한-싱가포르FTA 이후의 FTA의 경우에는 서류제출 없는(Parperless)협정적용을 위해 수입신고시에 협정적용신청서를 제출하는 것으로 원산지증명서는 별도 제출하지 않는 것이 원칙으로 되어 있으나, 원산지증명서류가 없으면 협정적용신청서항목을 기재할 수 없을 뿐만 아니라 비록 작성이 가능하더라도 비록 수입물품의 원산지에 대한 수입자의 상식이나 확신 또는 현품의 원산지표시 등을 근거로 협정관세적용신청서를 작성할 수 없다.

원산지증명서 없이 협정관세적용신청서를 작성・제출하게 되면 원산지 미확인 물품에 대하여 협정관세를 적용하는 오류가 발생하며 추징의 대상이 되며, 따라서 수입자는 협정관세적용을 신청하는 때에는 원산지증명서를 소지하고 있어야 하며 이를 근거로 협정관세적용신청서를 작성하여야 한다.

무역실무 개요

제 2 부

학습목표

제2부에서는 우리나라의 무역실무절차, 즉 해외시장조사에서부터 무역분쟁의 해결까지 일련의 과정을 개괄적으로 이해하여 수출입실무 능력을 배양하고자 함에 있다.

첫째, 우리나라의 일반적인 수출입 실무절차를 이해하고, 이어서 수출절차와 수입절차에서 공통되는 절차별로 이어서 설명한다.

둘째, 수출입계약에 앞서 거래선을 발굴하기 위한 해외시장조사는 어떻게 하며, 거래처에 대한 신용조사, 확보방법 및 거래제의 등 거래선의 발굴과정을 이해한다.

셋째, 수출입계약의 특성, 계약체결방법 및 계약서의 기본내용 등에 대해 이해한다.

넷째, 무역거래에서의 운송의 형태별 운송관행을 이해한다.

다섯째, 운송과정에서의 위험을 담보하는 해상보험의 종류, 해상손해와 위험 등을 이해하며, 대금결제상의 위험을 담보하는 무역보험도 학습한다.

여섯째, 수출입 대금결제방법의 종류, 결제방법별 장단점 및 신용장의 탄생배경 등을 이해한다. D/P·D/A 방식의 추심결제방식에 적용되는 '추심에 관한 통일규칙'의 내용을 이해하며, 무역대금결제에 있어서 가장 잘 익혀두어야 할 신용장거래와 관련된 신용장통일규칙과 서류취급과 관련된 국제표준은행관행의 이해를 목표로 한다.

일곱째, 수출입물품의 통관절차를 이해한다.

여덟째, 무역클레임의 의미와 그 해결방법을 이해한다.

4-1 수출절차 개요

수출절차라 함은 수출계약의 체결단계부터 수출대금이 회수되어 수출에 따른 거래가 종료되는 때까지 거치는 일련의 행정적, 법규적 흐름을 말한다.

일반적인 수출절차를 살펴보면, 먼저 수출업자는 수출하고자 하는 물품의 적당한 구매자(buyer)를 찾기 위하여 해외시장 조사를 행하게 되며, 그 다음 단계로 당해 시장에서의 거래처를 물색하게 된다.

거래상대방(수입자)을 선정한 후, 수출계약을 체결하고 신용장을 받게 되며, 수출물품이 수출입공고 등에 의하여 수출제한품목인 경우에는 동 제한조치에 따라 관련 수출조합 등에서 관련서류를 구비하여 수출승인을 얻게 된다.

수출승인을 받은 수출업자는 자체 제조・생산하거나 완제품을 구매하여 수출물품을 확보하고 수출검사 과정을 거쳐 물품을 보세구역에 반입, 세관장에게 수출신고를 하여 수출 신고필증을 교부받은 후 물품을 보세구역에서 반출하여 선적을 하고 선박회사로부터 선하증권(B/L)을 교부받아 신용장에서 요구하는 서류를 구비, 거래은행에 환어음의 매입(Nego)을 의뢰하게 되며, 은행은 환어음을 매입한 후 신용장 발행은행에 추심하여 대금결제가 이루어짐으로써 수출절차가 종료된다.

이러한 절차를 규정하는 법규는 물품의 수출입에 관한 기본사항을 관리하는 '대외무역법', 수출대금의 결제와 관련된 사항을 규정한 '외국환거래법', 물품의 통관과 감시를 위한 '관세법' 등 여러 무역관련 법규가 상호 유기적으로 운용되고 있으며, 대외무역법의 주요내용에 대해서는 수출입 담당자로서의 기본 지식에 해당하므로 다음 제4부에서 설명하기로 한다.

▌도 2-1▌ 수출 절차도

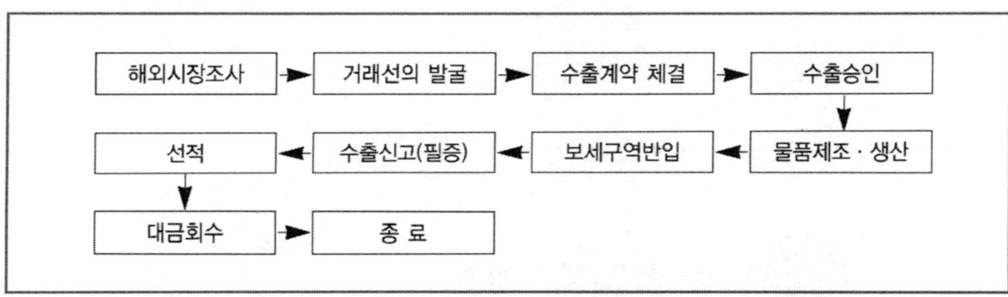

4-2 수입절차 개요

수입절차라 함은 무역거래 당사자간에 계약을 체결하는 단계로부터 대금결제 및 물품을 통관하여 수입거래가 종료되기까지 일련의 절차를 말한다.

일반적인 수입절차를 살펴보면, 우선 수입업자가 해외시장조사 과정을 통하여 수입하고자 하는 물품과 거래상대방을 선정하여 수입계약을 체결하고 당해 물품이 수출입공고 등에 의하여 수입제한품목에 해당되는 경우에는 수입계약서 또는 물품매도확약서 등에 의하여 동 제한조치에 따라 관련기관, 조합 등으로부터 수입승인 등을 받아야 한다.

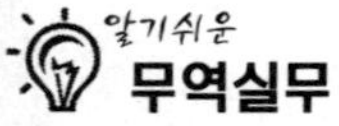

수입승인을 받은 수입업자는 신용장발행은행에 의뢰, 신용장을 발행하고 이를 수출자에게 송부하게 된다.

수출자는 신용장 조건에 따라 물품을 선적한 후 선적서류 등을 구비하여 환어음을 작성, 거래은행을 통하여 신용장발행은행에 송부하면 동 은행은 선적서류 등이 신용장 조건과 일치되는지 여부를 확인한 후 수입업자에게 선적서류의 도착통지를 하게 되고, 통지를 받은 수입자는 수입대금과 관련 수수료 등을 납부하고 선적서류를 수취하여 '관세법'또는 기타 법령에 정하는 바에 의하여 세관에 통관절차를 거쳐 수입을 완료하게 된다.

이러한 수입절차는 수출의 경우와 마찬가지로 '대외무역법', '외국환거래법', '관세법' 등 각종 관련 법규에 의하여 상호 유기적으로 운용되고 있다.

▌도 2-2▌ 수입 절차도

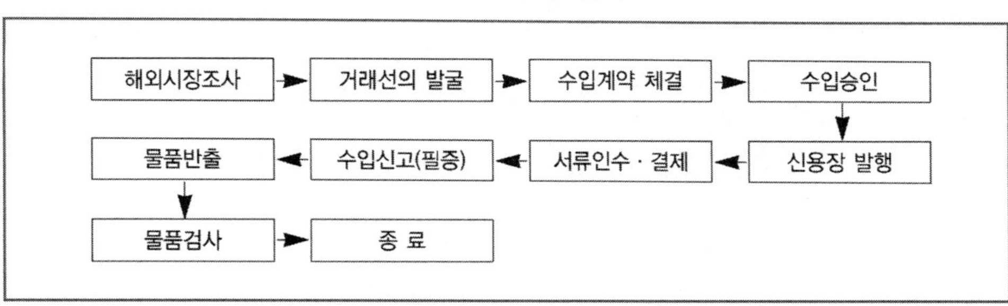

본장에서는 앞 제4장에서 설명한 수출절차 및 수입절차에서 수출상은 수입상, 수입상은 수출상을 찾기 위한 해외시장조사에서 계약체결 직전까지 거래선을 발굴하고 신용조사 및 거래제의까지의 과정을 설명한다.

5-1 해외시장조사

해외시장조사(overseas market research)란 무역업자가 해외시장의 환경 및 동향을 조사·탐구하여 신규무역 거래관계를 개설토록 상대방의 욕망을 파악하여 특정상품을 자기 기업에 가장 유리하도록 판매 또는 구매하기 위한 가능성을 조사하는 것을 말한다.

이는 무역거래의 첫 단계이며, 최소한의 위험과 비용으로 효과를 극대화하기 위하여는 우선 목표시장의 전반적인 상황(정치, 경제, 사회, 문화, 종교, 인구, 언어 등)을 각종 문헌이나 인터넷 등을 통하여 파악한 다음 취급상품에 대한 세부적인 내용(무역관리제도, 시장특성, 수요와 공급예측, 유통구조, 경쟁대상, 거래처 등)을 정밀 조사하는 단계를 거쳐야 한다.

해외시장조사는 목표시장을 선정하는 과정으로서 객관적인 자료에 근거하여 과학적인 방법으로 목표시장에 접근하기 위하여 조사대상 시장의 일반사항과 특수사항을 조사하는 단계이다. 따라서 이때 해당시장에서의 판매 적격성을 파악하기 위하여 관심품목의 국내외 수급동향, 경쟁상품과 비교한 경쟁력과 수익성, 국내외 경쟁상대자를 파악하여야 한다.

결과적으로 해외시장조사는 관심품목의 소비자(최종구매자)를 확보하기 위하여 해당시장의 전체적이고 구체적인 사회·경제적인 동향을 조사하는 과정이다.

해외시장 조사활동 시 시장에 관한 정보에는 주로 시장의 잠재력, 고객의 태도와 행동, 유통경로, 커뮤니케이션 수단, 시장정보의 원천과 신제품에 관한 것들이 있다. 그러나 가장 명심하여야 할 사항은 이와 같은 시장정보를 분석함에 있어서 시장의 전체적인 크기를 측정하는 것과 해당 시장에서 얻을 수 있는 몫, 즉 스스로의 경쟁적인 위치(competitive position)를 확인하는 것 등 두 가지가 가장 핵심적인 사항이다.

5-2 거래선의 발굴

사전 시장조사에 의하여 자사 상품의 시장성이 있는 목적시장을 선정한 후 잠재력이 있는 유능한 거래처를 확보하여야 한다.

목표시장이 정해지면 유관기관에서 비치하고 있는 Buyer List 등을 활용하여 개별 접촉을 시도하거나 해당지역 언론매체에 자사제품을 소개하는 등 홍보활동을 통하여 직접 거래할 외국회사를 물색한다.

거래상대방을 발굴하기 위한 방법, 즉 거래처를 확보하는 방법은 크게 보아 간접적인 접근방법과 직접적인 접근방법 두 가지로 나누어 검토할 수 있다.

1 간접적인 접근방법

이는 해외시장조사 결과 파악한 사항을 근거로 발굴대상 거래상대방을 보다 구체화하는 단계로서 다음 두 가지 방법을 검토할 수 있다.

첫째, 국내외 해외홍보매체를 활용하여 광고하는 방법이다.

국내에서 간행하는 해외광고매체에는 한국무역협회에서 발간하는 'Korea Trade', 코트라에서 발간하는 'Korea Trade', 'Korea Trade & Business' 등이 있으며, 기타 ㈜코엑스, Buyers Guide사 등에서 발간하는 것 등 다수가 있다.

둘째, 국내외 무역관련기관을 활용하는 방법이다.

국내 무역관련 주요 기관으로는 한국무역협회, 코트라, 주한 외국대사관을 통하여 입수할 수 있으며, 해외 무역관련기관은 각국의 상공회의소 및 WTCA(World Trade Center Association) 및 각국의 WTC를 활용할 수 있다.

2 직접적인 접근방법

이는 거래상대방을 확정하는 단계로서 다음 세 가지의 방법을 검토할 수 있다.

첫째, 거래제의(Trade Inquiry)와 함께 직접 제작한 Catalog 또는 Leaflet을 발송하는 방법이다. 대상 Buyer List는 상공인명부(Directory)나 주한 외국대사관 상무관실, 한국무역협회, 코트라, 상공회의소 등 무역관련기관을 통하여 입수할 수 있다.

둘째, 사절단이나 전시회에 참가하는 방법이다.

투자 및 무역사절단은 한국무역협회를 통하여, 국내외 전시회 참가는 ㈜코엑스(COEX) 전시부나 코트라 및 해당품목을 관장하는 수출조합 등을 통하여 파악할 수 있다.

셋째, 직접 방문하거나 지사를 활용하는 방법이다.

사전에 거래제의나 전시회 참가 등을 통하여 파악한 거래상대방을 직접 방문하거나, 장기 거래가 예상되는 경우 해당국에 직접 지사를 설치하여 상시 접촉하게 하는 방법이다.

5-3 신용조회

상거래를 할 경우 사전에 상대방의 신용상태를 확인하는 것이 무역거래의 기본적 사항이다. 국제무역이 신용을 바탕으로 이루어지고 있는 현 상황에 있어 신용조회(Credit Inquiry)는 그 어느 때보다 그 중요성이 강조되고 있다.

신용조회에 있어서 필수적으로 조사내용에 포함해야 하는 것으로 보통 해당 업체의 Character와 Capital 및 Capacity 등을 들고 있는데 이를 3 C's라 하며, 구체적 내용은 다음과 같다.

① Character

해당업체의 개성, 성실성, 평판, 영업태도 및 의무이행 열의 등 계약 이행에 대한 도의심에 관련된 내용

② Capital

해당업체의 재무상태, 즉 수권자본과 납입자본, 자기자본과 타인자본, 기타 자산상태 등 지불능력과 직결되는 내용

③ Capacity

해당업체의 연간매출액, 업체의 형태(개인상사, 회사형태, 공개여부 등) 연혁 내지 경력 및 영업권 등 영업능력에 관한 내용

이러한 3 C's 이외에 거래조건(Condition), 담보능력(Collateral), 거래통화(Currency), 소속국가(Country) 가운데 두 가지를 추가하여 5C's를 주장하는 이도 있다.

이상과 같은 신용조회에서의 신뢰도 측정 요소 중에 가장 중요한 것은 Character라고 지적되고 있다. 이것은 원거리간의 매매거래인 무역에 있어서는 무엇보다도 신용이 중시되어야 할 것이기 때문이며, 무역에 있어서의 질병이라 할 악질적인 Market Claim을 미연에 방지할 수 있도록 Character에 대한 면밀하고 철저한 조사 파악이 주요한 관건이 된다 하겠다.

신용조사는 일반적으로 거래은행이나 상공회의소 등을 활용하기도 하나, 중요한 거

래를 하고자 하는 경우에는 전문적인 신용조사기관을 통하여 유료로 신용조사를 실시하는 것이 좋다.

국내의 전문 신용조사기관으로는 한국무역보험공사, 신용보증기금 및 대한무역투자진흥공사 등이 있다. 이들 기관에서는 각각 무역업체의 위탁에 따라 신용조사를 실시하고 있다.

수출 시에 해외 수입업체에 대한 신용조사는 한국무역보험공사(수출신용정보센터)를 활용하는 것이 좋다.

한국무역보험공사는 수출업체에서 수출보험에 부보(附保)한 후 수출대금을 회수할 수 없는 경우에 일반적으로 90%까지를 보상하여 주는 기관으로서 수출보험에 대한 최종적인 보험자는 국가이다. 따라서 한국무역보험공사에서는 외국의 유수한 전문 신용조사기관과 업무제휴 관계를 맺고 있으며 외국의 불량거래처에 대한 많은 정보를 보유하고 있다.

5-4 거래제의

시장조사를 통하여 접촉대상 Buyer List가 앞에 언급한 경로 등을 통해 발굴 작성되면 이들 회사에 거래제의 서신(Business Proposal) 또는 조회서신(Inquiry)을 작성하여 발송한다.

서신발송은 우편을 이용하는 것이 보통이나 경우에 따라서는 Telex나 Facsimile, E-Mail 등을 사용할 수도 있다.

해외시장조사를 통하여 목표시장에서 거래선이 확보되면 거래선에 대한 신용조사를 실시하여 만족할 만한 결과에 대해 판단을 내려 상대방에게 거래제의를 하게 된다. 양 당사자간에는 거래개설을 위해 포괄적 준칙으로서의 'General Agreement'를 체결함으로써 수출입거래 관계가 개설되며, 이에 따라 매회의 구체적인 거래는 개별적인 수출상의 청약(offer)과 수입상의 승낙(acceptance)에 의하거나, 수입상의 주문(order)에 대한 수출상의 수락(acknowledgement)에 의해 합법적으로 무역계약이 체결된다.

다음에서는 수출입계약 체결과정을 설명하고, 그에 앞서 무역계약의 의의와 특성 등을 설명하기로 한다.

6-1 무역계약의 의의 및 특성

무역, 즉 수출입계약이란 국제간에 이루어지는 물품매매계약(contract for sale of goods)으로서 매도인(seller)이 매수인(buyer)에게 계약상품의 소유권을 양도하여 상품을 인도할 것을 약속하고 매수인은 이를 받아들이고 그 대금을 지급할 것을 약정하는 계약이다.

수출입계약은 일방의 청약(offer)에 대하여 상대방이 승낙(acceptance)함으로써 성립되는 합의(合議) 또는 낙성(諾成)계약(consensual contract)이며, 매도자의 물품인도(delivery)의무와 매수자의 대금결제(payment)의무가 교차되는 쌍무(雙務)계약(bilateral obligation contract)이며, 계약 양 당사자가 서로의 대가적 관계인 상품의 급부와 그 반대급부로 금전(화폐)이나 동액의 상품으로 결제해야 하는 유상(有償)계약(remunerative contract)이며, 그리고 무역계약은 계약의 내용이나 그 형식에 있어 자유로운 불요식(不要式)계약(informal contract)으로서의 특징을 지니고 있다는 점에서는 국내매매계약과 동일하나, 국제상관습이 적용되는 국가와 국가간의 거래계약이며, 국가별 무역관리에 수반되는 내용상 절차상의 계약조건이 가해진다는 점에서 국내 매매계약과는 구별되는 것이다.

수출입계약은 당사자간에 여러 단계를 걸쳐 체결될 수도 있지만 실무상 거래의 권유단계에서부터 시작된다. 따라서 먼저 공략할 목적시장이 결정되면 그 시장에서 가장 적절한 거래선을 발굴한 후 발굴된 거래처에 대한 신용상태(credit standing)를 확인하고 거래를 제의하게 된다.

6-2 무역계약의 형태

국제적인 물품매매거래를 하는 경우 자기의 이름으로 행하는 본인거래와 타인의 이름으로 행하는 대리거래가 있다. 본인(principal)이라 함은 그 거래로부터 발생하는 권리·의무의 주체가 자기가 되어 자기의 계산과 위험(for account and risk)으로 거래를 하는 자를 말하며, 대리인(agent)이라 함은 그 거래로부터 발생하는 권리·의무의 주체가 타인으로서 타인의 계산과 위험으로 거래를 하는 자를 말한다. 대리인은 매매계약의 당사자가 아니므로 그 거래로부터 발생하는 손익은 특정의 본인에게 귀속하게 된다.

그러므로 대리인은 특정된 본인을 위해 제공한 서비스에 대한 보수로서 그 본인으로부터 일정의 수수료(commission)를 받게 된다. 본인과 대리인간에는 대개 이러한 내부관계를 규정하는 대리점계약(agency agreement)을 체결한다.

따라서 계약의 형태에는 계약의 권리·의무의 주체가 누가 되느냐에 따라 다음의 세 가지로 분류될 수 있다.

① 수출입업자 모두 본인의 자격으로 행동하는 거래

② 어느 한 쪽이 매도인 또는 매수인의 대리인으로서 행동하는 본인과 대리인의 거래

③ 수출입업자 모두 대리인으로서 행동하는 거래

이들 중 ①, ②항의 계약형태가 가장 많이 이루어지고 있다고 볼 수 있다.

▌도 2-3▌ 계약의 형태

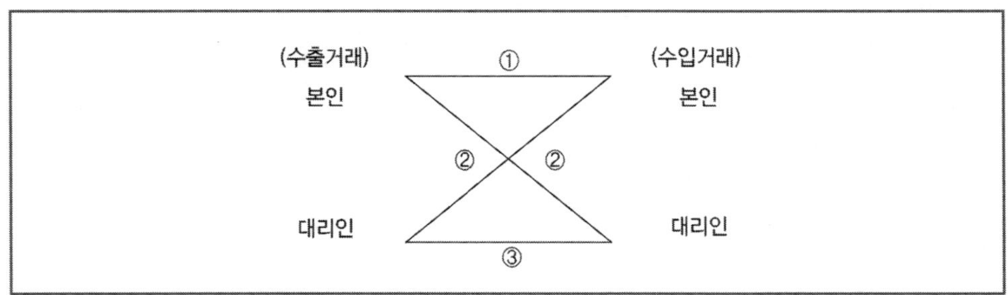

수출입계약을 체결하는 방법은 개별계약방식(case by case contract)과 포괄계약방식(master contract)으로 나눌 수 있다.

개별계약은 오퍼나 오더를 확정한 후 매 건별로 수출입 본계약을 체결하는 방법으로서 최초 거래 시나 중장기 연불방식에 의한 수출입 등 거래내역이 복잡하거나 1회 거래로 종결되는 경우에 주로 사용하는 방법으로 표면과 이면 양면으로 구성되어 있다. 계약서의 표면에는 당해 거래와 관련하여 거래대상 물품의 품질, 수량, 포장, 가격 등과 구체적인 결제방법, 보험조건, 선적시기 등을 표시하고, 이면에는 무역거래일반조건(general terms and conditions)을 약정한다(예시 2-1).

포괄계약은 동일한 거래상대방과 계속적으로 거래가 이루어지는 경우 매 거래 시마다 건별로 수출입 본 계약을 체결하지 않고 일반거래조건 협정(Agreement of Memorandum on General Terms and Conditions)을 체결하여 장래 거래 시 적용할 수 있는 기본준칙을 정한 후, 개별거래 시는 포괄계약에서 정한 방법에 따라 간단한 offer나 order를 교환함으로써 계약을 확정하는 방법이다(예시 2-2).

▌예시 2-1▐ case by case contact

HAWOO CORPORATION
C. P. O. BOX 1114
159-1 Samsung-dong, Kangnam-gu, Seoul, Korea
TELEPHONE : SEOUL 551-0114 TELEX : K12345

SALES CONTRACT NO. 123

MESSRS, PFISTER & VOGEL INC. DATE : June 10, 20XX
New York, U.S.A.

We as Seller confirm having sold you as Buyer the follwing goods on the terms and conditions as stated below and on the back hereof :

DESCRIPTION	QUANTITY	PRICE	AMOUNT
Printed Synthetic Fabric 44 x about 500yards 100% Acrylic Fast Color	10,000 yerds	CIF New York in U.S. Currency $0.72	

Total Amount : US$7,200.00

SHIPMENT : Not later than Aug.20th, 2000
PAYMENT : By a Documentary Letter of Credit at 90 days after sight in our favour
INSURANCE : Seller to cover the CIF price plus 10% against All Risks including War and SRCC Risks

PACKING : About 500 yards in a carton box
DESTINATION : New York, U.S.A.
REMARKS :

SHIPPING MARK
P&V
LOS ANGELES
BOX NO. 1/UP
MADE IN KOREA

PLEASE SIGN AND
REYURN THE DUPLICATE
BUYER
PFITER & VOGEL INC.
(signed)

David Jones
President

SELLER
HAWOO CORPORATION
(signed)

B. S. Kim
Export Manager

▌예시 2-2▌ master contract

GENERAL AGREEMENT

Between ; Pfister & Vogel Inc., the buyer, and Hawoo Corporation, the seller

1. Business : Both parties shall act as principals, and not as agents.
2. Offers : All firm offers made by cable, unless otherwise stipulated, shall remain in force for four days including the day cabled. Sundays and national holidays shall not be counted as days.
3. Acceptance : Acceptance must be made by cable within the time specified.
4. Order : An order by cable must be confirmed by cable on receipt ; subsequently a separate contract note or other sheet shall be sent by following mail. Order thus confirmed can not be cancelled unless by mutual consent.
5. Price : Unless otherwise stated in letter or cable, prices shall be in U.S Currency on C & F Los Angels basis.
6. Quality : (a) Good sold on sample shall be guaranteed by the seller to confirm exactly to sample upon arrival at destination.
   (b) Good sold without sample shall be guaranteed by the seller to be equal to the fairaverage of the season's crop.
7. Quantity : Weight and quantity determined by the seller, as set firth in shipping documents, shall be final.
8. Marking : All shipments shall be marked
   P & V
   New York
   MADE IN KOREA
   and given running numbers.
9. Terms : Banker's Irrevocable Letter of Credit is to be opened at the each contract is concluded Draft is to be drawn at sight, under the Credit for the full invoice amount with full set of Shipping Documents attached, namely, Bills of Lading. Insurance Policies or Certificates, Commercial Invoices, Consular Invoices and other documents which particular contracts require.
10. Shipment : Shipment shall be made within the specified in the contract of sale. In case of force majeure one month's delay is allowed. The date of the Bill of Lading shall be full and sufficient of the date of shipment.
11. Destination : Los Angeles unless expressly specified by cables or letters. The port of discharge, however, shall be at the buyer's option in accordance with the special agreement when each contract is made.
12. Insurance : Insurance shall be effcted by the seller on W.W., including risks of Theft, Pilferage and Non-Delivery for the invoice amont plus the percent.War Risk or any other additional insurance, if required, shall be covered for account of the buyer. Policies or Certificates are to be made out in U.S.Currency, and claims payable in Los Angeles.
13. Claims : Claims, if any, shall be filed by cable within fourteen days from the date offinal discharge at destination. Certificates by recignized surveors shall be sent by air mail without delay.
14. Arbitration : Claims and disputes, unless amicably between seller and buyer, are to be submitted to two arbitrators appointed by respective parties, whose decicion both parties should accept and abide by.
15. Governing Law : This Contract shall be governed in all respects by the laws of Korea.

This agreement shall be valid form the date of May 1, 20XX

BUYER	SELLER
PFITER & VOGEL INC.	HAWOO CORPORATION

6-3 청약과 승낙

견본(sample) 혹은 가격표(price list) 및 카탈로그를 어느 일방이 송부함과 동시에 약정서(general agreement)가 교환되고 당해 거래에 대한 기본적인 협의 등이 결정되면 무역계약을 체결하기 위한 개별적인 계약조건을 결정하기 위해 본격적인 절충에 들어가게 되는데 이러한 개별적인 계약조건, 즉 수출상 입장에서는 판매계약의 의사표시, 수입상 입장에서는 구매계약의 의사표시를 청약(offer)이라 하며, 수출상의 판매의사 표시를 무조건 받아들이는 행위를 승낙(acceptance)이라 하고, 수입상의 구매의사(order) 표시를 무조건 받아들이는 행위를 수락(acknowledgement)이라 하며, 이렇게 함으로써 무역계약이 성립되는 것이다.

한편, 수입상이 승낙한 후에는 오퍼상의 계약내용을 수입상이 재정리하여 일목요연하게 작성하게 되는데 이를 매입주문서(purchase order; P/O)라 하며, 반대로 수입상의 주문에 대해 수출상이 수락을 하면 수출상이 주문서의 내용을 재정리하여 송부하게 되는데 일반적으로 이를 매매계약서(sales contract)라 부른다.

1 청약(offer)의 종류

청약의 종류를 일반적으로 분류하면 청약의 주체, 발행지 및 확정력을 기준으로 구분할 수 있다. 여기서 어느 경우이든 일방의 오퍼에 대하여 상대방의 승낙이 있으면 계약은 성립된다(예시 2-3).

가. 청약의 주체기준

(1) 판매청약(selling offer)

매도인의 판매의사 표시를 말하며, 무역거래에서 오퍼라고 하면 일반적으로 판매오퍼를 말한다.

(2) 매입청약(buying offer)

매수인의 매입의사표시를 말하며, 일종의 조회와 비슷하며 매입주문서(order) 등의 형식으로 이루어진다.

나. 청약의 발행지 기준

(1) 국내발행 오퍼

거래상대국의 물품공급업자 및 본사를 대리하여 이들과 대리점계약(agency agreement)을 체결한 국내의 물품매도확약업자 또는 대외무역법상 갑류 무역대리업자(속칭 오퍼상)가 발행한 오퍼를 말한다.

(2) 국외발행 오퍼

거래상대국의 물품공급업자나 제3자가 외국에서 발행한 오퍼를 말한다.

다. 청약의 확정력 기준

(1) 확정 오퍼(firm offer)

국제무역거래에서 가장 많이 이용되는 오퍼로서, 청약자가 청약내용에 대하여 승낙회답의 유효기간(validity)을 지정하고 그 기간 내에 승낙하면 계약이 성립되는 청약이며 유효 기간을 정하지 아니한 경우라도 그 청약이 확정적 또는 취소불능이라는 표시가 있거나, 승낙・회답의 유효기간과 확정적 또는 취소불능이라는 표시가 동시에 있는 청약도 확정 청약이 된다. 청약의 내용이 피청약자에게 도달해야만 청약의 효력이 발생된다(예시 2-3).

(2) 자유 오퍼(free offer)

불확정 오퍼라고도 하며, 이는 청약자가 수시로 오퍼 내용을 변경 또는 취소할 수 있는 오퍼를 말한다. 즉, 확정오퍼와는 달리 승낙기간을 정하거나 기타 방법으로 확정적임을 표시하지 아니한 오퍼이다.

▮예시 2-3▮

OFFER SHEET

January 25, 20XX

Messrs. Pfister & Vogel Inc.
80 South Street, New York
N.Y., U.S.A

We have the pleasure of presenting the following goods subject to the conditions and terms below.

Delivery : Within two month after receipt of your L/C
Payment : By irrevocable & confirmed L/C, in favour of Ha Woo Corp., Seoul and draft sight
Validity : End of February, 20XX
Shipping Port : Busan, Korea
Destination : New York, U.S.A
Packing : Export Standard Packing
Remarks : Minimum Q'ty 1,000 sets per style

Item No.	Description	Quantity	Unit Price	Amount
			FOB BUSAN Per Set	
ST #125	Type YA-2,14˝ Colour TV Set		@U.S $ 182	
ST #128	Type YA-3,14˝ (remote con.) Colour TV Set		@U.S $ 189	

Yours very truly,
Ha Woo Corp.
Managing Director

(3) 반대청약(counter offer)

청약자의 청약에 대하여 피청약자가 수량, 가격, 선적, 결제 등 청약내용의 일부추가, 제한 및 변경 등 새로운 조건을 제의해 오는 청약을 말한다. 반대청약은 원래의 청약에 대한 거절이 되고 동시에 새로운 청약이 된다. 따라서 원래의 청약은 반대청약에 의하여 소멸된다.

6-4 무역계약의 기본조건

수출입계약은 어느 한 쪽의 청약(offer)에 대해 상대방이 승낙(acceptance)을 하게 되면 성립된다.

계약은 구두로 하더라도 성립되며 반드시 문서로 작성할 필요는 없지만 국제간의 매매계약에 있어서는 계약내용에 관하여 매매당사자간에 상호 확인하고 후일에 있을지도 모를 분쟁에 대비하기 위하여 매매계약서(sales contract)를 양자간에 교환해 두는 일이 꼭 필요하다.

매매계약서의 기재내용은 거래상대방, 상품의 목적지, 상품의 내용 등에 따라 달라지지만 결국 매매 당사자간에 합의된 사항을 빠짐없이 정확히 기재하여야 한다. 매매계약서에 기재될 사항은 일반적으로 거래 시마다 결정하여야 할 사항, 즉 품명, 품질, 규격, 수량, 가격, 선적 등에 관한 사항과 일반적인 모든 거래에 공통되는 사항, 즉 불가항력, 무역조건, 권리침해, 클레임 제기기한, 중재, 준거법 등에 관한 사항으로 나눌 수 있다. 전자는 개별거래 조항이라고 하며 보통 계약서의 표면에 기재되므로 표면조항이라고도 한다. 보통 후자는 일반거래 조항이라고 하며 계약서의 이면에 인쇄되므로 이면조항 또는 인쇄조항이라고도 한다.

무역계약의 기본조건으로는 품질, 수량, 가격, 운송, 결제, 보험, 선적, 포장조건 등이 있으며, 아래에서 살펴보겠다.

1 품질조건

격심한 수출시장의 경쟁에서 이겨내기 위하여는 수출상품의 품질이 우수하여야 함은 말할 것도 없다.

품질의 문제는 어디까지나 물리적 또는 화학적인 것이기 때문에 일반적으로 제조업자 또는 기술자의 책임범위에 속하여 수출업체에 있어서는 직접적인 중요한 의의를 갖는 것은 아니라고도 할 수 있으나 무역업체의 입장으로서도 이 품질문제에 관하여 적극적으로 활동할 수 있는 분야가 있음을 간과하여서는 안 된다.

즉, 품질의 문제는 상품의 물리적, 화학적인 문제에 그치는 것이 아니라 상품의 품질을 올바르게 상대방에게 인식시켜서 판매의욕을 갖도록 하는 것이 중요한 문제인 것이며 이러한 점에서 무역업체의 적극적인 활동이 필요하다.

이에 따라 품질조건의 결정은 다음과 같은 방법을 사용하고 있다.

가. 검사판매(sales by inspection)

물품의 검사를 조건으로 하는 판매이다.

통상 검사증명서(inspection certificate)를 요구하거나 선적 전에 수입상의 주재 대리인 등의 검사를 받도록 한다. 전자의 경우에는 대략 두 가지 사례로 분류할 수 있다. 하나는 수출상 자신이 검사하고 서류를 작성하는 것으로 아무런 명시 없이 'Inspection Certificate is required' 등으로 표시되고 있으며, 다른 하나는 제3자가 검사하고 검사증명서를 작성하는 것으로 'Inspection Certificate(or Analysis Certificate) issued by xxx' 등으로 표시되게 된다. 후자의 예에서는 'Invoice must be countersigned by xxx' 등으로 기재되는 것이 통상이다.

나. 견품판매(sales by sample or pattern)

상품의 품질을 상대방에게 올바르게 인식시킬 수 있는 가장 일반적인 방법은 상품의 견본을 상대방에게 제시하는 것이다.

이와 같이 견본을 기초로 하여 계약을 체결하는 거래를 견품판매라 하며, 제조가공품은 이와 같은 견본매매의 방법으로서 거래를 하는 것이 일반적이다. 그 이유는 가령 특정상품의 제조업자가 많은 경우 그들이 사용하고 있는 원재료는 거의 동일하다고 할지라도 완성품에 있어서는 각 업자에 따라 그 형이나 의장 성능에 있어서 차이가 생긴다.

더욱이 계약성립 당시 소지하고 있지 않은 경우가 많고 주문생산인 경우에는 더욱 그러하다. 따라서 동일한 상품이라고 할지라도 실제로 그 견본을 보지 않고서는 이러한 점에 대해서는 그 우열을 확인할 수가 없기 때문에 생산하기 전에 견본을 송달하여 수입상이 이를 보고 의견을 말하게 하거나 승낙토록 하는 경우가 많다.

기재 문언의 예를 보면 아래와 같다.

1) Sample must be sent to buyer for approval and such approval must be confirmed and endorsed by xxx Bank in writing prior to each shipment.
2) Sample must be approved by the buyer prior to shipment.

다. 표준품판매(sales by standard or type)

미곡(米穀), 맥류(麥類), 면화(棉花), 차(茶) 등과 같은 농산물 판매에 사용되는 조건이다.

이들은 수확 전에 계약을 하게 되므로 그 계절의 표준품에 의해 판매하지 않으면 안 되기 때문이다.

라. 상표판매(sales by trademark or brand)

상품의 품질이 일반적으로 널리 알려져 있는 경우에는 견본 등을 사용할 필요가 없으며 다만 상품의 상표에 의하여 매매계약이 성립된다.

마. 명세서판매(sales by specification)

선박, 기계 또는 정밀도를 요구하는 상품인 경우에 명세서를 첨부하여 이에 의한 제품을 매매하게 된다. 'Commodity as per the attached offer sheet(or proforma invoice) No. 1234' 등으로 표시되는 경우가 그것이다.

2 수량조건

가. 수량단위의 표시

수량조건은 품질조건 다음으로 분쟁이 많이 일어나기 쉬운 것으로 무역계약에서는 상품의 종류, 성질, 거래관습에 의하여 중량(weight), 용적(measurement), 길이(length), 개수(piece, set, dozen, gross), 포장단위(case), 표(表; bale), 준(樽; keg, cask, barrel), 부대(負袋; bag) 등이 있으며, 이 중에서 중량조건이 가장 중요하다.

중량은 부속물이 포함되는가에 따라서 총량(gross weight)과 순량(net weight)으로 구분되며, 전자는 부속물을 포함한 중량, 후자는 이를 포함하지 않는 중량을 말한다. 또한 중량은 무게와 용적으로도 계산되며, 전자의 예로는 중량톤(weight ton), 후자의 예로는 용적톤(measurement ton)이 있다.

용적톤은 1 cubic ton(40 cubic feet를 1톤으로 함) 또는 1 gross ton(100 cubic feet를 1톤으로 함) 등으로 표시되며, 중량톤에는 다음과 같은 것들이 있다.

L/T(long ton : English ton) = 2,240 lbs.[3]= 1.016 kg
S/T(short ton : American ton) = 2,000 lbs. = 908 kg
M/T(metric ton : French ton) = 2,204 lbs = 1,000 kg

나. 계량의 시기

또한 분쟁의 소지가 있는 부분은 계량의 시기이다. 즉, 선적 시로 하느냐, 양륙 시로 하느냐에 따라서 선적중량조건(shipped weight terms)과 양륙중량조건(landed weight terms)으로 구분된다.

양륙중량조건은 상품의 성질상 기후, 습도, 온도 또는 자연적 소모에 의하여 중량상의 차이가 생길 우려가 있을 때 사용된다. 광산물이나 증발이 심한 유지류(油脂類) 등의 거래에 사용된다. 예를 들어 최초의 어음발행을 상업송장 금액의 일부로 제한하는 일부어음발행 신용장의 중량조건이 그것이다.

---

3) lb. Lbs : 라틴어의 libra의 준말로서, pound in weight를 뜻한다. 단수는 lb. 복수는 lbs.가 된다.

다. 과부족 용인조건

정확한 양을 선적하는 것이 곤란할 것에 대비하여 과부족을 허용하는 약정을 하는 경우가 있다. 이를 M/L clause(more or less clause)라고 하며, 예컨대 'Seller have the option of shipping or delivering 5% more or less on the contracted quantity unless arranged otherwise' 등이 그것으로 석탄, 양곡 등을 대량으로 산적(散積; bulky cargo)할 경우에 주로 이용된다.

라. 개산(槪算) 수량조건

산적화물(散積貨物, bulk cargo)의 경우 M/L clause를 설정하는 것이 좋으나 구태여 이를 설정하지 않고도 간단하게 '약'이란 표현을 써서 수량을 나타냄으로써 이와 비슷한 효과를 거둘 수 있다. 이를 개산수량조건이라 한다.

기본수량 앞에 '약'이란 용어, 예컨대 about, approximately, around, some 등을 붙이는 경우 신용장통일규칙에서는 그 기본수량의 10%의 범위 내에서의 차이, 즉 과부족을 허용한다는 취지를 규정하고 있다.

3 가격조건

가격이란 시장에서 물품의 교환가치를 화폐가치로 표시한 것이다. 가격은 매수인의 입장에서 보면 구매를 결정하는 중요한 요인이며, 매도인의 입장에서 보면 판매를 결정하는 요인이다. 물품의 품질과 가격이 매매를 성립시키는 최대의 결정요인이다.

가격조건은 무역거래조건 중에서 가장 중요한 요소의 하나로서 계약상품의 인도지점과 가격구성요소의 주요인에 의해 정해진다. 즉, 상품이 수출상의 공장에서부터 수입상의 소재지까지 이동되는 단계마다 운반비, 보험료 등 많은 부대비용이 발생하게 되는데 무역거래의 단계마다 이러한 요인들의 조항을 일일이 계약서에 약정한다는 것은 번거롭고 불편한 일이다. 따라서 무역거래에서는 국제적으로 무역거래 관습상 형성된 정형화된 거래조건으로서 매매당사자간의 법률관계(권리·의무)를 정해 놓았는데 이것을 정형(定形) 거래조건(trade terms)이라 한다.

이를 테면 FOB[4]나 CIF[5]등과 같이 매매가격을 설정하여 이러한 통일된 정형 거래조건을 따르겠다는 조항을 계약서에 명시하면 매매당사자의 계약상품 인도에 대한 비용부담과 위험부담이 무역조건에 따라서 해석되어지기 때문에 국가간 상관습의 차이에서 오는 불충분한 지식과 해석상의 오해를 대부분 해소할 수 있다. 무역조건의 해석에 관해서는 제7장에서 설명하기로 한다.

4 포장조건과 화인

포장(packing)은 제품의 보호나 판매촉진의 의미를 갖는다. 포장은 내용물을 보호하는 견고성과 포장비용 자체의 절감, 그리고 운임절감을 고려한 경제성을 감안하여 포장조건을 약정한다. 화인(貨印, shipping mark)의 주요부분은 기호 및 번호(marks and numbers)이며, 이는 선하증권, 송장 등에도 기재되어 화물과의 대조를 용이하게 한다.

한편 포장의 불완전으로 인한 약정품의 손상은 적하보험 약관상 보험자의 면책조항에 적용되므로 세심하게 포장을 수행하여야 하며, 화인에 있어서도 기호와 번호가 불완전하게 표시된 포장으로 인한 사고는 수출상이 책임을 져야 됨에 유의하여야 한다.

가. 포장의 종류

포장의 종류에는 일반적으로 소매를 위해 물품의 최소단위를 하나하나 포장하는 개장(unitary packing)과 개장된 물품을 수송상 취급하기 좋도록 적절한 재료로써 싸거나 용기에 수용하는 내장(inner or interior packing) 및 한 개의 포장물의 외부용기에 대한 포장, 즉 용기의 종류에 따라 상자(carton) 또는 부대(bag)에 넣은 것과 같은 외장(outer packing) 등이 있다.

나. 화인

여기에는 다른 화물과 식별을 용이하게 하기 위한 일정한 기호나 그림으로 나타내는

---

4) FOB : Free On Board의 약어로서 선박의 본선에 상품을 적재 시까지의 모든 비용과 위험을 수출상이 부담하는 정형거래 가격조건으로 '본선인도가격'이라 함.

5) CIF : Cost, Insurance & Freight의 약어로서 FOB 가격에 해상보험료와 선박운임을 수출상이 부담하는 가격조건이며, '운임보험료포함가격'이라 함.

주화인(main mark), 화물의 일련번호(case number), 원산지 표시(country of origin mark), 주의 표시(caution mark) 그리고 지시표시(attention mark) 등을 일렬로 표시하면 된다.

▌도 2-4▌ 화인 예시

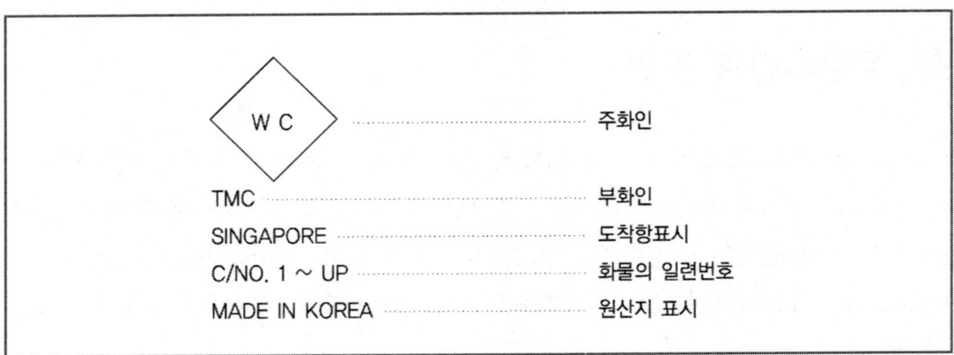

5 선적조건

선적은 물품의 인도 그 자체로서 인도과정에서 경유해야 하는 과정이요 절차이다. 이러한 선적조건에서 주로 다루어져야 할 것은 선적시기, 분할선적, 환적의 허용여부이다.

가. 선적시기의 약정

선적시기에 대해서는 통상 월이나 일을 제시하여 약정하게 되며 즉시선적조건에 대해서는 국가마다 해석기준이 상이하므로 확실하게 약정할 필요가 있다. 즉, "prompt shipment", "immediate shipment", "as soon as shipment" 등은 매매당사자 사이에 분쟁이 야기되기 쉬워 신용장통일규칙에서는 이러한 표현을 사용하지 못하도록 하고 있다.

나. 선적방법의 약정

선적의 방법에는 일반적으로 분할선적(partial shipment)과 환적(transhipment)을 기준으로 하여 신용장통일규칙상 다음과 같이 규정하고 있기 때문에 이를 참고하거나 약정하는 것이 바람직하다.

무역계약 약정 시 분할선적을 허용하는 표현은 "partial shipment are allowed" 그 반대는 "prohibited"라고 약정하면 되고, 이러한 표현이 없을 경우에는 분할 선적을 허용하는 것으로 본다. 그러나 분할선적이 허용되면서 할부선적(shipment by installment)이 약정되어 있을 경우, 이것이 이루어지지 않을 때는 별도의 약정이 없는 한 해당 불이행분은 물론 그 이후의 모든 할부부분에 대하여도 무효가 된다.

환적이란 운송품이 도착항에 도착하기 전에 당초에 선적되었던 운송기관에서 다른 운송기관으로 이전 및 재적재되는 행위를 가리키며, 운송품의 안전과 환적으로 인한 분쟁의 소지를 예방하기 위해 명확한 약정이 필요하다.

6 보험조건

무역상품을 운송하는 과정에서 좌초(stranding) 등과 같은 해상 고유의 위험이나 전쟁 등과 같은 인위적 위험을 커버하기 위하여는 적하보험(cargo insurance)에 부보하여야 한다.

적하보험은 무역조건상 CIF로 무역계약이 체결될 경우에는 수출상이 자기의 비용부담으로 부보를 하여야 하나 FOB 및 CFR일 경우에는 수입상이 적하보험계약을 체결하여야 한다.

적하보험계약의 체결은 피보험자 또는 보험계약자가 보험회사의 정형화된 청약서 양식에 보험증권상 기재내용을 포함하여 보험회사에 제출하면 보험회사가 이를 승낙함으로써 성립하게 된다.

적하보험에서의 보상범위는 계약에서 명시한 보험조건에 따라서 발생한 멸실이나 손상에 한정되어 있기 때문에 보험에 부보하고자 하는 화물의 성질, 포장상태, 운송방법 등을 충분히 고려한 후 가장 경제적이면서도 화물의 안전운송에 효과적으로 대체할 수 있는 가장 적합한 보험조건을 선택하여야 한다.

보험금액(insured amount)이란 보험사고 또는 소정의 손해가 발생한 경우 보험자

(insurer, assurer)가 지급해야 하는 금액 또는 그 최고한도의 금액으로 보험자와 피보험자(insured, assured)간에 상호 협의하여 정하도록 되어 있다.

그러나 실무적으로는 상업송장 금액에 희망이익(expected profit)을 가산한 금액을 보험금으로 정하고 있다. 즉 수출상과 수입상이 무역계약을 체결 시 보험조건상에 "110% of invoice value"와 같이 송장금액에 10%를 가산한 금액으로 정하게 된다.

보험조건과 해상손해의 종류 등에 대해서는 다음 제9장에서 상세히 고찰하도록 하며 여기에서는 생략한다.

7 결제조건

무역거래가 발생하면 대금결제가 필히 발생하게 된다. 무역거래는 매매당사자가 장소적으로 원격지간에 떨어져 있는 특수성으로 인하여 일반적으로 무역계약을 체결할 시 대금의 결제방법, 결제시기 그리고 결제통화 등에 대하여 상세하게 약정하여야 한다.

무역대금의 결제방법으로는 제2장 3절 수출입 거래방식에서 살펴보았듯이 송금방식에 의한 결제, 추심방식에 의한 결제 그리고 신용장방식에 의한 결제 등으로 대별할 수 있다.

무역대금의 결제시기는 일반 상거래에서와 같이 선지급(advance payment), 동시지급(concurrent payment), 후지급(deferred payment)과 이들의 혼합방식이 있으며, 수출입계약의 당사자간에 협의하여 정확히 선택해야 한다.

가. 선지급

수출입대금을 선적 또는 인도하기 이전에 미리 결제하는 조건으로 주문과 함께 매수인이 전신송금(T/T) 등으로 송금하는 사전송금방식과 수출상이 신용장 수취와 함께 상품 선적 전에 미리 대금의 일부가 결제되는 자금선대신용장(advance payment L/C) 등이 있다.

나. 후지급

수출입대금의 결제가 상품의 선적이나 인도 또는 환어음의 일람후 일정기일 내에 이루어지는 외상거래방식의 연지급 조건이며, 외상판매 또는 위탁판매 등이 가장 대표적인 후 지급 조건이다.

후지급방식은 송금방식의 경우 사후송금이 해당되며, 신용장방식에서는 기한부환어음(usance bill)을 발행하여 인수 후 일정기일 이후에 대금결제가 이루어지는 기한부 신용장(usance L/C)이 후지급에 해당된다.

다. 동시지급

현물 또는 현물과 동일시되는 선적서류를 인도 받음으로써 동시에 대금지급이 이루어지는 방식으로서, ① 수입상이 요구하는 운송서류를 수출지에 상주하는 수입상의 대리인에게 넘겨주면서 동시에 대금결제가 이루어지는 서류상환인도(Cash Against Document; CAD)와 ② 수출상이 자기의 비용과 위험부담으로 수입지에 상주하는 수출상의 대리인에 현품을 인도하고 현지에서 수입상의 검품을 통하여 현물을 인도와 동시에 대금결제가 이루어지는 현물인도방식(Cash on Delivery; COD) 등이 대표적인 방식인데, 우리나라는 수출상이 선적이행이 이루어진 후에 대금결제가 이루어진다는 점에서 사후송금방식에 준하여 관리하기도 한다.

또한 신용장과 추심방식에서는 일람불신용장(sight L/C)과 D/P방식이 여기에 해당하는데 일람불환어음(sight bill)을 발행하여 거래은행에 매각함으로써 대금결제가 이루어진다.

라. 혼합방식

수입상이 현품을 주문과 동시에 대금의 일부를 지급하고 선적 시 또는 현품이 도착 후 수년에 걸쳐 일부씩 분할하여 지급하는 방식으로 할부지급(installment payment)이 대표적인 방법이며, 플랜트 등 대형거래에서 많이 이용되는 조건이다.

▌표 2-1▐ 결제방법의 시기별 구분

구 분	선 지 급	동시 결제	후 지 급
송금방식	사전송금	COD, CAD	사후송금
추심방식	–	D/P	D/A
신용장방식	자금선대 신용장	일람불 신용장	기한부 신용장

8 클레임 및 기타조건

무역계약 체결 시에는 계약내용의 이행여부와 관련하여 무역클레임이 발생했을 경우 클레임을 제기하는 시기와 제기방법, 그리고 해결방법을 미리 약정해 두어야 한다. 이 경우 클레임 해결방법으로 중재조항을 미리 약정해 놓으면 보다 간편한 방법으로 클레임을 해결할 수 있다. 그러나 이러한 약정이 없으면 무역클레임을 소송으로 해결하여야 하는 번거로움이 야기될 것이다.

보다 자세한 설명은 제13장 '무역클레임'에서 소개하기로 한다.

인코텀즈2010

수출입계약조건 중 하나인 가격조건은 수출상의 공장에서 수입상의 공장까지 이동하기까지 여러 종류의 부대비용이 들어간다. 수출지 공항이나 항구까지의 운반비, 수출검사비, 수출통관비, 선적비, 항공 또는 해상운임과 관련 보험료, 수입지에 도착 이후에는 하역비, 수입관세와 수입상의 공장까지의 운반비 등등 매매당사국간의 서로 다른 상관습의 차이에 따라 이러한 비용을 누가 부담하냐를 놓고 사전에 매매계약시에 언급해 놓지 않으면 분쟁으로 이어지게 된다. 비용뿐만이 아니라 상품의 이동되는 단계마다 부수되는 상품의 멸실 또는 손상위험은 누가 부담할 것이냐는 것이다. 따라서 이러한 분쟁을 사전에 예방하고 최소화하기 위해 서로 다른 상관습을 정형화할 필요성이 대두하게 된다.

정형화된 무역거래조건에 따라 선박의 수배와 운임의 부담, 해상보험 계약체결의 당사자가 달라진다. 당해 수출입화물과 관련된 무역거래조건과 해상 적하보험의 내용에 대하여 정확한 이해가 있어야 매매계약에서 대금의 결제에 이르기까지 원만하게 수출입업무를 진행할 수 있을 것이다. 이러한 배경하에서 인코텀즈(Incoterms ; International Commercial Terms)하고 하는 통일된 규칙이 탄생하게 되었고, 개정년도를 규칙의 뒤에 붙여 사용하고 있다.

2010년도에 개정된 인코텀즈 즉, 무역거래조건에 관한 국제규칙(INCOTERMS 2010)은 11가지 정형화된 거래조건에 따라 수출상과 수입상 각각의 의무사항을 명시하고 있으며, 화물의 이동단계마다 발생되는 비용(cost)의 부담과 위험(risk)의 분담범위 등을 정하여 놓았다.

우리나라에서 가장 많이 이용되는 무역거래조건은 FOB, CIF 및 CFR 조건이다. 예로서, FOB조건의 경우 수출지 항구의 본선에 수출물품을 선적하고 이때까지의 화물의 손상 위험과 비용을 수출상이 부담하면 이후 수입지 항구까지의 운임과 해상보험료 등 부대비용과 위험 등을 모두 수입상이 부담하는 기준이 정해져 있는 것이다.

이 장에서는 FOB조건, CIF조건 등 수출입거래에서 자주 접하게 되는 여러 가격조건들의 개념을 정리하여 수입신용장 발행시 신청서의 검토, 완전 명확한 신용장의 발행 등 수출입업무를 정확히 처리하는 능력을 배양하기 위하여 매매계약조건 중 수출입 당사자간의 의무를 규정하고 있는 가격조건에 관한 국제 상관행을 살펴보기로 한다.

7-1 국제규칙의 제정 및 개정

상거래에서 가장 민감한 부분이 가격이라고 할 수 있다. 가장 싸게 구입하여 가장 비싸게 팔고자 하는 것이 상거래의 기본일 것이다.

국제무역거래에서는 국내거래와는 달리 상품이 수출상으로부터 수입상에 입수되기까지 상품이 이동되는 단계마다 운임, 보험료 등 상품의 원가를 구성하는 여러 요소비용이 투입된다.

국제무역에 있어서는 매매당사자들의 역사 및 풍습, 관습 등이 다르기 때문에 이에 따라 무역가격의 정형 및 관습도 저마다 달라 어떤 통일된 규칙이 없이는 많은 분쟁이 발생하게 된다. 이러한 분쟁을 제거하고 국제무역의 확대를 도모하기 위하여 무역가격에 대한 국제적 통일법규 내지 규칙의 제정이 절실히 요망되어 1936년 국제상업회의소에서 "무역거래조건의 해석에 관한 국제규칙(International Rules for the

Interpretation of Trade Terms ; Incoterms 1936)"이 제정되었다.

그 후 1953년에 무역관습의 변화에 대응하기 위하여 제1차 개정되었고, 2차 개정은 1967년에 "Delivered at Frontier"와 "Delivered Duty Paid" 조건이 추가되었고, 1976년에는 3차로 "F.O.B. Airport" 조건이 추가되었으며, 4차 개정인 1980년에는 복합운송과 연관하여 "Free Carrier", "Carriage Paid to" 및 "Carriage and Insurance Paid to" 등 세 가지 조건이 추가되었다.

다시 1990년에 국제상업회의소는 기존의 무역가격조건을 더 명확하게 하고 전자자료교환(Electronic Data Interchange; EDI)의 사용증가에 대응하기 위하여 Incoterms 1980을 일부 개정하였고, 제5차 개정 규칙을 "Incoterms 1990"이라 부른다.

주요 개정내용은 다음과 같다.

첫째, "Free Carrier", "Free on Rail/Truck"과 "FOB Airport"의 세 가지 가격조건을 "Free Carrier"로 통합하였다.

둘째, 매도인과 매수인이 전자통신을 이용하기로 합의하였을 때에는 관련서류가 전자자료 교환 메시지로 대체되는 것을 허용하였다.

5차 개정 이후 유럽연합(EU)과 같은 자유무역지대의 확대와 무역거래시 전자통신문의 사용이 확대되고 국제운송관습이 변화되었기 때문에 개정의 필요성이 제기되어 국제상업회의소는 약 2년간의 개정작업 끝에 2000년에 인쇄물 번호 560번으로 6차 개정이 이루어졌으며 'Incoterms 2000'이라 부른다.

이후 Incoterms 2010으로 개정되어 현재 2011년 1월 1일부터 사용하고 있다.

Incoterms 2010은 범세계적으로 관세자유지역이 확대되고, 전자적 통신수단의 사용이 증대되고 있으며, 국제적으로 물류상 보안에 대한 규제가 강화되고, 국제운송실무의 변화가 지속되고 있는 현실에 순응하고자 하였다. 그리고 무엇보다도 Incoterms 2010에서는 물품이 컨테이너화물로 운송되는 경우에 매매계약에서 종래의 FOB나 CIF와 같은 해상운송조건을 사용하는 것이 옳지 않음에도 불구하고 실무에서 그렇게 하지 못하고 있는 문제를 해결하고자 하였다.

첫째, 이를 위하여 Incoterms 2010에서는 새로운 분류기준을 채택하여 '단일 또는 복수의 운송방식에 사용가능한 규칙'과 '해상운송과 내수로운송에 사용가능한 규칙'으로 양분하고 있다. EXW, FCA, CPT, CIP, DAT, DAP, DDP의 7가지 규칙이 전자에 속하고 , FAS, FOB, CFR, CIF의 규칙이 후자에 속한다. 전자는 복합운송을 포함한 모든 운송방식에 사용가능한 데 반하여, 후자는 해상운송을 포함한 수상운송방식에 한하여 사용될 수 있다. 이에 종래의 실무에서는 편의상 전자를 "복합운송조건"으로, 후자를 "해상운송조건"으로 부르기도 하였는데, 금번 Incoterms 2010 개정에서는 매매물품이 복합운송에 의하여 운송되는 경우에는 복합운송에 사용가능한 규칙이 올바르게 사용될 수 있도록 하자는 취지에서 복합운송을 포함한 모든 운송방식에 사용가능한 규칙을 전면에 배치하고 있다.

둘째로, 이번 Incoterms 2010 개정에서는 종래 별로 이용되지 않았던 DAF, DES, DDU를 폐기하면서 이들을 DAP로 흡수하고, 같은 맥락에서 DEQ를 폐기하면서 이를 DAT로 발전시켰다. 그에 따라 신설된 DAT와 DAP는 복합운송을 포함한 모든 운송방식에 사용가능하도록 하였다.

Incoterms는 구속력을 가진 국제조약은 아니기 때문에 당사자의 합의에 의해서만 이용된다. 또한 국제무역의 형태는 매우 다양하고 새로운 거래형태가 생겨나므로 Incoterms가 모든 거래조건을 만족시켜 주지는 못한다. 이럴 때에는 거래 당사자들 사이에 별도의 계약조건을 첨가하여 "Incoterms 및 특별조건"으로 해서 보완할 수 있다.

7-2 무역가격의 종류와 표시방법

1 권리의무내용 및 무역가격의 종류

Incoterms 2010은 11가지의 정형거래조건으로 매도인과 매수인 사이의 권리와 의무관계를 각각 10개 조항으로 규정하고 있는바 그 중요한 골자는 다음과 같다.

가. 위험부담의 분기점

물품의 멸실이나 손상에 대한 책임에는 시점, 어느 장소에서 매도인으로부터 매수인에게 이전되는가의 문제로서 이것은 인도의 이행 및 손해배상과 관련된다.

나. 비용부담의 분기점

물품의 수출입에 부수하여 소요되는 여러 가지 요소비용, 즉 제조원가 및 이윤으로부터 수입통관 및 수입지에 도착할 때까지의 각종 비용 가운데 언제까지 매도인의 부담으로 귀속되는가의 문제이다.

다. 매도인의 제공서류

매도인이 매수인에게 제공해야 하는 서류에는 어떤 것이 포함되는가의 문제로서 그러한 서류는 수출입 절차상의 서류와 운송서류로 나누어 생각할 수 있다.

라. 기타 당사자의 의무

아래 표는 비용부담의 분기점을 나타낸 표이다.

O. 매도인 부담 X. 매수인 부담		제조 원가	포장 검사	반출 운송	수출 허가	수출 통관	운송 비	보험 료	수입 허가	수입 통관	반입 운송
E Group	EXW	O	O	X	X	X	X	X	X	X	X
F Group	FCA	O	O	O	O	O	X	X	X	X	X
	FAS	O	O	O	O	O	X	X	X	X	X
	FOB	O	O	O	O	O	X	X	X	X	X
C Group	CFR	O	O	O	O	O	O	X	X	X	X
	CIF	O	O	O	O	O	O	O	X	X	X
	CPT	O	O	O	O	O	O	X	X	X	X
	CIP	O	O	O	O	O	O	O	X	X	X
D Group	DAT	O	O	O	O	O	O	O	X	X	X
	DAP	O	O	O	O	O	O	O	X	X	X
	DDP	O	O	O	O	O	O	O	O	O	O

운송계약의 체결과 보험 부보의무의 귀속과 계약체결의 내용, 당사자 쌍방의 통지사항과 그 수단 및 매도인의 매수인에 대한 협조사항 등이 규정되어 있다.

이 가운데 위험부담의 한계와 비용부담의 한계에 따라 무역가격은 수출지 인도 단일가격과 수입지 인도 단일가격 및 특수비용 포함가격이 있다.

수출지 인도 단일가격은 수출상의 위험과 비용부담이 수출지에 있는 지점에서 종료되며, 수입지 인도 단일가격은 수출상의 위험과 비용부담이 수입지의 지점에서 종료된다.

특수비용 포함가격은 수출상의 위험부담은 수출지에서 종료되나, 비용은 수입지까지 부담하여야 하는 가격조건이다.

이를 살펴보면 다음과 같다.

▌도 5-1▌ 무역가격의 종류

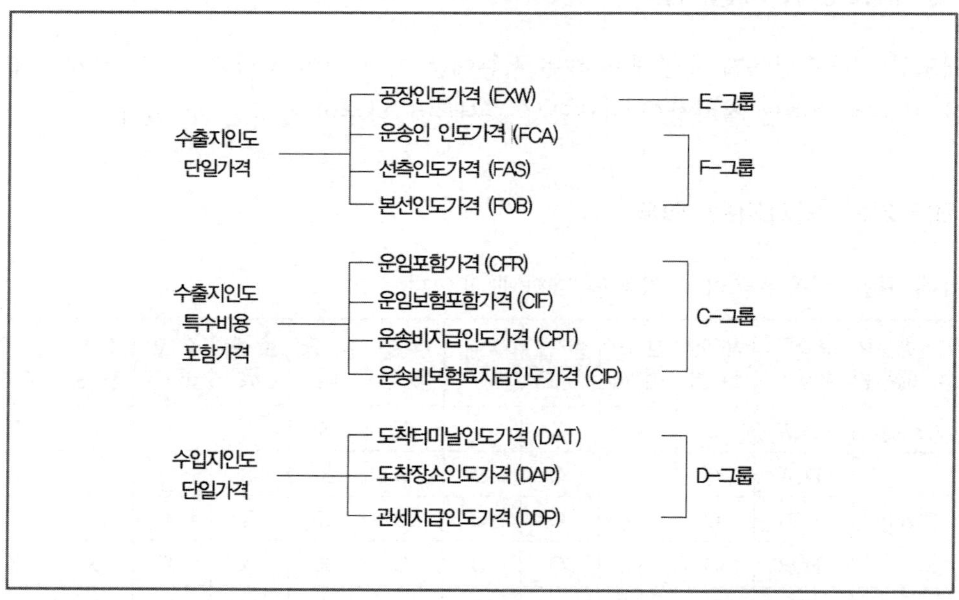

2 무역가격조건의 표시방법

상기 무역가격의 주요 내용은 다음 3항에서 설명하기로 하고, 이 가격조건을 수출입실무에서 어떻게 표기하는가를 알아야 하겠다.

실제 무역거래에서 많이 사용되는 가격조건은 FOB, CIF, CFR 조건이 대부분이며,

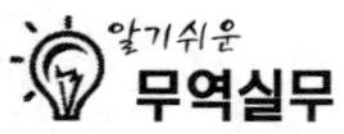

FCA, FAS 등이 가끔 이용되어지고 있다. 동 가격조건은 명칭과 함께 매도인의 운임부담 종료 지점을 표시하고 운송서류에 운임이 선지급되는가 또는 후지급되는가를 표시하게 되어 있다. 보험관계를 함께 고찰하면 다음과 같다.

▌표 2-1▌ 무역가격의 표시방법

가격조건	운임부담종료지점	위험부담종료지점	운임지급방법	보험관계
F O B	선 적 항	선 적 항	freight collect	수입상 부보
C I F	도 착 항	선 적 항	freight prepaid	수출상 부보
C F R	도 착 항	선 적 항	frehigt prepaid	수입상 부보
F C A	수 출 지	수 출 지	frehigh collect	수입상 부보
F A S	선 적 항	선 적 항	frehigh collect	수입상 부보

앞의 가격조건 중 FCA조건을 제외한 FOB, CIF, CFR, FAS 조건은 해상 또는 내수로운송방법을 이용할 경우 종료지점이 항구가 되며, FCA조건은 모든 운송방법에서 사용가능하나 주로 복합운송 등에서 사용된다.

표시방법을 예로 들면, 선적항이 New York이고 도착항이 Pusan인 경우 가격조건이 FOB조건이면 FOB New York으로 표시하여야 한다. 이 조건으로 수입신용장을 발행할 때에는 운송서류로는 선화증권이 요구되어져야 하고 운임은 수입지에서 후지급되므로 freight collect로 표시하고, 보험도 수입상이 부보하게 되는 조건이므로 보험서류를 신용장 발행신청시 징구하여야 되는 것이다.

7-3 국제규칙의 주요내용

1 공장인도가격(EXW; Ex Works)

매도인이 물품을 자기의 공장 구내에서 매수인에게 인도함으로써 비용과 책임을 면하는 거래방법으로 매도인의 의무부담이 가장 가벼운 거래조건이다.

Works는 단순히 공장을 의미하는 게 아니라, 상품의 종류와 인도장소에 따라 Ex Factory, Ex Mill, Ex Mine, Ex Plantation, Ex Store, Ex Warehouse 등으로 표시되며 이런 다양한 의미를 포함한다.

이 조건에서는 수출절차도 매수인이 담당하므로 수출국의 무역법규에 따라 매수인이 수출승인을 직접 또는 간접적으로 받을 수 없는 경우에는 사용되어서는 안되며, 특약이 없는 한 매도인은 매수인이 준비한 차량에 상품을 적재할 의무를 부담하지 않는다.

가. 매도인의 의무

매도인이 물품을 자신의 영업장 구내 또는 기타장소(Premises : Works, Factory, Warehouse, etc.)에서 매수인의 임의처분상태로 준비하여야 한다.

나. 매수인의 의무

① 물품이 매도인의 하치장에서 매수인의 임의처분상태로 준비완료되면 이를 인수하여야 한다.
② 물품을 자기의 위험과 비용부담으로 목적지까지 운반하여야 하며, 수출입허가의 취득 및 통관 수속절차를 처리하여야 한다.

2 운송인 인도가격(FCA; Free Carrier)

이 조건은 매도인이 상품을 지정된 장소에서 운송인의 보관하에 인도하면 그의 의무를 이행하게 된다. 따라서 운송인이 물품을 수탁한 지점(point)이 위험과 비용의 이전한계가 되며 본선적재 시점에서 이전되는 것은 아니다.

철도 또는 항공운송과 같이 운송방법상 운송계약을 체결하는 데 매도인의 도움이 필요할 때, 매도인은 매수인의 위험과 비용으로 행동한다.

가. 매도인의 의무

① 물품을 매수인이 지정한 장소에서 운송인에게 인도하여야 한다.
운송인에 대한 인도의 완성시점을 매도인의 영업장 구내에서 이루어질 경우에는

매도인이 매수인의 적재용 차량에 적재한 때가 되며, 기타 장소에서 이루어질 경우에는 매도인이 운송인에게 양륙인도할 책임이 없이 매수인의 임의 처분상태로 놓인 때가 된다.

② 수출허가를 취득하고 통관수속을 처리하여 수출로 인하여 지급하여야 하는 수출관세를 포함하는 제세공과금을 지급하여야 한다.

③ 운송인에게 물품을 인도한 증거를 제시하여야 한다.

나. 매수인의 의무

① 물품의 운송인과 인도장소 및 시기를 지정하여 매도인에게 통지하여야 한다.

② 지정지로부터의 물품운송계약을 체결하고 운임을 지급하여야 한다.

3 선측인도가격(FAS; Free Alongside Ship)

선측인도(船側引渡)란 본선(ship) 옆에서 상품을 인도한다는 의미이며, 매도인이 상품을 선적항에서 매수인이 지정하는 본선선측에서 매수인에게 인도하는 조건이다. 이때 선측이란 본선이 상용하는 양화기(winch), 선적기구(tackle or sling)가 도달할 수 있는 장소를 말하는 것으로 매도인은 이러한 선측에서 상품을 인도할 때까지의 위험과 비용을 부담한다.

이 조건은 적재비용이 많이 소요되는 원면, 원목, 원맥 등의 거래에 자주 사용되며, 해상 또는 내수로 운송방법에서만 사용될 수 있다.

가. 매도인의 의무

① 물품을 선적항에 있는 본선의 선측에 인도하여야 한다. 단, 수출허가 및 수출통관절차는 매도인의 의무사항이다.

② 물품을 선측에 인도하였음을 증명하는 통례적인 서류(선측수취증, 도크수취증, 창고증권, 창구수취증 등)를 매수인에게 제공하여야 한다.

나. 매수인의 의무

① 운송인을 지명하여 통지하고 물품의 운송을 위한 계약을 체결하며 운임을 지급하여야 한다.

② 물품의 수입허가 및 수입통관절차를 처리하고 이전에 관련된 관세를 포함하는 제세공과금을 지급하여야 한다.

4 본선인도가격(FOB; Free On Board)

본선인도(本船引渡)란 매도인이 상품을 매수인이 지정하는 본선에 적재함을 조건으로 하는 가격이다. 따라서 매도인의 위험과 비용 부담은 상품이 본선에 적재된 때 종료된다.

선적항에서 본선적재까지의 위험과 비용은 매도인이 부담하나 그 후의 일체의 위험과 비용은 매수인이 부담하므로 매수인이 운임을 부담하고 보험을 커버하여야 한다. 이 조건은 다만 해상 또는 내수로운송에만 사용되어야 한다.

비용부담면에서 FOB가 FAS와 다른 점은 본선상에 물품을 선적하는 데 소요되는 적재비용을 매도인이 부담하는 점이다.

이 FOB조건은 CFR 및 CIF와 함께 무역가격 중에서 가장 많이 이용되는 조건이다.

가. 매도인의 의무

① 물품을 본선상에 적재하면 인도의무는 완료된다.

② 물품의 수출허가를 취득하고 수출통관 수속절차를 처리하여 수출과 관련된 관세를 포함하는 제세공과금을 지급하여야 한다.

③ 무사고본선수취증을 제공하여야 한다.

④ 물품의 선적비를 지급(선적항의 관습 또는 운임에 포함되지 아니한 범위에서)하여야 한다.

나. 매수인의 의무

① 운송인을 지정하여 매도인에게 통지하고 운송계약을 체결하여 운송비를 지급하여야 한다.
② 운임에 포함된 한도로 선적비를 지급하여야 한다.
③ 양륙비를 지급하고 수입허가의 취득 및 수입 통관수속절차의 처리 그리고 수입으로 인한 제세공과금을 지급하여야 한다.

5 운임포함인도가격(CFR; Cost and Freight)

운임포함가격은 본선인도가격에 목적지까지의 해상운임이 포함된 가격이다. 그러나 상품에 대한 위험부담은 상품이 본선의 난간을 통과하는 시점에서 매도인으로부터 매수인에게 이전된다.

이 가격조건은 해상 또는 내수로 운송에만 사용되어야 한다.

가. 매도인의 의무

① 물품의 운송계약을 체결하고 목적지항까지의 운임을 지급하여야 한다.
② 물품의 본선상에 적재된 때 인도의무는 완료된다.
③ 물품의 수출허가를 취득하고 수출통관절차를 처리하며 수출과 관련된 제세공과금을 지급하여야 한다.
④ 매수인에게 무사고선적선화증권을 제공하여야 한다.
⑤ 물품의 선적비와 운임에 포함되는 범위 내에서 양륙비를 지급하여야 한다.

나. 매수인의 의무

① 물품이 본선상에 적재되어 무사고 선적선화증권이 제시된 때 이를 즉시 인수하여야 한다. 선화증권은 물품을 화체한 물권증권이므로 이때에 대금지급의무가 발생된다.
② 운임에 포함하지 아니한 범위내에서 양륙비를 지급하여야 한다.

6 운임·보험료포함 인도가격(CIF; Cost, Insurance and Freight)

CIF조건이란 선적지까지의 상품의 가격에 목적지까지의 해상운임 및 해상보험료를 가산한 가격조건이다. 이 조건에서 매도인은 선박을 수배하여 상품을 선적하고 도착항까지의 운임을 지급하고 적하보험에 부보하여 선적서류를 매수인에게 제공하고, 매수인은 선적 이후의 위험을 부담하고 선적서류와 상환으로 대금을 지급한다.

이 조건에서 매도인의 비용부담은 도착항까지이지만 위험부담은 FOB조건의 경우와 마찬가지로 상품이 본선의 난간을 통과할 때 끝난다. 따라서 이 조건은 위험부담의 분기점과 비용부담의 분기점이 일치하지 않는다. 인도방식도 현물인도(actual delivery) 방식이 아니라, 서류에 의한 상징적 인도(symbolic delivery)방식을 취한다는 특징을 가지고 있다. 즉 CIF조건에서 매수인에게 물품이 도착하지 않았다고 하더라도 매수인은 대금지급의무가 발생하게 된다.

CIF조건은 해상 또는 내수로 운송에만 사용되어야 하며, 선박의 난간이 실제적인 목적에 기여하지 못하는 RORO운송에서는 CIP로 사용되어야 한다.

가. 매도인의 의무

① 목적지까지의 물품운송계약을 체결하고 운임을 지급하여야 한다.
② 물품을 본선상에 적재되는 시점에서 위험 및 추가비용 부담은 매수인에 이전된다.
③ 물품 수출허가를 취득하고 수출통관절차를 처리하며 수출로 인한 수출관세를 포함하는 제세공과금을 지급하여야 한다.
④ 물품에 대한 보험계약을 체결하고 보험료를 지급하여야 한다.
⑤ 상업송장, 무고장 선화증권 및 해상화물보험증권을 매수인에게 제공하여야 한다.
⑥ 선적비를 지급하여야 한다.
⑦ 운임에 포함되어 있는 범위 내에서 양륙비를 지급하여야 한다.

나. 매수인의 의무

① 상업송장, 해상화물보험증권 및 선화증권이 제시되면 이를 인수하고 대금을 지

급하여야 한다. 선화증권은 물품을 대표하는 것이므로 이를 인수하면 물품을 인수한 것과 같은 효력을 가진다.

② 운임에 포함하지 아니한 범위 내에서 양륙비를 지급하여야 한다.

7 운송비지급인도가격(CPT; Carriage Paid To)

매도인의 비용부담은 전술한 CFR과 같이 선적원가에 운임이 가산된 가격이나 매도인의 위험부담은 CFR과는 달리 상품이 본선에 적재된 시점이 아니라 운송인에게 수탁시키는 시점에서 매도인의 위험부담이 종료된다.

이 가격조건은 운송방법과 관계없이 사용된다.

가. 매도인의 의무

① 운송계약을 체결하고 적재비와 목적지까지의 운임을 지급하여야 한다.

② 물품을 운송인 또는 후속운송인이 참여하게 되는 경우 첫 번째 운송인에게 점유·이전한다.

③ 수출허가를 취득하고 수출통관절차를 처리하며 수출로 인하여 지급되어야 하는 수출관세를 포함하는 제세공과금을 지급하여야 한다.

④ 매수인에게 송장 및 통례적인 운송서류를 제공하여야 하며, 또한 기타 서류를 부보하는 데 협조를 제공하여야 한다.

나. 매수인의 의무

① 물품이 운송인에게 인도되어 상업송장 및 통례적인 운송서류가 제시되면 이를 인수하고 계약에서 약정한 바에 따라서 대금을 지급하여야 한다.

② 운송 중 물품에 대한 보험계약을 체결하고 보험료를 지급하여야 한다.

8 운송비 보험료 지급인도가격 (CIP; Carriage Insurance Paid To)

이미 설명한 CPT조건에 운송 중인 상품의 손실위험에 대한 보험료가 추가된 조건이다. 즉 매도인이 운임을 지불하고 적하보험에 부보한다.

CIF와 같으나 위험부담의 이전시점이 상품이 본선에 적재된 시점이 아니고 최초 운송인에게 수탁시키는 시점이 된다. CIP조건은 운송방법에 관계없이 사용될 수 있다.

가. 매도인의 의무

① 운송계약을 체결하고 적재비와 목적지까지의 운임을 지급하여야 한다. 단, 양륙비는 운임에 포함되어 있는 범위 내에서 지급하여야 한다.

② 물품을 운송인 또는 후속운송인이 참여하게 되는 경우 첫 번째 운송인에게 점유·이전하여야 한다.

③ 수출허가를 취득하고 수출통관수속절차를 처리하며 수출로 인하여 지급되어야 하는 수출관세를 포함하는 제세공과금을 지급하여야 한다.

④ 운송중 물품에 대한 보험계약을 체결하고 보험료를 지급하여야 한다.

⑤ 매수인에게 송장 및 통례적인 운송서류, 운송보험증권을 제공하여야 하며, 또한 기타 서류를 부보하는 데 협조를 제공하여야 한다.

나. 매수인의 의무

물품이 운송인에게 인도되어 상업송장, 보험증권 및 통례적인 운송서류가 제시되면 이를 인수하고 계약에서 약정한 바에 따라서 대금을 지급하여야 한다.

9 도착터미널인도가격(DAT; Delivered At Terminal)

도착터미널인도란 물품이 도착운송수단으로부터 양하된 상태(once unloaded)로 지정목적항이나 지정목적지의 지정터미널에서 매수인의 처분하에 놓이는 때에 매도인이 인도한 것으로 되는 것을 말한다. "터미널"은 부두, 창고, 컨테이너장치장(CY) 또는 도로・철도・항공화물의 터미널과 같은 장소를 포함하며, 지붕의 유무를 불문한다. 매도인은 지정목적항이나 지정목적지까지 물품을 운송하고 거기서 양하하는 데 수반하는 모든 위험을 부담한다.

가. 매도인의 의무

① 수출통관필 물품을 지정목적항 또는 지정목적지에서 매수인에게 인도하여야 한다.
② 매수인에게 매매계약에 일치하는 물품 및 상업송장과 그 밖에 일치성에 관하여 계약에서 요구되는 증거를 제공하여야 한다.

나. 매수인의 의무

① 지정목적항이나 지정목적지에서 물품을 인수하여야 한다.
② 수입허가를 취득하고 물품의 수입을 위한 통관절차를 처리하고 수입을 위한 수입관세를 포함하는 제세공과금을 지급하여야 한다.
③ 지정목적항이나 지정목적지로부터의 물품의 운송을 위한 운임 및 기타비용을 지급하여야 한다.

10 도착장소인도가격(DAP; Delivered At Place)

도착장소인도란 물품이 지정목적지에서 도착운송수단에 실린 채 양하 준비된 상태(ready for unloading)로 매수인의 처분하에 놓이는 때에 매도인이 물품을 인도한 것으로 되는 것을 말한다. 매도인은 그러한 지정장소까지 물품을 운송하는 데 수반하는 모든 위험을 부담한다.

가. 매도인의 의무

① 수출통관필 물품을 지정목적지에서 양하 준비된 상태로 매수인에게 인도하여야 한다.
② 매수인에게 매매계약에 일치하는 물품 및 상업송장과 그밖에 일치성에 관하여 계약에서 요구되는 증거를 제공하여야 한다.

나. 매수인의 의무

① 지정목적지에서 양하 준비된 상태에서 물품을 인수하여야 한다.

② 수입허가를 취득하고 물품의 수입을 위한 통관절차를 처리하고 수입을 위한 수입관세를 포함하는 제세공과금을 지급하여야 한다.

③ 지정목적지에서 양하비용과 물품의 운송을 위한 운임 및 기타비용을 지급하여야 한다.

11 관세지급인도가격(DDP; Delivered Duty Paid)

관세지급인도라 함은 매도인이 상품을 수입통관하고 목적지에서 양륙하지 않은 상태로 매수인에게 인도한다는 것을 의미한다. 매도인은 목적지의 관세를 포함한 모든 비용과 위험을 부담하여야 한다.

EXW조건이 매도인에 대한 최소한의 의무를 나타내는 반면에 DDP는 그 최대한의 의무를 나타낸다. 이 조건은 매도인이 직접 또는 간접적으로 수입승인을 취득할 수 없는 경우에 사용되어서는 안되며, 운송방식에 관계없이 사용될 수 있다.

이 가격조건하에서 매도인은 자기의 위험과 비용으로 상품을 매수인의 영업장에서 인도하여야 한다. 이 가격조건은 매도인이 직접 또는 간접적으로 수입승인을 받을 수 없는 경우에는 사용되어서 안된다.

가. 매도인의 의무

① 물품을 수입지국 내륙의 지정 인도장소에서 매수인의 임의처분상태로 점유·이전하여야 한다.

② 수입지국에서의 물품의 수입허가를 취득하고 수입통관절차를 처리하며 수입관세를 포함하는 제세공과금을 지급하여야 한다.

③ 수입지국 내륙의 지정인도장소에까지 물품의 운송을 위한 계약을 체결하고 매수인이 그 물품의 인수를 위하여 필요로 하는 인도지시서 또는 통례적인 운송서류를 제공하여야 한다.

나. 매수인의 의무

물품을 수입지국 내륙의 지정 인도장소에서 인수하여야 한다.

본장에서는 수출절차와 수입절차에서 공통되는 무역운송분야를 설명한다. 수출상이 수출물품을 제조 생산하여 항공 또는 해상운송회사에 운송을 의뢰하고, 수입상 역시 인코텀즈 2010에서 수입상이 E그룹과 F그룹(EXW, FCA, FAS, FOB)조건으로 수입계약을 체결한 경우 운송계약을 체결해야 한다.

8-1 국제운송의 개요

운송(運送, transportation)이란 인간과 물자의 공간적인 효용을 높이기 위하여 인간이나 물자를 한 장소로부터 다른 장소로 옮기는 것을 말하며, 크게 국내운송과 국제운송으로 구별된다. 국내운송은 자가창고나 공장(도착항)에서 선적항(자기창고나 공장)까지의 운송을 의미하고, 국제운송은 선적항에서 도착항까지의 운송을 의미한다.

국내운송의 운송수단은 주로 트럭, 철도, 내항해운, 국내항공 등에 의해 이루어지고 있으며 국제운송은 선박과 항공기가 많이 이용되고 있으나 철도나 자동차에 의해서도 운송되고 있다. 즉, 일국에서 타국으로 상품을 수출하는 방법에는 해상, 육상 및 항공을 이용한 세 가지가 있다. 이 중에서 해상운송이 전통적으로 가장 많이 사용되었으며, 현재에도 가장 많이 사용되고 있다.

그러나 근래 항공산업의 발달에 따라 항공운송도 증가 일로에 있으며 육상운송은 내륙으로 접하고 있는 국가들간에 사용되기도 하나 그보다는 해상기관과 결합되어 사용되는 복합운송 또는 통과운송에서 더 중요성을 가지고 있다.

다시 말하면, 국제무역에서 운송은 경제성, 신속성, 안전성의 원칙 아래 운송계약에 의하여 수행되며 매매계약 및 보험계약과 함께 약정된 물품을 매수인에게 도착, 인도시키는 각각 별개의 독립된 계약 중 하나로 무역의 근본적, 최종적 목적달성에 중요한 절차이다.

운송은 운송계약방법에 따라 개품운송계약에 의한 정기선운송과 용선운송계약에 의한 부정기선운송이 있으며, 대부분의 공산품 수출입은 정기선으로 운송되고 있다.

8-2 해상운송

1 해상운송의 의의 및 특성

화물선을 운송수단으로 하여 원양항로와 연안항로를 따라 운항하는 운송시스템을 해상운송이라 하며, 일시에 대량으로 장거리를 운송할 수 있다는 경제성 때문에 현재 수출입 화물의 대부분이 해상운송에 의존하고 있는 실정이다.

해상운송은 원거리, 대량운송으로 운임이 다른 운송수단보다 저렴하다는 특성 이외에도 통로 건설비가 소요되지 않아 선박만 있으면 세계 모든 나라의 영해와 항구를 거의 자유롭게 입·출항할 수 있기 때문에 국제적 경쟁산업이며 국가적으로도 아주 중요한 전략산업이다.

오늘날의 해상운송은 조선기술의 발달, 전자 및 정보통신의 발달 등 계속적인 기술혁신에 의하여 선박운송의 안정성이 크게 높아졌으며, 선박의 대형화, 고속화, 전용선화, 컨테이너선화가 크게 진전되었다. 특히 컨테이너에 의한 화물의 복합운송은 해상운송을 신속·저렴하게 하였을 뿐만 아니라 해상과 육상, 나아가서는 항공운송에 이르기까지 전 수송을 신속하고 효율적으로 연결 수송할 수 있게 한 중대한 수송혁신이다.

2 운송계약의 체결

일반잡화를 운송하는 정기선의 경우는 다수의 화주로부터 화물을 집화 인수하여 화물 운송계약을 각 화주와 개별적으로 체결하는데 이를 개품운송계약이라 한다. 그러나 별도로 운송계약서를 작성하는 것이 아니고 선박회사에서 정형화된 양식의 선하증권(Bill of Lading ; B/L)을 발급함으로써 운송계약에 갈음하고 있다.

선하증권에는 화물의 행선지, 선적지, 명세(용적, 중량, 화인 등), 운임 지불관계(선불 또는 도착지 후불), 선적일자, 발급일자 등이 기재된다. 그리고 뒷면에는 운송과 관련한 당사자 간의 권리의무 관계를 기술한 약관이 인쇄되어 있다. 약관의 내용은 이해당사자간의 책임과 의무를 명기하여 분쟁이 발생할 경우 해석의 기준이 되므로 화주는 동 내용을 정확히 숙지할 필요가 있다.

부정기선 화물, 즉 곡물·광석·비료 등의 화물을 운송할 시에는 운송계약서가 작성되며 이에 의거 선하증권이 별도로 발급된다.

운송계약서는 정기선의 경우와 달리 일방적으로 인쇄된 양식을 사용하는 것이 아니고 당사자간에 충분한 합의를 거쳐 계약서가 작성된다. 특히 유의할 것은 화물수량의 표시, 선적일시, 하역일시, 선박지체 관계 등 상당히 전문적인 지식 내지는 경험을 필요로 하는데, 초심자에게는 직접 계약에 임하는 것이 바람직하지 못하므로 관련 해운회사의 조언을 받거나 전문가 또는 변호사의 협조를 받는 것이 좋다.

3 수출화물의 선적절차

수출물품에 대한 수출검사가 완료되면 수출업자는 수출물품을 수출계약조건이나 신용장 등에서 정한 소정의 선적기한 내에 물품을 선적하여야 하므로 운임이 수출상 부담조건이면 적합한 선박회사를 선정, 운송계약을 체결하여 동 계약에 따라 수출화물을 선적할 준비를 하게 되며 운임이 수입상 부담조건일 경우에는 수입업자가 지정하는 선박에 수출 화물을 선적할 준비를 하면 된다.

이상의 절차가 끝나게 되면 수출업자는 관세법에 의한 수출통관절차를 거쳐 당해 수출 물품을 선박에 적재하고 선하증권을 수취하게 된다.

▌도 2-5▌ 선적절차

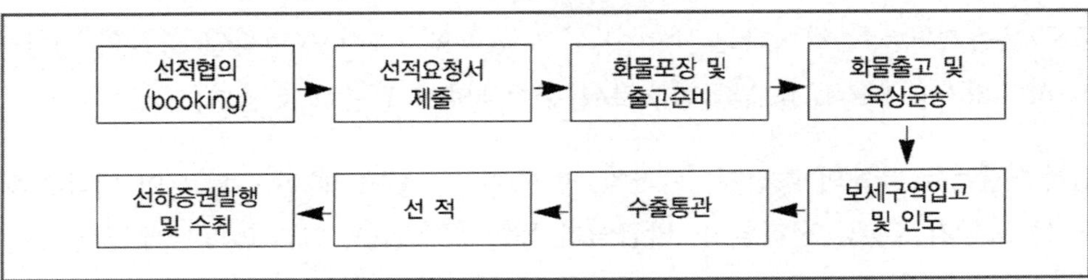

가. 선적협의

수출업자 자신이 수출상품을 선적기간 내에 선적하기 위해 수출업자 자신이 원하는 시기 및 장소에서 화물을 운송해 줄 수 있는 선박회사를 물색하고 물색된 선박회사와 접촉하여 구체적인 선적협의를 한다.

협의는 서면으로도 가능하겠으나 유선으로 하는 것이 보통이며 신속하고 정확하다. 협의 시는 자신의 요망사항, 즉 언제·어디서·무슨 화물을·얼마나·어느 곳까지·누구에게 운송하고자 한다는 것을 알리며 선박회사 측에서는 구체적으로 선적이 가능한 시기, 운임 등 요망사항에 대한 질의에 응하고 상호 요건이 충족되면 구두로 예약(booking)을 한다.

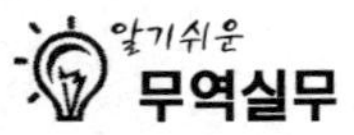

나. 선적요청서 제출

구두계약이 이뤄지고 나면 화주는 송하인(shipper), 수하인(consignee), 선적항, 화물의 명세 등 소정의 운송 정보를 기재하여 선박회사에 정식으로 선적요청서(Shipping Request; S/R)를 제출한다.

다. 화물포장 및 출고준비

상품용으로만 포장되어 있는 화물의 상태가 운송에 적합할 정도로 견고한지 확인해야 한다. 선박은 일반 철도나 트럭에 의한 운송과정과는 달리 선박 자체가 해상에서 심하게 동요를 할 수도 있으므로 백화점에 전시할 정도의 포장, 소위 견물생심을 유발키 위한 미관 위주의 포장만으로는 해상에서의 위력을 감당할 수 없고 화물의 손상원인이 포장불량에 있을 시는 선박회사로부터 보상도 받지 못한다. 포장 및 출고준비는 선적협의 시 요청된 시간 내에 선박회사가 지정한 창고까지 운송 보관시킬 수 있도록 여유를 두고 착수한다.

라. 컨테이너 화물

화물을 컨테이너에 적입(積入, stuffing)하여 컨테이너 전용선에 선적 운송될 경우는 화주 자신이 선박회사에 빈 컨테이너를 요청하여 컨테이너에 화물을 집어넣어야 한다. 컨테이너는 길이에 따라 20피트(TEU), 40피트(FEU), 45피트(jumbo) 등의 규격이 있다. 선박회사에서는 일단 컨테이너를 기준으로 운임을 산정하는 데 소량의 화물을 수출코자 하는 화주로서는 비싼 운임을 부담하면서까지 굳이 컨테이너 한 개를 독자적으로 사용할 필요는 없다.

컨테이너 한 개를 채울 수 있는 다량화물은 FCL(Full Container Load)화물이라 하여 화주의 공장 또는 창고 등에서 바로 컨테이너에 적재되어 내륙지점에 있는 데포(depot), 즉 CY(Container Yard)에 반입된다. 그리고 컨테이너 한 개를 채우는데 부족한 소량화물은 LCL(Less than Container Load)화물이라 하여 내륙데포, 즉 CFS(Container Freight Station)에서 목적지 및 적입의 적합성 등을 고려하여 타 화물과 혼재(consolidate)된다.

FCL화물인 경우에는 선박회사에서 화주가 지정하는 창고까지 빈 컨테이너를 운반 대기시켜 주므로 화물을 완전히 적입시킨 후 선박회사에서 보내준 봉인(seal)을 채운다. 물론 봉인하기 이전에 세관검사는 필하여야 한다. LCL화물의 경우에는 선박회사가 지정한 혼재 창고까지 화물을 운송해 주면 선박회사 책임하에 그곳에서 타 화물과 컨테이너에 적입된다.

마. 출고 및 육상운송

화물의 출고준비가 끝나면 선박회사가 지정한 창고까지 운송을 한다.

컨테이너 화물의 경우는 화주의 요청에 의해 선박회사가 육상운송 구간도 담당한다. 육상운송은 화물이 항구에 있는 보세구역까지 연결되므로 어느 운송업자나 취급할 수 있는 것이 아니고 보세화물 운송면허를 취득한 자만이 할 수 있다.

바. 화물입고 및 인도

컨테이너 화물인 경우 선박회사측에 화물을 인도하는 장소는 컨테이너 선박이 접안하고 부두에 위치해 있는 컨테이너 전용야드(CY)의 정문(gate)이다. 물론 선박회사가 화주의 창고에서 직접 화물을 인수해 가는 경우도 있다. 정문을 통과할 시점(gate in)에서 선박회사측과 화주 사이에 상호 인수도가 이루어지게 되므로 컨테이너의 경우 외관과 봉인이 이상이 없으면 인수증, 즉 부두수취증(Dock Receipt; D/R)을 화주에게 발급한다.

사. 선하증권의 발행 및 수취

화물을 선박회사측에 인도하고 나면 선박회사는 화물을 인수하였다는 것, 즉 화주가 요청한 대로 운송하여 지정된 자에게 인도할 것을 약속하는 내용의 선하증권(B/L)을 화주에게 발행한다. 선하증권은 통상 3통(original, duplicate, triplicate)을 화주에게 발행하며 그 효력이 동일하다. 선하증권은 법적으로 화물 그 자체를 대표하는 유가증권이며 물품대금을 수취하는 데 필요한 운송서류 중 가장 중요한 증권이다.

선박회사가 화물을 인수한 즉시 발급하는 수취증, 즉 컨테이너 화물일 경우는 D/R, 재래선 화물일 경우는 본선수취증(Mate's Receipt; M/R)과 상환하여 B/L을 발급하는 것이 원칙이나 실무에서는 D/R이나 M/R은 선박회사 내부에서 왕래되고 있으며 특별한 요청이 없는 한 화주에게 직접 교부하는 일은 거의 없다. 즉 선박회사에서는 화물의 인수·선적 사실을 내부 업무 시스템을 통해 직접 확인할 수 있으므로 화주에게 D/R이나 M/R 제시를 요구하지 않고 화주의 요청에 따라 즉시 B/L을 발급한다. 선하증권에 관해서는 제3부 '무역서류' 편에서 좀 더 자세히 설명하기로 한다.

4 포워딩(forwarding)

가. 포워더의 의의

운송주선인(freight forwarder)이란 일반적으로 운송수단을 직접 소유하지 않은 채 하주를 위하여 화물운송의 주선이나 운송행위를 수행하는 자를 말한다.

이들의 공통적이고 기본적인 기능은 하주와 운송인 사이에서 하주에게는 운송인의 입장이 되고 운송인에게는 하주의 역할을 하는 것이다. 미국에서는 NVOCC (Non-Vessel Operating Common Carrier, 무선박 운송인)라 하여 미국 신해운법(U.S. Shipping Act)에 "하주의 대리인으로서 해당 운송인을 통해 미국으로부터 수출품 선적 또는 적하를 위한 선복예약 및 기타 방법을 취하며, 서류작성과 선적에 수반하는 관련 작업을 이행하는 자"로 되어 있다.

수출입화물의 운송이 주로 해상으로 이루어지는 만큼 통상 운송주선인 혹은 포워더라고 하면 해상운송주선인(ocean freight forwarder)을 염두에 두나, 항공화물 운송을 위한 항공운송주선인(air freight forwarder)도 존재하고 있다. 그러나 양자는 복합일관운송이라는 차원에서 세계적으로 통합되는 추세에 있을 뿐만 아니라, 실무적으로도 보통 운송주선인은 해상화물과 항공화물 모두에 대한 서비스 제공자격을 보유하고 있다. 이에 따라 우리나라의 경우 1992년도 화물유통촉진법의 제정으로 1996년 7월 1일부터 운송주선업은 복합운송주선업이라는 업종으로 일원화되었다.

▌도 2-6▐ 해상운송 주선업자의 역할

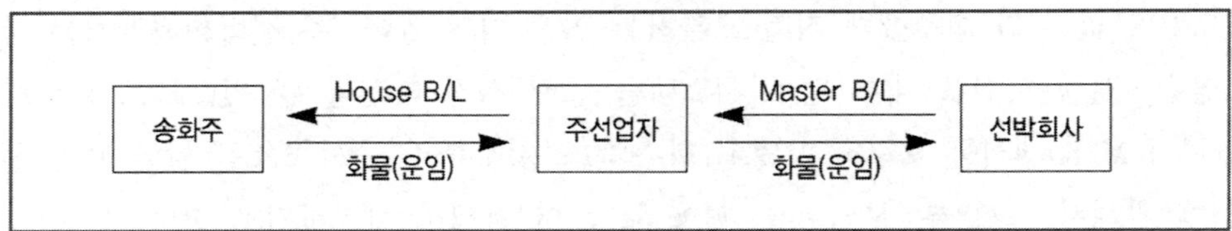

나. 포워더의 역할

Freight Forwarder의 전통적 기능은 하주의 대리인으로서 적절한 운송수단을 선택하여 이들을 유기적으로 결합하고, 운송에 따르는 일체의 부수업무를 처리해 주는 기능을 말하며, 이와 관련된 업무는 다음과 같다.

① 하주에 대한 전문적인 조언
② 운송의 수배
③ 운송관련 서류의 작성
④ 통관대행
⑤ 포장 및 창고 보관
⑥ 소량화물의 혼재(consolidation)

5 정기선과 해운동맹

가. 정기선의 의의와 종류

정기선(liner)은 화주로부터 탁송(託送)을 의뢰받아 정해진 기항항(寄港港) 사이를 정해진 운항일정(schedule)에 따라 항해하여 주로 완제품이나 반제품 등의 일반화물(general cargo)을 운송하며, 정기선을 운항하는 해운업자를 정기선사(liner shipping company)라고 부른다.

정기선에는 컨테이너선, 재래화물선, 다목적선 및 RO/RO(Roll On/Roll Off)선 등으로 구분하며, 컨테이너선에는 선박 내에 컨테이너를 하역할 수 있는 장비가 없는 풀컨테이너선(full container)과 선박 내에 크레인 장비가 설치되어 있는 세미 컨테이너선(semi container)이 있으며, 재래화물선은 컨테이너선과 대칭되는 개념으로 컨테이너를 운송할 수 있는 선박구조를 갖추지 못한 배를 의미한다. 또한 다목적선(multi-purpose ship)은 일반화물선과 벌크선의 기능을 함께 구비한 선박이며, 정기항로와 부정기항로에 모두 투입할 수 있다.

자동차 전용선과 같은 RO/RO선은 하역장비에 의해 화물이 난간을 지나지 않고 선박 내에서 육지로 마련된 경사로(ramp)를 따라 양륙될 수 있는 선박을 말한다.

나. 해운동맹

해운동맹(shipping conference)이란 두 회사 이상의 정기선 운항업자가 특정항로에서 상호간에 기업적 독립성을 존중하면서 과당 경쟁을 피하고 상호간 이익을 유지, 증진시키기 위하여 운임, 적취량, 배선, 기타 운송조건에 관하여 협정 또는 계약을 체결한 국제 해운 카르텔(cartel)이다. 이러한 해운동맹에 가입한 동맹선을 conference(member) liner라 부른다.

해운동맹은 안정된 선복(shipping space)과 안정된 운임을 제공함으로써 운임부담능력에 따라 탄력적인 운임을 설정하고 화물을 안정적으로 수송하는 긍정적인 면도 있으나, 독점적 성격이 강하여 높은 운임을 부과하거나 유지하려는 부정적인 면도 가지고 있다.

1970년대까지 막강한 위력을 발휘하던 정기선 동맹도 1970년대 후반부터 대만, 한국 등 아시아의 개발도상국들과 소련을 비롯한 동구권의 비동맹선사(outsider 또는 non-conference liner)들이 적극적인 공세를 취하면서 힘을 잃기 시작하였고 1984년 6월에 미국의 신해운법(Shipping Act 1984)이 발효되는 것을 계기로 동맹의 기능은 뚜렷이 약화되었다. 그뿐만 아니라 컨테이너화(containerization)의 급진전으로 복합운송이 활성화되면서 대부분의 선사들이 Door-to-Door 서비스를 제공함에 따라 Port-to-Port 서비스를 위주로 한 해운동맹은 경쟁력을 잃게 되었다.

1980년대 중반부터 태평양, 유럽, 대서양 항로와 같은 간선항로(trunk route)에서는 대형 선사를 중심으로 세계일주서비스(round the world service)가 늘어나면서 항로마다 특성을 달리하는 동맹에 가입하는 것이 어렵게 된 점도 동맹 약화의 한 원인이 되었다.

6 부정기선과 용선계약

가. 부정기선의 의의

정해진 항로를 정기적(규칙적)으로 운항하는 정기선과 달리 일정한 항로나 화주를 한정하지 않고 화물의 수송수요에 따라 화주가 원하는 시기와 항로에 선복(船腹)을 제공하는 선박을 부정기선이라 한다. 당초 해운업의 초기는 부정기선 형태였으나 국제간의 무역이 크게 늘어나고 조선기술의 발달로 점차 정기선 서비스가 발달되고 있는 추세이다.

부정기선의 화물은 대체로 원유, 철광석, 석탄, 곡물, 시멘트 등 저가 대량화물로 구성되며, 선박은 화물수요에 따라 수시로 항로를 변경하기 때문에 부정기선 시장은 특정업체의 시장점유율이 높지 않아 정기선과 달리 동맹을 만들 수 없다.

부정기선의 운항주체는 일반 해운회사가 선박을 보유하여 운항하는 일반운송인(common carrier)과 화주 자신이 선박을 소유하여 자기 화물을 직접 운송하는 자가운송인(privateindustrial carrier)의 두 가지 형태이다.

나. 부정기선의 용선계약

부정기선은 정기선의 개품운송계약과는 달리 통상 화주가 필요로 하는 선박에 대해 매항차(航次)당 선적지와 양륙지, 운송시기와 운임조건을 감안하여 용선계약서(Charter Party; C/P)를 작성하여 임대차계약을 맺는다.

부정기선의 용선방법(계약)은 ① 정기(기간)용선, ② 항해용선, ③ 선체용선(선박임대차)의 세 가지로 크게 나눌 수 있으나, 이 중 수출입 화주가 대개 이용하게 되는 것은 항해용선(계약)이다.

① 정기용선계약(Time Charter Party : 기간용선) : 일정 기간동안 선복의 전부 또는 일부를 용선하는 계약

② 항해용선계약(Voyage Charter Party, trip) : 선주와 용선자가 단일 항해 운송을 약정하는 것이며, 항로, 화물, 기일 등은 이들 당사자간의 약정에 의해 결정된다.

③ 선체용선계약(Bare Boat Charter, Demise Charter : 선박임대차) : 선박 자체만을 임차하고 선원, 항세, 수선비, 항해비용, 선체보험료 등 항해에 필요한 일체의 인적·물적 요소를 부담하는 선박의 임대차계약으로서 운송계약은 아니다.

8-3 항공운송

1 항공운송 개요

최근 무역구조가 중후장대형(重厚長大型)으로부터 경박단소형(輕薄短小型)의 제품 위주로 변화되고 있으며, 특히 전자공업의 발달로 소형경량의 고부가가치 제품이 크게 증가하면서 시장전략과 경쟁력 증대방안 등의 이유로 수출입화물운송에 있어 항공운송의 점유율이 점차 높아가고 있다. 우리나라의 수출입에 있어 항공은 물량기준으로 0.3%에 불과하나, 금액기준으로는 약 15%에 달하고 있다.

항공운송은 해운에 비해 높은 운임이 단점이나, 신속하고 안전도가 높으며, 포장비가 저렴하다는 등의 장점을 가지고 있으며 소량 고가화물의 장거리 수송에 적합하다. 또한 항공에 의한 화물의 적기 인도(just-in-time delivery)를 통해 재고비용과 자본비용의 절감은 물론, 도난과 손상의 방지효과를 가져올 수 있다.

2 항공화물의 유통과정

화주가 항공화물 포워더(forwarder)에게 운송을 의뢰하면 포워더는 화주를 대신해서 화물을 픽업하여 공항창고에 장치시킨 후 통관에 필요한 제반서류를 구비하여 통관사에 통관을 의뢰하고 운송업자인 항공사를 대신해서 운송장(Air Waybill; AWB)을 작성한다.

항공사는 화물의 특성과 항공기의 제한된 화물탑재공간 및 운항루트의 조건에 따라 최대탑재를 위한 사전계획을 세워 화물청사(cargo terminal) 내의 작업원에게 작업지시를 한다.

탑재기종에 따라 용적, 중량의 제한이 따르고 위험물 및 귀중품에 대해서는 제한 또는 탑재금지되거나 고가품에 따라 할증제도가 있다.

3 항공화물대리점(복합운송주선업)

우리나라의 현행법체계에는 항공화물 운송대리점업을 별도로 규정하고 있지 않다. 1991년 12월 14일 업종 일원화 조치로 항공법에서 항공운송주선업 및 항공화물운송대리점업을 삭제하고 화물유통촉진법을 제정, 복합운송주선업을 새로 규정하여 단일업종으로 통합하였다.

그 후 1995년 12월 29일 해운법에서 규정한 해상화물운송주선업을 복합운송주선업으로 통합시켜 수출입화물을 취급하는 업종을 단일화시켰다. 따라서 업종 구분은 없으나 영업 행태에서는 항공화물운송대리 행위와 항공운송주선 행위가 구분되어 이루어지고 있다.

가. 항공화물운송대리점업(일반대리점, air cargo agent)

화물대리점(agent)은 송하인과의 계약주체인 항공회사를 대신해서, 그 회사의 대리판매를 하면서 항공운송장(AWB)을 대리하여 발행하고 화물판매수수료를 수취하며, 통상적으로 수출 및 수입화물 모두에 대해 트럭 등에 의한 육상운송과 수출입면허, 창고반출입 업무를 대행하는 등 항공화물의 흐름을 원활히 하는 보완기능을 수행하고 있다.

항공화물운송대리점은 항공운송주선업자와는 달리 자기의 명의로 운송하는 사업이 아니므로 독자적인 항공화물운송장(AWB)을 발행하지 못한다.

나. 항공운송주선업자(혼재업자, air freight forwarder, consolidator)

항공운송주선업자는 스스로가 송하인과의 계약주체로서 독자적인 운송장(house AWB), 운송약관 및 요율을 가지고 있다.

항공운송주선업자는 항공사와 유사한 입장에 있으나 현실적으로 항공기를 갖고 있지 않으므로 집화한 화물을 운송하기 위해서는 항공사가 발행하는 화물운송장(master AWB)에 의해 주선업자를 송하인으로 하여 항공사의 운송약관에 의한 운송계약을 체결해야만 한다. 특히 주선업자들의 업무 중 혼재운송을 전문으로 하는 전문혼재업자(consolidator)는 직접 화주를 상대로 영업을 하지 않고 주선업자의 화물만을 취급한다.

▌도 2-7▌ 항공운송 주선업자의 역할

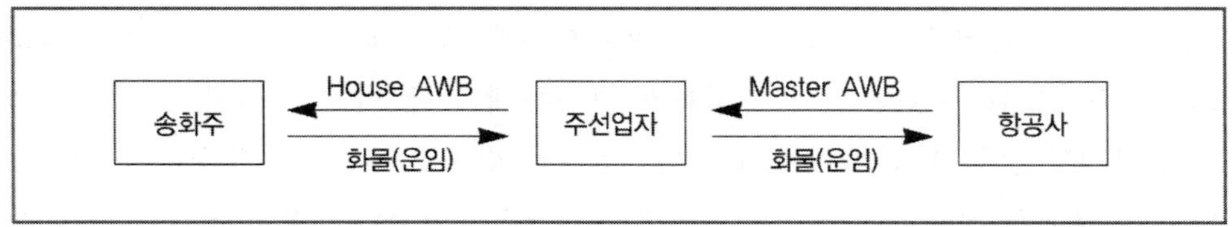

다. 상업서류송달업(courier)

항공법에서 규정하고 있는 상업서류송달업은 외국의 상업서류 송달업체와 계약을 체결하여 상업서류 등을 신속하게 발송 또는 배달하는 업체로 우편법에 제한적용을 받지 않는 상업서류와 서적, 잡지, 견본품, 신문 등 정기간행물을 자체 요금체계(tariff)와 운송약관에 의해 Door-to -Door 서비스로 신속하게 운송하는 업무를 행한다.

8-4 복합운송

1 복합운송의 개요

복합운송(international multimodal/combined transport)이란 화물이 단일 운송계약에 의거 2개 이상의 이종(異種) 운송기관에 의해 송하인의 문전에서 수하인의 문전까지(door-to-door)의 국제간을 일관해서 운송되는 새로운 형태이다. 국제간의 무역운송에 있어 컨테이너화의 발달과 수송기술 및 장비의 혁신에 따라 화물의 단위화(unitization)를 배경으로 하여 전 운송구간에 운송인의 책임과 운임의 일관성이 유지되고 있다.

복합운송은 수송기관의 접점에서 코스트를 절감할 수 있다는 점인데, 즉 환적작업, 검사, 사무수속 등 수송기관의 접점에서 발생하는 작업코스트를 절감할 수 있음과 동시에 작업의 흐름을 원활히 할 수 있다.

또한 컨테이너화에 의해 수송수속이 간편하여 화물과 서류의 체크, 서류의 단순화가 가능하게 되었으며, 운송책임의 일원화가 가능하게 됨에 따라 클레임 처리도 일원화되었다. 그리고 단일의 운송인에 의해 취급되므로 화물의 추적시스템화(cargo tracing system)가 용이한 장점이 있다. 이 외에도 화물단위당의 수송비용이 절약될 뿐만 아니라, 선복의 활용도가 높아지고 항만시설에 대한 투자가 과다하게 요구되지 않는다.

복합운송을 수행하는 복합운송인은 자기의 명의와 계산으로 송하인을 상대로 복합운송 계약을 체결한 계약당사자일 뿐만 아니라 전체 운송을 계획하고 여러 운송구간을 적절히 연결하고 통괄하여 운송이 원활하게 이루어지도록 조정하고 감독할 지위에 있으므로 전 구간에 걸쳐 화주에 대해 단일책임을 진다. 또한 복합운송인은 그 서비스의 대가로서 각 운송구간마다 분할된 것이 아닌 전 구간에 대한 단일화된 운임을 설정하여 화주에게 제시해야 하며, 복합운송이 되기 위해서는 복합운송인이 화주에 대하여 전 운송구간에 대한 유가증권으로서의 복합운송증권이 발행되어야 한다. 복합운송서류에 대해서는 제3권 제3장 '서류'에서 좀 더 연구하기로 한다.

2 복합운송의 주요경로

국제간에 육·해·공(陸·海·空)의 일관수송(intermodal transportation)이 본격화됨에 따라 국제무역에서 화물을 2개 이상의 서로 다른 구간(陸·海 또는 空)에 걸쳐 2개 이상의 서로 다른 운송수단을 이용, 최종목적지까지 운송하는 것을 복합운송이라 하는데, 운송수단을 기준한 주요 경로로는 해·공(sea & air)에 의한 수송경로와 해·육(sea & land)에 의한 수송경로로 대별할 수 있으며, 주요 운송경로는 북미대륙, 시베리아와 중국 대륙의 국제복합운송경로가 있다.

가. 해 · 공(海 · 空, sea & air)에 의한 수송경로

해 · 공 복합운송은 해상운송에 비해 소요일수를 대폭적으로 축소할 수 있고, 항공수송에 비해 소요운임을 절감할 수 있으며, 전 구간 해상운송에 비해 재고투자와 창고료의 절감, 포장비의 절감이라는 이점이 있으며, 주요 수송경로로는

① 부산 → (선박) → 북미 서해안 → (항공) → 북미 동부 → (항공) → 유럽공항
② 부산 → (선박) → 블라디보스톡 → (항공) → 모스크바, 유럽
③ 부산 → (선박) → 동남아 → (항공) → 유럽공항 등이 있다.

나. 해 · 육(海 · 陸, sea & land)에 의한 수송경로

이 경로는 대륙을 횡단하는 철도를 가교(bridge)로 하여 바다와 바다를 연결하는(sea-land-sea) 방식의 복합운송으로 랜드브리지(Land Bridge; LB)라고 하며, 운송비용의 절감과 전체 소요시간의 감소를 목적으로 한다. 한편 해상과 대륙(sea-land) 간 운송 시에는 미니랜드브리지(Mini Land Bridge; MLB)라 한다. 주요 수송경로로는 아래와 같다.

① American Landbridge(ALB)
극동 주요항 → (선박) → 미국 서해안 → (철도) → 미국 동부 → (선박) → 유럽
② Mini Landbridge(MLB)
부산 → (선박) → 미국 서해안 → (철도) → 미국 동해안
③ Micro Bridge
부산 → (선박) → 미국 서해안 → (철도, 트럭) → 미국 동부
④ Canadian Landbridge(CLB)
부산 → (선박) → 밴쿠버 → (철도) → 몬트리올 → (선박) → 유럽 서해안
⑤ Siberian Landbridge(SLB)
동남아 항 → (선박) → 보스토치니 → (철도) → 러시아 중서부 → (철도) → 유럽

8-5 내륙운송

내륙운송이란 급속도로 발전하고 있는 컨테이너화(containerization) 추세에 따라 더욱 중요성이 높아져 가고, 특히 최근 들어 운송인의 서비스구간이 Port-to-Port 개념에서 Door-to-Door 개념으로 확장됨에 따라 더욱 부상되고 있는 국제화물의 주요 운송분야로서 철도, 트럭, 연안선박(barge) 등의 이종(異種) 운송수단을 사용하여, 수입의 경우 양륙항에서 화물의 내륙인도지까지, 수출의 경우 내륙생산지에서 선적항까지 운송하는 것을 말한다.

내륙운송은 운송수단에 따라 철도운송, 자동차운송, 바지운송으로 나눈다. 철도운송은 해상운송처럼 저렴한 운임으로 대량운송이 가능하다.

보험(保險, insurance)은 미래에 예측할 수 없는 재난이나 사고의 위험에 대비하고자 생긴 제도이다. 다시 말하면 다수의 동질적인 위험을 결합하여 위험을 감소시키는 경제제도가 보험이며, 이러한 보험의 종류에는 목적물이 물건이냐 사람이냐에 따라 손해보험과 생명보험으로 대별된다. 손해보험에는 화재보험, 운송보험, 책임보험과 해상보험이 있으며, 생명보험에는 상해보험과 협의의 생명보험이 있다.

무역과 관련한 보험은 해상보험이며, 해상보험은 보험의 목적물에 따라 적하보험, 선박보험 및 운임보험 등으로 구분된다. 적하보험은 수출입 물품이 운송 도중에 손상을 입을 염려가 있을 때 이 손실의 보전을 위하여 부보하는 것이며, 본 장에서 다루고자 하는 분야이다.

해상보험은 상품이 수출지에서 수입지로 이동하는 과정에서 발생할 수 있는 멸실 또는 손상위험을 부담한다면, 해상운송이 아닌 항공운송인 경우 항공보험도 있다. 그러나 해상이든 항공이든 상품의 운송과정상의 위험이 아니고, 무역대금 결제상의 위험을 담보하는 또 다른 형태로서 수출보험이 있다. 거래상대방의 신용, 즉 대금지급능력을 믿을 수 없을 때 부보하는 것으로서 대부분 수출국 정부의 통상진흥정책의 일환으로 다루어지고 있으며, 무역보험에 관해서는 해상보험에 이어서 설명하기로 한다.

▌도 2-8▐ 보험의 종류

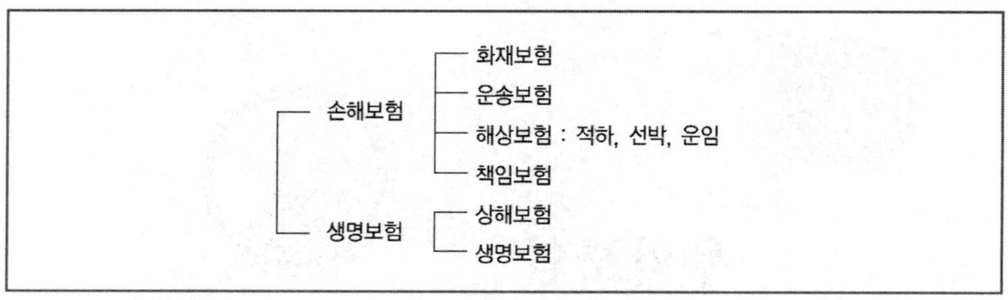

9-1 해상보험의 의의

해상보험(marine insurance)이란 항해에 관한 사고를 당할 우려가 있는 재산권을 가지는 다수인이 위험의 정도에 따라 합리적인 분담을 하여 공통 준비재산을 형성하고 사고가 발생하여 손해를 입었을 경우 이를 보상함으로써 경제상의 불안정을 제거 또는 경감하는 제도를 말한다.

운송회사, 즉 운송인은 화물운송 중 운송인의 취급부주의로 인한 상업과실(commercial loss)에 대해서만 화주에게 손해배상책임을 지며, 운송인이 좌우할 수 없는 항해손실(marine loss)에 대해서는 면책된다고 규정함으로써 해상보험이 필요하게 되었다.

보험은 사고발생 원인이 '우연한 것'일 때 보상받는 것이지만 일단 사고가 발생하면 보험회사에서는 막대한 손실을 감당해야 하므로 보험회사의 손실감당능력이 가장 중요한 문제로 대두된다. 따라서 보험가입 시 가입자는 능력 있는 보험회사를 선정해야 함은 물론 부보한 보험의 형식에도 신경을 써야 한다.

신용장거래인 경우 은행이 수리하는 보험은 보험증권(insurance policy) 또는 보험증명서(certificate of insurance)에 국한되며, 보험중개인이 발행한 보험각서(cover note)는 수리가 거절된다는 점에 유의하고, 보험서류에 대해서는 제3부 '무역 서류'에서 설명하기로 한다.

해상보험계약의 당사자 및 용어에 대해서는 이해하기 어려우므로 미리 익혀 두자.

- 보험자(insurer, assurer, underwriter[6]) : 보험계약을 인수하고 이에 따라 보험계약자에게 손실보상을 약속하는 당사자인 보험회사를 말한다.
- 보험계약자(policy holder) : 자기명의로 보험자와 보험계약을 맺고 보험료를 지불할 의무가 있는 당사자. 중요사항 고지의무 등 계약상의 의무를 이행할 책임을 진다.
- 피보험자(insured, assured) : 피보험이익의 주체이며 보상받을 권리를 보유한다.
- 보험료(premium) : 보험자의 위험부담에 대한 보험계약자의 보수
- 보험금(claim) : 보험사고에 의해 보험자가 지급하는 보상금
- 보험의 목적(subject-matter insured) : 화물(cargo), 선박(hull)
- 보험가액 : 피보험이익의 평가액
- 보험금액 : 실제보험에 가입한 금액, 손해배상액의 최고 한도액
- 피보험이익 : 재산상의 손해를 보상받을 수 있는 이익

9-2 해상보험의 종류

1 피보험이익을 기준으로 한 분류

피보험이익(insurable interest)이란 피보험 목적물에 대하여 특정의 경제주체가 갖는 이해관계를 말하는바, 피보험이익과 관련하여 해상보험을 다음과 같이 분류할 수 있다.

6) Underwriter : 보험계약을 인수하는 개인보험업자.

① 선박보험(insurance on ship) : 보험의 목적인 선박의 소유자로서의 피보험이익에 관한 보험이다.

② 적하보험(insurance on goods) : 보험의 목적인 적하(積荷, cargo)의 소유자로서의 피보험이익에 관한 보험이다. 적하보험은 해상운송 도중에 입는 경제적 손해를 회복하기 위하여 송하인(shipper, consignor) 또는 수하인(consignee)이 화물을 피보험이익으로 하여 체결하는 보험으로서 외국환은행의 수출입업무의 담보화물인 만큼 중요하다.

③ 운임보험(insurance on freight) : 선박소유자, 운송인, 운송주선인 등이 화물 등을 무사히 운송한 경우에 얻을 운임에 관하여 가지는 피보험이익에 관한 보험이다.

④ 희망이익보험(insurance on profits of goods) : 보험의 목적인 적하의 도달로 인하여 얻을 이익 또는 보수의 주체로서의 피보험이익에 관한 보험이며, 보통 적하에 포함해서 부보한다.

해상보험에서는 해상손해에서 입을 수 있는 손실, 즉 선박회사가 징수하는 운임이나 수입상이 얻을 수 있는 희망이익 또는 예상이익(expected profit)까지도 부보가능하다. 수입지까지의 안전한 운송책임을 대가로 받는 운임이 해상사고로 인해 취득되지 못하는 위험을 부보하는 것이다.

2 보험기간을 기준으로 한 분류

① 항해보험(voyage insurance) : 항해를 보험기간으로 하는 보험이며 주로 적하보험에 많이 이용된다.

② 기간보험(time insurance) : 일정한 기간을 표준으로 하는 보험이며 주로 선박보험에 많이 이용된다.

③ 혼합보험(mixed insurance) : 일정한 기간과 항해의 양자를 표준으로 하는 보험으로서 선박보험에서 문제되는 것이나 오늘날에는 별로 이용되고 있지 않다.

9-3 해상위험과 해상손해

1 해상위험

해상위험이란 보험자가 보험으로서 담보하는 해상에서의 위험을 말하는 것이며, 보통위험, 특별위험 및 부담보(不擔保)위험으로 구분할 수 있다.

가. 보통위험

일반적으로 담보되는 위험이나 보험자가 많은 면책사항을 기재하고 있어 실제로 담보되는 범위는 극히 한정되어 있으나, 자연적 위험과 인위적 위험으로 구분할 수 있다.

(1) 자연적 위험

① 해상고유의 위험 : 해상의 우연한 사고 또는 재해만을 말하며 침몰, 파손, 좌초 및 충돌의 위험을 말한다.
② 화재 : 낙뢰(落雷) 및 선원의 과실에 의한 화재를 말한다.

(2) 인위적 위험

① 투하 : 선박이 침몰 또는 좌초의 위험을 면하기 위하여 선장의 판단과 명령에 따라 해상고유의 위험화물이나 선박용구의 일부를 바다로 던지는 행위를 말한다.
② 강도, 해적 : 해상에서 선박을 습격하여 선박 또는 화물을 약탈하는 자를 말한다.
③ 군함, 외적 : 군함이란 전쟁, 내란 및 반란 등의 경우 국가 또는 정부에 의하여 전투 목적으로 사용되는 선박을 말하며, 외적이란 군함을 제외한 모든 적대행위용의 선박, 항공기 및 인간의 가해행위를 말한다.
④ 선장, 선원의 비행 : 선장, 선원이 고의로 화물에 손해를 가하는 행위를 말한다.

▮도 2-9▮ 해상위험의 종류

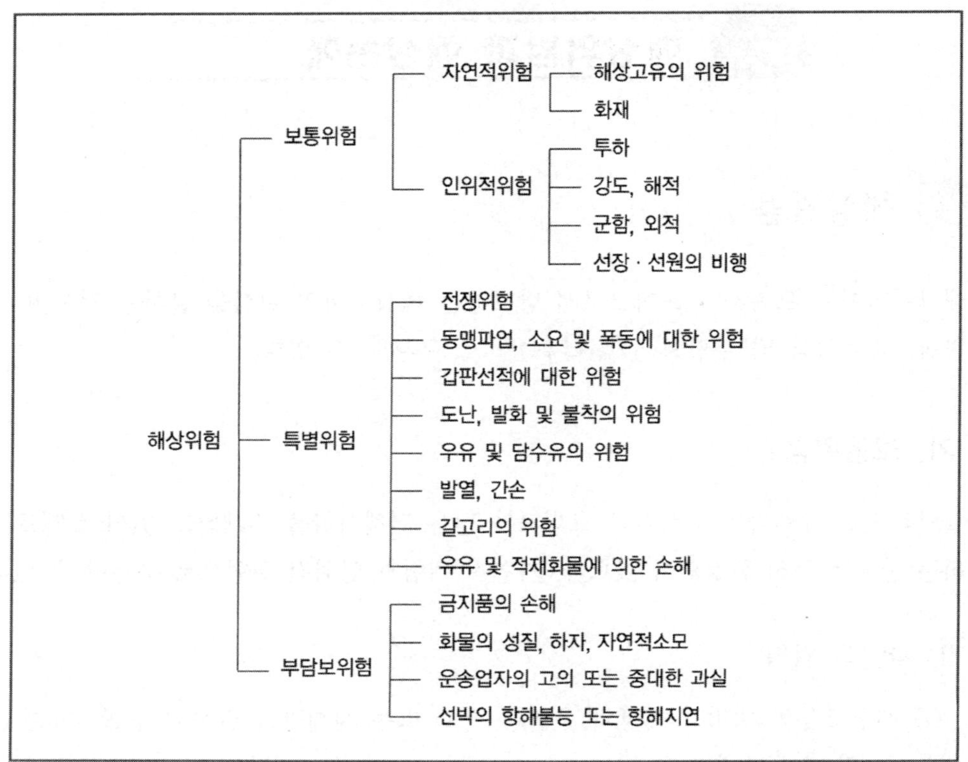

나. 특별위험

특약에 의하여 보험계약자가 할증보험료를 지급해야만 담보가 되는 위험으로 다음과 같은 것들이 있다.

① 전쟁위험(war risks) : 전쟁이 발생하면 손해의 종류가 크므로 전쟁이 발생할 가능성이 있는 경우 또는 발생된 경우에 담보를 요구하게 된다.

② 동맹파업, 소요 및 폭동(Strikes, Riots and Civil Commotions; SRCC) : 이런 요인에 의해서 화물에 방화 또는 이를 강탈하는 행위로 손해가 발생하는 경우이다.

③ 갑판선적에 대한 위험(risks on deck cargo) : 갑판에 화물이 적재되면 풍랑 등에 의하여 화물이 손상을 입을 염려가 있고 투하의 대상이 되기 쉽다.

④ 도난, 발화 및 불착의 위험(Theft, Pilferage and Non Delivery; TPND) : 도난이란 포장 단위가 모두 없어지는 상태를 말하며, 발화는 포장내의 일부 화물이

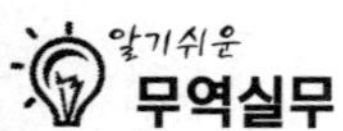

없어지는 것을 말한다. 불착이란 화물의 일부 또는 전부가 도착지에 도착되지 않는 것이다.

⑤ 우유(雨濡) 및 담수유(淡水濡)의 위험(rain and fresh water damage; RFWD): 우유란 빗물에 젖어 손해를 당하는 위험, 담수유란 담수에 젖는 위험을 말한다.
⑥ 발열, 간손(heat, sweat) : 선박 내의 열 또는 수증기로 발생하는 위험을 뜻한다.
⑦ 갈고리의 위험(hooks) : 하역시 사용하는 갈고리에 의하여 생기는 위험을 말한다.
⑧ 유유(油濡) 및 적재화물에 의한 손해(contact with oil and other cargoes) : 기름에 젖는다든가 다른 화물에 접촉하여 발생되는 위험이다.

다. 부담보위험

불보상(不報償)위험이라고도 하며, 보험자가 보상하지 않는 다음의 위험이다.
① 금지품의 손해 : 수출입금지품에 손해가 발생하더라도 보험자가 보상하지 않는다.
② 화물의 성질, 하자(흠) 또는 자연적 소모에서 오는 손해
③ 운송사업자의 고의 또는 중대한 과실에서 오는 손해
④ 선박의 항해불능 또는 항해지연

2 해상손해

가. 해상손해의 의의

해상보험에 있어 손해(loss)라 함은 보험의 목적물인 선박, 적하, 운임 또는 희망이익 등에 해상위험, 즉 보험사고가 발생함으로써 피보험 목적물이 멸실 또는 손상되거나 비용이 발생하는 피보험자의 경제상의 불이익을 말한다.

해상보험은 이러한 해상손해로 인하여 피보험자가 입게 되는 실질적인 손해를 보상하는 것이 원칙이다. 따라서 해상보험을 이해하기 위하여는 보험자가 피보험자에게 보상하는 손해의 형태는 어떠한 것이 있는지를 살펴볼 필요가 있다.

나. 해상손해의 종류

해상보험은 해상위험에 의해 발생한 손해의 보상을 목적으로 하는 것이다. 해상위험으로 인하여 발생한 손해, 즉 해상손해는 해상사고로 피보험이익의 전부 또는 일부가 멸실되거나 손상되는 것을 말하며, 이것의 분류는 분류기준 여하에 따라 여러 가지로 분류할 수 있지만, 일반적으로 물적손해, 비용손해, 배상책임손해로 구분할 수 있다.

▌도 2-10▌ 해상손해의 유형

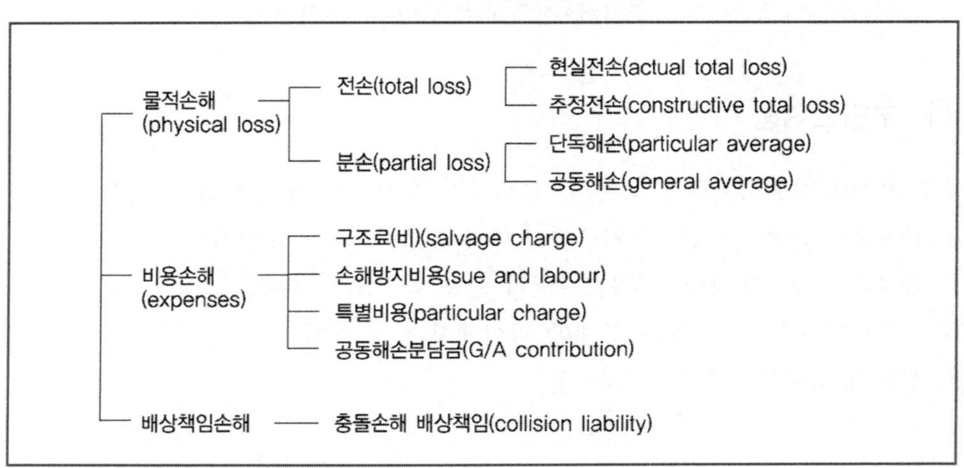

(1) 전손

보험목적물이 사실상 또는 실질적으로 전멸되었거나, 된 것으로 간주되는 손해를 전손(全損, total loss)이라고 하며 현실전손(actual total loss) 또는 절대전손(absolute total loss)과 추정전손(constructive total loss)으로 분류된다.

① 현실전손

보험목적물이 파괴 또는 화물 본래의 성질을 상실한 정도의 손해를 말한다.

② 추정전손

보험목적물이 전멸되지 않았어도 손해정도가 심하여 본래의 목적에 사용할 수 없거나 그 손해를 수선한다 해도 많은 수선비가 소요되는 경우의 손해를 추정전

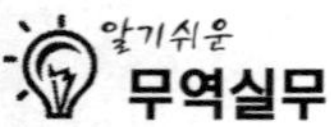

손이라 하며, 추정전손이 인정될 수 있는 사유가 발생하였을 때 피보험자는 그 피보험 목적물에 대해서 갖는 일체의 권리를 보험자에게 이전하고 대신 전손에 해당되는 보험금을 청구할 수 있는데 이것을 위부(委付, abandonment)라고 한다.

(2) 분손

분손은 해손(海損)이라고도 한다. 전손을 제외한 손해는 모두 분손(分損, partial loss)으로 간주되며, 또한 분손은 그 성격에 따라 단독해손과 공동해손으로 구분된다.

① 단독해손

단독해손(particular average)이란 피보험이익의 일부가 소멸한 손해에서 공동해손을 제외한 분손, 즉 피보험 목적물의 일부의 멸실이나 손상으로서 피보험 목적물에 대하여 재산상의 이해관계를 갖는 자가 단독으로 부담하는 손해를 가르킨다. 예를 들면 화물의 훼손 또는 양적 부족이 발생하거나 선박이 손상을 입은 경우이다.

② 공동해손

공동해손(general average)이란 선박이나 선적화물이 폭풍우, 풍랑, 좌초 등의 재난을 당했을 때 공동의 이익을 위하여 선장이 취한 조치 때문에 생긴 손해를 말하며, 이러한 희생과 비용은 위험을 면한 재산의 소유자와 선주 공동으로 분담하게 된다. 공동해손이 성립되기 위해서는 첫째, 위험이 현실적으로 절박해야 한다. 둘째, 공동해손 행위는 합리적(reasonable)이고 고의적(intentional)으로 취해지는 행위이어야 한다. 그러므로 우연이나 우발적 손해나 불가항력의 손해는 공동해손의 대상이 되지 않는다. 셋째, 위험은 해상위험의 전부, 즉 선박. 화물 및 운임을 모두 위협하는 것이어야 한다. 넷째, 손해는 공동해손 행위의 직접 결과이어야 한다.

(3) 비용손해

① 구조비(salvage, salvage charge; S/C)
② 특별비용(particular charges)
③ 손해방지 비용(sue and labour charge; S/L)

(4) 배상책임손해

피보험 목적물의 손해에 상관없이 부보위험의 결과로서 제3자에게 손해배상 책임을 지는 경우 피보험자가 입게 되는 경제상의 손실을 말하는데, 해상보험에서는 피보험 선박의 충돌로 인하여 상대방 선주나 화주에 대한 배상책임 손해가 대표적인 예이다.

9-4 해상적하보험계약

적하보험은 크게 두 가지 방법, 즉 개별보험계약(facultive contract)이나 포괄(예정)보험계약(open contract)으로 부보된다.

개별보험계약은 보험자가 매 선적 시마다 선적화물에 대한 위험을 인수할 것인지 인수하지 않을 것인지를 결정하는 보험계약이다. 포괄(예정)보험계약은 보험자가 그에게 통보된 모든 선적화물의 인수를 보장하는 보험계약이다. 그러나 포괄보험계약에서 보험자가 보험계약을 해약하겠다는 것을 피보험자에게 통보한 후 합의된 해약통보기간이 경과한 후에는 해약이 가능한 해약조항을 삽입하는 것이 일반적이다.

개별보험계약의 경우 매 건마다 별도로 위험과 보험료에 대하여 반복적으로 교섭하여야 하므로 시간낭비일 뿐만 아니라 보험료도 비싸고 보험거래가 지겨워진다. 그래서 개발된 것이 포괄보험계약이다.

포괄보험계약은 단지 보험계약에 관한 일반적 사항만 명시하고 장차 발생될 여러 건의 선적화물을 미리 포괄적으로 부보하여 보험증권을 발행하고 그 후 매 선적 시마다 선적항, 선박명, 화물명세, 가액, 목적지 등을 통보하기만 하면 자동적으로 부보되는 것이다.

정기적으로 화물을 수출하거나 수입하는 경우 이 화물에 대해 미리 포괄적으로 부보함으로써 거래의 편리성을 도모할 수 있다.

9-5 협회적하(積荷)보험약관

이 절에서는 수출입업체와 은행간에 수출입거래를 할 때, 은행이 수출환어음 등을 매입할 때에는 당해 수출화물을, 수입신용장을 발행할 때에는 당해 수입화물을 양도담보로서 취득하게 된다. 따라서 운송 중인 상품은 해상과 육상을 불문하고 각종의 위험을 만나서 상품에 손해가 발생할 가능성이 있으므로 그 손실을 담보받기 위하여 보험에 가입하여야 된다. CIF조건하에서는 수출상이, FOB조건하에서는 수입상이 부보한다.

무역거래에서는 대부분 해상운송을 통하여 이루어지므로, 여기서는 해상보험 중에서도 화물을 피보험 목적물로 하는 적하보험약관의 주요내용에 대하여 설명하겠다.

1 협회적하보험약관의 의의

해상보험계약에서 적용되는 협회약관(Institute Clauses)은 런던보험자협회(Institute of London Underwriters; ILU)가 제정 또는 개정한 약관을 말한다. 이 약관은 피보험 목적물에 따라 선박, 항공기, 화물, 운임 및 희망이익 등 약관이 각각 달리 정해져 있으며, 외국환은행의 양도담보 화물인 화물을 대상으로 하는 협회적하보험약관(Institute Cargo Clauses; ICC)이 가장 대표적이며 협회화물약관이라고도 한다. 이 약관 이 외에도 전쟁위험을 담보하는 협회전쟁약관(Institute War Clauses), 협회동맹파업 및 소요약관(Institute Strikes, Riots and Civil Commotions Clauses), 협회도난 발하 및 불착약관(Institute Theft, Pilferage and Non-delivery Clauses) 등이 있다.

국제 상거래에 이용되는 통일규칙들은 대부분 국제상업회의소에서 제정된 국제규칙이라고 할 수 있는 반면, 이 약관은 영국의 국내 약관이었으나 세계의 각국들이 이를 채택하여 운용하게 되어 세계규칙화가 되었다.

협회적하약관의 세 가지 기본약관에는 1963년부터 현재까지 사용하고 있는 전위험담보(全危險擔保, ICC All Risks; A/R), 분손담보(分損擔保, ICC With Average;

W.A), 및 단독해손부담보(單獨海損不擔保, ICC Free from Particular Average ; FPA) 조건이 지나치게 고어체와 난해한 문장으로 되어 있고, 전위험담보조건의 담보범위가 불명확하기 때문에 분쟁이 발생할 경우가 많았을 뿐만 아니라, 명칭상의 문제점 외에도 불합리한 점이 많았으므로 1981년 7월 1일자로 이를 각각 ICC (A), ICC (B), ICC (C)로 개정하였으며 우리나라에서는 1983년 4월부터 신·구약관을 병행 사용하고 있다.

▮표 5-2▮ 신 · 구 협회적하보험약관

구 약 관	신 약 관
I. C. C. (F. P. A.) I. C. C. (W. A.) I. C. C. (A/R)	I. C. C. (C) I. C. C. (B) I. C. C. (A)

2 구협회약관에서의 담보위험

가. F.P.A.(Free from Particular Average; 단독해손부담보조건)

단독해손부담보조건이므로 해상손해 중 현실전손, 추정전손, 공동해손 및 비용손해(구조료, 손해방지비용, 특별비용 등)를 보상하나 단독해손은 원칙적으로 보상하지 않는다.

그러나 본 약관에서 특별히 규정하고 있는 특정사고에 의하여 발생된 단독해손을 예외적으로 보상하는데 그 첫째가 침몰, 좌초, 화재, 충돌 및 폭발로 인한 단독해손, 둘째 선적, 환적, 양하 중의 추락으로 인한 포장당 전손(소위 sling loss), 그리고 셋째 피난항에서 하역으로 인한 단독해손 등이다.

※ ICC(C)와 비슷하나 하역 중에 발생한 포장단위당의 전손을 FPA에서는 보상하나 신약관에서는 보상하지 않는 점 등이 상이함.

나. W.A (With Average ; 분손담보조건)

분손담보조건이므로 단독해손 부담보조건에서 보상하여 주는 손해를 보상하여 주며, 이에 추가하여 단독해손 부담보조건에서 보상하여 주지 않는 위험으로 야기된 단독해손을 보상하여 주는 조건이다. 즉 해상 고유의 위험 중의 하나인 악천후로 야기된 해수침손(sea water damage)과 투하나 강도로 인한 단독해손 등을 보상하여 주는 조건이다.

실무적으로는 WA 3%(With Average 3%)와 WAIOP(with average irrespective of percentage; 면책비율 부적용)의 두 조건으로 보험을 인수하는 데 WA 3% 조건은 악천후 등으로 야기된 손해가 3% 이상이어야 전액 보상하여 주는 조건이고 WAIOP는 그러한 손해가 발생되었을 때 공제 없이 보상하여 주는 조건이다.

※ 신용장통일규칙상 신용장에서 특별히 금지하고 있지 않은 한 소손해 면책 또는 소손해에 대한 공제비율을 적용한다는 기재가 있는 보험서류는 수리가 가능함.
※ ICC(B)에서는 그 보상범위가 ICC(WA)와 거의 동일하나 소손해에 대한 면책비율 적용을 하지 않는 점이 큰 차이점임.

다. A/R(All Risk; 전위험 담보조건)

전위험 담보조건이므로 면책위험 및 보험요율서 상에서 제외되는 위험 이외의 일체의 손해를 보상하여 주는 조건이다. F.P.A.조건과 W.A.조건에서는 열거주의를 택하고 있는 반면, 이 조건은 포괄주의를 택하고 있으며 면책사항 이외의 모든 우발적 원인에 의한 손해(all accidental loss)를 담보한다.

법규 및 약관상 보험자의 면책은 다음과 같다.

① 피보험자의 고의적인 불법행위로 인한 손해(willful misconduct of the Assured)
② 화물의 고유의 성질이나 하자로 인한 손해(inherent vice and nature of the Goods)
③ 자연소모 또는 통상의 누손 및 파손(ordinary wear and tear, ordinary leakage and breakage)
④ 항해지연(delay)으로 인한 손해
⑤ 포장불완전
⑥ 전쟁, 폭동 및 파업에 의한 손해 : 특약이 있는 경우 담보가능

※ ICC(A)조건과 동일한 담보범위. 다만 신약관에서는 면책위험을 구체적으로 명기함으로써 분쟁의 소지를 해소함.

라. 구약관의 각 조건별 담보범위

구약관의 각 조건별 담보범위를 이해하기 쉽게 예시하면 다음과 같다.

- ICC(A/R) : 1, 2, 3, 4, 5, 6, 7, 8, 9
- ICC(W/A) : 1, 2, 3, 4, 5, 6, 7, 8
- ICC(FPA) : 1, 2, 3, 4, 5, 6

▌도 5-2▌ 구약관의 담보범위

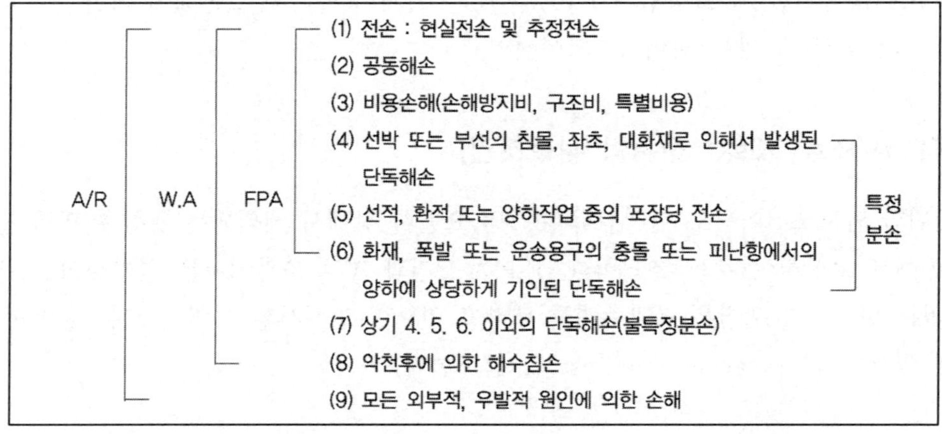

3 신협회약관에서의 담보위험

신협회약관은 구협회약관의 복잡성과 난해한 고풍성 등으로 보험자와 피보험자간의 분쟁을 해소시키는 데 효과적이지 못하다는 비판으로 런던보험자협회 및 로이즈보험자협회가 영국의 해상보험약관의 우위성을 계속 유지하기 위하여 해상보험증권과 적하보험약관의 개정작업을 거쳐 1983년 4월 1일부터 적용하기 시작하였다.

신협회약관의 특징은 해독하기 쉬운 규정형식, 열거책임주의 및 열거위험담보주의를 채택하고 있고, 손해의 발생원인을 담보기준으로 하고 있다.

가. 담보위험

담 보 위 험	ICC(A)	ICC(B)	ICC(C)
■ 다음과 인과관계가 있는 보험목적의 멸실 손상			
(1) 화재 또는 폭발	○	○	○
(2) 선박, 부선의 좌초, 교사, 침몰, 전복	○	○	○
(3) 육상운송용구의 전복, 탈선	○	○	○
(4) 선박, 부선, 운송용구의 타물과의 충돌, 접촉	○	○	○
(5) 피난항에 있어서의 화물의 양하	○	○	○
(6) 지진, 분화, 낙뢰	○	○	×
■ 아래 사유로 발생한 보험의 멸실 손상			
(1) 공동해손, 희생손해	○	○	○
(2) 하역, 투하	○	○	○
(3) 갑판유실	○	○	×
(4) 본선, 부선, 선창 운송용구, 컨테이너, 리프트밴 또는 보관장소에 해수, 호수, 강물의 유입에 의한 손해	○	○	×
(5) 선박, 부선으로의 선적 또는 하역작업 중 바다에 떨어지거나 갑판에 추락한 포장 단위당 전손	○	○	×
■ 상기 이외 보험목적에 멸실, 손상을 주는 일체의 위험	○	×	×
■ 공동해손, 구조료(면책사항에 관련된 것은 제외)	○	○	○
■ 쌍방과실 충돌	○	○	○

나. 일반면책사항(General Exclusion)

(1) 피보험자의 고의적 위법행위로 인한 손해

(2) 통상의 누손, 중량, 용적의 통상의 감소, 자연소모

(3) 포장 또는 준비의 불완전 또는 부적절로 인한 손해

(4) 화물의 고유의 하자 또는 성질로 인한 손해

(5) 선박, 부선의 불내항, 선박, 부선, 운송용구, 컨테이너, 리프트밴의 부적합

(6) 지연으로 인한 손해

(7) 선주, 관리자, 용선자, 운항자의 파산, 재정상의 채무불이행으로 인한 손해

(8) 모든 또는 개개인의 악의가 있는 행위로 인하여 전체 또는 일부의 의도적인 손상, 파괴(ICC (A)조건은 면책 아님)로 인한 손해

(9) 원자핵의 분열 및 원자핵의 융합 또는 동종의 반응 또는 방사능 또는 방사성 물질을 이용한 병기의 사용에 의하여 발생한 멸실 손상 또는 비용

다. 특별약관

ICC (A), (B) 및 (C)의 어떠한 조건으로 부보하더라도 전쟁위험과 동맹파업위험은 면책되고 있으므로 이들 위험을 담보받기 위해서는 특약을 필요로 한다.

이에대한 약관으로는 협회전쟁약관(Institute War Clauses; IWC) 및 협회동맹파업약관(Institute Strikes Clauses; ISC)이 있는데 실무상으로는 전쟁위험과 동맹파업위험이 단일 할증보험료의 지급으로 동시에 부보되는 것이 보통이다. 그런데 해상보험에 있어서의 전쟁의 개념은 국가간의 전쟁상태 이외에 내란, 혁명 등 국내의 변란을 포함하며, 동맹파업위험은 노동쟁의, 소요, 폭동 등의 위험을 포함한다.

라. 적하보험의 위험의 시기와 종기

해상적하보험에서 보험자의 책임의 시기(始期) 및 종기(終期)를 정하는 보험기간은 특수한 기간표시 또는 연표시의 경우를 제외하고 원칙적으로 항해표시로 되어 있으며, 구협회적하약관 제1조 및 신협회적하약관 제8조에서의 운송약관에서는 피보험화물이 출하지의 창고에서 반출되었을 때부터 개시되어 목적지의 수하인창고, 영업창고 등의 최종창고에 반입되었을 때, 양륙 후 도중의 distribution point에 반입되었을 때, 또는 본선으로부터 양하 후 60일이 경과되었을 때 중 어느 것이든 먼저 생긴 때에 종료한다는 창고간 담보규정이 흡수되어 있다.

9-6 무역보험과 수출신용보증

1 무역보험의 개요

해상보험이나 항공보험은 상품의 운송과정에서 발생할 수 있는 멸실 또는 손상의 위험을 보상받을 목적으로 하는 반면, 무역보험은 수출자, 수출자에게 자금을 공여한 은행 또는 수입상이 대금결제과정에서의 미회수 위험을 담보하기 위한 보험인만큼 그 성격이 서로 다르며, 여기에는 수출상과 은행의 수출대금 미회수 위험을 담보하는 수출보험과 수입상이 수출상 앞 지불한 선급금의 미회수 위험을 담보하는 수입보험으로 대별된다.

2 수출보험

가. 수출보험의 정의

수입자의 계약 파기, 파산, 대금지급지연 또는 거절 등의 신용위험1)과 수입국에서의 전쟁, 내란 또 는 환거래 제한 등의 비상위험2) 등으로 수출자 또는 수출금융을 제공한 금융기관이 입게 되는 손실을 보상함으로써 궁극적으로 우리나라의 수출을 촉진하고 진흥하기 위한 수출지원제도이다.

수출보험제도는 그 공익적 특수성으로 인하여 위험의 측정이나 보험료의 결정 등이'대수의 법칙3)'에 의하여 이루어지기 보다는 수출 등 대외거래에 대한 지원 필요성에 따라 이루어지고 보험자인 한국무역보험공사(K-sure) 역시 특별법에 의하여 설립된 특수법인으로서 영리를 목적으로 하지 않는다.

나. 수출보험의 기능[4)]

수출자는 수출대금을 받지 못하여 발생한 손실을 보상받을 수 있기 때문에 위험성이 있는 외상거래나 신규 수입자의 적극적인 발굴을 통한 신시장 개척 및 시장다변화를 도모할 수 있다.

금융기관은 담보능력이 부족한 수출업체에 대해서도 수출보험증권이나 수출신용보증서를 담보로 활용하여 무역금융 지원 확대 및 위험도가 높은 수출거래에 대한 지원이 가능하다.

1) 신용위험(Commercial Risk) : 수입자에 관련된 위험으로 수입자 또는 L/C개설은행의 파산, 지급불능, 지급거절, 지급지체 등으로 인한 수출대금 미회수위험
2) 비상위험(Political Risk) : 수입국에 관련된 위험으로 전쟁, 내란, 혁명, 환거래제한 또는 모라토리움 선언 등으로 인한 수출불능 또는 수출대금 회수불능 위험
3) 대수의 법칙 : 우연한 사고가 발생할 확률은 샘플의 수가 크면 클수록 일정한 수준으로 수렴한다는 것을 의미, 통상적인 영리보험에 있어서 이러한 통계원리에 따라 보험금액 및 보험료율 등이 산정됨.
4) 수출보험은 WTO체제하에서 용인되는 유일한 간접 수출지원 제도로서 정부의 수출진흥정책 및 산업지원정책 수단으로 활용 되고 있음.

다. 수출보험의 종류

K-sure는 각종 대외거래와 관련하여 15개의 보험제도, 2개의 보증제도 및 기타 서비스를 제공하고 있다.

1) 단기성 종목

결제기간 2년 이내의 수출거래를 대상으로 하며, 종류로는 단기수출보험, 수출신용보증(선적전, 선적후), 농수산물수출보험 등이 있다.

2) 중장기성 종목

결제기간 2년 초과 수출거래를 대상으로 하며, 종류에는 중장기수출보험, 해외사업금융보험, 해외투자보험, 해외자원개발펀드보험, 해외공사보험, 수출보증보험, 이자율변동보험, 서비스종합보험 등이 있다.

3) 환변동보험

환율의 변동에 따른 환위험을 담보하며, 입찰방식과 선물환방식이 있다.

4) 기타 보험종목 및 서비스

문화수출보험, 신뢰성보험, 수입자 신용조사 서비스, 해외채권 추심대행 서비스, 원자재가격변동보험이 있다.

한국무역보험공사에서는 수출상담에서부터 대금회수까지 수출단계별 수출보험 지원체계를 운영하고 있다.

수출단계	수출자 위험	수출보험 서비스
수출상담 수출계약	불안한 수입국 사정 및 수입자의 신용도 문제	국가별 정보제공 및 국외기업신용조사
	생산제품(부품·소재)에 대한 신뢰성 문제	신뢰성 보험
	입찰시점과 낙찰시점 또는 낙찰 후 대금회수 시점까지의 환율변동으로 인한 환손실 위험	환변동보험(입찰방식)
	비상위험, 수입자 파산 등으로 인한 수출불능 위험	단기(선적전), 중장기(선적전)
	해외마케팅 실시에 따른 손실발생 위험	해외마케팅보험
원자재 조달 및 물품제조 단계	수출계약 체결 후 원자재, 완제품 및 수출물품 생산을 위한 자금조달 문제	수출신용보증(선적전), 문화수출보험(대출보증), 원자재가격변동보험
수출금융 이용단계	수출계약 체결 후 원자재, 완제품 및 수출물품 생산을 위한 자금조달 문제	수출신용보증(선적전), 문화수출보험(대출보증), 원자재가격변동보험
선적 후 단계	수출 후 수입자로부터의 대금 미회수위험	단기수출보험, 중장기(공급자신용), 농수산물수출보험, 해외공사보험, 서비스종합보험
	외상거래의 경우 수출 후 대금회수기간 동안의 자금회전 문제	수출신용보증(선적후, NEGO), 단기(EFF), 단기(본지사금융)
	대금회수시까지 환율변동으로 인한 환손실 위험	환변동보험(선물환방식)
손실발생 채권추심	사고발생에 따른 손실발생 및 미회수 채권의 회수	보험사고 손실보전(보상), 채권추심대행 서비스

위 수출보험 상품 중 밑줄 친 주요 상품을 좀 더 설명하고자 한다.

1) 수출보험(일반적인 형태의 수출 지원)

단기수출보험	결제기간 2년 이내의 단기수출계약을 체결한 후 그 수출이 불가능하게 되거나 수출대금을 받을 수 없게 된 때에 입게 되는 손실(당해 물품에 발생한 손실은 제외한다)을 보상하는 보험
농수산물 수출보험	농수산물 수출계약 체결 후 수출이 불가능하게 되거나 수출대금을 받지 못하게 된 경우, 또는 농수산물의 국내가격 변동으로 당해 수출계약의 이행에 따라 입게 되는 손실을 보상하는 보험

2) 수출신용보증(수출금융제공 은행 앞 대출상환 보증)

수출신용보증	☞ 선적 전 수출신용보증 수출기업이 수출계약에 따라 수출물품을 제조, 가공하거나 조달할 수 있도록 은행 등이 수출신용보증서를 담보로 대출 또는 지급보증(수출용원자재 수입신용장개설 포함)을 하는 경우 기업이 은행에 대하여 부담하게 되는 상환채무를 공사가 연대보증 하여 보증서 제공 ☞ 선적 후 수출신용보증 수출자가 수출계약에 따라 물품을 수출한 후(즉, 선적 후) 은행이 운송서류 및 수출신용보증서를 근거로 수출자에게 일으킨 신용보증부 대출금(일반적으로 네고대출)에 대하여 대출 만기에 수입자(신용장 개설은행 포함)로부터 수출대금이 결제되지 않아 수출자가 은행에 상환하지 못한 금액을 은행으로 보상하는 보증서

3) 특수 수출보험(해외건설, 선박수출 등 특수수출)

중장기 수출보험	수출대금의 결제기간이 2년을 초과하는 중장기수출 계약을 체결한 후 수출이 불가능하게 되거나 수출대금을 받을 수 없게 된 때에 입게 되는 손실 또는 수출대금 금융계약을 체결한 후 금융기관이 대출 원리금을 받을 수 없게 됨으로써 입게 되는 손실을 보상하는 보험
해외공사보험	해외공사계약 체결 후 그 공사에 필요한 물품의 수출이 불가능하게 되거나 그 공사의 대가를 받을 수 없게 된 경우 또는 해외공사에 사용할 목적으로 공여된 장비에 대한 권리가 박탈됨으로써 입게 되는 손실을 보상하는 보험

4) 기타 수출보험

환변동보험	수출거래시나 수출용 원자재 수입거래시 공사가 보장해 주는 환율과 실제 결제시점의 환율을 비교하여 그 차액을 보상 또는 환수하는 보험
신뢰성보험	부품·소재 전문기업이 제조 및 판매하는 부품소재에 대하여 제조물 결함으로 인하여 발생하는 부품소재 자체 손해 및 회수비용과 동 부품 수요기업의 재물손해 및 기업휴지에 따른 손실을 보상하는 보험
문화수출보험	수출계약이 체결된 영화의 제작과 관련한 투자·대출거래에서 발생하는 손실을 보상하는 제도

3 수입보험

가. 수입보험의 정의

원유, 철, 시설재 등 국민경제에 중요한 자원이나 물품을 수입하는 경우 국내기업이 부담하는 선급금 미회수위험을 담보하거나 국내기업에 대한 수입자금 대출지원이 원활하도록 지원하는 제도이다.

나. 수입보험의 세부종목

1) 수입자용 수입보험

국내기업이 주요자원의 수입을 위하여 해외에 소재하는 수입계약 상대방에게 선급금을 지급하였으나 비상위험 또는 신용위험으로 인하여 선급금이 회수되지 못함에 따라 발생하는 손실을 보상하는 보험을 말한다.

2) 금융기관용 수입보험

금융기관이 주요자원의 수입을 위하여 필요한 자금을 국내 수입기업에 대출하였으나 국내기업의 파산 등으로 대출금이 회수되지 못함에 따라 발생하는 손실을 보상하는 보험을 말한다.

4 수입자 신용조사

무역보험에 있어서 신용조사는 크게 수출자 신용조사 및 수입자 신용조사가 있다. 수출자 신용조사는 우리나라 기업에 대한 신용조사이므로 각 시중은행 및 신용보증기금 등의 신용조사방식과 대동소이하다.

"수입자 신용조사"란 공사의 해외신용조사 네트워크를 활용하여 수입자(buyer)의 업체 개황, 연혁(company history), 재무상태(Financial status), 종업원 수, 현금 및 예금 잔액, 대금 결제상태(payment history)·태도와 경영능력 및 대외평판 등 수입자의 대금지급능력이나 태도를 객관적으로 보여주는 신용(Credit)과 관련된 사항을 조사하는 것을 말한다. 수출자는 한국무역보험공사의 인터넷 홈페이지를 통하여 소정의 회원가입 절차를 거친 후 수입자 신용조사를 의뢰할 수 있다(신용조사는 인터넷 신청이 원칙이다). 의뢰자는 수시로 수입자 신용조사 진행상황을 인터넷에서 실시간으로 확인할 수 있다.

5 수출신용보증(선적 전)

선적 전 수출신용보증제도는 대상대출이 무역금융 등 수출과 직접 관련 있는 대출에 한정된 신용보증제도라는 점에 특징이 있을 뿐, 기타 내용에 있어서는 신용보증기금 및 기술신용보증기금이 운영하고 있는 신용보증제도와 대동소이하다. 이런 점에서, 앞서 기술한 단기수출보험 제도보다는 이해하기 쉬운 내용이므로 간략히 이해하도록 하자.

가. 개요

수출기업이 수출계약을 체결한 후 물품을 제조·조달하여 수입자에게 수출(선적)하기까지 필요한 자금을 대출하는 것을 보통 광의의 "무역금융"이라 칭한다. 무역보험공사가 지원하는 수출신용보증(선적 전)은 광의의 무역금융을 지원하는 보증제도이다. 즉, 수출기업이 은행으로부터 이러한 무역금융, 즉 원자재 조달자금, 수출물품 생산자금, 완제품 구매자금(이하 통칭하여 무역금융이라 함)의 조달을 용이하게 받을 수 있도록 지원하기 위하여 은행앞 수출신용보증(선적 전) 보증서를 발급하고 있다.

수출신용보증서에 "선적 전"이란 부제목이 붙어 있는 이유는 대상대출이 물품을 선적하기 이전에(pre-shipment) 필요한 자금이란 것을 표시한다. 한편 구별해야 할 개념으로 수출 신용보증(선적 후)도 있는바, 선적 후(After-shipment)에 일어나는 대출(은행 실무상 네고대출)에 대하여 공사가 보증한다는 의미이다.

본 제도는 특히 규모가 영세한 수출기업을 지원하는 제도로서의 특징이 가장 뚜렷한 제도이다. 수출자가 뒤에 설명할 선적 후 수출신용보증제도와 함께 이용하면 수출계약 시점부터 대금회수까지 전 과정에 대한 자금지원을 용이하게 받을 수 있게 된다.

나. 적용대상 대출(무역금융의 종류)

수출신용보증(선적 전) 약관에서 무역관련 대출의 종류를 열거하고 있으며, 그 내용은 다음과 같다. 앞서 설명한 것처럼, 공사의 수출신용보증은 수출이라는 특수한 기업활동을 지원하기 위해 제공되는 것이므로, 수출활동과 관련되는 대출에 한정하는 특징이 있다.

6 수출신용보증(선적 후)

가. 제도의 개요

수출신용보증(선적 후) 제도는 수출자가 대금미회수시 보상하는 "단기수출보험"에 더하여 수출자에게 매입대출한 은행 앞으로 공사가 직접 보증인으로서 "수출신용보증서"를 제공하는 보증제도이며 "중소기업전용" 제도이다. 중소수출기업에 대한 수출대금 미회수 보상뿐만 아니라 선적 후 즉시 네고대출이 가능하도록 하여 수출자가 조기에 자금을 회수할 수 있도록 하는 제도이다.

수출신용보증(선적 후) 제도의 대표적 장점은 (1) 보험이 아닌 보증서가 발급되므로 은행에 대한 면책사유가 상대적으로 적어 담보로서의 가치가 좋으며, (2) 은행과 공사간 단순하고 직접적인 계약관계를 갖는 제도이며, (3) 환어음이 없는 거래에 대한 매입대출도 지원 가능하여 마땅한 담보가 없는 O/A거래에 대한 네고대출도 가능하게 해준다는 장점이 있다.

나. 대상거래

결제기간 2년 이내의 신용장 또는 무신용장방식의 일반수출 또는 위탁 가공무역에 한한다. 유의할 점은 앞서 살펴본 단기수출보험에서 보험이용이 가능한 거래형태였던 "중계 무역"과 "재판매거래"는 수출신용보증(선적 후)에서는 이용이 불가능한 거래형태라는 점이다.

구 분	내 용
일반수출	국내에서 생산·가공·집하된 물품을 수출하는 거래
위탁가공 무역	국내에 주소를 둔 수출자가 국내기업의 해외현지법인이 생산·가공한 물품 또는 국내기업이 위탁하여 외국에서 가공한 물품을 수출하는 계약

제10장 무역대금의 결제

국제무역거래에서 가장 이상적인 대금결제방법은 국내 매매와 같이 상품의 인도와 대금의 지급이 동시에 이루어지는 동시이행조건(concurrent payment)일 것이다. 그러나 국제 무역거래에서는 국내거래와는 달리 수출상과 수입상이 격지에 떨어져 있으므로 상품의 수수와 대금결제에 있어서 시간적인 차이가 많이 발생하게 된다.

신용장이 생기기 전의 국제무역거래에 있어서 수출상과 수입상이 매매계약을 체결하고 상품의 대가를 지급하는 방법에는 가장 쉬운 방법으로 수입상이 수출상 앞으로 송금(remittance)하는 방법을 들 수 있으며, 또 다른 방법으로는 수출상이 상품을 선적한 후 환어음을 발행하여 수입상 앞 청구하는 추심결제(collection)방법을 생각할 수 있다.

다음은 송금방법과 추심결제방법의 문제점을 이해하기 위해 이 두 방법에 대해 좀 더 상세히 알아보기로 한다.

10-1 송금결제방법

송금방법은 수입상이 상품을 인도 전, 인도 후 또는 인도와 동시에 수출상에게 송금(remittance)을 하여 지급함으로써 결제를 완료하는 방법을 말하며, 상품선적 전에 결제하는 사전송금 방법과 선적 후 송금하는 사후송금방식이 있다.

송금방식은 대금지급 의무자인 수입상이 수출상 앞으로 대금을 결제한다는 측면, 즉 환(換)이 이루어지는 방향의 관점에서 순환의 일종으로 볼 수 있다.

1 사전송금방식(advance remittance)

수입상이 대금의 전액을 상품선적 전에 외화, 수표 등으로 수출상에게 미리 송금하여 지급하고, 수출상은 일정기일 이내에 이에 상응하는 상품을 선적하는 방식이다.

사전송금은 수출상 입장에서는 선수금에 해당하며, 수입상 입장에서는 선지급금에 해당된다.

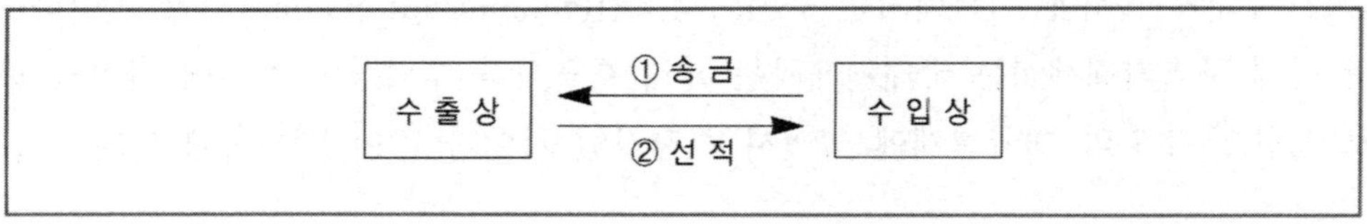

수 출 상 ← ① 송 금 — 수 입 상
수 출 상 — ② 선 적 → 수 입 상

2 사후송금방식(later remittance)

수출상이 먼저 수입상에게 상품을 선적하고 수입상은 대금의 전액을 상품수령 후에 수출상에게 송금하여 결제하는 방식을 말하며, 외상거래에 이용된다.

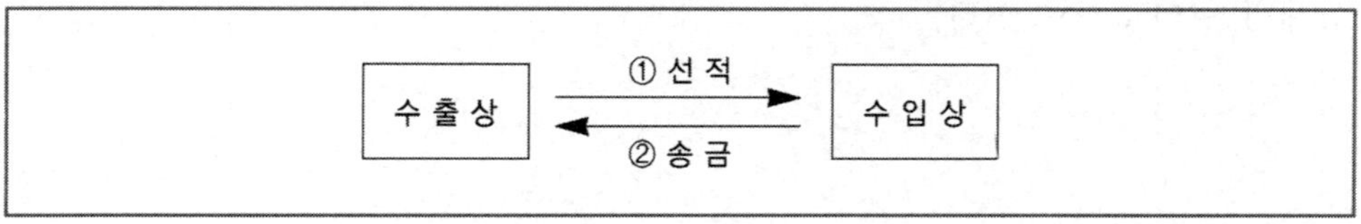

수 출 상 — ① 선 적 → 수 입 상
수 출 상 ← ② 송 금 — 수 입 상

3 동시결제방식(concurrent payment)

상품인도와 동시에 대금이 결제되는 방식으로 두 가지 방식이 있으나, 이는 선적 이후에 대금이 결제된다는 점에서 사후송금방식에 포함된다. 다이아몬드 같은 귀금속을 거래할 경우에는 그 품질의 차이, 즉 크기, 빛깔 등의 미세한 차이에 의해 엄청난 가격차이가 나게 될 경우, 상품(또는 서류)을 인도하는 현장에서 그 품질 등 계약조건을 확인하고 대금결제를 해야만 안심이 되는 거래에서 많이 이용되는 방식이다.

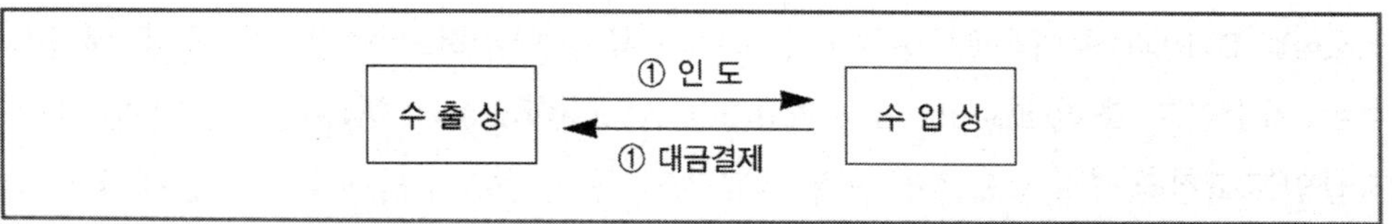

가. 상품인도결제방식(cash on delivery; COD)

대금교환도조건이라고도 하며 수출상이 상품을 선적한 후 선적서류를 자신의 대리인(주로 수입업자의 국가에 소재함)에게 송부하여 상품이 목적지에 도착하면 수입상이 검사 후 인도받으면서 대금을 결제한다.

나. 서류인도결제방식(cash against documents; CAD)

수출상이 상품을 선적한 후 선적서류를 수입업자의 대리인(주로 수출상의 국가에 소재)에게 선적서류를 인도하면서 대금을 결제받는 방식을 말하며, 선적서류교환도조건이라고도 한다.

동시결제방식은 국내거래에서는 자주 접할 수 있겠으나, 수출입상이 격지에 떨어져 있는 국제무역거래에서는 특수한 경우 이외에는 이루어지기 어렵고 상품이 수출상의 수중에서 떠난 이후에 대금결제가 이루어진다는 점에서 외국환관리 측면에서는 사후송금방식으로 간주하여 관리하고 있다.

10-2 추심결제방법

추심결제방법이란 매매당사자간의 계약에 의거하여 수출상이 상품을 선적한 후 관련서류를 첨부한 화환어음을 수입업자에게 제시하면, 수입업자가 그 어음에 대한 지급 또는 인수를 하여 결제하는 방법을 말하며, 무신용장방식이라고도 한다. 여기에는 수입상이 선적서류 영수와 동시에 대금을 결제하는 지급인도조건(Documents against payment; D/P)과 환어음을 인수한 후 선적서류를 영수하고 일정기간 후에 대금을 결제하는 인수인도 조건(Documents against Acceptance; D/A)의 두 가지가 있다.

지급인도조건과 인수인도조건 모두 채권자인 수출상이 수입대금을 지급해야 할 의무가 있는 채무자인 수입상 앞으로 대금결제를 청구한다는 점에서 앞에서 설명한 송금방식과 반대방향으로 이루어진다. 따라서 추심결제방식을 역환의 일종으로 볼 수 있다.

추심결제방법은 대금의 결제를 추심에 의존하므로 만약 수입상이 대금지급의 의무를 이행하지 않으면 대금회수에 많은 어려움이 따르며 설사 회수를 하더라도 막대한 비용을 부담하게 될 가능성이 있다. D/P, D/A 방식에서는 지급 및 인수의 근거가 '환어음'이 되므로 어음의 존재가 필수요건이 되며 은행의 역할은 매매당사자를 대신하여 수출대금을 추심하거나, 송금하여 주는 데 있다.

그러나 이 거래방식에서는 은행이 대금지급의 의무를 부담하지 않기 때문에 만일 수입자가 대금결제를 지연시키거나 거절하는 경우 은행은 수출상에게 이 사실을 통보해 주는 데 그치고 그 이후의 문제(계약의 이행 및 클레임의 처리)는 수출자와 수입자가 직접 해결할 수밖에 없다. 따라서 이 결제방식은 매매당사자가 서로의 신용을 깊이 신뢰하는 사이에서만 가능하다 하겠다.

이 방식의 특징은 첫째, 채권자가 채무자에게서 돈을 받는 수단은 환어음을 이용하는 것이므로 반드시 어음의 존재가 필요하고, 둘째, 채권자를 대신하여 채무자에게 돈을 받아주는 역할을 추심은행이 담당하게 되므로 비록 신용장의 경우에서처럼 은행의 대금지급 의무가 없더라도 은행의 존재가 필수적이라는 점이다.

1 지급인도조건(Documents against Payment; D/P)

D/P 업무처리절차를 〈도 2-11〉에서 살펴보면 다음과 같다.

① 수출상이 수입상 앞으로 상품을 선적한 후,

② 관련서류가 첨부된 일람불화환어음(documentry sight bill)을 수입상을 지급인(drawee)으로 발행하여, 자신의 거래은행에 추심을 의뢰하면,

③ 수출상의 거래은행은 그러한 서류가 첨부된 환어음을 수입상의 거래은행으로 보내어 추심을 의뢰하고,

④ 수입상의 거래은행은 그 환어음의 지급인인 수입상으로부터 대금을 지급받으며 서류를 인도하고,

⑤ 지급받은 대금은 추심을 의뢰하여 온 은행으로 송금하여 결제하는 방법을 말한다.

▌도 2-11▌ D/P조건의 대금결제

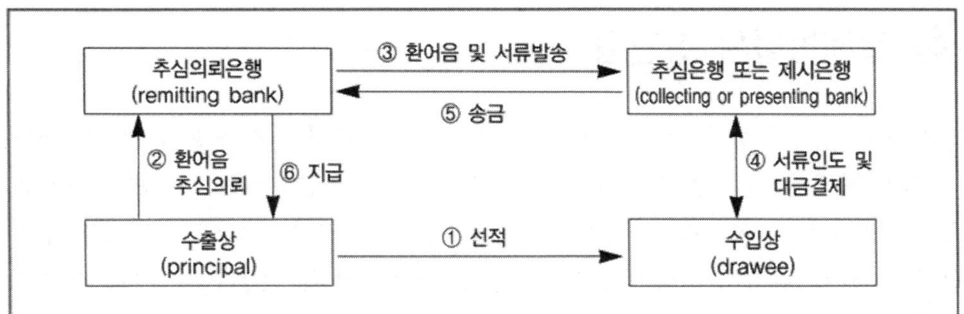

2 인수인도조건(Document against Acceptance; D/A)

D/A업무처리절차를 〈도 2-12〉에서 살펴보면 다음과 같다.

① 수출상이 상품을 선적한 후 관련서류가 첨부된 기한부 환어음(documentary usance bill)을 수입상을 지급인(drawee)으로 발행하여, 자신의 거래은행에 추심을 의뢰하면(①, ②),

② 수출상의 거래은행은 그러한 서류가 첨부된 환어음을 수입상의 거래은행으로 보내어 추심을 의뢰하고(③),

③ 수입상의 거래은행은 그 환어음의 지급인인 수입상으로부터 어음의 인수를 받으면 서류를 인도하고, 어음의 만기일에 대금을 지급받아 추심을 의뢰하여온 은행으로 송금하여 결제하는 방법을 말한다(④~⑥).

▌도 2-12▌ D/A조건의 대금결제

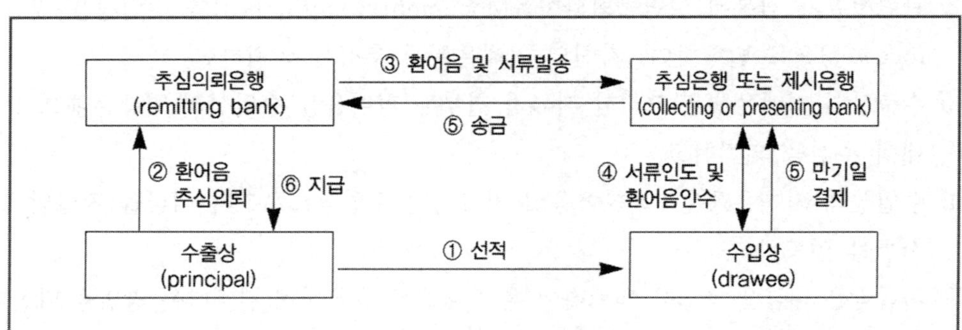

3 결제방법의 장단점

상기와 같은 송금방식이나 추심결제방법은 매매당사자가 상대방에 대하여 신뢰감을 가져야 거래관계가 발전적으로 진행될 수 있다. 신뢰감을 갖기 위하여 거래 전 상대방의 신용조사를 실시할 수 있으나, 그 결과가 양호하다고 하여도 앞으로 계속 그 기업이 절대적으로 안전하다고 말할 수 없다. 정치, 경제, 산업구조, 사회 및 기타의 정세 등의 변동이 계속 예상되기 때문에 때때로 신용조사를 할 필요가 있다.

그러면 위의 두 가지 결제방법의 장단점을 살펴보기로 하자.

다음 〈표 2-2〉에서 보듯이 어느 결제방법에서나 일방이 자신에게 불리한 조건을 감수하여야 거래가 성립되어진다.

즉, 사전송금방법은 수입상이 상품을 수령하기 전에 송금하는 방법으로 수출상은 유리하나 수입상은 불리하다. 이것은 수출상이 대금을 받고 상품을 선적하지 않을 우려가 있기 때문이다. 또한 선적 후 송금방법으로서는 수입상이 상품을 수령한 후에 대금을 지급하므로 수출상이 불리하며, 이 역시 수입상이 물품을 수령하고도 대금을 결제하지 않는 사례를 가정할 수 있기 때문이다.

따라서 송금방법은 대금결제의 안전성이 높다고 볼 수 없으며 대금결제에 대한 위험성을 항상 내포하고 있다.

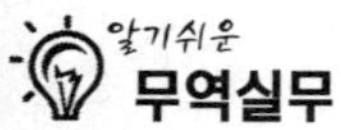

▌표 2-2▌ 송금 및 추심방법의 문제점

결제방법	종류	수출상(seller)	수입상(buyer)
선적 전 송금결제방법 (remittance before shipment)	사전송금 방식	유리	경우에 따라 대금회수와 물품인수가 보장 안됨.
선적 후 송금결제방법 (remittance after shipment)	COD	대리인의 신용에 따라 대금영수 및 물품회수가 보장 안됨.	유리
	CAD	대금의 영수가 보장 안됨.	
추심결제방법 (collection)	D/P	대금의 영수가 보장 안됨.	유리
	D/A	대금영수 및 물품회수가 보장 안됨.	

그리고 추심결제방법인 D/P·D/A는 추심에 의존하기 때문에 수출상이 선적을 완료한 후 추심을 의뢰하면 수입상이 대금지급을 하지 않거나 인수를 하지 않을 경우에는 상품을 반송하거나 현지에서 전매 또는 공매처분함으로써 많은 비용 또는 손실을 면할 수 없게 된다. 그러므로 D/P·D/A 역시 대금결제의 안전성이 없다고 하겠으며 수출상으로서는 대금결제에 대한 위험을 느끼게 된다.

10-3 신용장결제 방법

1 신용장의 탄생

사전송금방식에 있어서 수입상은 계약물품을 입수할 수 있을지에 대한 의문을 갖게 되며, 사후 송금방식에서는 반대로 수출상이 선적한 상품의 대금을 일정기간내에 회수할 수 있을까 하는 위험을 갖게 된다. 또한 D/P, D/A 방식에서는 수출상이 수출대금회수가 보장이 안되어 대금회수의 위험을 느끼게 된다.

따라서 수출상은 상품의 인도전에 대금을 받기 원하고 수입상은 상품을 받고 대금을 결제하기를 원한다. 왜냐하면 수출상은 상품을 먼저 인도하면 대금회수에 불안이 따르고, 반대로 수입상이 대금을 먼저 지급하면 상품을 인도받지 못할 수 있는 위험이 따른다. 이와 같이 수출상이 직면하는 위험을 신용위험이라 하며, 수입상이 수출상에 대하여 부담하는 위험을 상업위험이라 한다.

송금 또는 추심결제 방법에 의한 일방의 불이익을 방지하고 당사자간의 신용결여에 따른 무역거래상의 어려운 점을 해결하기 위하여 등장한 것이 신용장(letter of credit; L/C)이다. 즉, 신용장의 발행은행(issuing bank)이 수입상을 대신하여 대금지급의 확약을 함으로써 수출상의 대금회수 불능에 대한 위험을 방지하고 수입상은 조건과 일치하는 서류를 인도 받으면서 발행은행에 대금을 지급하므로 상품인수 불능에 대한 위험을 방지할 수 있으며, 이로써 은행이 매매당사자 사이에 개입하여 당사자간의 상호 다른 위험을 제거하고 있다.

송금결제방법에 있어서는 사전 또는 사후에 대금결제가 이루어지기 때문에 당사자간의 이해가 상반되나 신용장에 있어서는 선적후 선적서류를 송부하여 대금회수를 하는 것이 원칙이므로 당사자간 위험부담이 없다.

〈참고 1-1〉 위험의 종류

가. 신용위험(credit risk)

수출상이 수출대금을 계약에 따라 수입상으로부터 회수할 수 없는 위험을 말하며 이는 계약 성립 후 수입국 내에서 계약물품의 가격이 하락하여 시장성이 없다고 판단하여 수입상이 수입을 거절할 수도 있을 수 있고 수입상이 부도 등으로 인하여 대금지급능력을 상실할 수 있는 위험을 말하며, 사후송금방식이나 D/P, D/A 등 추심결제방법에서 수출상이 부담하는 위험이 될 수 있다.

나. 상업위험(mercantile risk)

이 위험은 사전송금의 경우에 수출상이 계약물품을 일정기간 내에 수입상에게 선적하여 수입상이 약정된 선적기일 내에 상품을 인수할 수 있는지의 여부에 대한 위험을 말하며 주로 수입상이 부담하는 위험이다.

즉, 신용장은 제3자인 은행이 지급을 보증하는 것이므로 수입상의 신용과 크게 관계가 없으며, 신용이 있는 은행이 대금의 지급을 확약하는 것이므로 대금회수에 안전성이 있다. 이와 같이 신용장거래는 대금결제의 안전성이 보장되므로 현대무역거래에서 주류를 이루고 있다.

▌도 2-13▌ 신용장 발행은행의 역할

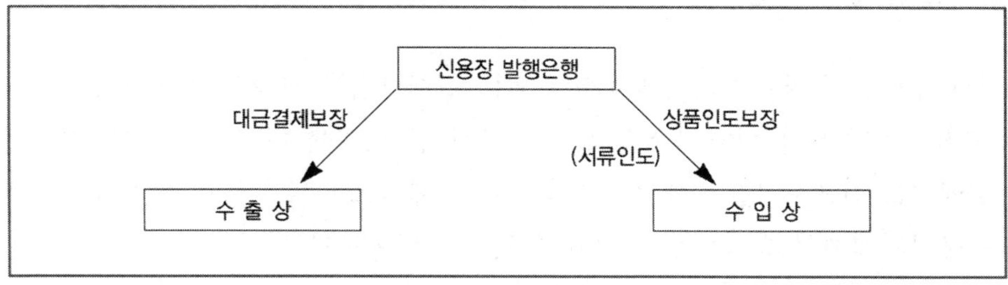

이상과 같은 신용장이라는 형태의 대금결제수단이 언제부터 등장하였는지는 뚜렷하게 알 수 없다. 그러나 초기의 신용장은 은행이 발행한 보증서가 아니고 당시 사회적으로 명망과 재산을 소유하고 있던 왕, 왕족 또는 귀족들에 의하여 보증서의 형태로 발행되어짐으로써 상인들의 신용거래에 이용되어 왔다. 고증에 의하면 국왕 또는 왕후가 대신들의 자금조달을 돕기 위하여 상인 앞으로 서장(書狀)을 써서 신하들에게 주어 사용시킨 데서부터 시작되었다는 설도 있다.

상인이 실질적으로 이러한 서장의 발행인으로 등장하기는 13세기경 유태상인 또는 롬발트상인들에 의하여 발행되어 상품매입이나 자금조달에 사용되어 왔는데 기록상으로는 17세기경의 것이 전해지고 있다. 그 한 예를 들면 1654년 영국의 Thomas가 파리에 출장가는 John을 위하여 파리 상인 William 앞으로 발행한 것으로 그 내용은 John에게 1회 또는 수회에 걸쳐 2,000Crowns 한도로 수령증 또는 환어음을 받고 지급하여 그 금액을 발행인인 Thomas의 계정에 대체시키도록 하였으며, 신용장은 그것에 대하여 충분히 보증한다는 것이었다. 이와 같이 초기의 신용장은 여행자신용장에 가까운 형식을 취하고 있다.

은행이 신용장의 발행자로서 개입하게 된 것은 19세기에 들어서였다. 그러나 이 당시에 발행되었던 은행의 신용장도 역시 여행자신용장의 형식에 의한 것이었다. 그러다가 20세기 초에 신용장의 발행의뢰인인 수입상이 지명한 수익자 앞으로 은행이 자기가 발행한 신용장을 직접 교부하며 또한 은행이 발행의뢰인을 대신하여 어음의 지급인이 되는 등의 근대적인 신용장이 등장하게 되었다.

2 신용장의 정의

앞에서 우리는 국제무역거래에서 이용되는 결제방법과 각각의 결제방법이 안고 있는 문제점을 해소하기 위해 신용장이 탄생하게 된 배경에 대해서 알아보았다.

본 절에서는 신용장이란 무엇을 의미하는지 구체적으로 알아보고, 신용장이 갖는 기능과 신용장거래에서 발생되는 이점이 무엇인지 알아보기로 한다.

가. 신용장의 의의

19세기 중엽 국가간의 상거래가 활발해짐에 따라 급속히 보급된 신용장은 영어로 “letter of credit” 또는 단순히 “credits”라고도 하며, 통상 L/C라고 부르고 있다. 좀 더 상세히 말할 때에는 “commercial letter of credit(상업신용장)” 또는 “documentary letter of credit(화환신용장)”라고 한다.

신용장이란 국제 무역거래에 있어서 대금결제의 원활을 기하기 위하여 수입업자의 거래은행이 수입업자의 요청과 지시에 따라 발행하며 신용장조건과 일치된 서류를 첨부하여 제시하면, 발행은행이 수입상을 대신하여 수출상 또는 어음매입은행 및 선의의 어음소지인에게 환어음의 지급 또는 인수를 보증하는 조건부 지급확약서를 말한다.

따라서 신용장은 ① 발행의뢰인의 요청과 지시를 근거로 하여 발행되고(보증신용장에서 발행은행 자신이 자기를 위하여 발행하는 경우도 있음), ② 발행은행의 보증채무는 “명시된 서류와 상환”으로 “신용장 조건과 일치하는 경우”에만 발생하는 조건부 확약서이며, ③ 확약의 방법은 발행은행 자신이 직접 지급, 인수를 확약하는 직접약정과 타은행을 통하여 지급, 인수 또는 매입을 확약하는 수권(간접)약정이 있다.

또한, 신용장은 일종의 약정으로서 화환신용장(documentary credit) 및 보증신용장(standby letter of credits)을 포함하여 그 명칭이나 표현에 관계없이 위와 같은 실질적인 내용을 판단 기준으로 하고 있다. 결국 신용장은 은행이 수입상을 위하여 자기의 신용을 제공하는 행위로 불확실한 수입상의 신용을 확실한 은행의 신용으로 대체한 증서이다. 따라서 신용장 조건에 맞도록 발행된 화환어음은 비록 수입업자가 대금결제를 못하더라도 발행은행이 어음의 지급인(drawee)이 되든지, 또는 지급에 대한 최종적인 책임을 지게 되므로 수출상과 수출상의 환어음을 매입한 매입은행은 안심하고 거래할 수 있다.

나. 신용장의 기능

① 대금결제수단

신용장 거래는 매매당사자 이외에 제3자인 발행은행이 개입하여 신용장 조건과 일치하는 서류와 상환으로 상품대전의 지급을 확약함으로써 신용장조건과 일치하는 서류의 제시조건하에 상품거래를 서류거래화하여 매매당사자인 수출상에게는 대금회수 전의 상품선적에 대한 대금회수의 위험을 제거하여 주는 한편, 수입상에게는 신용장에 의하여 수출상이 의무를 이행하도록 하며 상품인수 전 대금지급을 확약하는 대금결제 수단으로서의 기능을 갖는다.

신용장 제도가 오늘날 국제무역거래의 대금결제방식으로서 주류를 이루게 된 것도 바로 이러한 신용장의 대금결제 수단으로서의 기능 때문이다.

② 금융수단

신용장은 거래당사자의 금융상의 부담을 경감하여 주는 기능을 한다.

즉, 신용장은 수출상에게는 상품선적 즉시 대금회수를 가능케 하며 수입상에게는 상품의 도착과 더불어 대금의 지급을 가능케 하는 금융수단으로서 기능을 하는 한편, 나아가 발행은행의 공신력을 바탕으로 수출입거래의 자동결제기능(function of self-liquidating)이 부여되어 각종의 신용편의(credit facility)가 창출된다.

신용장을 근거로 한 수출관련 금융상품(financing facilities)으로는 무역금융(trade financing), 우편기일여신(mail credit), 인수 및 할인(acceptance & discount, 양자는 분리취급될 수도 있음), 재매입(re-negotiation) 등이 있으며, 수입관련 무역금융(trade financing)으로는 신용장의 확인 내지 보증(confirmation or guarantee), 화물대도(Trust Receipt: T/R), 인수 및 할인(acceptance and discount), 상환자금(L/C 결제자금) 여신(reimbursement financing) 등이 있다.

인수 및 할인은 할인후 재매각 또는 재대(refinancing)할 수 있으며, 이러한 금융기법을 미국 단기금융시장(money market)에서는 은행인수(Bankers' Acceptance: B/A)로 통용된다.

금융편의에 대한 상세한 설명은 국제금융과정 교재를 참고하기 바란다.

다. 신용장의 효용

신용장은 전술한 바와 같이 주로 대금결제수단과 금융수단으로서 기능을 하기 때문에 수출입 거래시 신용장이 수출상과 수입상의 양측에서 볼 때 유리한 점을 살펴보면 다음과 같다.

① 수출상에 유리한 점

㉠ 신용장제도는 수입상의 지급불능 또는 지급거절에 의하여 대금을 회수할 수 없게 되는 신용위험(credit risk)을 제거하여 준다.

㉡ 일단 발행된 신용장은 수입상이 임의로 취소할 수 없기 때문에 신용장이 발행되면 수출상은 안심하고 제품의 집화 또는 제조를 할 수 있으며 신용장 조건에 모순되지 아니 하는 한 수출대금의 회수를 보장받을 수 있다.

㉢ 수출계약이 체결되어도 신용장이 발행되지 않으면 계약이 취소될 가능성이 많으나 취소불능신용장이 발행된 뒤에는 취소하기가 어렵기 때문에 주문이 확보된다.

㉣ 수출상은 상품을 선적한 후 신용장 조건에 일치하는 서류를 은행에 제시함으로써 소정이자(환가료)만 공제하고 수출대금을 즉시 회수할 수 있다.

㉤ 대부분의 국가에서는 수출상 앞으로 신용장이 발행되면, 이를 근거로 하여 금융상의 지원을 해 주고 있다. 우리나라에서도 무역금융규정에 의거 수출상에 대하여 금융상의 지원을 해 준다.

② 수입상에 유리한 점

㉠ 수입상은 은행의 신용을 이용하여 자기의 신용을 현저히 강화할 수 있어 수출상과의 계약조건에서 자기에게 유리하도록 할 수 있고 아울러 수입도 원활하게 할 수 있다.

㉡ 상품의 대금은 상품이 도착한 후 지급하게 되므로 금융상 유리하며 더구나 기한부 신용장일 경우에는 수입상품의 판매대전으로 결제할 수 있는 이점이 있다.

㉢ 수출상은 신용장에서 요구하고 있는 제반 조건대로 선적하지 않으면 수출대전을 받지 못하므로 수입상은 계약조건대로 계약상품이 선적될 것이라는 확신을 가질 수 있다.

㉣ 신용장의 선적기일과 유효기일이 명시되어 있으므로 늦어도 언제까지 상품이 수입지에 도착할 것이라는 예측을 할 수 있다.

라. 신용장의 법적 성질

신용장의 법률적 성질에 대해서는 주로 취소불능신용장에 있어서 수입자와 발행은행, 수출자와 발행은행, 수입자와 수출자, 통지은행 및 매입은행과 기타 당사자와의 관계에 발생하는 여러 가지 법적 관계를 추구하고 있으나 여기서는 영·미법상의 여러 설을 고찰하기로 하자.

① 계약신청설

계약신청설(Offer acceptance theory)은 수입자가 발행은행에 신용장 발행을 신청하여 신용장이 발행되면 수출자가 환어음과 선적서류를 제공함으로써 계약이 성립된다는 설이다.

즉, 신용장의 발행을 수익자에 대한 발행은행의 청약(offer)으로 보고 수익자가 환어음과 선적서류를 제공하는 것을 승낙(acceptance)으로 본다.

그러나 이 설을 취할 때 신용장이 발행되어 수출자가 선적서류를 제공하기까지의 관계를 설명할 수 없게 된다. 다시 말하면, 신용장 발행을 계약신청으로 본다면 이를 승낙하기 전에는 발행은행이 이를 취소나 철회할 수 있어야 하는데 이는 취소불능신용장의 근본취지에 반하게 된다. 취소불능신용장이란 일단 발행되면 신용장 당사자 중 당사자가 일방적으로 취소, 변경할 수 없다는 데 특징이 있는 것이다.

② 채무보증설

채무보증설(guarantee theory)이란 신용장을 발행하게 되면 수입자의 대금지급의무를 발행은행이 보증한다는 것을 요지로 하는 설이다. 그러나 발행은행은 수입자의 대금지급과 관계없이 매입은행 등이 신용장조건과 합치하는 환어음과 선적서류를 제공하면 대금을 지급하겠다는 보증이므로 절대적인 보증이 아닌 조건부보증으로 보고 있다.

그러나 취소불능신용장은 발행은행이 어음의 발행인 및 선의의 소지인에 대하여 어음과 선적서류가 신용장조건에 일치하면 지급, 인수 또는 매입을 하겠다는 확약이기 때문에 일차적 채무(primary liabilities)이지 이차적 채무(secondary liabilities)인 보증채무가 아니다. 즉 발행은행의 채무는 매매계약과 독립된 추상적 채무이다.

③ 계약설

계약설(contract theory)은 신용장이란 발행은행과 수출자간의 계약이라는 설이며, 발행은행은 신용장 발행과 동시에 계약상의 의무로서 수입자와는 별도로 수출자에 대하여 어음의 인수 또는 지급을 해야 한다는 것을 주장하고 있다.

이 설은 신용장을 발행은행과 수익자와의 계약관계로 보기 때문에 발행은행이 수입상과 계약하지 않고 수출상과 계약하여도 좋다는 모순성이 있다.

④ 금반언설

금반언설(禁反言說; estoppel theory)은 발행은행이 취소불능신용장을 발행할 때 은행은 수입자로부터 수출자의 어음을 결제할 수 있는 자금을 수령하였다는 것을 표시하고 있으므로 수출자에 대하여 자금수탁의 사실을 부인할 수 없다는 설이며, trustee theory라고도 한다. 이 설은 계약설의 약점을 보완했다는 데 의의가 있으나 신용장발행을 어떤 사실이 존재했다는 표시로 볼 수 없고 은행의 단순한 지급약속으로 보아야 한다는 점에서 문제점이 있다고 여겨진다.

⑤ 상업적 특수행위설

상업적 특수행위설(mercantile specialty theory)은 신용장, 특히 취소불능신용장은 어음, 수표 등과 같이 유통증권(negotiable instrument)의 일종이며, 약인(約因)이 필요 없는 상업적 특수행위로 인정하고자 하는 설이다. 즉, 취소불능신용장에 있어서 은행의 약속은 그 형식상 취소불능성을 명확히 하고 있으며 또한 수익자는 이를 믿고 있으므로 법률은 이러한 거래관습상의 원칙을 승인하여야 한다는 것이다. 이 설은 미국에서 주로 받아들여지고 있다.

이 설에는 두 가지 문제점이 있다. 하나는 신용장의 형식이 어음과 같이 통일성이 있는 것이 아니므로 어음에 관한 원칙을 그대로 신용장에 적용할 수 있느냐는 것이고, 다른 하나는 약인의 문제로 신용장제도에 있어서 상업적 특수성을 인정한다 하더라도 약인을 불필요하다고 할 수 없다는 것이다.

3 신용장 거래의 특성과 한계성

그러면 이러한 신용장에 의한 거래는 어떠한 특징이 있는 것일까? 만일 수입업자가 주문한 물품이 부산항에 도착한 경우 들어온 물품의 품질 및 수량이 매매계약의 내용과 비교하여 정확한지 은행원이 검사를 한 뒤 지급해야 한다고 가정해 보자. 은행원은 상품에 대한 지식, 통관에 대한 전문지식이 없으므로 업무를 수행한다는 것이 현실적으로 불가능하게 된다.

따라서 이러한 실물거래와는 무관하게 서류에 의한 거래만을 인정토록 해야 되는 필연성이 발생하게 되며 이를 위해 신용장은 다음과 같은 특징을 갖게 되는데, 이러한 특징이 곧 신용장 거래의 특수성이 되는 것이다. 또한 특수성을 인정한 데 따라 발생되는 문제점, 즉 한계가 무엇인지 살펴보자.

가. 신용장거래의 특성

신용장 거래는 매매계약(sales contract) 또는 기타 계약에 기초한 상품거래의 대금결제를 종결시키는 데 그 목적이 있다.

▮신용장거래, 매매계약과 상품거래와의 관계▮

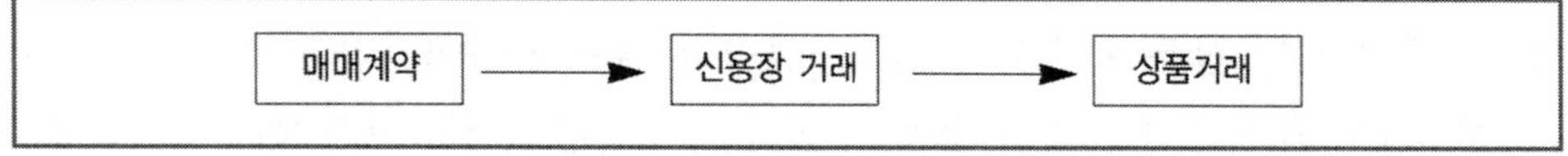

그러나 지급을 보증하는 주체도 은행이며 신용장에 의한 수출입당사자간의 의무이행 여부를 판단하는 것도 은행이 된다. 따라서 상품거래에 대한 지식과 경험이 없는 이러한 은행을 보호하고 상품거래에 의한 매매계약 등의 구속으로부터 해방시킴으로써 자유롭고 원활한 신용장거래가 이루어지도록 하기 위하여 신용장에 다음과 같은 독립성과 추상성을 부여하고 있다.

이 두 원칙은 신용장거래에 있어서 황금률(golden rule)로 인정되고 있다.

① 독립성의 원칙(principle of independence)

신용장은 매매계약 또는 기타계약에 근거를 두고 발행된 것이기는 하나 그러한 계약과는 아무런 관계가 없는 별개의 독립된 거래이며, 은행은 신용장에 그러한 계약에 관한 어떠한 참조사항이 포함되어 있더라도 그러한 계약과는 하등의 관계가 없으며 또한 구속되지 아니한다(신용장통일규칙 제4조).

예컨대, 신용장에 "Commodity descriptions are as per offer No.100. dated Oct. 1, 20××"의 기재가 있는 경우라도 신용장은 "offer No.100"과는 관련이 없는 것이다. 이것은 신용장 거래를 매매계약에 연계시키게 되면 은행이 매매계약의 내용을 일일이 확인하여야 하는바, 이는 현실적으로 불가능하므로 이러한 구속으로부터 은행을 해방시켜 신용장 거래가 원활하게 이루어지도록 함에 그 취지가 있다.

② 추상성의 원칙(principle of abstraction)

신용장 거래에서 모든 당사자는 서류에 의하여 거래를 하는 것이지 서류와 관계된 상품, 서비스 또는 기타 계약이행에 의하여 거래를 하는 것이 아니다(신용장통일규칙 제5조).

은행은 오직 문면상 신용장 조건과 일치하는 서류와 상환으로 대금지급의무를 부담할 뿐 제시된 서류에 명시된 상품 자체나 서비스 또는 기타 계약이행의 의무와는 별개이다.

즉, 실제 선적된 상품이 제시된 선적서류상의 내용과 상이하거나 품질 등에 하자가 있는 경우라도 제시된 서류가 신용장 조건과 일치하면 발행은행은 대금지급의무가 있으며 상품에 관한 문제는 수입상이 별도의 claim을 제기하여 상사중재에 의해 해결하여야 한다.

이를 신용장의 추상성이라 하며 이러한 추상성에 의해 신용장 거래가 가능한 반면, 한편으로는 신용장 거래의 한계성도 바로 여기에 있다고 할 수 있다.

나. 신용장 거래의 한계성

신용장은 국제간의 무역거래를 촉진시켜 주는 편리한 수단이지만 원만한 계약이행을 위해서는 궁극적으로 수출입당사자간의 성실성이 무엇보다도 중요한 것이며 신용장이 발행되었다고 해서 모든 것이 다 원만하게 해결되는 것은 아니다. 따라서 신용장도 이행할 수 없는 한계를 가지고 있다.

① 수입상에 대한 한계

수입상이 요구하는 상품을 반드시 입수할 수 있다는 보장이 되지 않는다는 점이다.

신용장의 거래는 어디까지나 서류상의 거래이기 때문에 수출상이 이러한 특성을 악용하여 품질이 나쁜 상품 또는 전혀 엉뚱한 것을 선적하고 서류만 신용장 조건대로 작성하여 제시하면 은행은 반드시 대금지급을 하므로 수입상 입장에서는 자기가 원하는 상품이 정확하게 수입될 것이라는 보장이 없다.

② 수출상에 대한 한계

신용장 거래는 서류에 의한 거래이므로 서류만을 근거로 지급을 하게 된다. 그러나 수입상이 이러한 특성을 악용하여 수출상이 매매계약 내용을 성실히 이행하였음에도 불구하고 서류상의 오류를 트집 잡아 지급을 거절하거나 가격할인을 요구하는 경우가 있다.

다. 독립 · 추상성의 예외

신용장 거래에 있어서 관계당사자간의 중요한 약속인 독립 · 추상성의 특성이 있으나, 그의 예외로서 Injunction이라는 관행이 있다.

Injunction이란 법원의 지급금지 명령을 의미하며, 우리나라 민사소송법의 가처분과 유사한 미국의 소송용어이다. 이 용어는 1941년 'Sztejin V. Henry Schroder Banking corp'. 사건에서 재판부가 발행은행에게 "매입은행이 비록 하자 없는 서류를 제시하고 대금지급 청구를 했더라도 수출상의 사기행위에 방조하는 대금지급은 허용할 수 없으므로 발행은행은 대금지급을 하지 말라"고 판시한 데서 유래한다.

그러나 이 판례는 신용장의 근본 성질인 독립 · 추상성의 원칙에 위배되는 판례라는 점에서 많은 논란이 있었다. 이 사건은 인도의 수출상이 미국의 수입상에게 신용장상의 품목 대신 쓰레기 더미를 포장하여 선적한 후 Clean B/L을 발급받아 매입은행인 Chartered Bank에 추심의뢰했으나 물품 도착 이전에 정보를 입수한 수입상이 발행은행을 상대로 '지급금지 요청' 소송을 제기하였으며, 이 소송에서 재판부는 "지급금지를 하더라도 매입 은행이 수출상에게 대금지급을 하지 않은 채 추심조건으로 서류만 송부했으므로 관련 은행에는 아무 피해가 없다. 따라서 본 건의 지급금지는 신용장의 독립

·추상성과는 무관하다"는 요지의 판결이유와 함께 원고의 신청을 받아들인 것이다.

그런데, 최근 우리나라와 중국과의 거래에서 중국의 법원들이 이 injunction제도를 남발하여 우리나라 수출상들이 큰 곤경을 겪은 바 있다. Injunction으로 수입상을 보호해야 할 필요성이 있다 하더라도 이것이 신용장제도의 본질을 훼손해서는 안 될 것이므로 다음과 같은 요건을 갖춘 때에 국한하여야 할 것이다.

① 발행은행의 대금지급 이전일 것

② 수출상의 사기행위에 대한 명백하고 확실한 증거가 제시될 것

③ 매입은행의 피해가 없을 것

4 신용장거래의 당사자 및 당사자간의 법률관계

본 장에서는 신용장에 의한 수출입절차를 먼저 살펴보고 신용장거래에 관계되는 당사자는 누구이며, 당사자들간에 형성되는 권리와 의무는 어떠한 것들이 있는지 살펴보기로 한다.

가. 신용장거래 절차

신용장거래에 관련되는 자를 관계당사자라고 하고, 이들 관계당사자를 보다 쉽게 이해하기 위하여 신용장 거래의 일반적인 경로를 설명하고자 하며, 앞의 제2장에서 설명한 내용과 동일하다.

① 먼저 수출상과 수입상 사이에 매매계약이 체결되고 그 계약조건의 하나인 결제조건(terms of payment)을 신용장에 의하도록 약정할 수 있다.

② 위의 계약조건에 따라 수입상은 자기의 거래은행에서 신용장발행을 의뢰한다. 이때 수입상이 신용장의 발행의뢰인(applicant)이 된다.

③ 거래은행이 신용장을 발행하면 발행은행(issuing bank)이 되며, 발행은행은 수출상의 소재지에 있는 환거래은행에 대하여 수출상 앞 신용장 통지를 의뢰한다.

④ 이때 의뢰받은 환거래은행이 통지은행(advising bank)이 되고 신속하게 수출상 앞 L/C 통지를 한다.

⑤ 신용장을 받은 수익자(beneficiary)인 수출상은 상품을 생산 또는 집화하여 선적한다.

⑥ 선적 후 수익자는 환어음을 발행하고 신용장상에 명기한 서류를 제시하여 자신의 거래은행에서 수출대금을 회수한다. 이때 선적서류 매입은행을 매입은행(negotiating bank)이라고 한다.
⑦ 서류를 매입한 매입은행은 이를 발행은행 앞으로 송부하고 발행은행으로부터 매입대금을 상환 받는다.
⑧ 발행은행은 신용장의 발행의뢰인인 수입상으로부터 수입대금을 받고 송부되어 온 서류를 인도한다.
⑨ 수입상은 마지막으로 이 서류를 운송인에게 인도하고 수입상품을 인도받게 된다.

앞에서 설명한 것은 일반적인 경우이고 신용장의 종류와 결제방법에 따라 앞서 언급된 당사자 외에도 확인은행(confirming bank)이나 인수은행(accepting bank) 및 상환은행(reimbursing bank)이 개입할 경우도 있다.

▌신용장거래 절차▐

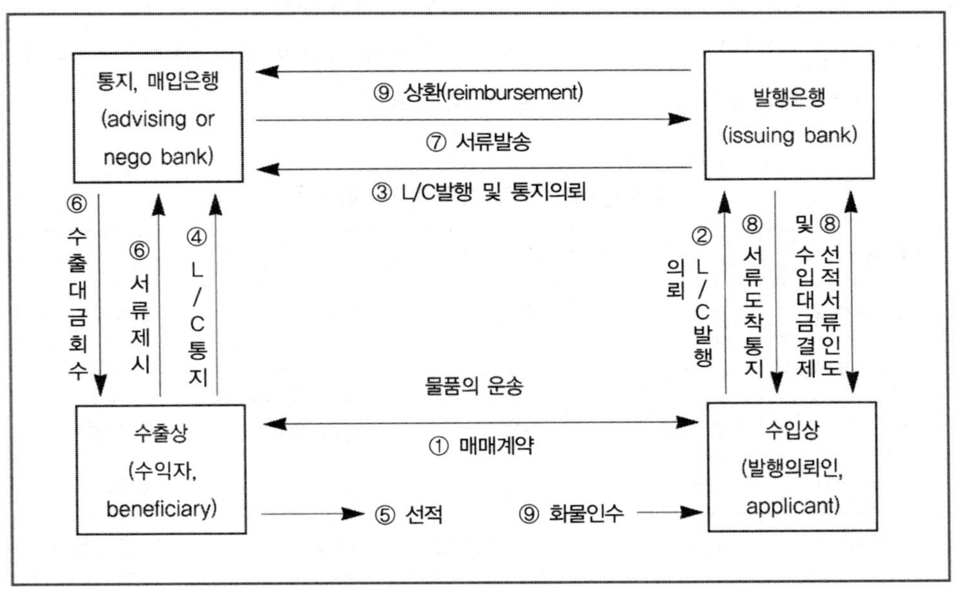

나. 신용장의 관계당사자

신용장 거래의 당사자(concerned parties)란 신용장 거래에 직접 또는 간접적으로 관계되는 자를 총칭하며, 그 주요한 당사자는 다음과 같다. 그러나 이들 당사자는 동일한 신용장 거래에 모두 다 함께 등장하는 것이 아니고, 신용장 거래의 유형에 따라 관계 당사자가 상이하기도 하고, 또한 당사자를 그가 하는 기능에 따라 상이하게 부르기도 한다.

① 발행의뢰인(applicant)

매매계약에서 규정한 조건에 따라 신용장의 발행을 자기의 거래은행에 신청하는 수입업자인데 화물의 실질적인 수화인이 되고 환어음의 최종결제인이 된다.

② 수익자(beneficiary)

발행은행으로부터 신용장을 수취하여 이에 요구된 제조건을 일치시키고 서류를 제시함으로써 대금의 결제를 받게 되어 이익을 받는 수출업자이다.

발행의뢰인, 수익자는 그 효능과 보는 각도에 따라 다음과 같이 여러 가지로 불리고 있으므로 무역기초 상식으로 꼭 이해해 두도록 하자.

▮수출상과 수입상의 명칭 비교▮

거래내용	수출상		수입상	
매매관계	seller	매도인	buyer	매수인
무역관계	exporter	수출상	importer	수입상
신용장관계	beneficiary	수익자	applicant	발행의뢰인
어음관계	drawer	발행인	drawee	지급인
계정관계	accounter	대금수령인	accountee	대금결제인
화물관계	consignor	송화인	consignee	수화인

③ 신용장 발행은행(issuing bank)

신용장 발행의뢰인의 신청과 지시에 따라 매매계약의 당사자인 수출상 앞으로 신용장을 발행하는 은행을 신용장 발행은행(issuing bank)이라고 하며 신용장 개설은행(opening bank)이라고도 하나, 신용장 통일규칙 3차개정(1974년) 때 'issuing bank'로 용어가 수정되었다. 또한 신용을 공여한다는 관점에서 'credit writing bank, grantor'라고도 한다.

④ 통지은행(advising bank)

발행은행의 요청을 받아 신용장을 통지하여 주는 은행을 신용장 통지은행(advising bank, notifying bank)이라 한다.

통지은행은 통지해 주는 신용장에 대해서 어떠한 책임을 지거나 약정하는 것은 아니지만 신용장 통일규칙 제9조에 의하면 신용장을 통지함에 있어서 신용장의 진정성을 확인하여야 한다.

⑤ 확인은행(confirming bank)

신용장은 발행은행의 대외공신력을 바탕으로 한 지급확약이다. 그러나 발행은행의 공신력이 미약할 경우 등의 사정으로 수익자가 발행은행의 지급확약에 대하여 의문을 가질 경우에는 발행은행 이외의 은행에 의한 신용장의 확인(confirmation)을 요구하는 경우가 있다. 이 경우 발행은행의 요청을 받은 제3의 은행이 신용장에 의한 인수, 지급, 매입을 틀림없이 하겠다는 추가적인 확약을 하는데 이를 신용장의 확인이라 하며, 확인하는 은행을 확인은행(confirming bank)이라 한다.

⑥ 매입은행(negotiating bank)

수익자는 상품선적을 완료한 후 신용장조건에 따라 신용장 발행의뢰인 또는 발행은행 앞으로 환어음을 발행하고 서류를 첨부하여 자기의 거래은행에 환어음의 매입을 신청하는데, 이에 따라 수출환어음을 매입하는 은행을 매입은행(negotiating bank)이라고 한다. 또한 한 은행에서 매입한 환어음을 타은행에서 다시 매입하는 것을 재매입(renegotiation)이라고 하며, 재매입을 하는 은행을 재매입은행(renego -tiating bank)이라고 한다.

⑦ 지급은행(paying bank)

발행은행과 예치환거래계약을 체결하여 자행에 발행은행 명의의 예금계정을 설치하여 두고 신용장의 조건과 일치되는 서류가 제시될 때, 또는 그러한 서류가 첨부된(일람출급) 환어음이 자행을 지급인으로 하여 제시될 때 발행은행의 예금계정에서 차감하면서 지급을 이행하는 은행을 지급은행(paying bank)이라 한다.

⑧ 인수은행(accepting bank)

신용장의 조건과 일치되는 서류가 첨부된 (연지급) 환어음이 제시될 때 그 어음의 인수를 하였다가 만기일에 가서 지급을 이행할 의무를 지게 되는 은행을 인수은행(accepting bank)이라 한다.

⑨ 상환은행(reimbursing bank)

발행은행의 지시에 따라 발행은행을 대신하여 신용장대금을 매입은행 등에 지급하는 은행을 상환은행(reimbursing bank)이라 하며, 발행은행이 당좌예금계정을 개설하고 있는 예치환거래은행(depository correspondent bank)이 이를 담당한다. 대금을 결제한다는 의미에서 결제은행(settling bank), 어음에 대하여 지급을 하는 은행이라는 점에서 어음지급은행(drawee bank)이라고도 한다.

⑩ 양도은행(transferring bank)

양도가능 신용장하에서 수익자의 요청에 의하여 제2수익자에게 신용장을 양도하는 은행을 양도은행(transferring bank)이라고 한다.

다. 신용장거래 당사자간의 법률관계

본 항에서는 앞에서 설명한 관계당사자간의 권리와 의무에 대하여 간단히 요약 설명하고자 한다.

(1) 발행의뢰인과 발행은행

발행의뢰인과 발행은행간의 기본적인 법률관계는 수입거래시 체결하는 외국환거래약정서에 의해 결정된다. 먼저 발행의뢰인의 발행은행에 대한 의무를 살펴보기로 한다.

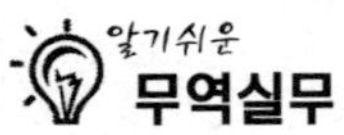

(가) 발행의뢰인의 의무

① 지시의 완전명확성

신용장조건은 발행의뢰인의 요청과 지시대로 따르게 되나 지나치게 상세한 지시내용은 신속과 정확을 생명으로 하는 신용장거래에 적합하지 못한다.

이에 관하여 신용장통일규칙은 신용장발행 및 조건변경을 위한 지시는 완전하고 정확해야 하며, 또한 혼란과 오해를 방지하기 위하여 발행은행은 발행의뢰인의 과도한 명세의 삽입을 시도할 때 이를 억제해야 한다고 규정하고 있으므로, 발행의뢰인은 그 지시와 요구를 필요한 범위 내에서 간단명료하게 하여야 할 의무를 부담하는 것이다.

② 타은행 이용의 비용과 위험부담

발행은행은 발행의뢰인의 요청에 따라 외국의 제3은행을 통지은행, 지급은행 또는 확인은행 등으로 이용하게 되는데, 이때의 비용과 제3의 은행이 발행은행의 지시내용을 제대로 이행하지 못함으로써 야기되는 위험을 발행은행이 부담하는가의 문제가 제기될 수 있다.

따라서, 이 문제를 명확히 해결하기 위하여 신용장통일규칙 제37조 a항에서는 「신용장 발행의뢰인의 지시를 이행하기 위한 목적으로 타은행의 서비스를 이용하는 은행은 동 발행의뢰인의 비용과 위험부담하에 이를 이행한다」고 명문으로 규정하였고, 동조 b항에서는 「은행이 자발적으로 타은행을 선택하였더라도 그가 전달한 지시사항이 이행되지 아니할 경우 은행은 의무와 책임을 부담하지 아니한다」고 규정하고 있는 것이다.

③ 서류인수 및 상환의무

발행의뢰인은 발행은행이 지급, 인수 또는 매입한 서류를 최종적으로 인수하고 발행은행에 대하여 외국환거래 약정서에 따라 그 대금을 상환해 주어야 한다. 제시된 서류가 수익자와의 매매계약내용과 상이하다 하더라도 신용장의 조건과 문면상 일치되는 한, 발행 의뢰인은 그 서류인수를 거부할 수 없다. 이것은 신용장이 상품매매계약과 별개로 독립된 서류거래이므로 서류자체에 하자가 없는 한, 발행의뢰인은 당연히 그 서류를 인수하고 대금을 상환하여야 할 것이다.

(나) 발행은행의 의무

① 지시준수의 의무

발행은행은 신용장 발행시 발행의뢰인의 요청과 지시에 따라 행동하여야 하며, 발행은행이 지시를 준수하지 않아 발행의뢰인에게 손해가 발생하였을 때에는 발행은행은 채무불이행으로 인한 손해배상책임을 부담하여야 한다.

② 신용장 통지의무

발행은행은 발행의뢰인에 대하여 외국환거래 약정서에 따라 수익자 앞으로 신용장을 통지해 줄 의무를 부담한다. 따라서 발행은행은 이를 이행하지 못할 경우 발행은행에 명백한 책임이 있는 한 채무불이행으로 인한 손해배상책임을 부담한다. 발행은행이 통지의무를 이행하기 위하여 제3의 통지은행을 이용한 경우 통지은행의 의무불이행에 대하여는 아무런 책임도 부담하지 않는다.

③ 서류심사의 의무

발행은행은 신용장대금을 지급할 때 서류가 신용장조건과 일치하는가를 상당한 주의(reasonable care)를 가지고 심사하여야 한다. 이 경우 서류의 형식, 충분성, 진정성 등에 대하여는 책임을 지지 않는다.
다만, 발행은행이 신용장에 따른 서류심사의무를 게을리하여 대금지급을 하였을 경우에는 발행의뢰인으로부터 그 대금을 받을 수 없게 된다.

(2) 수익자와 발행은행의 관계

취소불능신용장은 은행이 수익자에 대하여 지급 또는 인수를 행해야 할 의무를 가진다.
이 경우 은행은 신용장의 이후에는 수익자의 동의가 없이는 신용장을 취소하거나 변경할 수가 없게 된다.

발행은행은 이 경우 수익자가 제시한 서류가 신용장조건과 일치하면 매매계약상의 분쟁을 이유로 대금의 지급을 거절할 수가 없으며, 발행은행은 발행의뢰인이 대금지급을 할 수 없게 되는 경우에도 수익자에게 신용장 대금을 지급하도록 하여야 한다.

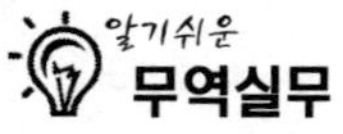

(3) 발행의뢰인과 수익자

양 당사자간의 관계는 대개 상품의 매매계약내용에 의해서 결정된다. 그러나 양자간에 상품거래에 대한 계약이 있든지 없든지 간에 그 계약은 신용장과는 직접 관계가 없고, 신용장관계는 상품계약과는 관계가 없는 독립성을 가지므로 발행의뢰인과 수익자간에 신용장상의 법률관계를 거론하는 실익은 거의 없는 것으로 보인다.

(4) 통지은행의 지위

(가) 발행은행과의 관계

양자간에는 통지에 관하여 위임관계가 성립되어 통지은행은 위임받은 대로 지시내용을 신속하게 수익자에게 전달할 의무가 있다.

(나) 발행의뢰인과의 관계

통지은행의 선택은 발행은행이 발행의뢰인의 대리인으로서가 아니라 자기 이름으로 자기를 위하여 선택위임하는 것이므로 발행의뢰인과 통지은행 사이에는 직접 아무런 법률관계가 성립되지 않는다.

따라서 통지은행의 통지의무 불이행은 발행은행에 대한 채무불이행이 될 뿐 발행의뢰인에 대한 채무불이행은 되지 않는다. 그러므로 발행의뢰인이 통지은행의 통지의무 해태로 손해를 입었다면 불법행위의 법리에 따라 손해배상을 청구할 수밖에 없을 것이다.

(다) 매입은행과의 관계

통지은행은 신용장을 확인(confirmation)하지 않는 한, 통지로써 그 임무는 종료하고 매입은행에 대하여는 아무런 의무도 없다.

(라) 수익자와의 관계

앞에서 본 바와 같이 통지은행의 통지의무는 수익자에 대한 의무는 아니고 발행은행에 대한 의무이므로 동 의무해태로 수익자가 사실상 손실이 발생되었다면 불법행위의 법리에 의하여 손해배상을 청구할 수 있을 뿐이다.

(5) 매입은행의 지위

(가) 수익자와의 관계

매입은행이 신용장에 의하여 매입이 지정되어 있지 않는 한 반드시 수익자가 발행한 환어음을 매입할 의무는 없다. 그러나 일단 매입을 하면 어음발행인인 수익자에 대하여 어음법상 소지인 등 어음상의 권리자가 되어 그 어음의 인수나 지급이 거절되면 어음발행인인 수익자에게 어음법상 소구권을 갖는다.

다만, 확인은행이 매입은행이 되면 확인은행도 절대적 채무자이므로 어음발행인인 수익자에 대하여 소구권이 없게 된다.

또한 매입은행은 어음법상 소구권 이외에 발행어음이 인수 또는 지급거절되었을 때 수출거래 약정서에 기하여 수익자에 대하여 어음의 환매청구권을 행사할 수 있는 것이다.

(나) 발행은행과의 관계

발행은행은 수익자와 똑같이 매입은행(배서인 또는 선의의 소지인)에 대하여 지급을 확약하였기 때문에 신용장조건과 일치되는 한 매입은행에 그 대금의 지급, 인수 또는 매입을 결제할 의무가 있다.

5 신용장의 구성내용

신용장의 형식은 국제상업회의소에서 1986년에 표준양식을 제정하여 각국에 그 채택을 권고하고 있으나 아직도 그 형식에 대한 전면적인 통일을 기하지 못하고 각국의 은행에 따라 차이가 있다. 그러나 대다수 국가의 은행들이 신용장통일규칙을 채택하여 신용장거래의 국제적인 통일성을 꾀함으로써 신용장의 양식도 점점 표준화되어 가고 있다.

무역결제에 이용되는 화환신용장은 어떠한 양식을 사용하든 간에 일반적으로 기재되는 공통적인 항목으로 ① 신용장 자체에 관한 사항, ② 환어음에 관한 사항, ③ 선적에 관한 사항, ④ 서류에 관한 사항, ⑤ 상품에 관한 사항, ⑥ 기타 기재사항 등으로 구분할 수 있다.

이를 〈예시 2-1〉의 우편신용장을 중심으로 살펴보면 다음과 같다.

가. 신용장 자체에 관한 사항

① 발행은행명 : 왼쪽 상단의 'Korea × × × Bank'가 발행은행이다.

② 신용장 발행일 및 장소 : 발행은행 아래의 'Seoul, May 20, 20××'.가 발행일과 발행장소이며, 이날로부터 지급확약의 효력이 발생된다.

③ 발행의뢰인 : 왼쪽 맨 상단칸의 'ABC Co., Ltd.'이며, 수입상을 의미한다.

④ 통지은행과 통지번호 : 왼쪽 위에서 둘째 칸의 'Seattle First National Bank'가 통지은행이며, 우측 아래에서 둘째 칸의 통지번호의 란은 통지은행이 기입하는 란이다.

⑤ 신용장의 종류 : 우측 맨 윗칸의 'Documentary Credit'로서 취소불능 여부에 대한 아무런 표시가 없으므로 취소불능 화환신용장을 의미한다.

⑥ 신용장번호 : 신용장종류 기재칸의 'M0601403NS67689'이며, 한국은행이 제정한 '수출입승인서 및 신용장 등의 번호기재요령'에 따라 번호를 부여한다.

⑦ 유효기일 및 장소 : 신용장 번호밑의 September 20, 20××로 Seattle에서 이 날까지 은행에 서류와 환어음을 매입을 위하여 신용장에서 정해진 장소에 제시하여야 한다. 유효기한을 표시하는 문언에는 다음과 같은 것이 있다.

㉠ Draft must be negotiated not later than··· 20···.

㉡ All drafts against this credit are to be drawn and presented in Seoul not later than··· 20···.

㉢ This credit expires in Korea on 20··· for negotiation.

㉣ Your drafts must be presented on or befor··· 20···.

㉤ Drafts must be presented at this office not later than 20···.

⑧ 신용장의 수익자 : 우측 위에서 넷째칸의 America International이다.
신용장이란 발행은행이 수익자인 수출상 앞으로 지급보증을 확약하는 증서를 의미한다.

⑨ 신용장금액 : 우측 위에서 다섯째칸의 US$1,000,000이다. 이는 이 신용장에서 은행이 지급을 확약하는 최고한도 금액이며 환어음 발행한도금액이 된다.

⑩ 신용장의 사용방법 : 신용장에 의한 지급은 신용장상에 약정되어 있는 일람출급, 연지급, 인수 또는 매입 중 어느 방식으로 가능하도록 되어 있는데, 모든 신용장에는 그것이 일람지급, 연지급, 인수 또는 매입 중 어느 것으로 사용되는 것이라는 것이 명확하게 표시되어 있지 않으면 안된다(신용장통일규칙 제6조 참조).

예시의 신용장에서는 이 지시에 관해서 우측 6번째칸의 둘째줄 by 다음의 네모칸 중 negotiation 칸에 ×표가 되어 있으므로 매입조건의 신용장이다.

나. 환어음에 관한 사항

⑪ 환어음의 발행인 : 우측 위에서 6번째 맨 아래쪽 네모칸 다음의 beneficiary's draft의 beneficiary가 어음발행인인데, 이 신용장의 수익자인 America International이다.

⑫ 환어음의 지급기한(tenor of the draft) : beneficiary's drafts 아래의 at sight, ×× days after sight로 되어 있다.

⑬ 환어음의 지급인 : drawn on 다음의 Bank of california로서 상환 또는 결제 은행이 된다.

⑭ 환어음에의 기재사항 : 좌측 아래에서 둘째칸의 신용장통일규칙 준수문언 다음에 The number and the date of … 로서 모든 어음에 신용장번호와 신용장 발행일 및 발행 은행을 기재하도록 하고 있다.

다. 선적에 관한 사항

⑮ 선적항 : 좌측 위에서 넷째칸의 Loading on board… 다음의 Seattle.

⑯ 도착항 : for transportation to Pusan이다.

⑰ 선적기일 : September 10, 20××로 표시되어 있다.

⑱ 분할선적 : 좌측 위에서 셋째칸의 왼쪽에 허용여부를 X표로 표시하도록 되어 있는데, 여기서는 허용되어 있다. 별도의 명시가 없을 경우에도 허용하는 것으로 해석한다.

⑲ 환적 : 분할선적 표시의 좌측에 허용여부를 X로 표시하도록 되어 있는데, 여기서는 환적을 금지하고 있다.

라. 서류에 관한 사항

⑳ 제출해야 할 서류의 종류와 부수 : 제출해야 할 서류는 선화증권, 보험증권 또는 보험증명서, 상업송장 및 포장명세서 등을 요구하고 있으며, 제출부수에 대해서는 우선 선화증권은 Full set로 되어 있어 원본이 3부이며, 보험증권에 관해서는

2부가 된다. 상업송장과 포장명세서는 각각 5부, 3부씩으로 되어 있다.

각 서류의 작성내용으로서는 첫째, 선화증권은 무고장(clean), 본선적재(on board), 해양(ocean), 선화증권으로 지시식(order) 선화증권 형식으로 작성해야 하며, 무기명식배서(blank endorsed)하고, 운임란에는 지급필(prepaid)로 기재되고 화물도착통지란에는 ABC co., Ltd.로 기재되어야 한다. 둘째, 보험증권 또는 보험증명서는 부보금액이 상업송장 금액에 10%를 가산한 금액이어야 하며, 보험청구는 환어음과 동일한 화폐로 Korea에서 청구할 수 있도록 되어야 하고, 담보위험과 부보조건은 협회화물약관을 적용하되 All Risks 조건이어야 한다. 셋째, 상업송장은 수출업자가 서명하여야 한다. 넷째, 포장명세서는 정상적인 발행절차에 따라 발행된 것이어야 한다.

서류에 관한 내용은 제3권 제3장 '서류'에서 자세히 설명하기로 한다.

㉑ 서류제시기간 : 좌측 아래에서 넷째칸에 유효기일 이내이면서 선적일로부터 10일 이내에 제시하도록 되어 있다.

마. 상품에 관한 사항

㉒ 서류제시에 이어 covering 다음에 선적해야 할 상품명 'Cashmere Wool yarn'과 수량 '1,000 cases,' 단가 @US$1,000 CIF Pusan으로 되어 있다.

바. 기타 기재사항

㉓ 특수조건(special condition) : 서류제시칸 맨 아래에 기입할 수 있다.

㉔ 은행비용의 부담에 관한 사항 : 발행국가 이외에서 발생된 비용은 수익자 또는 발행의뢰인부담으로 할 수 있으나 여기에서는 수익자부담으로 되어 있다.

㉕ 서류의 처리방법 : 등기우편에 의해 2set로 나누어 발행은행으로 송부하도록 요구되어 있다.

㉖ 발행은행의 지급확약문언 등 : 좌측 아래에서 둘째칸에 발행은행의 신용장 발행사실과 신용장통일규칙 준수문언 등이 기재되어 있다.

㉗ 매입은행 등에 대한 지시사항 : 지급확약문언 다음에 지시사항이 기재되어 있다.

㉘ 대금상환방법 : 좌측 맨 아래에 매입은행은 수익자가 발행한 환어음을 결제은행에 제시하여 대금을 상환 받도록 하고 있다.

㉙ 서명 : 좌측 아래에 발행은행의 서명란이 있다.

▌예시 2-1▐ 우편신용장 표준양식(1986년 제정)

KOREA ×××BANK ①
Seoul, korea
Cable Address : Instbank
Telex Number : 6809
Place and date of Issue : Seoul, MAy 20,20 ×× ②

DOCUMENTARY CREDIT ⑤

Credit number ⑥
M0601403NS67689

Date and place of expiry ⑦
September 20,20×× in seattle

Applicant
ABC Co., Ltd
C.P.O Box 8983, Seoul, Korea ③

Beneficiary
America International ⑧
576 Industry Drive, Seattle, Wa. 98188 U.S.A

Advising Bank
Seattle-First National Bank ④
Seattle, Washington, U.S.A.

Amount
U.S. Dollars one million only ⑨
(US$ 1,000,000)

Partial Shipments ⑱
☒allowed ☐not allowed

Transhipment ⑲
☐allowed ☒not allowed

Loading on board/dispatch/taking in charge from/at Seattle ⑮

not later than September 10,20×× ⑰
for transportation to Pusan ⑯

Credit available with any bank
by ☐ sight payment
☐ deferred payment at
⑩ ☐ acceptance
☒ negotiation
against presentation of the documents listed below, marked "X"
☐ and of beneficiary's draft(s) in ⑪
duplicate at sight ⑫
drawn on Bank of California, San Fransisco ⑬

☒ Signed commercial invoice in quintuplicate
☒ Full set of clean on board ocean bills of lading made out to the order of KOREA ××× BANK marked Freight prepaid and Notify accountee
⑳ ☐ Air waybill consigned to KOREA ×××BANK marked Freight and Notify accountee
☒ Insurance policy or certificate in duplicate, endorsed in blank for 110% of the invoice value, expressly stipulating that claims are payable in Korea and it must include the institute Cargo Clause(A/R)
☒ Packing list in triplicate
㉒ Covering 1,000 cases of cashmere wool yarn U.S.A. origin @ US$ 1,000 CIF Pusan
㉓ Special conditions and other required documents(if any)

㉔ Unless otherwise expressly stated all banking commissions and charges outside issuing country are for account of beneficiary

㉑ Documents to be presented within 10 days after the date of shipment but within the validity of the credit.

㉕ All documents must be forwarded to issuing bank in two lot(s) by registered airmail

㉖ We hereby issue this Documentary Credit in your favor. It is subject to the Uniform Customs and Practice for Documentary Credits(2007 Revision, International Chamber of Commerce. Paris, France, Publication No. 600) and engages us in accordance with the terms thereof.
⑭ the number and the date of the credit and the name of our bank must be quoted on all drafts required. if
㉗ the credit is available by negotiation, each presentation must be noted on the reverse of this advice by the bank where the credit is available.

㉘ REIMBURSEMENT the negotiating bank is authorized to reimburse itself by sending beneficiary's drafts to the above drawee bank.
㉙ Authorized signature

Advising bank's notification
Advice No.and date ④
Authorized signature

6 신용장의 종류

신용장은 그 사용방법이나 결제기간 등에 따라 여러 가지로 분류되는데 이는 신용장을 보는 관점에 따라 분류한 것이기 때문에 하나의 신용장이 단일의 명칭을 나타내는 것이 아니고 여러 명칭을 겸하고 있다. 즉, 앞에 예시한 신용장은 신용장의 사용방법상 매입신용장이자 취소불능의 화환신용장이며, 대금지급조건으로는 일람출급신용장이며, 매입은행이 지정되지 않은 자유매입신용장이며 우편신용장인 것이다. 은행실무에서 많이 쓰이는 신용장을 중심으로 분류기준별로 살펴보면 다음과 같다.

다음의 분류기준에 따라 〈예시 2-1의 신용장의 종류와 근거를 살펴보기로 하자.

① 신용장은 그 명칭과 상관없이 기본적으로 취소가 불가능한 '취소불능 신용장'이며,
② 사용방법에 대해서는 'by negotiation'의 표시가 있으므로 '매입신용장'이라 할 수 있고,
③ 대금지급시기면에서는 'at sight'의 표시로서 '일람출급 신용장'이며,
④ 'credit available with any bank'로 되어 어느 은행에서도 매입되어질 수 있기 때문에 '자유매입신용장'이 되며,
⑤ 양도가능(transferable) 여부에 대한 표시가 없으므로 '양도불능 신용장'이다.
⑥ 연계무역과 관련된다는 특수한 조건이 없으므로 일반적인 신용장이며,
⑦ 확인 및 회전사용여부에 대한 표시가 없기 때문에 '불확인 비회전 신용장'이라 할 수 있고,
⑧ 대금결제방법상 결제은행인 'Bank of California, San Fransisco'로 환어음을 발송하여 상환받으므로 '상환신용장'이 되며,
⑨ 기타 분류기준으로는 서류제시를 조건으로 하는 '화환신용장'이며, 수입상이 서울의 'ABC Co., Ltd.'이므로 '수입신용장'이고, '우편신용장'이 된다.

여기에서 우리는 신용장 종류마다 특정한 신용장이 있는 것이 아니고, 하나의 신용장을 여러 가지 분류기준에 따라 다양하게 분류할 수 있다는 것을 알 수 있다.

▌신용장의 종류▐

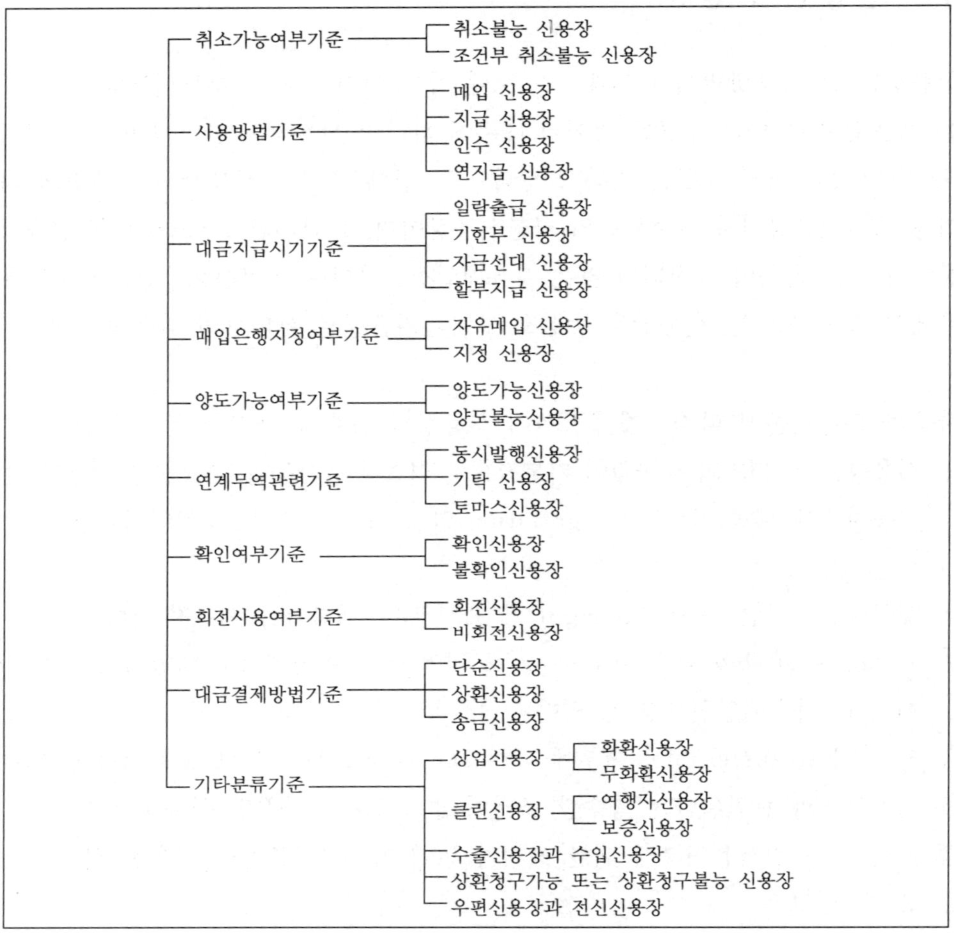

- 취소가능여부기준
  - 취소불능 신용장
  - 조건부 취소불능 신용장
- 사용방법기준
  - 매입 신용장
  - 지급 신용장
  - 인수 신용장
  - 연지급 신용장
- 대금지급시기기준
  - 일람출급 신용장
  - 기한부 신용장
  - 자금선대 신용장
  - 할부지급 신용장
- 매입은행지정여부기준
  - 자유매입 신용장
  - 지정 신용장
- 양도가능여부기준
  - 양도가능신용장
  - 양도불능신용장
- 연계무역관련기준
  - 동시발행신용장
  - 기탁 신용장
  - 토마스신용장
- 확인여부기준
  - 확인신용장
  - 불확인신용장
- 회전사용여부기준
  - 회전신용장
  - 비회전신용장
- 대금결제방법기준
  - 단순신용장
  - 상환신용장
  - 송금신용장
- 기타분류기준
  - 상업신용장
    - 화환신용장
    - 무화환신용장
  - 클린신용장
    - 여행자신용장
    - 보증신용장
  - 수출신용장과 수입신용장
  - 상환청구가능 또는 상환청구불능 신용장
  - 우편신용장과 전신신용장

가. 취소가능여부 기준

① 취소불능 신용장(irrevocable credit)

신용장은 기본적으로 그 명칭과 상관없이 발행은행이 일치하는 제시에 대하여 결제하겠다는 확약서로서 취소가 불가능한 취소불능 신용장이다. 그것은 신용장 관계 당사자 전원의 동의 없이는 취소 또는 변경할 수 없는 신용장을 말한다.

여기에서의 신용장 관계 당사자란 발행은행, 수익자(확인신용장인 경우 확인은행 포함)를 말하며, '취소불능(irrevocable)'이란 발행은행의 지급확약이 취소불능이라는 중요한 의미로서 은행에서도 원칙적으로 취소불능 신용장에 한해서만 선적서류의 매입을 하도록 하고 있다.

② 조건부 취소불능 신용장(conditional irrevocable credit)

앞의 취소불능 신용장이긴 하나, 조건 중에 선적을 보류하거나 매입을 보류하고 있어 실질적으로는 취소불능으로 볼 수 없는 신용장을 가리킨다. 예컨대"Shipment is subject to further instruction"이나 "Negotiation is subject to further instruction"과 같은 문구가 있는 경우가 그것이다. 전자는 선적을 하려면 추후지시가 있어야 함을 뜻하는 것으로 추후지시가 없으면 선적을 할 수 없다. 따라서 취소불능이라는 말이 있어도 선적에 대한 지시가 없으면 선적을 할 수 없어 취소불능성이 없어진다. 후자는 추가지시가 있어야 매입을 할 수 있다는 것을 뜻하는 것으로 역시 신용장의 취소불능성에 의미가 없다. 이러한 신용장의 발행은 가능한 한 억제하여 신용장의 대금결제기능을 제고시켜야 할 것이다.

나. 신용장의 사용방법 기준

신용장통일규칙 제6조에서 신용장을 일람출급신용장(sight payment credit), 연지급신용장(deffered payment credit), 인수신용장(acceptance credit), 매입신용장(negotiation credit)으로 구분하고 모든 신용장은 이 중 어느 형태로 사용가능한지, 또한 별도로 어느 은행에서나 매입이 가능하도록 명시된 매입신용장 이외에는 사용은행을 지정토록 규정하고 있다. ICC의 표준양식의 네 가지 형태 중 택일토록 되어 있으며 이들 각 신용장의 종류별 특징 및 표시방법 등을 좀 더 살펴보면 다음과 같다.

① 매입신용장(negotiation credit)

㉠ 이 신용장에서는 어느 은행이나 매입할 수 있는 것이 원칙이고 예외적으로 통지은행 앞으로 매입을 제한하는 경우가 있다.

㉡ 어음을 필요로 하는 신용장이다. 즉 선적서류 매입의뢰시 서류와 함께 어음을 제시하여야 한다.

㉢ 일람출급 또는 기한부 신용장으로 사용된다. 기한부 신용장으로는 수출상이 신용을 공여하는 shipper's usance의 경우에 사용하는 것이 일반적이다.

㉣ 신용장의 뒷면에 매입사실의 배서를 요구하는 배서 신용장이다.

② 지급신용장(payment credit)

㉠ 일반적으로 수출지의 통지은행이 지급은행이 되며, 통지은행이 발행은행의 예치환거래은행이나 해외지점일 경우 사용될 수 있다.
㉡ 어음을 필요로 하지 아니하는 무어음신용장이다.
㉢ 일람출급 신용장으로 사용된다.
㉣ 신용장의 뒷면에 매입사실의 배서를 요구하지 않는 비배서 신용장이다.

③ 인수신용장(acceptance credit)

㉠ 발행은행이 인수은행(통지은행이며 대개의 경우 발행은행의 예치환거래 은행임)으로부터 인수편의(acceptance facility)를 제공받을 때, 즉 banker's usance의 경우에 사용하는 것이 일반적이다. 인수은행이 발행은행을 위하여 신용장대금을 지급하여 주고 어음의 만기일에 대금을 발행은행으로부터 받는 신용공여 형태임.
㉡ 어음을 필요로 하는 신용장이다.
㉢ 기한부 신용장이다.
㉣ 신용장의 뒷면에 매입사실의 배서를 요구하지 않는 비배서 신용장이다.

④ 연지급신용장(deffered payment credit)

㉠ 일반적으로 수출지의 통지은행이 연지급은행이 되며, 통지은행이 발행은행의 예치환거래은행 또는 해외지점일 때 사용된다.
㉡ 어음을 필요로 하지 아니하는 무어음신용장이다(본래 기한부 거래에서는 반드시 환어음이 필요하였으나 독일이나 프랑스와 같은 나라에서는 환어음발행에 따른 인지세가 비싸므로 이를 기피하는 현상이 있어, 참고로 신용장통일규칙 제4차 개정(1983년) 시에 신설된 내용임).
㉢ 기한부 신용장이다.
㉣ 신용장의 뒷면에 매입사실의 배서를 요구하지 않는 비배서 신용장이다.

▌신용장 종류별 비교▌

종 류		지급방법	어음	서류매입방법	배서여부
매 입 신용장	일람출급매입신용장	일람출급	유	매입은행자유 또는 제한	배서필요
	기한부매입신용장	기 한 부	유	매입은행자유 또는 제한	배서필요
지급신용장		일람출급	무	지급은행지정(통지은행)	배서불필요
인수신용장		기 한 부	유	인수은행지정(통지은행)	배서불필요
연지급신용장		기 한 부	무	연지급은행지정(통지은행)	배서불필요

다. 대금 지급시기 기준

① 일람출급 신용장(sight credit)

서류 제시 즉시 대금을 지급하는 신용장으로, 전술한 지급 신용장과 일람출급 매입 신용장이 이에 해당된다.

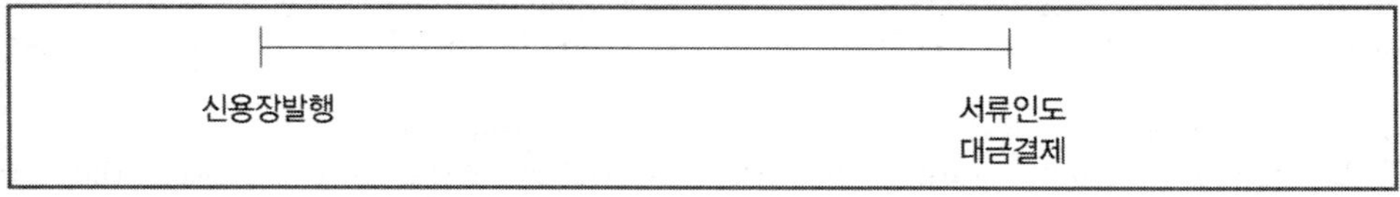

② 기한부 신용장(usance credit)

서류 제시 후 일정기간이 경과한 후에 대금을 지급하는 신용장으로 일정기간에 대한 기간의 이익을 수입상이 향유하며 전술한 인수신용장, 연지급신용장, 기한부 매입신용장이 이에 해당된다. 이는 다시 일정기간에 대한 신용공여를 누가 하느냐에 따라 은행이 신용을 공여하는 "banker's usance"와 수출상 자신이 공여하는"shipper's usance"로 분류된다.

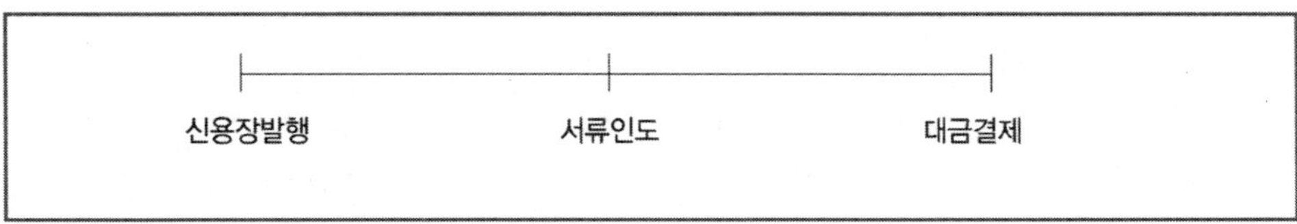

③ 자금선대신용장(advance payment credit)

수출상이 해당상품의 선적 전에 대금을 선지급 받을 수 있도록 수권하고 있는 신용장으로 그 선대받은 대전이 수출상품의 포장(packing)이나 집화에 사용된다는 뜻에서 집화(集貨)신용장(packing credit), 선대문언을 붉은 타자로 표시하는 관행에서 레드 클로즈(red clause) L/C라고 한다(예시 2-4). 이러한 선대(先貸)신용장은 전대(前貸)신용장이라고도 하며, 발행은행이 자금전대은행을 지정한다. 또한 일국의 통화정책 및 국제수지와 밀접한 관련이 있어 현행 우리나라 외국환거래규정에서도 대응수출 이행기간 등에 대해 규제하고 있다.

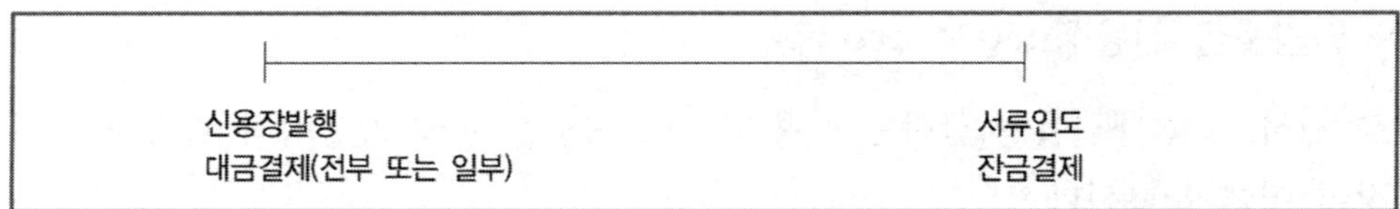

※ 〈red clause credit 기재 예〉

We authorize the negotiating bank to pay the sums not exceeding 20% of the above mentioned amount to the beneficiary against presentation of the following documents ;

① Beneficiary's clean draft drawn at sight on the accountee.

② Benficiary's receipt stating that the beneficiary have duly received the sums representing 20% advance payment for the delivery of(commodity) from Pusan to New York.

④ 할부지급신용장(installment payment credit)

기한부신용장의 한 종류로서 서류를 인도받을 때에는 착수금만 지급하고 잔액은 일정기간에 일정액으로 나누어 지급되는 신용장이며, 거치기간(grace period)을 인정하는 것이 보통이다. 거치기간이란 이자만 지급하고 원금은 지급하지 않는 기간을 말한다. 이 신용장은 외국환거래규정상의 분할지급 수입시에 이용될 수 있다.

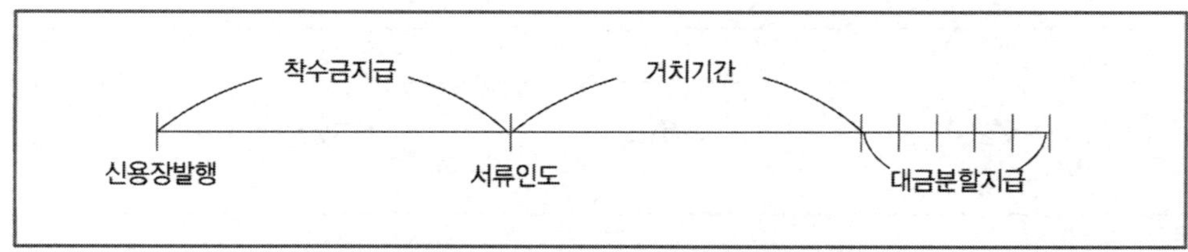

라. 매입은행 지정여부 기준

① 자유매입 신용장(freely negotiable credit)

앞서 2항의 신용장 중 매입신용장은 원칙적으로 어느 은행에서나 어음의 매입이 가능하도록 발행하는데 이를 자유매입신용장(freely negotiable credit), 매입은행이 특정되지 않는다 하여 보통신용장(general credit)이라고도 하며, 매입이 모든 은행에 개방되어 있다 하여 개방신용장(open credit)이라고도 한다. 이와는 반대로 특정은행에서만 어음의 매입이 가능토록 발행한 신용장을 매입은행 제한신용장(restricted credit)이라고 한다.

매입은행 제한신용장은 신용장 원본에 매입을 제한하는 명시적인 문구가 기재되어 있는 매입제한 신용장(negotiation restricted credit)과 상환문구를 통지은행용 사본에만 표시하고 있어 결과적으로 매입이 제한되는 상환제한 신용장(reimburse- ment restricted credit)으로 구분된다.

매입제한 문언은 매입제한 신용장의 경우 "Negotiation under this credit is restricted to ×× Bank(Yourselves, Advising Bank)" 등으로 표시되며 상환제한신용장은 "We are holding special instructions regarding reimbursment" 등으로 통상 표시된다.

② 지정신용장(straight credit)

앞서 2항의 신용장 중에서 지급신용장, 연지급신용장 및 인수신용장이 이에 속하며, 이들 신용장의 지급확약문언에서 보는 바와 같이 신용장에 의한 환어음의 매입여부 및 어음의 배서인이나 선의의 소지인에 대한 아무런 조건 없이 신용장조건과 일치하는 서류나 환어음을 제시하면 지급하겠다고 약정하고 있는 신용장을 말한다. 신용장통일규칙 제7조에서 발행은행은 지급신용장과 인수신용장은 반드시 지급은행이나 인수은행을 지정하여 신용장조건과 일치된 서류의 제시시 지급 또는 인수토록 수권하고, 동 수권된 은행에 대하여 상환할 의무를 부담한다고 규정하고 있다. 실무적으로 이러한 지정 신용장에 대한 서류의 매입은 매입은행 제한신용장(restricted credit)에 준하여 처리하고 있다. 지정신용장은 매입은행이 특정되어 있다고 하여 특수신용장(special credit) 또는 지정신용장(nominated credit)이라고도 한다.

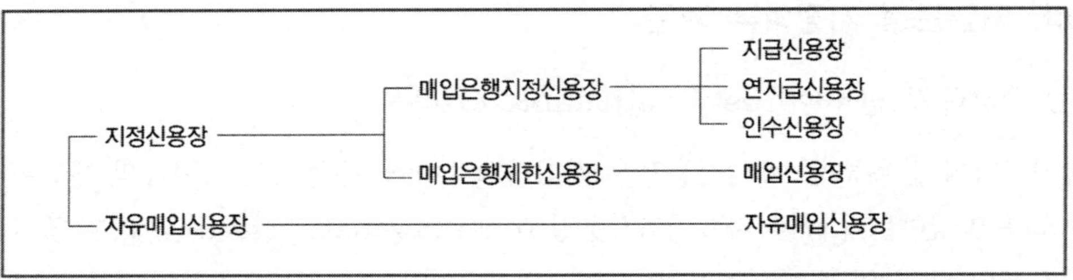

마. 양도가능여부 기준

① 양도가능 신용장(transferable credit)

수익자가 신용장 금액의 전부 또는 일부를 제3자(제2의 수익자)에게 양도할 수 있는 권한이 부여된 신용장을 말한다. 즉 신용장상에 "transferable"이라는 문구가 표시되어 있는 신용장을 말한다.

② 양도불능 신용장(non-transferable credit)

수익자가 신용장을 제3자에게 양도할 수 없는 신용장을 말한다. 즉 신용장상에 "transferable"이라는 문구가 표시되어 있지 않은 신용장을 말한다.

바. 연계(連繫)무역거래관련 기준

① 동시발행 신용장(back to back credit)

원래의 뜻은 원 신용장(master credit)을 견질로 하여 발행되는 제2의 신용장(back to back credit)을 의미할 수도 있겠으나 수출과 수입을 연계하여 수출입의 균형을 기하기 위한 연계무역하에서 사용되어지는 신용장을 말한다. 즉, 일국에서 일정액의 수입신용장을 발행할 경우 그 신용장은 수출국에서 동액 또는 그와 상응하는 일정액의 수입신용장을 발행하여 오는 경우에만 유효하다는 조건이 있는 신용장을 back to back credit라 한다(예시 2-6).

② 기탁 신용장(escrow credit)

연계 무역하에서 수출입의 균형을 기하기 위하여 수입자가 수입신용장 발행시에 신

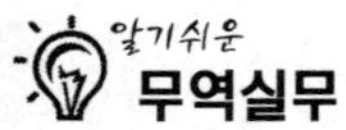

용장의 한 조건으로 당해 신용장에 발행되는 어음의 매입대금은 수익자에게 지급되지 않고 수익자 명의의 기탁계정(escrow account)에 기탁하여 두었다가 그 수익자가 원 신용장 발행국으로부터 수입하는 상품의 결제대전에만 사용하도록 명시된 신용장을 말한다(예시 2-5).

이 수익자 명의의 "escrow account"는 약정에 의해 매입은행, 신용장발행은행 또는 제3국에 있는 환거래은행 중 어느 곳이나 설치하여 운용할 수 있다.

③ 토마스 신용장(Tomas credit)

"back to back credit"와 유사하나 수출입 당사자가 서로 동액 또는 그와 상응하는 일정액의 신용장을 발행하는 데 있어, 먼저 신용장을 발행하는 일방이 신용장의 유효조건으로 동액 또는 그와 상응하는 일정액의 "back to back credit" 발행을 전제로 하는 것이 아니라 상대방이 일정기간 후 동액의 신용장을 발행하겠다는 보증서의 제출을 조건으로 하는 신용장을 말한다. "Tomas"란 용어는 최초로 이 방식을 사용하여 중국과 거래를 성사시킨 일본 무역회사의 전신약호에서 유래한다.

사. 확인여부 기준

신용장을 제3의 은행이 확인했느냐 하지 않았느냐에 따라 확인신용장(confirmed credit)과 불확인신용장(unconfirmed credit)으로 구분된다.

확인신용장이란 수익자가 발행한 어음의 인수, 지급 또는 매입에 대한 제3은행의 추가적 확약이 있는 신용장을 말한다. 만일의 경우 발행은행이 지급불능 상태에 빠지면 확인 은행이 발행은행을 대신하여 지급하여야 하므로 수익자는 이중의 지급확약을 받게 되어 그만큼 신용도가 높아지게 된다. 일반적으로 발행은행이 통지은행에게 신용장 통지시 확인을 추가하도록 요청하게 되며, 수익자 소재지 또는 제3국의 유력한 은행에게 확인을 요청하는 경우도 있다.

아. 회전사용여부 기준

수출상과 수입상간에 동일상품을 계속적으로 거래해야 할 경우, 매 거래시마다 신용장을 발행한다면 번거로움이 따르고 그렇다고 거래예상금액을 한꺼번에 발행하면 많은 비용부담이 되기 때문에 발행인에게 너무 과중한 자금부담이 생긴다. 이런 경우 신용장금액이 일정조건하에 결제와 동시에 자동적으로 동액의 금액이 되살아나는 신용장을 회전신용장(revolving credit, self-continuing credit)이라고 하며(예시 2-7), 회전되지 않는 신용장을 비회전신용장(non-revolving credit)이라고 한다.

회전신용장의 장점은 매 거래시마다 신용장발행에 따른 수수료, 시간, 수고의 절약에 있으며, 회전방법으로는 다음과 같은 경우가 있다.

① 환어음에 대하여 지급되었다는 통지가 있으면 회전되는 경우

② 환어음이 결제되는 일정일수를 정해 놓고 그 기간 내에 부도통지가 없으면 회전되는 경우

③ 1개월 후 등과 같이 일정기일 후의 소정기일에 회전되는 경우

회전신용장의 표시 및 기재 예는 다음과 같다.

"We hereby issue our cumulative revolving credit………."

"The amount of drawing made under this credit become automatically re-instated on payment by us. Draft drawn under this credit must not be ex-ceeding to US$1,000,000 in any calendar month."

한편, 회전신용장 중 회전될 때 전회의 미사용잔액이 있는 경우 그 잔액이 이월되는 경우를 누적적 회전신용장(cumulative revolving credit), 그 잔액이 이월되지 않는 경우를 비누적적 회전신용장(non-cumulative revolving credit)이라고 한다.

회전신용장이 아닌 일반신용장도 신용장금액의 증액, 선적 및 유효기간의 연장 등의 조건변경 등을 통하여 회전신용장과 같은 효과를 얻을 수 있다.

자. 대금결제방법 기준

① 단순신용장

지급신용장은 수출지의 서류매입은행이 발행은행의 예치환은행일 때에 발행되고, 매입신용장은 서류매입은행이 발행은행의 무예치환은행일 때에 발행된다고 설명한 바 있다. 지급신용장하에서는 서류매입은행에 발행은행의 당좌계정이 있으므로 서류매입시 이 계정에서 인출하여 수출자에게 지급하므로 업무취급이 상당히 간편하다. 그러므로 이러한 신용장을 단순신용장(simple credit)이라고 한다.

▌단순신용장하의 대금지급▐

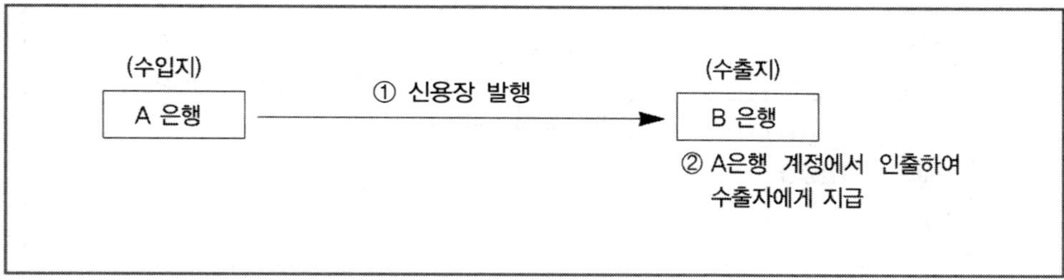

② 상환신용장

그러나 수출지의 서류매입은행이 발행은행의 무예치환거래은행인 경우에는 당좌계정을 가지고 있지 않으므로 발행은행이 당좌계정을 갖고 있는 예치환거래은행 앞으로 대금상환을 청구하여야 한다. 이와 같이 매입은행이 상환청구를 별도로 하여야 한다는 의미에서 상환신용장(reimbursement credit)이라고 한다. 예컨대 한국의 A은행이 일본의 B은행으로 신용장을 발행하고 미국의 C은행으로 상환을 청구하도록 하는 경우가 그것이다.

▌상환신용장하의 대금지급▐

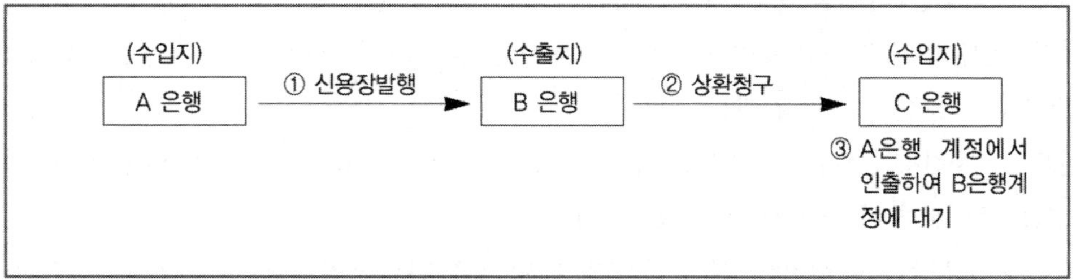

③ 송금신용장

송금신용장(remittance credit)은 이와는 달리 사전에 대금지급수권을 하는 것이 아니고 서류매입은행이 서류를 매입하고 자기가 대금받기를 원하는 은행을 지정하면, 이 은행에 송금함으로써 대금을 지급하는 신용장을 말한다.

▮송금신용장하의 대금지급▮

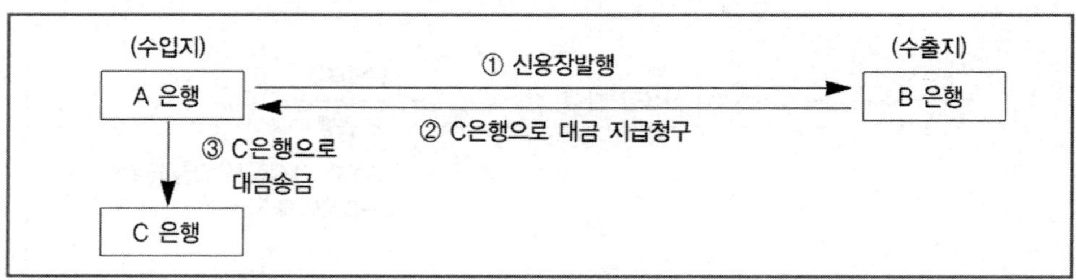

차. 기타 분류기준

① 상업신용장과 클린신용장

신용장의 경제적 기능에 따라 무역거래에 이용되는 상업신용장(commercial credit)과 무역외거래에 이용되는 클린신용장(clean credit)으로 나뉜다. 상업신용장은 무역신용장(trade credit)이라고도 하는데, 무역대금의 직접적 결제에 이용되는 것으로 화물의 이동이란 뒷받침이 있다.

상업신용장은 화환신용장(documentary credit)과 무화환신용장(documentary clean credit)으로 나뉘어진다.

화환신용장은 환어음에 서류를 첨부할 것을 요구하는 신용장을 가리킨다. 무화환신용장은 서류의 첨부를 요구하지 않는 신용장을 말하는데, 일반적으로 상업신용장이라 하면 화환신용장을 가리킨다.

한편, 클린신용장은 여행자신용장(traveller's credit)과 보증신용장(standby credit)으로 분류된다(예시 2-8 및 2-9).

여행자신용장은 여행자의 현금 휴대의 위험성을 회피하기 위하여 이용되나, 그 이용의 번잡성과 여행자수표(traveller's check; T/C)로도 똑같은 효과를 거둘 수 있어 그 사용을 거의 찾아볼 수 없다.

보증신용장은 각종의 보증금(bond), 즉 입찰보증금(bid bond), 계약이행보증금(performance bond) 등의 적립에 대신하여 사용되거나 차입금의 반환을 보증하는 데 사용된다.

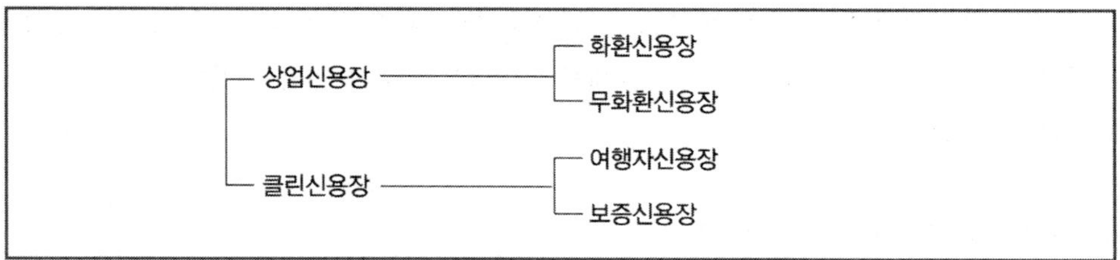

② 수출신용장과 수입신용장

신용장을 그 이용자의 입장에서 수출신용장과 수입신용장으로 구별할 때가 있다. 그러나 이 분류는 별로 의미가 없다. 왜냐하면 동일한 신용장이 수입상에게는 수입신용장이 되고, 수출상에게는 수출신용장이 되는 것뿐으로 본질적인 차이는 존재하지 않기 때문이다.

③ 상환청구 가능신용장과 상환청구 불능신용장

취소불능신용장에서 수익자가 발행한 어음이 신용장조건에 일치하게만 발행된 이상 발행의뢰인의 파산과 관계없이 발행은행은 이러한 어음의 지급이나 인수의 의무를 면치 못한다. 그러나 만일 그 어음이 신용장조건과 불일치하게 발행되었을 때는 어음의 지급인은 지급을 거절할 수 있는데, 이때 어음의 선의의 소지자(대개는 매입은행)가 어음발행인에게 상환청구할 수 있으면 상환청구 가능신용장(with recourse credit), 할 수 없으면 상환청구불능신용장(without recourse credit)이라고 하며 전자를 담보어음부신용장, 후자를 무담보어음부신용장이라고도 한다.

우리나라 어음법 제9조에서는 "어음발행인은 어음을 발행함으로 인하여 그 어음의 인수와 지급을 담보하는 것으로 인수나 지급이 없을 때에는 스스로 지급을 할 의무를 부담한다. 이에 반하여 지급의 무담보는 어떠한 경우에도 허용되지 않으며, 이러한 기재를 하여도 그 기재는 하지 아니한 것으로 본다"라고 규정하고 있어 지급무담보의 without recourse는 인정되어 있지 않다. 따라서 가령 어음에 그 기재가 있다 해도 무효로 된다.

어음은 행위지법에 준하도록 되어 있으므로 외국 앞으로의 어음이라 할지라도 우리나라에서 발행된 것은 우리나라의 법률에 따른다.

그러나 영·미법에서는 without recourse의 문언을 어음면에 기재하는 것은 법적으로 유효하다. 그렇지만 미국에서는 without recourse의 어음은 연방준비은행에서 할인적격으로 인정되지 않고 있어서 실제로 이러한 종류의 어음이 발행되고 있는 일은 극히 적은 것 같다.

④ 우편신용장과 전신신용장

신용장을 발행하는 방법에 따라 우편에 의해 발행되는 신용장을 우편신용장(mail credit)이라 하고, 전신에 의해 발행되는 신용장을 전신신용장(cable credit)이라 한다. 그러나 전신신용장은 이용되는 통신수단이 cable(전보)만이 아니고 telex(가입전신)나 표준화된 메시지를 컴퓨터 통신망을 이용해 신속하게 전달하는 SWIFT 방식에 의한 경우 모두를 통칭한다.

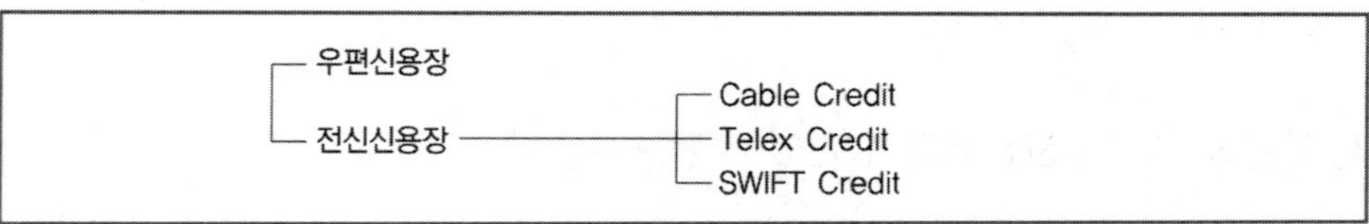

우편신용장의 내용에 대해서는 앞서 설명하였고, SWIFT방식에 의한 신용장에 대해서는 〈예시 2-2〉, Cable신용장은 〈예시 2-3〉에서 설명하기로 한다.

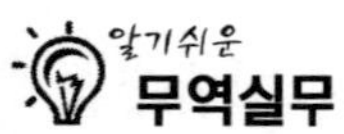

▌예시 2-2▐ SWIFT방식에 의한 신용장

: : 700 ISSUE OF DOCUMENTARY CREDIT
: 27 SEQUENCE OF TOTAL : 1/1
: 40A FORM OF DOCUMENTARY CREDIT : IRREVOCABLE
: 20 DOCUMENTARY CREDIT NUMBER : M06014303NS67689
: 31C DATE OF ISSUE : MAY 20, 20 ××
: 31D DATE AND PLACE OF EXPIRY : SEPT. 20, 20××IN SEATTLE
: 50 APPLICANT : ABC CO. LTD
C.P.O.BOX 8783 SEOUL KOREA
: 59 BENEFICIARY : AMERICA INTERNATIONAL
576 INDUSTRY DRIVE, SEATTLE, WA, 98188, USA
: 32B CURRENCY CODE AND AMOUNT : USD1,000,000
: 39A PERCENTAGE CREDIT AMOUNT TOLERANCE : 5%
: 41A AVAILABLE WITH : ANY BANK BY NEGOTIATION
: 42C DRAFTS AT : SIGHT
: 42A DRAWEE : BANK OF CALIFORNIA, SAN FRANSISCO
: 43P PARTIAL SHIPMENTS : ALLOWED
: 44A LOADING/DISPATCH/TAKING CHARGE AT/FROM : SEATTLE
: 44B FOR TRANSPORTATION TO : PUSAN
: 44C LATEST DATE OF SHIPMENT : SEPT.5, 20××
: 45A DESCRIPTION OF GOODS AND/OR SERVICES : 1,000 CASES OF
CASHMERE WOOL YARN USA ORIGIN AT US$1,000 CFR PUSAN
: 46A DOCUMENTS REQUIRED :
+SIGNED COMMERCIAL INVOICE IN QUINTUPLICATE
+FULL SET OF CLEAN ON BOARD OCEAN BILLS OF LADING
MADE OUT TO THE ORDER OF KOREA BANK MARKED
FREIGHTPREPAID AND NOTIFY ACCOUNTEE
+PACKING LSIT IN TRIPLICATE
: 47A ADDITIONAL CONDITIONS : DOCUMENTS TO BE PRESENTD
WITHIN 10 DAYS AFTER THE DATE OF ISSUANCE OF THE

TRANSPORT DOCUMENTS BUT WITHIN THE VALIDITY OF THE CREDIT
: 71B CHARGES : BENEFICARY
: 49 CONFIRMATION INSTRUCTIONS : WITHOUT
: 53A REIMBURSEMENT BANK : BANK OF CALIFORNIA, SAN FRANSISCO
: 72 SENDER TO RECEIVER INFORMATION :
THIS CREDIT IS SUBJECT TO UCP(2007 REV., ICC PUBLICATION NO. 600)
: 78 INST TO THE PAY/ACCEPT/NEGOTIATE BANK :
+ALL DOCUMENTS MUST BE FORWARDED TO ISSUING BANK :
IN TWO LOT(S) BY REGISTERED AIRMAIL
+IF THE CREDIT IS AVAILABLE BY NEGOTIATION, EACH PRESENTATION MUST BE NOTED ON THE REVERSE OF THIS ADVICE BY THE BAND WHERE THE CREDIT IS AVAILABLE

〈설 명〉

700 : SWIFT 에서 정한 메시지 형태(message - type; MT)의 구분 코드로서 번호에 따라 내용이 구분되므로 이해해 두자.

메시지 번호	내 용	메시지 번호	내 용
700	화환신용장발행	742	대금결제 신청
707	신용장 조건변경	750	신용장조건 불일치 통보
720	신용장 양도통지	754	신용장지급, 인수, 매입통지

27 : 동일신용장 발행 일련번호
40A : 신용장종류 표시
20 : 신용장 번호
31C : 신용장 발행일자
31D : 신용장 유효기일 및 장소
50 : 신용장발행 의뢰인
59 : 신용장 수익자
32B : 통화 CODE 및 금액
39A : MORE/LESS 조건

41A : 신용장 지급방식 및 은행
42C : 화환어음조건
42A : 어음지급인
43P : 분할선적 허용여부
43T : 환적 허용여부
44A : 선적항
44B : 도착항
44C : 최종 선적일자
45A : 상품(용역)명세
46A : 요구서류
47A : 기타 특별지시사항
71B : 수수료 부담자
49 : 확인지시 문언
53A : 결제은행
72 : 통지은행앞 지시사항
78 : 지급, 인수, 매입은행앞 지시사항

▌예시 2-3▐ Cable 신용장(Covering)

KOREA EXCHANGE BANK

0595879

Head Office : 181.2-ka Ulchi-ro, Chung-ku, Seoul, 100-793, Korea
(CPO BOX 2924, CABLE : KOEXBANK, TLX NO : 23141-5)

<table>
<tr><td rowspan="3">ADVICE OF
IRREVOCABLE
DOCUMENTARY CREDIT</td><td>Advice No. (Please quote this No. in communicatins with us)
A - 0666-310-06213</td></tr>
<tr><td>Credit No.
GGFC - 02387</td></tr>
<tr><td>Anount
USD 24,800,00</td></tr>
<tr><td rowspan="2">Beneficiary TEL : 729-3592

GOLDEN BELL CO LTD.
60-1 3KA CHUNGMURO CPO 423, 55 CHANGKYO</td><td>Applicant
TORA IND (HK)LTD</td></tr>
<tr><td>Issuing Bank
THE SAKURA BANK LTD, HONG KONG</td></tr>
</table>

Gentlemen :

At the request of the issuing bank, and without any engagement or responsibility on our part. we are pleased to inform you that we have received (×) authenticated/( ) unauthenticated teletransmission/( ) mail as attached.

Please note that we reserve the right to make such corrections to this advice as may be necessary upon receipt of the cable confirmation and assume no responsibility for any errors and/or omissions in the transmission and/or translation of the teletransmission, and for any forgery and/or aiteration on the attached credit.

If the credit is available by negotiation, each presentation must be noted on the reverse of this advice by the bank where the credit is available.

THIS ADVICE IS SUBJECT TO THE UNIFORM CUSTOMS AND PRACTICE FOR DOCUMENTARY CREDITS 2007 REVISION, ICC PUBLICATION No. 600.

Yours very truly

(Signed)

Authorized Signature

This document consists of (2) pages.

▌Cable 내용▌

KOREA EXCHANGE BANK

(은행사용란)
DECODED BY GYH, VERIFIED BY HJS
383280269 USD**********24,800

Receipt-number : T-0654-00 Date : .10. 21 Editor : AUTO

CH# : 06-0740 . 10. 21 14 : 47 : 49
ZCZC OCT/21 14 : 46
+++ RCVD F3852 00/00 : 00 +++
KOEXBK K24244
TORAY (1P)
MSG NO. 34227
TO KOREA EXCHANGE BANK, SEOUL, KOREA
FROM THE SAKURA BANK LTD., HONG KONG BRANCH
OCT 21, 20××
KEY : (FOR USD 24,800.-)
WE HEREBY OPEN OUR IRREVOCABLE LETTER OF CREDIT NO. GGFC<&23927>02387
IN FAVOUR OF GOLDEN BELL CO LTD., C. P. O. BOX 423, SEOUL, KOREA
FOR ACCOUNT OF TORA INDUSTRIES (HK) LTD., 3/F., TAL BLDG.,
49 AUSTIN ROAD, KOWLOON, HONG KONG FOR USD 24,800.- (SAY U. S.
DOLLARS TWENTY FOUR THOUSAND EIGHT HUNDRED ONLY) AVAILABLE BY
BENEFICIARY DRAFTS AT SIGHT IN DUPLICATE FOR INVOICE VALUE DRAWN ON
TORAY INDUSTRIES (HK) LTD., HONG KONG AND TO BE ACCOMPANIED BY THE
FOLLOWING DOCUMENTS : -
1) SIGNED COMMERCIAL INVOICE IN 3 COPIES
2) FULL SET OF CLEAN ON BOARD OCEAN BILLS OF LADING MADE OUT TO
ORDER AND BLANK ENDORSED AND MARKED FREIGHT PREPAID AND MARKED
NOTIFY ACCOUNTEE
3) MARINE INSURANCE POLICY OR CERTIFICATE IN DUPLICATE ENDORSED
IN BLANK FOR 110 PCT OF THE INVOICE VALUE, STIPULATING CLAIMS,
IF ANY, TO BE PAYABLE IN HONG KONG IN CURRENCY OF THE DRAFTS
INSURANCE MUST INCLUDE INSTITUTE CARGO CLAUSES (ALL RISKS)
INSTITUTE WAR CLAUSES INSTITUTE STRIKES RIOTS AND CIVIL
COMMOTIONS CLAUSES
4) INSURANCE IS TO BE COVERED BY SELLER
5) OTHER DOCUMENTS REQUIRED :
1. PACKING LIST IN TRIPLICATE
2. BENEFICIARY'S CERT, CERTIFYING THAT FULL SET OF NON-NEGOTIABLE
SHIPPING DOCUMENT HAVE BEEN SENT DIRECTLY TO ACCOUNTEE BY
COURIER SERVICE WITHIN 3 DAYS AFTER B/L DATE
EVIDENCING SHIPMENT FROM SEOUL, KOREA TO HONG KONG OF : -
DIISONONYL PHTHALATE (DINP) AT USD775.-/MT CIF HO'G KONG AS PER
CONTRACT NO. DINP-1003/93 (THK'S CONTRACT NO. R2P/93/Z732)
SHIPMENT SCHEDULE :
16 M/TONS (1×20'FCL) SHIPPED BEFORE NOV 10, 19
16 M/TONS (1×20'FCL) SHIPPED BEFORE NOV 20, 19
PARTIAL SHIPMENTS ARE PERMITTED TRANSSHIPMENT IS NOT PERMITTED
SHIPMENT MUST BE EFFECTED NOT LATER THAN NOV 20, 1993
THIS L/C EXPIRES ON DEC 5, 19 : IN THE COUNTRY OF THE BENEFICIARY
SPECIAL INSTRUCTIONS : -
1. ALL BANKING CHARGES OUTSIDE HONG KONG ARE FOR ACCOUNT OF
BENEFICIARY
2. PACKING : 200 KGS NET IN RECONDITIONED DRUM
3. MANUFACTURER : HANYA&G CHEMICAL CORP.
INSTRUCTION TO THE NEGOTIATING BANK : -

- TO BE CONTINUED -

본 전문은 당행의 통지안내서에 첨부되어야 유효함.

▌Cable 내용▐

KOREA EXCHANGE BANK

(은행사용란)

- CONTINUED FROM PREVIOUS PAGE -

1. THIS CREDIT IS AVAILABLE WITH ANY BANK BY NEGOTIATION
2. ALL DOCUMENTS ARE TO BE DESPATCHED IN TWO REGISTERED AIRMAILS TO US. WE WILL T. T. REMIT THE PROCEEDS TO YOU AS INSTRUCTED UPON RECEIPT OF ALL DOCUMENTS IN ORDER

ALL DRAFTS DRAWN HEREUNDER MUST INDICATE THE CREDIT NUMBER AND DATE OF ISSUE AND NAME OF ISSUING BANK. THE AMOUNT OF ANY DRAFT DRAWN UNDER THIS CREDIT MUST BE ENDORSED ON THE REVERSE HEREOF BY THE NEGOTIATING BANK. WE ENGAGE WITH THE DRAWERS, ENDORSERS AND BONA FIDE HOLDERS OF DRAFTS DRAWN UNDER AND IN COMPLIANCE WITH THE TERMS OF CREDIT THAT THE SAME SHALL BE DULY HONORED ON DUE PRESENTATION AND DELIVERY OF DOCUMENTS AS SPECIFIED

PROVISIONS APPLICABLE TO THIS CREDIT SUBJECT TO UNIFORM CUSTOMS AND PRACTICE FOR DOCUMENTARY CREDITS (2007 REVISION) INTERNATIONAL CHAMBER OF COMMERCE PUBLICATION NO. 600

THIS CABLE IS OPERATIVE

CREDIT INSTRUMENT STOP

N N N N

75106 MTKBK HX

NNNN

본 전문은 당행의 통지안내서에 첨부되어야 유효함.

▌예시 2-4▐ Red Clause L/C

Bank of AmericaJune

June 4, 20××

All drafts drawn must be marked,
Drawn under "S of A" Credit No. LA-53592
REGISTERED

SPECIMEN

Gentlemen :

We confirm our cable dispatched on 6-4-86 requesting you to advise XYZ Ind. Co., Ltd., C. P. O. Box ooll, Seoul, Korea

That we have established our irrevocable letter of credit in their favor for account of Cacopa International Inc., Granada Hills, California up to the aggregate amount of US$39,600.00(Thirty nine thousand six hundred and No/100 dollars) available by beneficiary's drafts drawn Sight on us and accompanted by documents specified below covering Full invoice value of merchandise to be described in invoice as :

Zinc concentrates consisting approximately 47% of zinc 13% iron and 0.29% cadmium in the quantity of one hundred seventy metric tons at 5225.00 per metricton. F. O. B. Vessel Busan, Korea.

Documents required :

1. Commercial invoice in triplicate.
2. Special U. S. Customs invoice in duplicate.
3. Packing list in triplicate.
4. Full set of clean on board ocean bills of lading to order of shipper, blank endorsed Notify Cacopa International, Inc., 16852 San Fernando Mission Boulevard, Granada Hills, California.

Shipment from Busan Korea to Los Angeles, California. Shipment latest August 30, 20××

Partial shipments permitted. Transhipment not permitted. Insurance to be effected by Buyer.

Special Instructions :

Negotiations are restricted to bank of America N. T. & S. A., Seoul, Korea.

Red clause : Bank of America N. T. & S. A. Seoul, Korea is hereby authorized to make advances to the beneficiary up to the aggregate amount of 100% of this letter of credit at the request of and against the beneficiary's receipt stating that the advances are to be used to pay for the purchase and shipment of the merchandise covered by this credit and beneficiary's undertaking to deliver to Bank of America N. T. & S. A., Seoul Korea, the documents as outlined in this credit. Documents received within validity of letter of credit are to be reduced from redclause. Interest are for account of the beneficiary.

The advances with interest are chargeable as withdrawals against this credit should they not be repaid by the beneficiary prior to the expiration of this credit. It is imperative that all red clause advances are endorsed on reverse of the original letter of credit and that we are advised of any red clause drawing in writting.

The negotiating bank must forward all documents to us in one cover by airmail.

All bank charges outside of the United States are for account of the beneficiary.

We hereby agree with bona fide holders that all drafts drawn ender and in compliance with the terms of this credit shall meet with due honor upon pressntailon and delivery of documents as spocilied to the drawee if drawn and presented for negotiation on or before September 10, 20××

Provisions' applicable to this credit

"This credit is subject to the ?Uniform Customs and Practice for Documentary Credits (2007 Revision). International Chamber of Commorce, Publication No. 600."

▌예시 2-5▌ Escrow L/C

HANOVER BANK

June 4, 20××

Hanover, Germany

Hanil Bank
Seoul, Korea

SPECIMEN

Credit No. 0034 April 29, 20××

Gentlemen :

By order of XYZ Co., 5 Beethoven StraBe Hanaver For account of idem

We open the following irrevocable Credit

Beneficiarys ABC Company, IPO Box 105

Seoul, Korea

Amounts max, US $ 100,000.-

Valid until 20th December 20×× at your bank

Available at sight against surrender of the following documents,

1) Commercial invoice in duplicate

2) Packing list in duplicate

3) Specification list in duplicate, showing individual piece length, gross and net weight of each bale. All measurements on specification lists to be in yards and made out on neutral paper.

4) Insurance poilcy covering ALL RISKS as per Institute Cargo Clause "ALL RISKS" incl. SR & CC for 110% of invoice value.

5) Full set of clean on board Bills of Lading made out to order, blank andorsed, marked : FREIGHT PREPAID and Noiify, Spedition, Hanovor.

Covering One million inches, 100% Grey Cotton Cloth sheeting, width 38", canstruction, 60°ø60 hreads per inch, 20/20 No (English counts), price : US Cents 14.30 per inch CIF Hamburg.

Goods to be packed in export sea-worthy bales (export standard packing).

Monthly shipments of 200,000 Inches, beginning June is (latest shipment date : November 30th, 19) from South Korea to Hamburg.

Partial shipments and transhipment are authorized.

The entering in force of this credit is also subject to the presentation of the following additional documents :

a) Confirmation of Messrs……, that they have duly placed orders for a total amount US$ 100,000.- for anitln-dyestuffs and texille-auxiliaries with Messrs……, and that those orders have been duly accepted by said suppilers.

b) Confirmation of Messrs……, that they have obrained from the Korean Authorizations a valid import licence for the goods mentioned under or above.

c) Irrevocable undertaking of the beneficiary to use the funds of this letter of credit exclusively for the goods mentioned under or above.

It is a further condition of this credit that the proceeds of sante remain blocked at your bank in a special account in the name of the beneficiary for account of Messrs……,until fuifilment of clause c) above.

Please advise the beneficiary of the opening of our letter of credit, adding your confirmation.

An additional copy of the invoice B/L are required for our files. For the reimbursement of your payments and commissions……please refer to our separate letter.

Yours faithfully
Hanover BANK

▌예시 2-6▐ Back to Back L/C

KOREA FIRST BANK

Seoul, Korea

ABC Compny
PO Box 3036
HONG KONG

SPECIMEN

February 4, 20××

Latter of Credit No. 0123

Gentlemen :

We hereby open our irrevocable latter of credit in your favor for account of XYZ Company, Seoul for a sum or sums not exceeding a total of US$200,000.- available by your draft(s) drawn at sight on us for 100% of invoice cost, and accompanied by the following documents evidancing shipment(s) of 200 M/Tons of Crude Sugar

from Hong Kong to Busan, Korea

Full set of clean on board ocean bills of lading made out to the order of Korea First Bank, Seoul marked "Freight Collect? and" "Notify, XYZ Company, Seoul"

Signed commercial invoice in quintuplicate

Packing list in triplicate

Consular invoice and certificate of origin in duplicate issued or visaed by Korean Consul in HONG KONG

Partial shipments are permitted Transhipment is prohibited

Shipment must be effected on or before April 15, 20××

Draft(s) must be presented for negotiation on or before April 30, 20××

All drafts hereunder must be marked "Drawn under Korea First Bank, Seoul. Credit No. 0123 dated February 1, 20×× and all other documents shall also contain the reference number of this credit.

The amount and date of negotiation of each draft must be endorsed on the reverse hereof by the negotiating bank.

Unless otherwise expressly stated, this credit is subject to "Uniform Customs and Practice for Documentary Credits(2007 Revision), International Chamber of Commerce, Publication No. 600."

We hareby agree with the drawers, endorsers, and bona fide holders of drafts drawn under and in compliance with the terms of this credit that the same shall be duly honored on due presentation and on delivery of documents as specified.

This Letter of Credit shall not be available unless and until standard prime banker's irrevocable Letter(s) of Credit in favor ot XYZ Company, Seoul for account of ABC Company, HONG KONG for an aggregate amount of US$200,000.- have been established pursuant to contract No. 1005 for the export of 20M/Tons of atuminiuns coil from Korea to Hong Kong.

The export Letter(s) of Credit shall be mentioned executive until and not later than February 20, 20××referring to Compensating Transaction Approval No. 2500 dated December 25, 20×× and shall be available against sight drafts accompanied by the usual commercial documents.

This Letter of Credit shall not be available, if beneficiary's Letter of Credit(for export) are established through banks other than those opening and advising this credit.

Yours very truly,

▌예시 2-7▐ Revolving L/C(Cumulative)

IRREVOCABLE LETTER OF CREDIT NO. 3455

THE BANK OF CALIFORNIA *National Association*

Portland, Oregon
February 24, 20××
Advised through : THE COMMERCIAL BANK OF KOREA
P. O. Box Central 126
Seoul, Korea

U. S. $ 40,000.00
- Revolving-
Acme Plywood Co.
SPECIMEN
Seoul Korea

SPECIMEN

Gentlemen :

You are authorized to draw on The Bank of California, N. A., Fortland, Oregon at ………………… sight

for account of THE MARK THOMAS COMPANY, 6443 S. W. Beaverton<&23927>Hills. dale Hwy., Portland, Oregon 97221.

up to an aggregate amount of U. S. $ 40,000,00 …………………………………………………………

(FORTY THOUSAND AND 00/100) …………………………………………… U. S. DOLLARS

Your drafts must be accompanied by :

(1) Invoice in quadruplicate.

(2) Special Customs invoice #5515 in duplicate.

(3) Certificate of Origin in quadruplicate.

(4) Packing list in quadruplicate.

(5) Full set of clean on board ocean bills of lading issued to order of the Bank of California, N. A., marked "freight prepaid" and "notify George S. Bush & Co., P. O. Box 8829, Portland, Oregon 97208".

Evidencing shipment of"

5/32°×4' ×90" Lauan Plywood C. & F. from Korea to Vancouver, Washington.

Any shipment not to exceed invoice value of $ 40,000.00.

After a draft has been paid under this credit, the credit reverts to its original amount of $ 40,000.00. Any unused Portion of monthly availment may be used during any subsequent month.

Insurance for buyer's account.

Partial shipment and Transhipment prohibited.

All drafts so drawn must bear the clause : "Drawn under The Bank of California N. A., Portland, Oregon Letter of Credit No. 2455 dated February 24, 1s "and the amount of each negotiation must be endorsed on the roverse horoof by the negotiating bank.

We engage with drawers, endorsers and bona fide holders that all drafts drawn in compliance with the terms of this Credit shall be honored upon presentation and delivery of the documents, if drawn and negotiated on or before August 20, 20××

Yours very trly,
Authorized Signature
Perry G. Holland(P-17)

This Credit is subject to the "Uniform Customs & Practice for Documentary Credit (2007 Revision) International Chamber of Commerce Publication No. 600.

▌예시 2-8▌ Standby L/C

CHASE MANHATTAN BANK

IRREVOCABLE LETTER OF CREDIT

123 Wall Street
New York, N. Y.

SPECIMEN

January 22, 20××
10005

STANDBY LETTER OF CREDIT

We hereby establish an irrevocable Letter of Credit in your favor for account of ABC Co., 21st East 34th Street New York, N. Y. and thereby undertake to honour drafts at sight on us not exceeding in the aggregate US $100,000.00(U. S. Dollar one hundred thousand dollars) each such draft to be accompanied by your written statement that drawing represents sum owed to you through failure of ABC Co., 21st East 34th Street New York, N. Y., to make payment in connection with your bid invitation No. 12345.

This credit is valid until March 5, 20××and drafts drawn hereunder if accompanied by document as specified above will be honoured if presented to us at our office on or before that date.

Except as otherwise expressly stated herein, this credit is subject to the "Uniform Customs and Practice for Commercial Documentary Credits(2007 Revision), International Chamber of Commerce, Publication No. 600".

Your faithfully,

Chase Manhattan Bank

Authorized counter signature

authorized signature

▮예시 2-9▮ Clean L/C

ROTTERDAM BANK

Cable Confirmation
Cable Address : ROTTERBANK

Messrs. Pan Korea Company
I. P. O. Box 123
Seoul/Korea

4th January, 20××
via air mail through
Hanil Bank
Seoul/Korea

SPECIMEN

Irrevocable Commercial Letter of Credit No. 00123

Gentlemen :

By order of Juliana Company
Blumenstraat 16

We hereby open in your favor on irrevocable clean Letter of Credit for US$ 20,000(US Dollars Twenty Thousand)

available by your drafts at sight on

for 100% of the invoice value which represents 2,000 dozens of men's sweaters.

Each draft must state that it is "Drawn under Rotterdam Bank, Letter of Credit No. 00123 dated January 4, 20×× "and the amount thereof must be endorsed on the back of this Letter of Credit by the negotiating bank.

We hereby agree with the drawers, endorsers, and bona fide holders of all drafts drawn under and in compliance with the terms of this Letter of Credit that such drafts shall be duly honoured on presentation to the drawee.

This Commercial Letter of Credit is subject to Uniform Customs and Practice for Documentary Credits (2007 Revision), International Chamber of Commerce Publication No. 600.

Yours very tryly.

7 신용장의 순환(循環)

이 절에서는 지금까지 살펴본 신용장 거래가 어떻게 시작되어 어떤 과정을 거쳐 거래가 종료되는지 소위 신용장의 라이프 사이클(life-cycle)을 살펴보고자 한다.

가. 제1단계 : 신용장의 발행계약 체결

무역거래 당사자가 매매계약을 체결하고 대금결제를 신용장에 의하기로 하였다면 수출상은 수입상 앞으로 계약물품을 인도해 줄 의무가 부여되는 한편, 수입상에게는 수출상을 수익자로 하는 신용장을 발행해 줄 의무가 부여된다.

따라서 수입상은 자신의 거래은행과 신용장 발행계약을 체결한다. 이는 현재 외국환거래약정서를 상호 약정함으로써 성립된다.

나. 제2단계 : 신용장 발행

신용장 발행신청인(수입상)은 거래은행에 신용장발행신청서를 제출하고 발행은행은 신용장발행신청서에 의하여 신용장을 발행하고 수출지에 소재하는 환거래은행(코레스은행) 또는 해외의 본지점을 이용하여 수출상에게 신용장발행을 통지한다.

다. 제3단계 : 신용장 통지 · 확인 · 양도

발행은행으로부터 신용장의 통지를 요청받은 통지은행은 단순히 통지만을 요청받은 경우에는 수출상에게 신용장 통지만 하면 되지만 신용장 통지 및 확인(confirmation)까지 요청받은 경우에는 신용장에 확인을 부가하여 통지한다.

신용장을 수령한 수출상은 수출을 이행하기 어려운 부득이한 사정이 발생하였을 경우 신용장상에 지정된 은행에 요청하여 신용장의 전부 또는 일부를 다른 수출상(제2수익자)에게 양도할 수 있다.

라. 제4단계 : 서류의 제시 또는 매입의뢰

신용장을 수령한 수출상은 신용장에 규정된 물품을 조달한 후 선적하고 신용장에서 요구하는 서류를 작성하여 지정은행에 지급을 위한 제시를 하거나 자신의 거래은행에 추심 전 매입(negotiation)을 의뢰한다. 그러므로서 수출대금을 회수하게 된다.

마. 제5단계 : 대금의 지급

서류를 제시받은 지정은행이나 매입의뢰받은 은행은 제시된 서류가 신용장에서 규정된 대로 일치할 경우 매입대전을 수출상 앞 미리 지급하고 발행은행 앞으로 서류를 송부하고 대금 상환을 청구한다.

이때 발행은행은 제시된 서류를 심사한 후 신용장조건에 일치할 경우 대금을 결제한다.

바. 제6단계 : 선적서류의 인도

서류를 접수한 은행은 서류를 수입상에게 제시한 후 인도하고 수입대금을 수령하여 신용장발행계정을 정리함으로서 신용장거래를 종료시키게 된다.

사. 제7단계 : 수입대금의 결제

발행은행은 수입상으로부터 대금을 수령하여 매입은행 또는 지급은행에 지급함으로써 신용장에 의한 수입절차는 종료된다.

이상의 7단계를 거쳐 신용장거래가 이루어지고 있다.

10-4 기타 결제방법

국제무역거래에서의 대금결제는 주로 신용장(약 60~70%)에 의해 이루어지고 있으며, 그 다음으로는 D/P, D/A와 같은 추심방식(약 25%)과 송금방식(약 5%)에 의해서 대부분 결제되고 있으며, 무역량이 증가함에 따른 무역업체의 경비절감 필요성과 은행의 업무처리 단계 생략으로 인한 시간절약의 효율성이 부가되면서 종래의 신용장 위주 거래보다 무신용장 방식의 거래비중이 높아지고 있는 추세이다. 송금, 추심 및 신용장 방식 이외에 기타 결제방법으로 국제팩터링, 포페이팅과 Open account방식이 있다. 그러나 국제팩터링과 포페이팅 방식은 국내에서는 거의 이용되지 않고 있으며 Open account방식은 신용이 좋은 대기업을 중심으로 이루어지고 있다.

1 국제팩터링(international factoring)

우선 팩터링(factoring)이라고 하면, 판매자가 구매자에게 물품이나 서비스를 외상조건으로 제공하여 얻어지는 외상매출채권을 관련 팩터링 회사(factor)가 판매자로부터 할인 매입하여 대금을 지급한 후 외상조건에 따라 구매자로부터 외상대금을 회수함으로써 판매자에게 전도금융(前渡金融)을 제공하는 금융서비스를 말한다.

국제팩터링은 무신용장방식에 의하여 국제무역거래가 이루어질 때, 수입 팩터링회사가 신용위험을 인수함으로써, 즉 신용승인을 통하여 지급보증의 기능을 하고 있으며, 수출상의 외상매출채권에 대한 자금부담을 덜어 주기 위하여 수출금액 범위 내에서 전도금융(前渡金融)을 제공하는 방식이며 최근에 일부 시중은행에서 소규모로 취급되고 있다.

국제팩터링 거래의 이용자는 주로 소규모 무역업자로서 복잡한 거래절차를 원하지 않고 담보부족 등으로 신용장 발행에 어려움이 있는 중소기업이 대부분을 차지하고 있다.

2 포페이팅(forfaiting)

포페이팅이란 불어의 a'forfait에서 유래한 말로서 현금을 대가로 채권을 포기 또는 양도한다는 것을 뜻하는 것으로 재화와 용역거래 특히 수출거래에 따른 환어음이나 약속어음을 이전의 소지자에게 소구함이 없이(without recourse) 고정이자율로 할인 매입하는 금융 기법을 말한다.

포페이팅은 신용장거래에서 만기일에 대금지급을 확약하는 인수(acceptance)와 유사하나 인수에 비하여 기간이 장기이고 어음소구권이 없는 점이 다르다. 즉, 연지급어음을 매입한 자(forfaiter)는 자기 이전에 어음을 소지하였던 자에게 사후에 소구권을 행사할 수 없다.

포페이팅은 1950년대 후반부터 1960년대 초까지 자본재 수출로 인한 경쟁격화에 따라 생성되었으나 머천트뱅크와 기관투자가들이 이 금융방식을 지극히 위험성이 높은 것으로 간주함에 따라 크게 발전하지 못했다. 소구권이 없다는 측면에서 수출업자 입장에서는 절차의 단순성 및 신속성이 재인식됨에 따라 1970년대 이후 새로운 주목을 받고 있으나, 은행의 입장에서는 위험도가 높다는 점에서 아직은 활성화되지 못하고 있다.

3 Open Account방식

이 방식은 한마디로 순수한 외상판매방식이다. 수출상이 미리 상품선적을 해서 서류를 보낸 후 즉시 또는 일정기일이 경과하면 수입상이 송금하여 결제해 주는 방식이다. 수출상으로서는 모든 것이 불리하다. 전적으로 수입상의 신용에 의존하여야 한다. 반대로 수입상에게는 위험이 전혀 없다.

따라서 이 방식에 의한 무역거래는 수출상이 동의하지 않으면 이루어질 수 없다. 현실적으로 신용거래가 보편화된 서유럽국가들 사이에서 많이 이용되고 있는 거래방식이다.

이 방식은 수출자가 수입자를 신뢰하여 선적한 후 서류를 수입자 앞 직접 송부하여 사후에 결제받는다는 점에서 앞에서의 COD 또는 CAD 같은 사후송금방식과 유사하다.

Open Account의 또 다른 의미로는 청산계정의 의미로서, 두 나라 또는 수출입거래 당사자가 일정기간 동안 거래를 지속하다가 쌍방의 수출입대금을 상계하고 나머지 잔금만을 결제하기 위해 설정한 계정을 말하기도 한다.

무역대금 결제과정에서 국제상관습의 차이로 많은 분쟁이 야기될 수 있다. 국제상업회의소(ICC)에서는 이들 분쟁을 최소화하기 위해 결제방식별로 국제규칙을 제정하였다. 신용장에 관해서는 '신용장통일규칙', D/P · D/A 방식에 대해서는 '추심에 관한 통일규칙', 그러나 송금방식에 대해서는 90년대초 초안이 나왔을 뿐 합의된 통일규칙이 없다.

11-1 신용장통일규칙

격지간의 국제무역거래에서 이용되는 신용장은 각국의 상관습의 차이로 해석이 각기 달라 분쟁이 자주 발생하게 되었다. 이 절에서는 상관습의 통일이 필요하게 된 신용장거래의 'Bible'격인 통일규칙의 제정과 개정내용 및 현행 규칙의 주요내용을 알아보기로 한다.

1 통일규칙 제정의 필요성

국제무역거래에서 신용장(L/C)이 본격적으로 사용되기 시작한 것은 제1차 세계대전 이후의 일이다.

이러한 신용장거래는 각국의 법률이나 관습이 서로 다르고 또한 은행간에 사용되는 신용장의 양식이나 내용에 통일성과 일관성이 없으므로 국제간의 거래에서 발생되는 분쟁을 해결할 수가 없었다.

그리하여 이와 같은 문제의 해결을 위한 국제적으로 통일된 서식과 해석기준의 제정논의가 전개되게 되었고, 국제적 민간기구인 국제상업회의소(International Chamber of Commerce; ICC)는 범세계적으로 통용되는 신용장 통일규칙을 제정하기에 이르렀다.

2 통일규칙의 제정과 개정

가. 제정

1926년 ICC 위원회에서 미국이 주장해 온 신용장규약의 국제적 단일화에 대한 권고안을 심의하기로 결정하였으며, 1930년에는 "Uniform Regulations for Commercial Documentary Credits"라는 보고서안이 채택되었으나, 각국의 수정안에 따라 재검토가 이루어지게 되었다.

그러다가 1933년 5월 빈 회의에서 신용장 통일규칙인 "Uniform Customs and Practice for Commercial Documentary Credit(UCP)"가 ICC Brochure No.82로 제정되었으나 이 규칙은 영국과 영연방제국들이 채택하지 않아 불완전하였다.

나. 개정

1933년의 통일규칙 제정 이후 새로운 관행이 생겨났거나 변경되어 개정이 불가피하게 되어 1951년 리스본 회의에서 제1차 개정안이 통과되었으며, 특히 신용장거래는 서류만의 거래라는 독립추상성 규정을 추가하였다.

제2차 개정은 적용 과정상의 많은 문제점 등으로 1962년에 채택되었으며, 1차 개정

때와는 달리 영연방 및 공산권국가들까지도 이를 채택하여 명실공히 전세계적으로 적용되는 통일규칙으로서 의미를 갖게 되었고, 통일규칙의 적용조항을 신용장에 삽입하도록 정한 데 의의가 있다.

1973년부터 시작된 제3차 개정 작업은 1974년에 채택되었고, 1975년 10월부터 효력을 발생하였다. 동 개정은 특히 국제무역법위원회(United Nations Commission on International Trade Law; UNCITRAL)와 동구제국의 은행들이 적극 참여하였고, 국제운송에서의 복합운송 관련 규정과 약식 선화증권(선하증권)의 공식화 등의 조항이 추가되었다.

3차개정 이후 통일규칙은 운송수단의 관계의 명확화, 여러 가지 국제무역관련 규칙 및 규정들의 개정, 통신수단의 확장, 연지급 신용장의 소개 등으로 개정의 필요성이 증대되어 1979년 ICC 은행기술실무위원회의 개정 작업에 따라 1983년 6월 최종안이 작성되었고 국제무역법위원회(UNCITRAL)의 합의를 거쳐 1984년 10월부터 시행하게 되었다.

4차 신용장 통일규칙은 그동안 국제운송시장에 있어서 컨테이너와 복합운송방식이 정착되고 컴퓨터와 통신기술의 혁신적인 발달로 인해 전자자료교환(EDI)방식에 의한 무역시대로 접어들게 되자 이러한 시대적 변화에 맞추어 각국간에 상이한 무역관행의 조정과 문제점의 해결의 필요성이 대두되어 다시금 제4차 개정이 이루어지게 되었으며 동 개정 규칙의 간행물 번호가 400이 되어 'UCP 400'이라고 불렀다.

ICC 은행기술·실무위원회를 중심으로 제5차 개정을 위한 4차례의 수정안이 마련되었으며, 1993년 4월 23일자로 신용장 통일규칙 제5차 개정안이 ICC 이사회의 승인을 거쳐 채택됨으로써 1994년 1월 1일부터 새로운 시행을 하게 되었으며, 이를 'UCP 500'이라 불렀다.

현행은 6차 신용장통일규칙이 2007년 7월 1일부터 개정되어 적용되고 있으며 이를 "UCP600"이라 약칭한다.

총 39개 조항으로 구성된 6차 개정 신용장통일규칙은

① 기존의 UCP 각 조항을 단순화시켰으며,

② 국제적인 은행 실무관행을 반영하여 신용장 실무를 한층 더 표준화시키고,

③ 신용장을 취소불능이라고 전제하고 발행은행 및 확인은행의 주된 책임을 명확하게 규정함으로서 신용장의 신뢰성을 높이고,

④ 서류를 요구하지 않는 신용장의 조건(non-documentary condition)은 무시한다

고 규정하고,

⑤ 각 운송서류별로 서류의 수리요건을 규정하였다.

이상과 같이 신용장통일규칙은 1933년 제정된 이래 50년대(1951년), 60년대(1962년), 70년대(1974년), 80년대(1983년), 90년대(1993년) 및 2000년대(2007년)에 각각 개정되어 약 10년을 주기로 변천 개정되어 왔음을 알 수 있다.

제정 및 개정의 소사(小史)를 간략하게 요약하면 다음과 같다.

▌표 4-1▌ 신용장 통일규칙의 제정과 개정 연혁

구분	연도	간행물번호	효력발생시기
제 정	1933년	Brochure No. 82	
1차 개정	1951년	Brochure No. 151	
2차 개정	1962년	Brochure No. 222	
3차 개정	1974년	Publication No. 290	1975. 10. 1
4차 개정	1983년	Publication No. 400	1984. 10. 1
5차 개정	1993년	Publication No. 500	1994. 1. 1
6차 개정	2007년	Publication No. 600	2007. 7. 1

3 통일규칙의 주요내용

가. 총칙 및 정의

① 적용범위(제1조)

통일규칙은 적용가능한 범위 내에서 보증신용장(standby L/C)을 포함하여 모든 화환신용장(documentary credits)에 적용되며 이를 신용장 본문에 표시하여야 하고, 신용장에 별도의 명시가 없는 한 모든 관계 당사자를 구속한다.

이 통일규칙은 주로 화환신용장(documentary credit) 적용을 전제로 제정되어 있고 서류에 관한 조항 등은 보증신용장에 적용하기 어려운 조항이 많아 이 문제점을 보완하기 위하여 보증신용장통일규칙(International Standby Practices 1998, 약칭 ISP 98)이 제정되었다.

② 신용장의 정의(제2조)

신용장이란 발행의뢰인의 요청과 지시 또는 은행자신의 발의에 따라 발행은행이 신용장의 조건과 일치하는 서류와 상환으로 제3자 또는 그의 지시인에게 지급하거나 수익자 발행어음을 지급 또는 인수하는 취소가 불가능한 모든 약정을 말한다.

③ 신용장의 독립성(제4조)

신용장은 매매계약이나 다른 계약에 근거를 두고 있다 하더라도 성질상 이러한 계약과는 별개의 거래이다.

또한 수익자는 은행상호간 또는 발행신청인과 발행은행간에 존재하는 계약관계를 원용할 수 없다.

④ 신용장의 추상성(제5조)

신용장거래에 있어서 모든 관계당사자는 서류상의 거래를 하는 것이지 관련된 상품, 용역 및 기타 계약이행에 의해 거래하는 것은 아니다.

⑤ 신용장 발행/변경의 지시(제9조)

신용장 발행의 지시, 변경지시나 내용은 완전하고 정확하여야 하며, 과도한 명세는 방지하도록 하여야 한다. 또한 이전의 신용장을 참조하여 발행하는 유사신용장(Similar Credit)의 발행을 억제하여야 하고, 신용장상에 서류의 내용을 정확히 표시하여야 한다.

나. 신용장의 형식과 통지

① 통지은행의 책임(제9조)

통지은행은 신용장의 외관상 진정성을 확인하기 위한 상당한 주의를 다해야 하며, L/C의 진정성을 확인할 수 없거나 통지하지 않기로 한 경우에는 지체 없이 신용장발행 은행에 그러한 내용을 통보하여야 하며, 그럼에도 불구하고 통지은행이 신용장을 통지하기로 하였다면 수익자에게 "신용장의 진정성을 확인할 수 없었다"는 사실을 통보해야 한다.

② 발행은행 및 확인은행의 책임(제6, 7조 및 8조)

㉠ 취소불능 신용장은 명시된 서류가 제시되고 신용장상에 지급, 연지급, 인수 또는 매입을 약정한 경우 발행은행은 약정조건에 대한 지급의 확약을 명백히 하는 것이다.

㉡ 신용장은 발행의뢰인을 지급인으로 하는 환어음이 발행되도록 개설되어서는 안되며 그럼에도 불구하고 발행의뢰인을 어음지급인으로 하는 환어음을 요구하였다면, 은행은 이러한 환어음을 부수적인 서류로 간주하게 된다. 그리고 발행은행은 조건변경서 발급시점부터 임의로 취소하지 못하며 수익자는 조건변경에 대한 수락여부를 반드시 통보하여야 하며 조건변경에 부분적인 수락은 허용되지 않는다.

㉢ 확인은행도 발행은행과 동일한 책임이 있다. 확인을 요청받았으나 확인을 할 수 없는 경우에는 발행은행 앞으로 그 내용을 통고하여야 한다.

㉣ 발행은행, 확인은행 그리고 수익자의 동의 없이 취소불능신용장이 변경되거나 취소되지 않는다.

㉤ 조건변경서는 발행은행은 발행시점, 수익자는 조건변경에 대한 승낙여부 통보시점, 확인은행의 경우 변경조건을 확인하고 통지한 시점부터 효력이 발생된다.

③ 신용장의 종류(제6조)

㉠ 모든 신용장은 일람지급(sight payment), 연지급(deffered payment), 인수(acceptance) 또는 매입(negotiation) 중 사용가능한 것을 명확히 표시하여야 하며, 어느 은행에 의해서도 매입될 수 있도록 허용하고 있지 않는 한 사용방법에 대한 수권은행을 지정해야 한다. 그리고 발행은행의 지정만으로 지정은행이 어떠한 확약을 하는 것이 아니다.

㉡ 매입(negotiation)이란 환어음 및 서류를 수리하고 가액을 지급하는 것이다.

④ 전신 및 사전통지 신용장(제11조)

㉠ 진정성이 확인된 전신신용장은 원본으로 간주되며, 이때 우편확인서를 송부해서는 안되며 송부되더라도 효력이 상실된다.

㉡ 전신상에 "완전한 세부사항은 추후 통지함"이라고 명시하거나 "우편신용장이 유효한 신용장"이라고 명시한 경우 전신은 유효한 신용장이 아니며 이때 발행은행은 유효한 신용장을 지체 없이 송부하여야 한다.
㉢ 조건변경은 반드시 원 통지은행을 이용하여야 한다.
㉣ 예비적 통지(사전통지)를 한 발행은행은 사전 통지와 동일한 조건으로 지체 없이 신용장을 발행하여야 한다.

⑤ 불완전, 불명확한 지시(제9조)

신용장의 발행, 확인, 통지 또는 조건변경을 위한 불명확한 지시를 받았을 경우, 요청받은 은행은 수익자에게 아무런 책임 없이 단순한 정보로서 예고할 수 있다. 이때 발행은행에 필요한 정보를 제공하여 줄 것을 요청하여야 한다.

다. 책임과 의무

① 서류심사 기준(제14조)

㉠ 은행은 서류가 신용장의 모든 조건과 일치하는가의 여부를 확인하기 위해 상당한 주의(reasonable care)를 기울여 모든 서류를 검토하여야 한다. 문면상 모순되는 서류는 신용장조건과 불일치한 것으로 간주한다.
㉡ 서류가 신용장조건과 일치하는가의 여부는 통일규칙에 반영된 국제적으로 표준화된 은행관행(international standard banking practice)에 의해 결정된다. 또한 신용장에서 요구하지 않은 서류는 심사하지 않으며 발행은행 및 확인은행 등의 서류심사 기간을 서류접수익일을 기산하여 5은행영업일로 한다.
㉢ 신용장에 서류에 대한 언급 없이 조건만 내포하고 있는 경우에는 무시되며, 이러한 조건을 비서류조건(non-documentary condition)이라 한다.

② 불일치 서류와 그 통고(제16조)

㉠ 지급, 연지급약정, 인수 또는 매입을 수권받은 은행이 신용장조건과 일치하는 서류와 상환으로 지급, 연지급약정, 인수 또는 매입한 것에 대하여 발행은행은 서류를 인수하고 해당금액을 상환할 의무가 있다. 또한 발행은행이 서류의 접수, 특히 신용장조건과 불일치한 것으로 간주할 때에는 상환거절, 클레임 제기를 할 수 있고 서류만을 기준으로 판단해야 하며, 이때 발행의뢰인에게

수리여부를 조회할 수 있다.

㉡ 발행은행은 제출된 서류에 대해 지급 거절할 경우에는

- 지체 없이 이를 전신 등 신속한 수단으로 통지하며,
- 모든 하자내용(all discrepancies)을 명시하고,
- 서류의 보관 또는 반송중임 등을 명시하여야 한다. 이 때 발행은행은 서류송부 은행에 이미 상환해 준 대금의 환불을 요구할 권리를 갖는다.

③ 서류의 유효성과 은행의 면책(제34조)

㉠ 은행은 서류의 형식, 충분성, 정확성, 진정성 등 서류 자체에 대해 면책된다. 또한 서류에 부기된 조건, 상품의 상태, 서류작성자에 대한 면책 등에 대하여도 책임과 의무를 부담하지 않는다.

㉡ 은행은 발행의뢰인의 요청으로 신용장을 발행하여 수익자에게 전달해 주는 과정에서 전신이나 서류의 내용이 훼손, 분실 또는 지연되어도 은행으로서는 책임을 지지 않는다.

④ 불가항력(제36조)

㉠ 천재지변, 소요, 전쟁 등 불가항력이나 동맹파업 및 직장폐쇄 등으로 인한 은행업무의 중단으로 발생하는 결과에 대하여도 책임이나 의무를 지지 않는다.

㉡ 또한 은행은 업무를 재개할 때 업무중단기간 중에 유효기간이 만료된 신용장에 대하여 책임지지 않는다.

⑤ 비용과 위험부담(제37조)

은행이 신용장 발행의뢰인의 지시에 따라 기타 은행서비스를 이용하는 경우에는 발행 의뢰인의 비용과 위험부담으로 한다.

⑥ 은행간 대금상환 약정(제13조)

㉠ 신용장발행은행은 상환은행 앞으로 사전에 상환지시(Reimbursement Authori zation; R/A)를 하여야 하며 상환은행이 상환을 이행하지 못한 경우 상환의 책임을 부담하며 그 이자 손실의 책임을 부담한다.

㉡ 발행은행은 상환청구은행이 신용장조건을 준수하였다는 일치증명서(Compli

ance certificate)를 상환은행에 제출할 것을 요구해서는 안되며, 상환은행의 비용은 원칙적으로 발행은행이 부담한다.

이 조항에 대해서는 제3절의 신용장 대금 상환에 관한 통일 규칙이 새로이 제정되었다.

라. 서류

① 불명료한 서류 발행자(제3조 및 제17조)

㉠ 서류에는 'first class', 'well-known', 'qualified', 'independent', 'official', 'competent', 'local' 및 유사한 용어는 수익자를 제외한 모든 당사자가 서류 발행자가 될 수 있다.

㉡ 원본서류는 복사, 자동화 또는 컴퓨터 장치 또는 복사본에 의한 경우라도 원본이라는 표시가 되어 있어야 하며 육필, 팩시밀리 서명, 스탬프, 기호 또는 그밖의 기계식 또는 전자식 확인방법에 의해 서명할 수 있다.

㉢ 신용장에서 여러 통의 서류를 요구할 때 서류자체가 달리 명시한 경우를 제외하고는 원본 1통과 사본으로 된 잔여분을 제출하면 되며 사본서류에는 서명할 필요가 없다.

㉣ 그리고 신용장에서 운송서류, 보험서류와 상업송장 이외의 기타 서류를 요구하는 경우 그 서류의 발행인, 문구 또는 자료내용을 명시하여야 한다.

② 발행 전 일자 수리(제14조)

신용장에 별도의 명시가 없는 한, 은행은 신용장 및 규칙에 따라 표시된 기간 내에 제시되면 신용장이 발행되기 전 발행일자로 된 서류는 수리한다.

③ 운송서류(제19조 내지 제27조)

㉠ 6차 개정에서는 19조 내지 27조에 각각 세분하여 각 운송방식별로 운송서류의 수리 요건, 발행자의 명칭과 자격표시, 서명방법, 선적일, 환적 허용여부, 제시할 원본 통수 등 수리요건을 명시하였으며, 제3권 수출실무 제3장 '서류' 편에서 상세히 설명하기로 하겠다.

㉡ 신용장상에 별도의 명시가 없는 한, 은행은 다음의 요건을 갖춘 서류들을 별

도로 금지하는 규정이 없으면 수리한다.

㉢ 해상선화증권이나 비유통해상화물운송장의 발행자로서 문면상 지정운송인 또는 그의 대리인 외에 선장 또는 그의 대리인에 의해서 발급되고, 서명 또는 기타의 방법으로 인증하여야 하며, 물품의 인수 또는 본선 적재를 표시하고 발행된 원본 전통이 제시되어야 한다. 본선 적재 부기에 운송인 또는 대리인의 서명이 불필요하나 intended vessel 표시가 있으면 실제 적재선박 표시를 포함한 on board notation이 필요하며 선적항과 다른 수탁지 표시가 있는 경우 선적항과 실제 적재선박을 표시한 본선적재부기가 되어야 한다.(제20조) 신용장에서 환적이 금지되더라도 컨테이너, 트레일러 및 LASH에 선적되거나 운송인의 환적 권리 유보조항이 표시되어 있는 서류는 수리한다.

㉣ 용선계약 선화증권은 신용장에서 허용하거나 요구한 경우 선장, 선주 또는 그 대리인이 발행하여야 하고, 용선계약에 따른다는 표시가 있어야 하며 본선적재 표시가 있어야 수리가능하다. 또한 신용장에 명시된 선적항과 양륙항이 표시되어야 하고 발급된 원본 전통이 제시되어야 하며 선박이 돛에만 의존하여 추진된다는 표시가 있는 경우 수리거절된다(제22조).

㉤ 복합운송서류의 수리요건으로서는 운송인, 복합운송인 또는 선장과 각각 그의 대리인이 표시되고 상품이 본선적재되었음을 나타내야 한다(제19조).

㉥ 항공, 도로, 철도 또는 내수로 운송서류도 운송인 또는 그 대리인이 발행하여야 수리가능하며 특사송배달시에는 특사송배달업체가 발행한 서류여야 수리가 된다(제23조, 제24조, 제25조).

㉦ 운송중개인이 발행한 운송서류는 운송중개인이 운송인 또는 복합운송인과 각각 그의 대리인으로서 행동한다는 표시가 되고 본선적재 되었음이 확인되어야 수리가능하다.

㉧ 또한, 갑판적재 운송서류는 L/C에서 허용하지 않는 한 수리거절되며 부지약관 운송 서류와 제3자 운송서류는 금지하지 않는 한 수리가 가능하다(제26조).

㉨ 무고장 운송서류는 물품 또는 포장에 하자 없는 운송서류를 말하며, 고장 운송서류는 수리 거절된다(제27조).

㉩ 신용장에 달리 명시되지 않는 한 운임후지급 운송서류도 수리가능하며, 운임선지급을 요구하면 동 요건을 충족하여야 한다. 또한 운임에 추가되는 비용의 표시가 있는 운송서류도 수리 가능하다.

④ 보험서류(제28조)

㉠ 보험서류는 신용장에 규정된 바와 꼭 같아야 하며, 보험회사, 보험인수업체 또는 보험대리인이 발행, 서명하고 복본 전통이 제시되어야 한다. 신용장에 특별히 수권되어 있지 않는 한 보험중개인이 발행한 부보각서 또는 보험승인서(cover note)는 수리되지 않는다.

㉡ 신용장에서 달리 명시하지 않는 한 은행은 보험증명서 또는 보험회사나 보험인수업자 또는 그 대리인이 사전 서명한 포괄예정 보험계약에 의거 발행된 보험서류를 수리하며 신용장이 특별히 보험증명서 또는 포괄예정 보험에 의한 신고를 요구하더라도 은행은 그 대신으로 보험증권을 수리할 수 있다.

㉢ 운송서류에 표시된 본선적재일자, 발송일자, 수탁일자보다 늦은 발행일자를 표시하고 있는 보험서류는 수리 거절된다.

㉣ 또한 별도의 명시가 없는 한 보험서류는 신용장에 표시된 통화와 동일한 통화로 표시하고 가격을 서류의 문면상으로 결정할 수 있을 때 CIF 또는 CIP 금액의 110%를 최저 보험금액으로 하여야 한다.
그렇지 못한 때에는 지급 등의 금액에 110% 또는 송장금액의 110% 중에서 큰 금액으로 한다.

㉤ 보험조건에 관한 용어도 'usual risks' 또는 'customary risks'와 같은 불명확한 용어를 사용해서는 안되도록 규정하고 있다.

㉥ 비공제 또는 공제면책비율약관의 적용을 받는다는 표시가 있는 보험서류는 수리 된다. 신용장에서 'all risks' 조건의 부보를 요구할 경우 all risks의 개념이 포함된 보험서류는 수리되며, 특정한 위험은 제외된다 하더라도 부보되지 않은 위험에 대하여 책임을 지지 않으며 이를 수리한다.

⑤ 상업송장(제18조)

신용장에 별도의 명시가 없는 한, 상업송장은 신용장의 수익자가 발행하여야 하고 신용장 발행의뢰인 앞으로 작성되어야 하며 발행자의 서명은 하지 않아도 된다. 은행은 신용장이 허용하는 금액을 초과하는 금액으로 작성된 송장을 거절할 수 있다. 또한 상업송장에 기재되는 상품명세는 신용장의 상품명세와 일치하여야 한다.

여타 서류에는 신용장의 상품명세와 모순되지 않는 일반적인 용어로 표시할 수 있다.

⑥ 기타서류

신용장이 해상운송 이외의 운송에서 특정한 중량증명서의 요구를 하고 있지 않는 한 운송서류상에 운송인 및 그 대리인이 표시한 어떤 종류의 중량증명서도 은행이 수리한다.

마. 잡칙

① 신용장금액, 수량 및 단가의 과부족 허용(제30조)

㉠ 신용장에 명시된 수량, 단가 또는 금액과 관련하여 사용된 'about', 'circa' 등의 경우는 10% 이내의 과부족을 허용한다.

㉡ 어음발행금액이 신용장금액을 초과하지 않으면 5%의 과부족이 허용되나, 포장단위 또는 개개의 품목으로 수량이 명기된 때에는 제외된다.

㉢ 또한 분할선적을 금지하더라도 상품수량이 전량 선적되고 신용장상의 단가가 인하되지 않는 경우 어음의 5% 이내의 감액발행도 허용된다.

② 분할선적 및 할부선적(제31조 및 제32조)

㉠ 신용장상에 분할선적 및 분할어음발행에 관해서 아무런 언급이 없으면 분할선적 및 분할어음발행이 가능한 것으로 간주하며 동일항해, 동일운송수단으로 이루어진 수회의 선적은 분할선적으로 간주하지 않는다.

㉡ 우편 또는 특사배달에 의한 운송시 신용장에서 지정된 장소에서 동일자에 소인, 서명 또는 기타 인증된 방법으로 표시된 경우 분할선적으로 간주하지 않는다.

㉢ 또한 할부기간 내에 당해선적이 이루어지지 못한 경우 당해 선적분을 포함하여 이후의 모든 할부선적 및 할부어음발행분이 무효가 된다.

③ 유효기일, 서류제시장소 및 서류제시기간(제6조 내지 제14조)

㉠ 모든 신용장에는 서류제시를 위한 최종기일, 즉 유효기일을 명시하여야 하고 모든 서류는 유효기일 이전에 제시되어야 한다. 또한 자유매입신용장을 제외하고 서류제시장소를 명시하여야 한다.

㉡ 1개월간 또는 6개월간 유효하다고 명시할 경우 기산일은 신용장발행일이 되며, 은행은 이러한 방식을 억제하여야 한다.

㉢ 또한 선적일 이후의 서류제시기간을 명시하여야 하며 명시가 없을 경우 선적일 이후 21일이 경과되어 제시된 서류는 수리거절한다.

㉣ 동일운송수단, 동일항로, 동일 목적지를 표시하고 수회에 선적된 운송서류는 최종선적일자를 선적일자로 간주한다.

㉤ 신용장의 유효기일과 서류제시기간이 은행휴업일에 종료하는 경우 은행의 익영업일까지 연장되나 선적기일은 연장되지 않는다.

㉥ 은행은 은행영업시간 이외에 제시된 서류를 수리할 의무가 없다.

④ 선적기일관련 표현(제3조)

㉠ 선적과 관련하여 사용되는 loading on board(본선적재), dispatch(발송), accepted for carriage(운송을 위한 인수), date of receipt(우편수취일), date of pick-up(집배일), taking in charge(수탁) 등의 표현은 모두 'shipment(선적)'의 의미로 본다.

㉡ 'prompt', 'immediately' 등의 표현은 선적일자와 관련하여 사용해서는 안되며 'on or about'는 지정일의 전후 5일(총 11일) 이내에 선적이 이루어져야 한다.

㉢ 'to', 'untill', 'till', 'from'의 용어는 해당일자를 포함하는 것으로 해석하나 'after'는 해당일자를 제외하는 것으로 해석된다.

㉣ 월의 표현에 'first half'는 1~15일, 'second half'는 16일 ~말일까지를 의미하며 'beginning'은 1~10일, 'middle'은 11~20일, 'end'는 21일 ~말일까지를 의미한다.

바. 양도

① 신용장의 양도 및 대금의 양도(제38조 및 제39조)

㉠ 신용장의 양도는 '양도가능(transferable)'으로 명시된 경우에 지정된 은행에서만 가능하며, divisible, fractionable, assignable, transmissible은 사용될 수 없다.

㉡ 양도은행은 명시적으로 동의한 방식과 범위 내에서 양도에 응할 수 있고, 그 범위 이외로 양도를 이행할 의무는 없다.

㉢ 제1수익자는 신용장 조건변경을 제2수익자에게 직접 통지하도록 할 것인지

지정하여야 하며, 분할양도시 일부 제2수익자가 조건변경을 거절하더라도 다른 제2수익자의 조건변경이 무효가 되지 않는다. 즉 동의한 제2수익자에게만 조건변경이 성립된다.

㉣ 양도비용은 별도의 명시가 없으면 제1수익자가 부담한다.

㉤ 신용장에 별도의 명시가 없으면 1회에 한하여 양도가 가능하며, 제1수익자에게 재양도(retransfer)는 양도로 보지 않으며, 분할선적이 금지되어 있지 않는 한 분할양도도 가능하다.

㉥ 신용장 양도시 원신용장의 조건과는 달리 신용장금액과 단가를 인하하거나 유효기일, 제시기일 또는 선적기일을 단축할 수 있고, 부보금액을 증액시킬 수 있다.

㉦ 또한 제1수익자는 어음 및 송장을 대체할 권리가 있으며, 신용장이 양도된 장소에서 매입이 이루어질 수 있도록 요구할 권리를 가진다.

㉧ 신용장 자체의 양도와는 달리 신용장 대금의 양도도 가능하다.

11-2 국제표준은행관행

1 국제표준은행관행의 의의 및 구성

가. 국제표준은행관행의 의의 및 개정

국제표준은행관행(International Standard Banking Practice; 이하 ISBP라 칭한다)이라는 용어는 1993년도 5차 개정 신용장통일규칙 제13조 a항에 서류의 심사기준으로서 처음 등장하였고, 제정기관인 국제상업회의소(International Chamber of Commerce ; ICC)에서는 ISBP라는 일종의 규범을 추후 제정하여 준비하겠다고 해명하였으나 추상적인 개념으로만 전해져 왔었다.

1933년 신용장통일규칙이 제정된 이래, 신용장관련 분쟁이 세계 도처에서 발생되었고, 이때마다 ICC에서는 의견(opinions), 결정(decisions), 입장(position papers) 등 소위 유권해석을 발표하여 왔고, 2002년도에 와서 서류의 종류별로 과거의 유권해석을 종합정리하여 ISBP 초안을 완성하게 되었고, 최종 200개의 항목으로 ISBP645로 탄생되어 2003년 1월부터 서류심사의 기준으로서 신용장통일규칙을 보완하게 되었다. 따라서 국제표준은행관행의 의의는 명확하지는 않지만, 그간의 자료 등을 검토하여 볼 때 "신용장통일규칙(UCP600)에 반영되어 있는 규정, 즉 ICC 은행위원회의 의견 및 결정 내용에 기초하여 예견 가능한 은행업무 관행을 구현하는 국제적인 표준규범"이라고 할 수 있을 것이다.

이후 2007년 6차 개정 신용장통일규칙(UCP 600)의 제14조에서도 은행의 서류심사 기준에 관하여 "규정된 서류의 문면상 신용장의 제 조건과의 일치여부는 본 규칙에 반영되어 있는 국제표준은행관행(ISBP)에 따라 결정된다"라고 규정하고 있다. 신용장통일규칙 6차 개정에 따라 ISBP의 개정이 필요하게 되었으며, 이에 ICC 은행위원회에서는 일부 조항에 대한 변경을 통해 개정 ISBP(Publication No.681)를 2007.7월부터 시행하게 되었으며, 다시 3차 개정으로 ISBP(Publication No. 745)를 2013년 7월부터 적용하게 되었다.

▌ISBP 제정 및 개정 연혁▐

시행일	인쇄물 번호	항목수
2003.1.1	645	200
2007.7.1	681	185
2013.7.1	745	296

나. 국제표준은행관행의 구성

국제표준은행관행의 구성은 서문(introduction) 외에 사전적 고려사항(preliminary considerations)으로 신용장의 발행신청과 발행(application and issuance of the credit)에 관한 기준을 설정하고 있고, 그 다음으로 국제표준은행관행에 공통적으로 적용되는 일반원칙(general principles)과 환어음(drafts), 송장(invoice), 운송서류(transport documents), 보험서류(insurance documents) 및 원산지 증명서(certificate of origin) 등 서류별로 세부 기준을 설정하고 있다.

국제표준은행관행에 규정하고 있는 항목은 ① 사전적 고려사항, ② 일반원칙, ③ 환어음과 만기일 계산, ④ 송장, ⑤ 복합운송서류, ⑥ 선하증권, ⑦ 용선계약선하증권, ⑧ 항공운송서류, ⑨ 도로/철도/내수로 운송서류, ⑩ 보험서류 및 ⑪ 원산지증명서 등 총 298개 단락으로 구성되어 있다.

2 국제표준은행관행의 주요 내용

가. 사전적 고려사항

국제표준은행관행의 사전적 고려사항은 신용장의 발행신청과 신용장발행과 관련하여 특히 발행의뢰인과 발행은행의 유의 사항에 관하여 규정하고 있다. 국제표준은행관행에서 규정하고 있는 사전적 고려사항의 주요 내용을 요약하면 다음과 같다.

① 신용장 조건은 신용장의 근거거래(underlying transaction)에 관하여 특별히 언급하고 있다 하더라도 근거거래와는 별도로 독립적이다. 그러나 서류심사에서 불필요한 비용, 지연 및 분쟁을 피하기 위하여 발행의뢰인과 수익자는 요구서류, 작성자 그리고 서류제시를 위한 시간범위에 관하여는 신중히 고려하여야 한다.
② 발행의뢰인은 신용장 발행 또는 조건변경을 위한 지시에서의 모호함에 따른 위험을 부담한다.
③ 발행의뢰인은 UCP에서 예상하지 못한 결과를 초래할 수 있는 조항 자체를 완전하게 숙지하여야 한다.
④ 신용장은 발행의뢰인의 작성 또는 부서된 서류제시를 요구하여서는 아니 된다. 그러나 신용장이 이러한 조건을 포함하여 발행된 경우, 수익자는 조건변경을 하거나 그 조건에 따라야 하며, 이를 행하지 아니함에 따른 위험을 부담한다.
⑤ 서류심사 단계에서 야기되는 많은 문제들은 근거거래, 신용장발행신청 그리고 약정된 바의 신용장발행에 대한 상세한 주의로 회피되거나 해결될 수 있다.

UCP에서 "신용장은 그 성질상 매매계약 또는 기타계약과는 별개의 거래이며, 은행은 신용장에 그러한 계약에 어떠한 참조사항이 포함되어 있다 하더라도 그러한 계약과는 아무런 관계가 없으며 또한 구속되지 아니한다"라고 하여 신용장과 계약과의 독립성에 관하여 규정하고 있는, 이른바 신용장의 독립성에 관한 조항을 보충하고 있다. ISBP에서는 UCP의 매매계약 또는 기타계약이라는 근거계약(underlying transaction)이라는 용어를 사용하여 근거계약을 포함한 기초가 되는 모든 거래를 지칭하여 포괄적인 의미를 담아 근거거래와 신용장과의 독립성을 강조하고 있다. 신용장의 물품명세에서 근거계약(거래)에 대하여 특별히 "other details as per sales contract No. 123…"과 같이 명시되었다 하더라도 이 근거계약과 신용장은 무관하고 오직 상업송장상에 문면상으로 물품명세의 일부로 기재하면 족하다 할 것이다. 또한 특히 신용장발행의뢰인과 수익자는 매매계약의 당사자이므로 비용절감 및 결제상의 분쟁을 예방하기 위하여 제시되는 서류의 종류, 서류작성자 및 서류제시기한 등 중요사항을 먼저 고려하도록 권고하고 있다.

또한 ISBP 제2에서는 UCP의 신용장의 완전성과 정확성의 원칙을 규정한 내용, 즉 신용장발행 또는 변경지시에서 신용장발행은행의 완전 정확성과 관련하여 신용장 발행 의뢰시 발행의뢰인에 의하여 과도한 명세를 삽입하거나 혼란과 오해의 소지가 있는 조건 등이 포함된 신용장에 대하여 발행은행이 미처 제지하지 못하고 발행된 경우, 불명확함에 따른 위험부담의무를 발행의뢰인으로 규정하고 있음은 주목할 만하다.

한편 제시 서류를 심사하는 과정에 야기되는 문제들을 예방하기 위하여 발행의뢰인은 신용장발행을 의뢰하면서 특히 UCP의 서류심사기준 및 요구되는 서류 중 운송서류와 선적과 관련된 조항에 관하여 숙지할 것을 강조하고 있다.

나. 일반원칙

국제표준은행관행의 일반원칙은 UCP에 일부 규정되거나 반영되지 아니한 것으로 신용장의 모든 서류심사에서 공통적으로 적용되는 기준이다. 국제표준은행관행에서 규정하고 있는 일반원칙의 주요 내용을 요약하면 다음과 같다.

① 일반적으로 인정되는 약어(abbreviations)는 정식어 대신 약어를, 약어 대신 정식어를 사용하였다 하더라도 불일치된 서류로 간주되지 아니 한다. 또한 사선(slash marks "/")은 단어를 대체하는 것으로 사용되어서는 아니 된다(ISBP A2).

② 증명(certification), 선언(declarations) 또는 이와 유사한 내용은 별도의 서류 또는 신용장에 요구된 다른 서류 속에 포함될 수 있다. 이 경우 발행 및 서명이

동일할 경우에는 별도의 서명이나 일자를 필요로 하지 아니 한다(ISBP A5).

③ 수익자 이외의 자가 발행한 서류의 정정 및 변경(corrections and alterations)은 서류 발행인 또는 수권한 자에 의하여 인증 및 인증자의 자격(capacity)을 표시하여야 한다(ISBP A7).

④ 환어음, 운송서류, 보험서류는 일자(dates)를 반드시 표기하여야 하며(ISBP A11), 특히 선적 전에 발생된 행위를 증명하는 서류의 경우 선적일자 이전 또는 선적 당일자를 표기하여야 한다(ISBP A12).

⑤ 물품인도지시서(delivery order) 및 운송주선인 수령증명서(forwarder's certificate of receipt)는 UCP 제19조에서 제25조까지 규정된 운송서류가 아니다. 따라서 이와 같은 서류들은 UCP 600 제14조 (c)항은 이들 서류에 적용되지 않고 동조(f)항에 의해 검토된다.(ISBP A18)

⑥ 선적서류(shipping documents), 기간경과서류 수리가능(stale documents acceptable), 제3자 서류 수리가능(third party documents acceptable), 수출국(exporting country)과 같은 표현은 UCP에서 정의되지 아니하였으므로 사용되어서는 아니 된다(ISBP A19).

⑦ 신용장에 서류발행인을 지정할 경우 지정인이나 위임자에 의하여 발행되거나 보통, 상호 및 주소가 인쇄된 용지서두가 있는 용지를 사용하여 발행하거나 용지서두가 없는 경우에는 지정인 이나 위임자를 표기하여야 한다(ISBP A20).

⑧ 수익자가 발행한 서류는 신용장 언어(language)로 작성하여야 하며, 복수의 언어를 허용한 신용장의 경우에도 지정은행은 언어의 수를 제한할 수 있다(ISBP A21).

⑨ 서류에서 상세한 수학적 계산(mathematical calculations)은 은행의 점검대상이 아니며, 은행은 오직 신용장 총액 및 기타 요구 서류들을 점검할 의무가 있다(ISBP A22).

⑩ 단어나 문장의 뜻에 영향을 주지 않는 오자 또는 타자 오류(misspelling or typing error)는 서류를 불일치한 것으로 간주되지 아니 한다(ISBP A23).

⑪ 다수의 페이지로 합철된 페이지는 하나의 서류로 심사되며, 특별히 신용장에서 서명이나 배서의 위치를 지정하지 않으면 서류의 어느 곳에나 할 수 있다(ISBP A24).

⑫ 원본(original)은 원본, 부본 등으로 표시될 수 있으며, 사본(copy) 제시를 허용

하지 않는 한 최소한 한 통의 원본을 제시하여야 한다(ISBP A29).

⑬ 신용장에서 화인(shipping marks)의 명세를 명시하는 경우, 서류는 이 같은 명세를 반드시 표기하여야 하며, 신용장 조건과 모순되지 아니하는 한 추가 정보가 표시되어도 불일치로 간주되지 아니한다(ISBP A33~A34).

⑭ 요구 서류에 대하여 유사 명칭을 사용하거나 요구 서류의 기능을 충족시킬 수 있도록 서류의 내용이 기재되어야 한다. 또한 결합(복합)된 서류를 제시할 경우 결합된 서류의 원본 2통을 제시하여야 한다(ISBP A40).

다. 환어음 및 만기일

환어음 및 만기일(draft and maturity date)에 관하여 국제표준은행관행은 환어음의 지급기일(tenor), 만기일, 배서(endorsement), 환어음의 발행, 정정 및 변경 등에 관하여 규정하고 있다. 국제표준은행관행에서 규정하고 있는 환어음 및 만기일의 주요 내용을 요약하면 다음과 같다.

① 환어음의 지급기일은 신용장의 조건과 일치하여야 하며 일람불 또는 일람후 특정기일이 아닌 지급기일로 발행된 경우에는 만기일 확정이 가능하여야 한다(ISBP B2a).

② 환어음의 지급기일이 선화증권 일자 후 xxx일로 언급된 경우, 본선적재일이 선화증권의 발행일보다 이전이거나 이후라 하더라도 본선 적재일을 선화증권 일자로 간주한다(ISBP B2c).

③ 환어음의 만기일을 결정하기 위하여 “from” 및 ”after”라는 용어가 사용된 경우 UCP에서의 “from” 및 ”after”라는 용어는 신용장에 별도로 규정하지 않은 한, 언급된 일자를 제외한다(ISBP B2d).

④ 단일 선화증권에 환적으로 인해 복수의 운송수단(예, A 선박 및 B 선박)에 의한 본선적재부기가 있는 경우 2개의 본선적재부기일 중 가장 빠른 선적일을 환어음 만기산정을 위한 기준일로 본다(ISBP B2e)

⑤ 단일 선화증권에 동일한 운송수단(예, A 선박)에 의한 복수의 본선적재부기가 있거나 또는 하나의 환어음에 복수의 선화증권이 제시되고 상이한 일자의 본선적재부기가 있는 경우에는 기재된 본선적재 부기일 중 가장 늦은 선적일을 환어음

만기산정을 위한 기준일로 본다(ISBP B2e)

⑥ 환어음의 만기일을 실제의 일자로 기재한 경우, 신용장 조건과 일치되게 계산되어야 한다(ISBP B4).

⑦ 일람후 정기출급으로 발행된 환어음의 만기일은 서류가 일치하는 경우 또는 어음지급은행(drawee bank)이 서류를 거절하지 않기로 하였으나 서류가 불일치하는 경우, 만기일은 지급은행의 서류수령일 이후를 기준으로 하며, 한편 서류가 불일치하는 경우 지급은행이 서류의 거절통지를 하였다가 추후에 승인한 경우, 만기일은 지급은행의 환어음인수일 후를 기준으로 하며, 환어음의 인수일은 서류의 승인일보다 늦어서는 아니된다(ISBP B5).

⑧ 지급은행은 제시인(presenter)에게 만기일을 통지하여야 하며, 어음 지급기일 및 만기일의 계산은 환어음제시를 요구하지 않는 연지급(deferred payment) 신용장의 경우에도 적용된다(ISBP B6).

⑨ 지급기일이 은행영업일(banking day)이 아닌 경우, 지급은 지급기일의 다음 첫 은행 영업일까지 연장되지만, 은혜일(grace day) 또는 자금을 송금하는 데 있어서의 지연, 송금 소요 시간 등은 환어음 지급기일에 추가되지 아니 한다(ISBP B7).

⑩ 환어음은 필요한 경우 배서되어야 하며, 신용장에 명시된 당사자를 지급인 앞으로, 수익자가 발행하여야 한다. 또한 발행의뢰인을 지급인(drawee)으로 할 것을 요구하는 신용장이 발행되어서는 아니 된다(ISBP B8).

⑪ 환어음상의 정정 및 변경이 있을 경우, 발행인(drawer)의 인증 표시가 되어야 하며, 국가에 따라 발행인의 인증이 있다 하더라도 정정 및 변경된 환어음이 수리될 수 없는 경우, 그러한 국가의 발행은행은 정정 및 변경이 환어음에 나타나지 않아야 한다는 효력조항을 신용장에 명시하여야 한다(ISBP B17).

라. 송장

송장(invoice)에 관하여 국제표준은행관행은 송장의 정의, 명칭 및 주소, 물품명세 및 송장에 관련된 다른 일반적인 사항들에 관하여 규정하고 있다. 국제표준은행관행에서 규정하고 있는 송장의 주요 내용을 요약하면 다음과 같다.

① 송장을 요구한 신용장은 어떠한 형태의 송장의 제시에도 충족되지만, 신용장에서 명시적으로 수권되지 않는 한, "가(假, provisional)", "견적(pro-forma)"

또는 유사한 송장은 수리되지 아니하며, 신용장이 상업송장(commercial invoice)을 요구한 경우, 송장(invoice)이라는 명칭의 서류는 수리된다(ISBP C1).

② 송장은 신용장에 지정된 수익자가 발행의뢰인 앞으로 발행되어야 하며, 주소의 일부를 구성하는 텔렉스(telex) 또는 팩스 번호(fax numbers) 등은 표시할 필요가 없으나, 만약 표시된 경우 신용장의 그것과 동일할 필요는 없다(ISBP C2).

③ 송장상의 물품명세는 신용장상의 물품명세와 반드시 일치하여야 한다. 그러나 완전 일치(mirror image)가 요구되는 것은 아니다. 신용장과 일치하는 상품명세가 함께 조합되어 송장이 여러 영역 내에 표시될 수 있다(ISBP C3).

④ 물품명세는 실제로 선적된 물품이 반영되어야 하며, 신용장에 명시된 것과 같이 전체의 물품명세가 표시되고, 신용장이 분할선적을 금지하고 있지 않는 한, 실제로 선적된 물품을 기재한 송장은 수리될 수 있다(ISBP C4).

⑤ 송장은 선적된 물품의 금액을 증명하고 있어야 하며 송장에 표시된 단가 및 통화는 신용장에 표시된 것과 일치하여야 하고, 송장은 신용장에 요구된 할인(discounts) 또는 감액(deductions)도 표시되어야 한다. 또한 송장은 신용장에 명시되지 않은 선지급(advance payment), 할인 등에 따른 감액도 표시되어야 한다(ISBP C6).

⑥ 거래조건(trade term)이 신용장의 물품명세의 일부이거나 금액과 관련하여 표시된 경우, 송장은 명시된 거래조건이 표시되어야 하며, 그리고 무역조건 근거를 표시하였다면 똑같은 근거가 표시되어야 한다. 신용장 및 송장에서 명시된 거래조건에 반하는 수수료(charges) 및 비용(costs)은 금액 내에 포함되어야 하며, 이러한 금액을 넘어서는 어떠한 수수료 및 비용도 허용되지 아니 한다(ISBP C9).

⑦ 송장은 신용장에서 요구되지 않은 한 서명되거나 일자가 기재될 필요는 없다(ISBP C10).

⑧ 송장에 기재된 물품의 수량, 중량 및 용적은 다른 서류에 표시된 동일한 수량과 모순되지 않아야 한다(ISBP C11).

⑨ 송장에는 초과선적(over-shipment), 또는 무상(free of charge)이라고 기재되어 있다 하더라도(견본, 홍보물 등을 포함하여), 신용장에서 요구되지 않은 물품이 기재되어서는 아니 된다(ISBP C12).

⑩ 신용장에서 요구된 물품의 수량은 5%의 과부족의 허용 범위 내에세 달라질 수 있다. 신용장에서 수량과부족 용인을 특별히 규정하고 있거나, 신용장이 수량을

포장 단위 또는 개개 품목의 수로 명시하고 있는 경우, 이는 적용되지 않는다. 물품 수량에 있어서 초과하는 5%의 변경은 환어음의 발행금액이 신용장금액을 초과하는 것은 허용하지 않는다(ISBP C13). 또한 분할선적이 금지된 경우, 수량이 전부 선적되고, 신용장에 명시된 단가가 감액되지 않은 한 송장금액에서 5% 부족한 범위의 금액은 수리된다(ISBP C14).

⑪ 송장은 원본과 사본의 요구된 통 수가 제시되어야 하며, 신용장이 할부선적을 요구한 경우, 각각의 선적은 할부일정(instalment schedule)에 일치되어야 한다(ISBP C15).

마. 운송서류

운송서류(transport documents)에 관하여 국제표준은행관행은 해상/해양선하증권, 용선계약 선하증권, 복합운송서류, 항공운송서류 및 도로, 철도 또는 내수로 운송서류에 관하여 규정하고 있다. 국제표준은행관행에서 규정하고 있는 운송서류의 주요 내용을 요약하면 다음과 같다.

(1) (항구간 선적을 커버하는) 해상/해양선화증권

항구간 선적을 커버하는 해상/해양선화증권에 관하여 국제표준은행관행은 UCP 제20조가 적용되며 원본, 선화증권의 서명, 본선적재부기, 적재항 및 양륙항, 환적 및 분할선적, 무사고 선화증권, 물품명세, 정정과 변경, 운임 및 추가비용 그리고 한 개를 초과한 선화 증권에 의하여 커버된 물품 등에 관하여 규정하고 있다.

① UCP 제20조의 적용

신용장이 항구간 선적(port-to-port shipment)을 커버하는 운송서류의 제시를 요구한 경우 및 신용장이 "해상(marine)" 또는 "해양(ocean)" 운송서류의 제시를 요구한 경우에는 UCP 제20조가 적용된다. 항구간 선적을 커버하는 한, UCP 제20조에 따르기 위하여는 "marine" 또는 "ocean"이라는 용어를 사용할 필요는 없다(ISBP E2).

② 원본 전통

운송서류에는 발행된 원본의 통수가 표시되어야 한다. 원본(original), 제1원본(first original) 등 유사한 표현이 기재된 운송서류는 모두 원본이며, 원본선화증권으로 수리되기 위하여 선화증권에는 "원본"이라고 기재될 필요는 없다(ISBP E11).

③ 선화증권의 서명

㉠ 신용장에 "운송주선인 선화증권 수리가능" 또는 유사한 표현이 사용되는 경우, 선화증권은 운송주선인의 자격으로서의 운송주선인에 의하여 서명될 수 있으며, 운송인 또는 지정운송인의 대리인으로서의 확인은 필요하지 않으며, 운송인의 명칭은 기재될 필요가 없다(ISBP E3).

㉡ 원본선화증권은 UCP 제20조 (a) (i)항에 규정된 방식에 따른 서명을 포함하여야 하며, 운송인(carrier)의 명칭이 선화증권의 문면상에 나타나야 한다(ISBP E5a).

㉢ 운송인을 대리하여 선화증권에 서명한 경우, 대리인은 대리인으로서 확인되어져야 하며, 서명을 대리하는 운송인이 확인되어야 한다(ISBP E5c).

㉣ 선장(master, captain)이 선화증권에 서명하는 경우, 선장의 서명은 "선장"으로서 확인되어져야 하며 선장의 명칭은 기재될 필요가 없다(ISBP E5d).

㉤ 대리인이 선장을 대리하여 선화증권에 서명하는 경우, 그 대리인은 반드시 대리인이라는 표시를 해야 하며, 선장이름이 표시될 필요는 없다(ISBP E5e).

④ 본선적재부기

㉠ 본선선적 선화증권(Shipped on board bill of lading)이 제시되는 경우, 별개의 본선적재부기일이 포함되어 있지 않는 한 그 발행일은 선적일로 간주되며, 본선적재일이 선화증권의 발행일 이전이든 이후이든 불문하고 본선적재부기일은 선적일로 간주된다(ISBP E6).

㉡ "Shipped in apparent good order." "Laden on board." "clean on board"

또는 "shipped" 또는 "on board"와 같은 용어와 결합된 다른 표현들은 "Shipped on board"와 동일한 효력을 가진다(ISBP E7).

⑤ 적재항 및 양륙항

㉠ 지정 적재항은 선화증권 내의 적재항 난(port of loading field)에 명시하여야 하나, 선박에 의하여 물품이 수령지로부터 운송된 것이 명백하고, 기재된 항구에서 선박에 본선적재되었음을 증명하는 본선적재부기가 있는 한 "Place of final destination" 또는 유사한 표제의 난에 기재될 수 있다(ISBP E6).

㉡ 지정 양륙항은 선화증권 내의 양륙항 난(port of discharge field)에 명시하여야 하나, 선박에 의하여 물품이 최종목적지로 운송된 것이 명백하고, 양륙항이 "Place of final destination" 또는 유사한 용어하에 기재되었음을 증명하는 부기가 있는 한 "Place of final destination" 또는 유사한 표제의 난에 기재될 수 있다(ISBP E8).

㉢ 신용장에 적재항 및/ 또는 양륙항의 지역 또는 구역이 주어진 경우, 선하증권에는 실제의 적재항 및/ 또는 양륙항이 표시되어야 하며, 그러한 장소는 해당 지역 또는 구역 이내이어야 한다(ISBP E10).

⑥ 수화인, 지시인, 송화인 및 배서, 착화통지처

㉠ 신용장이 선화증권에서 지정당사자를 물품의 수화인으로 표시할 것을 요구하는 경우, 지시식이라는 용어를 포함하지 않아야 하며, 지정당사자를 지시식으로 물품의 수화인으로 표시할 것을 요구한 경우, 기명식으로 기재되지 않아야 한다(ISBP E12).

㉡ 선화증권이 단순 지시식 또는 송화인 지시식으로 발행된 경우, 송화인에 의하여 배서되어져야 하며, 송화인을 대리하여 표시된 배서도 수리 가능하다(ISBP E13).

㉢ 신용장이 착화통지처를 명시하지 않은 경우, 선화증권의 해당란은 공란으로 두거나 어떠한 방식으로든지 채워질 수 있다(ISBP E14).

⑦ 환적 및 분할선적

㉠ 환적(transhipment)이란 신용장상의 적재항으로부터 양륙항까지의 해상운송 과정 중에 한 선박에서 다른 선박으로의 물품의 양륙 및 재선적을 말한다. 이러한 두 항구 간에서 발생되지 않는 경우, 양륙과 재선적은 환적으로 간주되지 아니 한다(ISBP E17).

㉡ 분할선적(partial shipments)을 금지하고, 1조 이상의 원본 선화증권이 제시된 경우, 동일한 선박에 의한 물품선적과 동일한 항해 및 동일한 양륙항을 표시한 서류는 수리가능하다. 이 경우 다른 선적일이 포함되어 있는 경우, 선적일자는 신용장에 표시된 최종선적일 또는 그 이전이어야 한다(ISBP E19).

⑧ 무사고 선화증권

㉠ 물품 또는 포장의 하자 상태를 명시적으로 표시한 선화증권상의 조항(clause) 또는 부기(notation)는 수리되지 아니하며, 포장이 "해상운송에 대하여 충분하지 않다"라는 표시도 수리되지 아니 한다(ISBP E20).

㉡ 신용장이 "clean on board bill of lading" 또는 "clean on board"라고 기재된 선화증권을 요구한다 하더라도"clean"이라는 용어는 선화증권상에 표시될 필요는 없다.(ISBP E21a)

㉢ "clean"이라는 용어가 선화증권상에 표시되었다가 삭제된 경우, 그러한 선화증권은 사고부로 간주되지 아니 한다(ISBP E21b).

⑨ 물품명세

선화증권의 물품명세는 신용장에 기재된 것과 상호 모순되지 아니하는 일반용어로 기재될 수 있다(ISBP E22).

⑩ 정정과 변경

㉠ 선화증권상의 정정 및 변경은 운송인, 선장 또는 운송인 또는 선장의 대리인에 의하여 확인되어야 한다(ISBP E24).

㉡ 선화증권의 비유통사본(non-negotiable copies)은 원본상의 서명 또는 원본에 행하여 진 변경 또는 정정에 대한 확인을 요하지 아니 한다(ISBP E25).

⑪ 운임 및 추가비용

㉠ 선화증권에 나타나는 운임지급을 표시하는 기재는 신용장에 명시된 것과 동일할 필요는 없으나, 그 서류나 기타 명시된 다른 서류 또는 신용장에 명시되는 그것과 저촉되지 않아야 한다.(ISBP E26)

㉡ 신용장이 운임에 대한 추가비용은 수리되지 아니한다고 규정한 경우, 선화증권에는 운임에 대한 추가비용이 발생되었거나 발생될 수 있음을 표시하여서는 아니 된다. 그러나 물품의 양륙에서의 지연 또는 물품이 양륙된 이후의 지연의 결과에 따른 비용으로 부과될 수 있다는 운송서류상의 비용에 관한 언급은 추가비용의 표시로 간주되지 아니 한다(ISBP E27).

⑫ 하나 이상의 선화증권에 의하여 커버된 물품

컨테이너에 적재된 물품이 당해 선하증권에 추가하여 1조 이상의 다른 선하증권에 의하여 커버되어 있는 경우, 이는 모든 컨테이너가 수화인에게 양도되어야 함을 의미하는 것으로, 컨테이너에 관련된 모든 선화증권이 제시되어져야 한다. 이러한 선화증권은 동일한 신용장하에서 동일한 제시의 일부를 구성하고 있어야만 수리될 수 있다(ISBP E28).

(2) 용선계약 선화증권

용선계약 선화증권에 관하여 국제표준은행관행은 UCP 제22조가 적용되며 원본, 선화증권의 서명, 본선적재부기, 적재항 및 양륙항, 환적 및 분할선적, 무사고 선화증권, 물품명세, 정정과 변경, 운임 및 추가비용 등에 관하여 규정하고 있다.

① UCP 제22조의 적용

신용장이 항구간 선적을 커버하는 용선계약 선화증권의 제시를 요구하는 경우 및 용선 계약에 따른다는 표시가 포함된 운송서류는 UCP 제22조가 적용된다(ISBP G1).

② 원본 전통

운송서류에는 발행된 원본의 통수가 표시되어야 한다. 원본(original), 제1원본(first original) 등 유사한 표현이 기재된 운송서류는 모두 원본이며, 원본선화증권으로 수리되기 위하여 용선계약 선화증권에는 "원본"이라고 기재될 필요는 없다(ISBP G10).

③ 용선계약 선화증권의 서명

㉠ 원본 용선계약 선화증권은 UCP 제22조 (a) (i)항에 규정된 방식에 따른 서명을 포함하여야 한다(ISBP G4a).

㉡ 선장 또는 선주가 용선계약 선화증권에 서명하는 경우, 선장 또는 선주의 서명은 "선장" 또는 "선주(owner)"로서 확인되어야 한다(ISBP G4b).

㉢ 대리인이 선장 또는 선주를 대리하여 용선계약 선화증권에 서명하는 경우, 그 대리인은 반드시 선장 또는 선주의 대리인이라는 표시를 해야 하며 이 경우 선장 이름을 표시될 필요가 없으나 선주의 이름이 반드시 표시되어야 한다(ISBP G4c).

④ 본선적재부기

㉠ 본선선적 용선계약 선화증권이 제시되는 경우, 본선적재부기일이 포함되어 있지 않는 한 그 발행일은 선적일로 간주되며, 본선적재일이 선화증권의 발행일 이전이든 이후이든 불문하고 본선적재부기일은 선적일로 간주 된다(ISBP G5).

㉡ "Shipped in apparent good order", "Laden on board", "clean on board" 또는 "Shipped" 또는 "on board"과 같은 용어와 결합된 다른 표현들은 "Shipped on board"와 동일한 효력을 가진다(ISBP G6).

⑤ 적재항 및 양륙항

신용장에서 적재항 및/ 또는 양륙항의 지역 또는 구역이 주어진 경우, 용선계약 선화증권에는 실제의 적재항이 표시되어야 하며 그러한 장소는 해당 지역 또는 구역 이내이어야 하나, 다만 양륙항은 지역 또는 항구의 구역을 표시할 수 있다(ISBP G7).

⑥ 수화인, 지시인, 송화인 및 배서, 착화통지처

㉠ 신용장이 용선계약 선화증권에 지정당사자를 물품의 수화인으로 표시할 것을 요구하는 경우, 지시식이라는 용어를 포함하지 않아야 하며, 지정 당사자를 지시식으로 물품의 수화인을 표시할 것을 요구한 경우, 기명식으로 기재되지 않아야 한다(ISBP G11).

㉡ 용선계약 선화증권이 단순 지시식, 또는 송화인 지시식으로 발행된 경우, 송화인에 의하여 배서되어져야 하며, 송화인을 대리하여 표시된 배서도 수리 가능하다(ISBP G12).

㉢ 신용장이 착화통지처를 기재하지 않은 경우, 선화증권의 해당란은 공란으로 두거나 어떠한 방식으로든 채워질 수 있다(ISBP G13).

⑦ 분할선적

신용장이 분할선적을 금지하고, 1조를 초과한 원본 용선계약 선화증권이 제시된 경우, 동일한 선박으로의 물품선적과 동일한 항해 및 동일한 양륙항을 명시한 서류는 수리 가능하다. 이 경우 다른 선적일이 포함되어 있는 경우, 선적일자는 신용장에 명시된 최종 선적일 또는 그 이전이어야 한다(ISBP G17).

⑧ 무사고 용선계약 선화증권

㉠ 물품 또는 포장의 하자 상태를 명시적으로 표시한 용선계약 선화증권상의 조항 또는 부기는 수리되지 아니하며, 포장이 "해상운송에 대하여 충분하지 않다"라는 표시도 수리되지 아니 한다(ISBP G18).

㉡ 신용장이 "clean on board charter party bill of lading" 또는 "clean on board"라고 기재된 운송서류를 요구한다 하더라도 "clean"이라는 용어는 용선계약 선화증권상에 표시될 필요는 없다(ISBP G19a).

㉢ "clean"이라는 용어가 용선계약 선화증권상에 표시되었다가 삭제된 경우, 그러한 용선계약 선화증권은 사고부로 간주되지 아니한다.(ISBP G19b)

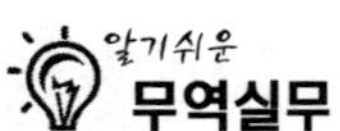

⑨ 물품명세

용선계약 선화증권의 물품명세는 신용장에 기재된 것과 상호 모순되지 아니 하는 일반용어로 기재될 수 있다(ISBP G20).

⑩ 정정 및 변경

㉠ 용선계약 선화증권상의 정정 및 변경은 선주, 선장 또는 선주 또는 선장의 대리인에 의하여 확인되어야 한다(ISBP G22).

㉡ 용선계약 선화증권의 비유통사본은 원본상의 서명 또는 원본에 행하여진 변경 또는 정정에 대한 확인을 요하지 아니한다(ISBP G23).

⑪ 운임 및 추가비용

㉠ 용선계약 선화증권에 나타나는 운임지급을 표시하는 기재는 신용장에 명시된 것과 동일할 필요는 없으나, 그 서류나 기타 명시된 다른 서류 또는 신용장에 명시되는 그것과 저촉되지 않아야 한다.(ISBP G24).

㉡ 신용장이 운임에 대한 추가비용은 수리되지 아니한다고 규정한 경우, 용선계약 선화증권에는 운임에 대한 추가비용이 발생되었거나 발생될 수 있음을 표시하여서는 아니 된다. 그러나 물품의 양륙에서의 지연 또는 물품이 양륙된 이후의 지연의 결과에 따른 비용으로 부과될 수 있다는 운송서류상의 비용에 관한 언급은 추가비용의 표시로 간주되지 아니 한다(ISBP G25).

(3) 복합운송서류

복합운송서류에 관하여 국제표준은행관행은 UCP 제19조가 적용되며 원본, 서명, 본선 적재부기, 수탁지 발송지, 환적 및 분할선적, 무사고 복합운송서류, 물품명세, 정정과 변경, 운임 및 추가비용, 하나 이상의 복합운송서류에 의하여 커버된 물품 등에 관하여 규정하고 있다.

① UCP 제19조의 적용

㉠ 신용장이 두 가지 이상의 운송방식을 이용하는 운송을 커버하는 운송서류의

제시를 요구하고, 수탁지 또는 항구, 공항 또는 선적지로부터 신용장에 기재된 최종목적지로의 선적을 커버하고 있음이 운송서류에 나타나는 경우에는 UCP 제19조가 적용된다. 이 경우, 복합운송서류는 선적 또는 발송이 단지 한 가지 운송방식에 의하여 행하여졌음을 나타내어서는 아니 된다(ISBP D1).

㉡ 서류 내에서 "multimodal transport document"라는 용어는 "combined transport document"라는 용어를 포함한다. UCP 제19조에 따라 수리요건으로, 서류에는 "Multimodal transport document" 또는 "combined transport document"라는 명칭이 사용될 필요는 없다(ISBP D2).

② 원본 전통

운송서류에는 발행된 원본의 통수가 표시되어야 한다. 원본(original), 제1원본(first original) 등 유사한 표현이 기재된 운송서류는 모두 원본이며, 원본운송서류로 수리되기 위하여 복합운송서류에는 "원본"이라고 기재될 필요는 없다(ISBP D15).

③ 복합운송서류의 서명

㉠ 원본 복합운송서류에는 UCP 제19조 (a) (i)항에 규정된 방식에 따른 서명을 포함하여야 하며, 운송인 또는 복합운송인(multimodal transport operator)으로 확인될 수 있는 운송인 또는 복합운송인의 명칭이 복합운송서류의 문면상에 나타나야 한다(ISBP D5a).

㉡ 대리인이 운송인 또는 복합운송인을 대리하여 복합운송서류에 서명한 경우, 대리인은 누구를 대리하여 서명하는지 확인되어야 한다(ISBP D5c).

㉢ 선장이 복합운송서류에 서명하는 경우, 선장의 서명은 "선장"으로서 확인되어져야 하며 선장의 명칭은 기재될 필요가 없다(ISBP D5d).

㉣ 대리인이 선장을 대리하여 복합운송서류에 서명하는 경우, 대리인은 대리인으로서 확인되어져야 하며 서명을 대리하게 한 선장의 명칭이 기재되어야 한다(ISBP D5e).

ⓜ 신용장에 "운송주선인 복합운송서류 수리가능(Freight Forwarder's Multi-modal transport document is acceptable)" 또는 유사한 표현이 사용되는 경우, 복합운송서류는 운송주선인의 자격으로서의 운송주선인에 의하여 서명될 수 있으며, 운송인 또는 복합운송인 으로서의 확인은 필요하지 않으며, 운송인 또는 복합운송인의 명칭은 기재될 필요가 없다(ISBP D3b).

④ 본선적재부기

㉠ 복합운송서류의 발행일은 발송일, 수탁일 또는 본선적재일로 간주되며, 부기일은 서류의 발행일 이전이든 이후이든 불문하고 선적일로 간주된다(ISBP D6).

㉡ "Shipped in apparent good order", "Laden on board", "clean on board" 또는 "shipped" 또는 "on board"과 같은 용어와 결합된 다른 표현들은 "Shipped on board"와 동일한 효력을 가진다(ISBP D11).

⑤ 수탁지, 발송지, 본선적재지 및 목적지

신용장에서 수탁지, 발송지, 본선적재지 및 목적지의 구역이 주어진 경우, 복합운송서류에는 실제의 수탁지, 발송지, 본선적재지 및 목적지가 표시되어야 하며, 그러한 장소는 해당 지리적 지역 또는 구역 이내이어야 한다(ISBP D14).

⑥ 수화인, 지시인, 송화인 및 배서, 착화통지처

㉠ 신용장이 복합운송서류에 지정당사자를 물품의 수화인으로 표시할 것을 요구하는 경우, 지시식이라는 용어를 포함하고 있지 않아야 하며, 지정당사자를 지시식으로 물품의 수화인을 표시할 것을 요구한 경우, 기명식으로 기재되지 않아야 한다(ISBP D16).

㉡ 복합운송서류가 단순지시식, 또는 송화인 지시식으로 발행된 경우, 송화인에 의하여 배서되어져야 하며, 송화인을 대리하여 표시된 배서도 수리가능하다(ISBP D17).

㉢ 신용장이 착화통지처를 기재하지 않은 경우, 복합운송서류의 해당란은 공란으로 두거나 어떠한 방식으로든지 채워질 수 있다(ISBP D20).

⑦ 환적 및 분할선적

㉠ 환적이란 신용장상의 최종목적지로의 운송의 과정 중에 한 운송방식으로부터 다른 운송방식으로의 물품의 하역과 재적재를 말한다. 환적이 금지된 경우, 전 운송과정이 하나의 동일한 복합운송서류에 의하여 커버되는 한 은행은 환적이 이루어진 복합운송서류를 수리한다(ISBP D21).

㉡ 운송수단이 동일한 일자에 동일한 목적지를 향하여 출발하였다 하더라도, 한 개를 초과하는 운송수단으로의 선적은 분할선적으로 간주된다(ISBP D22).

㉢ 신용장이 분할선적을 금지하고, 1조를 초과하는 원본 복합운송서류가 제시된 경우, 동일한 운송수단과 동일한 항해 및 동일한 목적지를 명시한 서류는 수리가능하다. 이 경우 다른 선적, 발송 또는 수탁일이 포함되어 있는 경우, 선적일자는 신용장에 명시된 선적일, 발송일 또는 수탁일의 최종일 또는 그 이전이어야 한다(ISBP D23).

⑧ 무사고 복합운송서류

㉠ 물품 또는 포장의 하자 있는 상태를 명시적으로 표시한 복합운송서류상의 조항 또는 부기는 수리되지 아니하며, 포장이 "운송에 대하여 충분하지 않다"라는 표시도 수리되지 아니한다(ISBP D24).

㉡ 신용장이 "clean on board multimodal transport document" 또는 "clean on board"라고 기재된 운송서류를 요구한다 하더라도, "clean"이라는 용어는 복합운송서류상에 표시될 필요는 없다.(ISBP D25a)

㉢ "clean"이라는 용어가 복합운송서류상에 표시되었다가 삭제된 경우, 그러한 복합운송서류는 사고부로 간주되지 아니 한다(ISBP D25b).

⑨ 물품명세

복합운송서류의 물품명세는 신용장에 기재된 것과 상호 모순 되지 아니하는 일반용어로 기재될 수 있다(ISBP D26).

⑩ 정정 및 변경

㉠ 복합운송서류상의 정정 및 변경은 운송인, 선장, 복합운송인 또는 그들의 대리인 중의 한 사람에 의하여 확인되어야 한다(ISBP D28).

㉡ 복합운송서류의 비유통성 사본은 원본상의 서명 또는 변경 또는 정정에 대한 확인을 요하지 아니 한다(ISBP D29).

⑪ 운임 및 추가비용

㉠ 복합운송서류에 나타나는 운임지급을 표시하는 기재는 신용장에 명시된 것과 동일할 필요는 없으나 그 서류나 기타 명시된 다른 서류 또는 신용장에서 명시되는 그것과 저촉되지 않아야 한다.(ISBP D30)

㉡ 신용장이 운임에 대한 추가비용은 수리되지 아니한다고 규정한 경우, 복합운송서류에는 운임에 대한 추가비용이 발생되었거나 발생될 수 있음을 표시하고 있어서는 아니 된다. 그러나 물품의 양륙에 있어서의 지연 또는 물품이 양륙된 이후의 지연의 결과에 따른 비용이 부과될 수 있다는 운송서류상의 비용에 관한 언급은 추가비용의 표시로 간주되지 아니 한다(ISBP D31).

⑫ 하나 이상의 복합운송서류에 의하여 커버된 물품

컨테이너에 적재된 물품이 당해 복합운송서류에 추가하여 또는 다수의 다른 복합운송서류에 의하여 커버되어 있는 경우, 이는 모든 컨테이너가 수화인에게 양도되어야 함을 의미하는 것으로, 컨테이너에 관련된 모든 복합운송서류가 제시되어져야 한다. 이러한 복합운송서류가 동일한 신용장하에서 동일한 제시의 일부를 구성하고 있어야만 수리될 수 있다(ISBP D32).

(4) 항공운송서류

항공운송서류에 관하여 국제표준은행관행은 UCP 제23조가 적용되며 원본, 서명, 선적일, 발송일, 출발공항 및 목적 공항, 환적 및 분할선적, 무사고 항공운송서류, 물품명세, 정정과 변경, 운임과 추가비용 등에 관하여 규정하고 있다.

① UCP 제23조의 적용

신용장이 공항간 선적(airport-to-airport shipment)을 커버하는 운송서류의 제시를 요구한 경우 및 "항공화물운송장(air waybill)" 또는 "항공물품수탁서(air consignment note)" 또는 유사한 서류의 제시를 요구한 경우 UCP 제23조가 적용된다. 공항간 선적을 커버하는 한, UCP 제23조에 따르기 위하여 이러한 용어의 사용을 요하지 아니한다(ISBP H2).

② 원본 항공운송서류

항공운송서류는 서류의 문면상 "송화인/선적인용 원본"(Original for Consignor/Shipper)임이 나타나야 한다. 원본 전통에 대한 요구는 문면상 송화인/선적인을 위한 원본임을 표시한 서류를 제시하는 것으로 충족된다(ISBP H12).

③ 항공운송서류의 서명

㉠ 원본 항공운송서류는 UCP 제 23조 (a) (i)항에 규정된 방식에 따른 서명을 포함하여야 하며, 운송인의 명칭이 항공운송서류의 문면상에 나타나야 한다. 운송인을 대리하여 대리인이 항공운송서류에 서명한 경우, 대리인은 대리인으로서 확인되어져야 하며, 서명을 대리하는 운송인이 확인되어야 한다(ISBP H3a).

㉡ 신용장이 "혼재물품운송장 수리가능" 또는 "운송주선인 항공물품운송장 수리가능" 또는 유사한 표현이 사용되는 경우, 운송주선인의 자격으로서의 운송주선인에 의하여 서명될 수 있으며, 운송인 또는 지정운송인의 대리인으로서의 확인은 필요하지 않으며, 운송인의 명칭은 기재될 필요가 없다(ISBP H3b).

④ 운송을 위하여 인수된 물품, 선적일, 및 실제의 발송일

㉠ 항공운송서류에는 물품이 운송을 위하여 인수되었음을 표시하여야 한다(ISBP H7).

㉡ 신용장이 항공운송서류에 실제의 발송일이 나타나도록 지시한 경우, 서류에

는 반드시 별도의 부기가 포함되어야 한다. 이러한 발송일은 선적일로 간주되며, "운송인전용(For Carrier Use Only)" 이라는 표제의 난에 포함된 정보는 실제의 발송일을 결정하는 데 있어서 고려되지 아니한다(ISBP H8).

⑤ 출발공항 및 목적 공항

㉠ 항공운송서류에는 출발공항과 목적공항이 표시되어야 한다. 공항명 전체를 기재하는 대신에 국제항공운송협회(IATA) 코드의 사용에 의한 공항의 표시는 불일치가 아니다(ISBP H9).

㉡ 신용장에서 출발공항 및/ 또는 목적 공항의 지역 또는 구역이 주어진 경우, 항공운송서류에는 실제의 출발공항 및/ 또는 목적 공항이 표시되어야 하며, 그러한 장소는 해당 지역 또는 구역 이내이어야 한다(ISBP H11).

⑥ 수화인, 지시인 및 착화통지처

㉠ 항공운송서류는 권리증권이 아니므로 "단순지시식" 또는 지정당사자의"지시식"으로 발행되어서는 아니 된다. 신용장에서 항공운송서류가 "단순지시식" 또는 지정당사자의 "지시식"으로 발행되도록 요구한 경우에도, 제시된 서류가 "단순지시식" 또는 "특정인의 지시식"에 대한 언급 없이, 물품이 그러한 당사자를 수화인으로 표시하고 있다면 수리가능하다(ISBP H13).

㉡ 신용장이 착화통지처를 기재하지 않은 경우, 항공운송서류의 해당란은 공란으로 하거나 또는 어떠한 방식으로든지 채워질 수 있다(ISBP H14).

⑦ 환적 및 분할선적

㉠ 환적이란 신용장상의 출발공항으로부터 목적 공항까지의 운송의 과정 중에 하나의 항공기로부터 다른 항공기로의 양화 및 재적재를 말한다. 두 개의 공항간에 이러한 일이 일어나지 않았다면, 양화 및 재적재는 환적으로 간주되지 아니한다(ISBP H17).

㉡ 항공기가 동일한 일자에 동일한 목적지를 향하여 출항한다 하더라도, 한 개를 초과한 항공기에 의한 선적은 분할선적으로 간주된다(ISBP H18).

㉢ 신용장이 분할선적을 금지하고, 1조를 초과하는 항공운송서류가 제시된 경우, 동일한 항공기와 동일한 운항에 의한 물품의 발송을 커버하고 동일한 목적공항을 명시한 서류는 수리가능하다. 이 경우 다른 선적일이 포함된 한 개를 초과하는 항공운송서류가 제시된 경우, 그러한 선적일의 최종일이 제시기간의 계산을 위하여 취해질 것이며, 선적일자는 신용장에 명시된 최종선적일 또는 그 이전이어야 한다(ISBP H19).

⑧ 무사고 항공운송서류

㉠ 물품 또는 포장의 하자 있는 상태를 명시적으로 표시한 항공운송서류상의 조항 또는 부기는 수리되지 아니하며, 포장이 "운항에 대하여 충분하지 않다"라는 표시는 수리되지 아니한다(ISBP H20).

㉡ "clean"이라는 용어가 항공운송서류상에 표시되었다가 삭제된 경우, 그러한 항공운송서류는 사고부로 간주되지 아니한다(ISBP H21).

⑨ 물품명세

항공운송서류의 물품명세는 신용장에 기재된 것과 상호 모순되지 않는 일반용어로 기재될 수 있다(ISBP H22).

⑩ 정정 및 변경

㉠ 항공운송서류상의 정정 및 변경은 운송인 또는 운송인의 대리인에 의하여 확인되어져야 한다(ISBP H23).

㉡ 항공운송서류의 사본은 운송인 또는 대리인, 원본상의 서명, 변경 또는 정정에 대한 확인을 요하지 아니한다(ISBP H24).

⑪ 운임 및 추가비용

㉠ 항공운송서류에 나ㄴ타나는 운임지급을 표시하는 기재는 신용장에 명시된 것과 동일할 필요는 없으나, 그 서류나 기타 명시된 다른 서류 또는 신용장에 명시되는 그것과 저촉되지 않아야 한다(ISBP H25).

㉡ 신용장이 운임에 대한 추가비용은 수리되지 아니한다고 규정한 경우, 항공운송서류에는 운임에 대한 추가비용이 발생되었거나 발생될 수 있음을 표시하고 있어서는 아니 된다. 그러나 물품의 양화에 있어서의 지연 또는 물품이 양화된 이후 지연의 결과로서 비용이 부과될 수 있다는 운송서류상의 비용에 관한 언급은 추가비용의 표시로 간주되지 아니한다(ISBP H27).

(5) 도로, 철도 또는 내수로 운송서류

도로, 철도 또는 내수로 운송서류에 관하여 국제표준은행관행은 UCP 제24조가 적용되며 원본, 서명, 분할선적, 물품명세, 정정과 변경, 운임 및 추가비용 등에 관하여 규정하고 있다.

① UCP 第24조의 적용

신용장이 도로, 철도 또는 내수로에 의한 이동을 커버하는 운송서류의 제시를 요구한 경우, UCP 제 24조가 적용된다(ISBP J1).

② 도로, 철도 또는 내수로 운송서류의 원본 및 부본

신용장이 철도, 도로 또는 내수로 운송서류를 요구하는 경우, 원본 표시 여부와 관계없이 제시된 서류는 원본으로서 수리된다. 도로운송서류는 선적인용 또는 송화인용 사본임을 표시하거나 또는 누구를 위하여 작성된 서류인지에 관한 표시가 없어야 한다. 철도운송서류는 철도회사의 스탬프에 의하여 정히 인증된 부본만을 선적인 또는 송화인에게 제공하는 것이 많은 철도회사의 관행으로 그러한 부본은 원본으로서 수리된다(ISBP J7).

③ 도로, 철도 또는 내수로 운송서류의 운송인 및 서명

㉠ 운송서류상의 어떠한 서명, 인증, 수령 스탬프(reception stamp), 또는 기타 수령의 표시는 운송인으로 확인되는 운송인, 또는 운송인을 위하여 또는 운송인을 대리하여 서명하고, 서명을 대리하게 한 운송인의 명칭과 자격을 표시한 지정대리인에 의하여 행하여진 것으로 표시되어야 한다(ISBP J2).

㉡ 운송서류에 운송인에 의하여 또는 운송인을 대리하여 대리인에 의하여 서명

된 것으로 표시되는 한 "운송인"이라는 용어는 서명란에 표시될 필요는 없다. 국제표준은행관행은 운송인의 명칭 또는 운송인을 위하거나 대리하여 서명하는 지정대리인의 명칭을 표시하지 않고 출발철도역에 의하여 일부 스탬프로 증명하는 철도화물운송장을 수리한다(ISBP J4a).

㉢ UCP 제24조에서 사용된 "carrier"라는 용어는 "발행운송인(issuing carrier)", "실제운송인(actual carrier)", "후속운송인(succeeding carrier)" 및 "계약운송인(contracting carrier)"과 같은 운송서류상의 용어를 포함한다(ISBP J4b).

④ 지시인 및 착화통지처

㉠ 권리증권이 아닌 운송서류는 "단순지시식" 또는 지정당사자의 "지시식"으로 발행되지 않아야 한다. 신용장이 권리증권이 아닌 운송서류가 "단순지시식" 또는 지정당사자의 "지시식"으로 발행을 요구하였다 하더라도, "to order" 또는 "to order of"에 대한 언급 없이 물품이 그러한 당사자에게 탁송되었음을 표시한다면 수리가능하다(ISBP J8).

㉡ 신용장이 착화통지처를 명시하지 않은 경우, 운송서류의 해당란은 공란으로 두거나 어떠한 방식으로든지 채워질 수 있다(ISBP J9).

⑤ 분할선적

운송수단이 동일한 일자에 동일한 목적지를 향하여 출발하였다 하더라도, 한 개를 초과하는 운송수단으로의 선적은 분할선적으로 간주된다(ISBP J13).

⑥ 물품명세

운송서류의 물품명세는 신용장에 기재된 것과 상호 모순되지 아니하는 일반 용어로 기재될 수 있다(ISBP J17).

⑦ 정정 및 변경

㉠ UCP 제24조가 적용되는 운송서류상의 정정 및 변경은 운송인 또는 운송인의

대리인에 의하여 확인되어야 한다(ISBP J18).

㉡ UCP 제24조가 적용되는 운송서류의 사본은 원본 상에 행하여진 서명, 또는 어떠한 변경 또는 정정에 대한 인증을 포함할 필요는 없다(ISBP J19).

⑧ 운임 및 추가비용

㉠ 도로, 철도 또는 내수로운송서류에 나타나는 운임지급을 표시하는 기재는 신용장에 명시된 것과 동일할 필요는 없으나, 그 서류가 기타 명시된 다른 서류 또는 신용장에 명시되는 그것과 저촉되지 않아야 한다.(ISBP J20a).

㉡ 발행의뢰인 및 발행은행은 운임이 선지급 또는 후지급될 것인지의 여부를 서류의 요구사항에 명확히 하여야 한다(ISBP J20b).

바. 보험서류

보험서류에 관하여 ISBP는 UCP 제28조가 적용되며 보험서류의 발행인, 담보 위험, 일자, 통화 및 금액, 피보험자 및 배서 등에 관하여 규정하고 있다.

① UCP 제28조의 적용

신용장이 보험서류의 제시를 요구한 경우, UCP 제28조의 조항이 적용된다(ISBP K1).

② 보험서류의 발행인

㉠ 보험서류는 문면상 보험회사 또는 보험업자 또는 그 대리인에 의하여 발행되고 서명된 것으로 나타나야 한다(ISBP K2).

㉡ 보험서류가 보험회사 또는 그 대리인 또는 보험업자 또는 그 대리인에 의하여 발행되어 있는 한 보험중개인의 용지(insurance broker's stationery)에 발행된 보험서류는 수리 가능하다. 보험중개인은 지정보험회사 또는 지정보험업자의 대리인으로서 서명할 수 있다(ISBP K3).

③ 담보위험

㉠ 분할담보의 보험서류가 담보비율에 의하거나 또는 각 보험자의 담보가액 그리고 각 보험자가 그들의 책임의 부분을 개별적으로 부담한다는 것이 명확하게 표시되지 않는 한, 동일한 선적에 대한 동일한 위험을 담보하는 보험은 하나의 서류하에서 담보되어야 한다(ISBP K16).

㉡ 협회적화약관 ICC(A) 조건담보를 표시한 보험서류는 "전위험(all risks)" 조항 또는 부기를 요구한 신용장의 조건을 충족한다(ISBP K17).

④ 일자

유효기일을 포함하고 있는 보험서류는 그러한 유효기일이 보험금청구의 제시를 위한 유효기일과는 다르며, 물품의 본선적재 또는 발송 또는 수탁이 행하여질 최종일에 관련된 것임을 명확히 표시되어야 한다(ISBP K10).

⑤ 통화 및 금액

㉠ 보험서류는 신용장의 통화로, 최소한 신용장에서 요구된 금액으로 발행되어야 한다.
신용장이 최소담보비율금액을 명시하지 않은 경우, 최소담보비율금액은 CIF 가액의 110% 또는 CIP 가액의 110%이어야 한다. "110%에 대한 보험" 또는 이와 유사한 요구사항은 요구된 보험담보의 최저금액으로 간주된다. UCP는 어떠한 최대담보비율에 대하여 규정하고 있지 않다(ISBP K12).

㉡ 신용장이 담보비율에 관계없이 보험담보를 요구하는 경우, 보험서류는 보험담보가 소손해면책률(franchise) 또는 공제면책률(excess deductible)을 조건으로 기재한 조항이 포함되어서는 아니 된다(ISBP K14).

㉢ 신용장 또는 서류로부터 최종송장금액이 물품의 총가액의 특정한 부분만을 나타내는 것이 명확한 경우, 보험담보의 계산은 물품의 총가액의 전액에 기초하여야 한다(ISBP K15).

⑥ 피보험자 및 배서

㉠ 보험서류는 신용장에 요구된 바와 같은 형식으로 발행되어야 하며, 필요한 경우 보험금청구권을 가진 당사자에 의하여 배서되어야 한다. 소지인식으로 발행된 서류는 신용장이 백지 배서된 보험서류를 요구하는 경우 수리가능하며 그 반대의 경우도 마찬가지이다(ISBP K19).

㉡ 신용장이 피보험자에 관하여 명시하고 있지 않은 경우, 보험금청구가 송화인 지시식 또는 수익자 지시식으로 지급될 수 있음을 증명하는 보험서류는 배서되지 않는 한 수리될 수 없다. 보험서류는 지급받을 수 있는 권리가 서류의 양도시에 또는 그 이전에 이전 될 수 있도록 발행되거나 배서되어야 한다(ISBP K21).

사. 원산지증명서

원산지증명서에 관하여 ISBP는 기본요건, 원산지증명서의 발행인, 원산지증명서의 내용 등에 관하여 규정하고 있다.

① 기본요건

원산지증명서의 요건은 물품의 원산지를 증명하는 것으로 서명되고 일자가 기재된 서류의 제시에 의하여 충족된다(ISBP L1).

② 원산지증명서의 발행인

원산지증명서는 신용장에 규정된 당사자에 의하여 발행되어야 한다. 그러나 신용장이 원산지증명서가 수익자, 수출업자 또는 제조업자에 의하여 발행된 것을 요구하는 경우, 수익자, 수출업자 또는 제조업자가 명확하게 확인되는 한 상업회의소에 의하여 발행된 서류는 수리 가능한 것으로 간주된다. 신용장이 증명서 발행자를 규정하지 않은 경우, 수익자를 포함한 어떠한 당사자에 의하여 발행된 서류도 수리가능하다(ISBP L3).

③ 원산지증명서의 내용

㉠ 원산지증명서는 송장상의 물품에 관련이 있는 것으로 나타나야 한다. 원산지

증명서의 물품명세는 신용장에 표시된 것과 상호 모순되지 아니하는 일반용어로 또는 요구서류에서 물품과의 관련성을 표시한 기타 모든 언급에 의하여 표시될 수 있다(ISBP L4).

㉡ 수화인 정보(consignee information)는, 운송서류의 수화인 정보와 상호 모순되어서는 아니 된다. 그러나 신용장이 운송서류가 "단순지시식", "송화인 지시식", "발행은행 지시식" 또는 "발행은행 기명식"으로 발행될 것을 요구한 경우, 원산지 증명서는 신용장의 발행의뢰인 또는 다른 당사자를 수화인으로 표시할 수 있다. 신용장이 양도된 경우, 수화인으로서의 제1수익자(first beneficiary)의 명칭이 표시된 경우 또한 수리될 수 있다(ISBP L5).

㉢ 원산지증명서는 신용장의 수익자 또는 운송서류상의 송화인이 아닌 다른 당사자로 기재될 수 있다(ISBP L6).

아. 포장명세서

① 신용장에서 포장명세서를 요구하나, 문서상 제목이 없어도 물품의 포장에 대한 내용을 포함하고 있는 문서는 이 조건을 충족한다.(ISBP M1)

② 포장명세서는신용장에서 명시된 주체가 발행한다.(ISBP M2)

③ 신용장이 발행자의 이름을 명시하고 있지 않으면 어떤 주체도 포장명세서를 작성할 수 있다,(ISBP M3)

자. 중량증명서

① 신용장이 중량증명서를 요구하나, 문서상 제목이 없어도 물품의 중량에 대한 내용을 포함하고 있는 문서는 이 조건을 충족한다.(ISBP N1)

② 중량증명서는 신용장에서 명시한 주체가 발행하여야 한다.(ISBP N2)

③ 신용장에서 중량에 대한 조건이 있다면 중량증명서의 내용은 이것과 상충되면 안 된다.(ISBP N4)

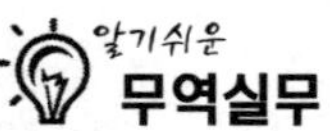

차. 수익자 증명서

① 신용장에서 수익자증명서를 요구할 때 제목이 없어도 신용장에서 요구하는 내용과 증명을 포함하고 있는 서류가 제시되면 된다. (ISBP P1)
② 수익자증명서는 수익자에 의해서 또는 그의 대리인에 의해서 서명된다.(ISBP P2)
③ 수익자증명서의 내용 또는 확인사항은 신용장에서 요구하는 것과 똑같을 필요는 없지만 신용장에서 요구하는 조건을 충족한다는 것을 명확히 표시해야 한다.(ISBP P4a)

카. 검사증명서

① 요청된 검사의 결과를 나타내는 증명서로서 제목이 신용장에서 요구하는 것과 유사하든 안 하든 주어진 역할을 하는 서류이면 된다.(ISBP Q1)
② 검사증명서는 신용장에서 명시한 주체가 발행하여야 한다.(ISBP Q3)
③ 증명서는 요구된 물품의 일부만 검사되었다고 표시할 수 있다. (ISBP Q6a)

11-3 추심(推尋)에 관한 통일규칙

추심에 관한 통일규칙은 은행의 지급확약이 없는 추심방식에 의한 대금결제시에 발생될 수 있는 관계당사자간의 분쟁을 최소화하기 위하여 국제상업회의소가 제정하여 현재 1996년 1월 3차 개정 규칙이 'URC 522'라 불린다.

대금결제방법 중 신용장거래에 대해서는 관계당사자간에 신용장통일규칙이 적용되고, 그 신용장대금의 상환에 대해서는 관계되는 은행간에 신용장대금상환에 관한 통일규칙이 적용되어진다.

그러나 신용장이 아니고 D/P, D/A같이 은행의 지급확약이 없는 추심방식에 의한 대금결제시에는 관계당사자간의 분쟁을 예방하기 위해 추심에 관한 통일규칙이 제정되어 있다.

1 통일규칙의 제정 및 개정

가. 제정

국제간의 추심거래는 법률과 관습이 상이한 국가간의 거래이기 때문에 분쟁이 발생할 여지가 많고 그 해결에도 어려움이 많았다. 또한 신용장거래와는 달리 추심결제방식은 각국의 수출입자간의 신용을 바탕으로 이루어져야 하므로 범세계적으로 상관행의 통일을 기하여야 할 필요가 대두되었다.

이에 따라 국제상업회의소에서는 이를 해결하기 위하여 1956년에 상업어음추심에 관한 통일규칙(Uniform Rules for the Collection of Commercial Paper)을 제정하여 이의 채택을 각국에 권고하였으나 EEC제국과 일본 등 10여개국이 이를 채택하였을 뿐 미국과 영국은 이 규칙이 자국의 판례 및 관습과 상이하다는 이유로 채택을 거절하였으므로 광범위하게 적용되지 못하였다.

나. 개정

1967년에 이 규칙을 범세계적으로 수용되는 규칙으로 만들기 위하여 전면적으로 1차 개정을 하고, 전세계의 은행들에게 이를 채택하도록 권고한 결과 1968년 2월 1일에 미국, 영국, 프랑스, 독일, 이탈리아, 일본, 홍콩 등을 비롯한 41개국이 이 규칙을 채택하였으며, 우리나라도 1968년 5월 15일에 이를 채택하였다.

1차 개정에서는 기존 상거래 관행과의 불일치를 해소하고 1962년 개정된 신용장통일규칙의 내용을 반영하였다.

그 후 실제 거래시 여러 가지 문제점이 발생하여 다시 개정할 필요가 있었다. 1977년 9월 9일 한국의 서울에서 열린 ICC 은행기술위원회의 회의에서 개정의 필요성이 정식으로 논의되었다. 2차 개정은 다음과 같은 목적으로 이루어졌다.

첫째, 국제무역거래에서 사용되는 관행과 용어를 확실히 정의하고 단순화, 그리고 조화시킨다.

둘째, 은행들의 견해를 반영시킨다.

셋째, 전세계 은행에게 업무취급상 합치된 근거를 제공한다.

그리고 명칭을 지금의 '추심에 관한 통일규칙(Uniform Rules for Collection; URC)'으로 바꾸었으며, Publication No. 322로 승인되어 총칙 및 정의 외에 23개조항으로 구성된 동 규칙은 1979년 1월 1일부터 시행되었다.

우리나라는 1979년 6월 1일 전국은행연합회 이사회에서 동 개정규칙을 1979년 7월 2일부터 시행하기로 채택한 바 있다.

종전의 상업어음 추심이라는 말을 단순히 추심으로 바꾼 것은 D/P, D/A 거래에서 추심의 대상이 어음·수표 또는 영수증도 있을 뿐 아니라 금융서류가 없는 상업서류만의 추심도 있기 때문이다.

그러나 동 규칙은 1978년 이후 약 20여 년 동안 국제무역거래에서의 직접추심, 제3자간 상환추심, 사본의 추심 및 일부국가의 전자추심 등 은행간의 새로운 관행을 수용하지 못하여 현실적으로 많은 문제점이 야기되었다.

이에 따라 국제상업회의소에서는 1992년 11월 규칙개정의 필요성을 제기하여 각국의 검토를 거친 후, 1995년 6월 14일 국제상업회의소 이사회에서 7장 26조의 3차 개정 "추심에 관한 통일규칙"이 Publication No. 522로 정식 채택되어 1996년 1월 1일부터 시행하게 되었으며, 약칭하여 'URC 522'라 부르고 있다.

3차 개정규칙은 추심관행의 변화와 D/P조건임에도 기한부어음을 발행하는 관행에 따른 분쟁의 문제점을 해결하고, 개정된 신용장통일규칙과의 조화를 도모하고, 추심의 형식 및 구성내용을 대폭 보완하여 추심지시서(Collection Instruction)에 관련된 사항을 상세하게 규정하고 서류작성에 대한 지시사항과 서류의 효력 및 불가항력에 관한 면책조항을 별도로 설정하였다.

2 통일규칙의 주요내용

가. 총칙 및 정의

1) 적용범위(제1조)

추심지시서(collection instruction)에 본 규칙이 적용됨을 다음과 같이 명시하여야 한다.

"subject to Uniform Rules for Collections, 1995 Revision, ICC Publication No. 522"

은행은 추심지시서가 접수되었다고 하여 이를 취급할 의무가 자동적으로 부과되는 것은 아니며, 접수된 추심을 취급하지 않기로 한 경우에는 전신 등의 신속한 방법으로 지체없이 통보하여야 한다.

2) 용어의 정의(제2조)

① 추심 : 은행이 지급 또는 인수받거나 서류를 지급인도 또는 인수인도하거나 기타의 조건으로 서류를 인도하는 목적으로 접수된 지시에 따라 서류를 취급하는 것을 말한다.

② 금융서류 : 환어음, 약속어음, 수표, 영수증 또는 금전의 지급을 받기 위하여 사용되는 기타 이와 유사한 증서 등을 말한다.

③ 상업서류 : 송장, 운송서류, 권리서류 등 금융서류 이외의 서류일체를 말한다.

3) 추심당사자(제3조)

지급인(drawee)인 수입상은 추심지시서에 따라 제시를 받는 자로서 당사자가 아니며, 당사자간의 거래절차에 대해서는 제1권 제2장 제6절을 참고하기 바란다.

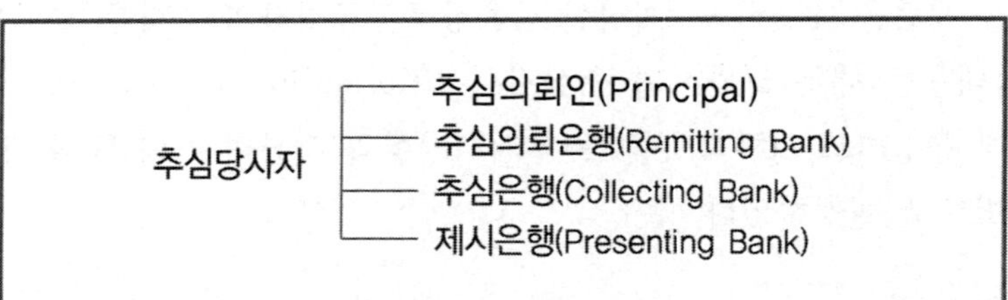

나. 추심의 형식 및 구성(제4조)

① 추심서류에는 'URC 522'가 적용됨을 명시한 추심지시서가 첨부되어야 하고 지시내용은 완전하고 정확하여야 한다.

② 추심지시서에 기재되어야 할 내용은

- 추심의뢰은행, 추심의뢰인, 지급인, 제시은행의 명세
- 추심금액 및 통화, 서류목록, 지급/인수조건
- 추심수수료 또는 이자에 관한 사항
- 지급방법과 지급통지의 형식
- 지급/인수거절 및 불일치의 경우에 대한 지시 등이다.

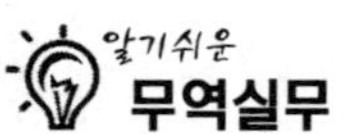

③ 환어음상에 지급장소와 주소를 명기하여야 하며, 주소 불일치로 인하여 발생되는 문제에 대해 추심은행은 면책된다.

다. 제시의 형식

1) 제시(Presentation)(제5조)

① “제시”란 제시은행이 지시받은 대로 지급인이 서류를 취득할 수 있도록 하는 절차이며 서류는 접수된 원형대로 지급인에게 제시하여야 하며, 추심지시서에 지급인이 행위를 취해야 하는 기간을 명시하여야 한다.

② first, prompt, immediately 또는 이와 유사한 표현은 사용 금지되며, 추심의뢰은행이 제시은행을 지정하지 아니한 경우에는 추심은행이 임의로 지정・이용할 수 있다.

2) 일람출급/인수(제6조)

일람불인 경우 지체 없이 지급을 위한 제시를 하여야 하고, 기한부의 경우 지체없이 인수를 위한 제시를 하여야 한다.

3) 상업서류의 인도(제7조)

① D/P서류에 장래의 확정일출급조건의 환어음(D/P Usance)을 포함해서는 안되며, 이를 D/P로 취급함에 따른 문제에 대해 추심은행은 면책된다.

② 추심지시서에는 D/A인지 D/P인지를 명시하여야 하며, 명기되지 않은 경우 D/P로 간주한다.

4) 서류의 작성(제8조)

추심의뢰은행이 추심은행 또는 지급인에게 추심에 포함되어 있지 않은 서류의 작성을 지시하는 경우 당해 은행이 서류의 형식과 문언을 정하여야 한다.

라. 의무 및 책임

1) 은행의 성실행동 및 주의의무(제9조)

은행은 신의 성실에 따라 행동하고 상당한 주의를 다하여야 한다.

2) 서류 대 물품/서비스/이행(제10조)

① 은행 앞 물품을 직송해서는 안되며 만약 직송된 경우 은행은 모든 위험에 대하여 면책된다.

② 은행은 추심과 관련된 물품의 보관 및 보험에 관하여 조치의무가 없으며, 은행이 조치를 취한 경우라도 상품의 보전결과 등에 대하여 은행은 면책된다. 은행의 물품보전조치에 따른 수수료 및 비용 부담자는 추심을 송부한 당사자가 된다.

3) 지시받은 당사자의 행위에 대한 면책(제11조)

추심의뢰인의 지시를 이행하기 위하여 다른 은행을 이용하는 경우 모든 책임 및 비용을 추심의뢰인이 부담한다.

4) 은행의 면책(제12조. 제15조)

① 은행은 접수된 서류가 외관상 추심지시서에 기재된 대로 있는가를 확인하여야 하고, 다를 경우 전신 등의 신속한 수단으로 추심의뢰은행에 통지하여야 한다. 이때 추심의뢰 은행은 접수된 서류의 종류와 통수에 다툴 수 없고 은행은 기재내용 확인 이외의 추가적 심사의무 없다.

② 은행은 서류의 형식 등 서류 자체에 대하여, 서류상 기재된 물품의 상태에 대하여, 서류의 작성 및 발행자에 대하여도 면책된다.

③ 은행이 행하는 통보, 서신 또는 서류의 송달지연이나 전문용어의 번역, 해석상 오류에 대해 은행은 면책되며, 접수된 지시의 정확성을 기하기 위해 발생되는 지연에 대해서도 면책된다.

④ 천재, 전쟁 등으로 은행이 통제불가능한 경우 또는 파업, 직장폐쇄 등의 업무중단으로 인한 결과에 대해 면책된다.

마. 지급

1) 지연 없는 지급(제16조)

추심금액은 추심지시서의 조건에 따라 지체없이 추심의뢰은행에 지급되어야 한다.

2) 자국통화에 의한 지급(제17조)

내국통화가 추심지시서에 명시된 방법으로 즉시 처분가능한 경우 자국통화를 대가로 서류를 지급인에게 인도 가능하다.

3) 외국통화에 의한 지급(제18조)

외국통화로 지급할 수 있는 서류의 경우 외국통화를 대가로 서류를 지급인에게 인도 가능하다.

4) 분할지급(제19조)

① 무화환추심에서의 분할지급은 지급지의 법률에 의해 허용되는 경우에 한하여 인정되며, 금융서류는 전액 지급되었을 때 지급인에게 인도된다.

② 화환추심에서의 분할지급은 추심지시서상 별도의 명시가 없는 한 추심대금 전액을 지급받은 경우에만 서류인도가 가능하다. 여기에서 제시은행은 서류인도의 지연에 대해 면책된다.

바. 수수료 및 비용

1) 이자(제20조)

① 추심지시서에 이자가 추심되어야 함을 명시하고 있는 경우 지급인이 거절하는 경우 제시은행은 이자를 추심하지 않고 서류를 인도할 수 있다.

② 추심지시서에는 이자율, 이자지급기간과 계산근거를 명시하여야 한다.

③ 추심지시서에 이자가 포기될 수 없음이 명시되고 지급인이 지급을 거절하면 제시은행은 서류를 인도하지 아니하며, 이 경우 추심의뢰은행 앞 전신 등 신속한 수단으로 통지하여야 한다.

2) 수수료 및 비용(제21조)

① 지급인이 수수료 또는 비용부담을 거절하는 경우로서 추심의뢰서에 이를 포기하여서는 아니된다는 기재가 없는 한 수수료 등의 추심 없이 서류인도가 가능하다.

② 추심지시서에 수수료 등은 포기될 수 없다고 명시되고 지급인이 이의 지급을 거절하는 경우 제시은행은 지급인에게 서류를 인도하지 않으며, 동 사실을 전신 등 신속한 방법으로 추심지시서 송부은행 앞 통지하여야 한다.

③ 추심은행은 추심과 관련하여 발생되는 제비용을 추심의뢰은행으로부터 즉시 회수할 권리를 가지며, 추심의뢰은행은 추심의 결과에 관계없이 추심과 관련한 제비용을 의뢰인으로부터 상환받을 권리가 있다.

④ 추심의뢰은행에게 추심과 관련된 제비용의 선지급을 요구할 권리가 있으며 그 지급을 받을 때까지 지시이행을 중지할 권리가 있다.

사. 기타규정

1) 인수(제22조)

제시은행은 환어음의 인수형식이 외견상 완전하고 정확한가를 조사할 책임이 있으나, 서명의 진실성이나 서명인의 권한에 대해서는 면책된다.

2) 약속어음 및 기타증서(제23조)

제시은행은 약속어음 등에 있는 서명의 진실성이나 서명의 권한에 대해서는 면책된다.

3) 거절증서(제24조)

추심지시서에 거절증서(Protest)에 관한 지시를 명시하여야 하며 이러한 명시가 없는 경우 거절증서 작성의무는 없다.

4) 예비지급인(제25조)

의뢰인을 대리하는 예비지급인(case of need)을 지정하는 경우에는 추심지시서에 그 권한을 명시하여야 하며, 이러한 지시가 없는 경우 은행은 예비지급인의 지시에 응하지 아니한다.

5) 추심결과의 통지(제26조)

① 추심결과 통지서에는 추심지시서 번호 및 기타 적절한 명세와 통지방법이 표기되어야 하며, 통지방법에 대한 지시가 없는 경우 추심은행이 선택한 방법으로 추심의뢰은행의 부담으로 통지한다.

② 지급/인수통지서는 지체 없이 추심의뢰은행 앞 송부하여야 하며, 지급/인수거절된 추심서류는 거절사실 통지 후 60일 이내에 추후 취급지시를 받지 못한 경우 추심의뢰은행에게 반송할 수 있다.

본장에서는 제4장 수출절차에서 설명한 물품을 생산하여 선박에 선적하기 전 세관 보세구역에 물품을 반입하고 수출신고절차를 밟는 수출통관절차와, 그 반대인 수입절차에서 설명한 대로 외국물품이 국내 항구에 도착하여 보세구역에 입고되고 수입신고 절차를 밟고 해당 관세를 납부한 뒤 보세구역에서 물품을 반출하는 일련의 수입통관절차를 설명하려고 한다.

12-1 수출입통관의 의의

수출입통관(customs clearance)이란 자구해석에 따르면 '세관을 통과하는 것'을 의미한다. 화물의 국가간 이동은 나라마다 여러 가지 규제를 가하고 있는 것이며 이러한 규제는 세관이라는 관문을 통하여 실현하고 있다. 우리나라도 국제수지의 균형과 국민경제의 발전을 위하여 대외무역법 등 각종 법령에 무역에 관한 규제사항을 두고 있으며 이러한 규제 내용을 실제로 확인, 집행하는 제도가 통관제도이다.

이러한 통관에 대한 관세법상의 의미는 화물의 이동경로에 따라 수입통관, 수출통관 및 반송통관으로 구분된다.

수입통관은 물품이 외국에서 국내로 이동하는 경우, 수출통관은 국내에서 외국으로 이동하는 경우의 통관을 의미하고, 반송통관은 외국물품이 국내로 이동하였으나 수입통관하지 않고 물품 그대로 다시 외국으로 이동하는 경우의 통관을 말한다.

통관이 화물의 이동, 즉 수출입에 관한 국가의 규제사항을 서류 및 현품과 대조 확인하는 것이라면, 통관절차란 이러한 확인절차를 의미한다.

통관절차는 여러 단계로 이루어진다. 즉, 광의의 통관절차는 보세구역 등에 물품을 장치한 후 수출입신고를 하고 수출입신고수리를 받아 물품을 반출하는 절차를 말하고, 협의의 통관절차는 이 중에서 수출입신고에서 수출입신고수리까지의 절차만을 의미한다.

국내에서는 1991년 12월 '무역업무 자동화 촉진에 관한 법률'이 제정되어 세관업무도 전자자료교환(Electronic Data Interchange; EDI)에 의한 통관업무가 1993년 8월 27일 수출부문에서부터 가동되기 시작하였고, 수입통관업무는 1996년 7월부터 EDI수입통관시스템(UNIPASS)이 개통되어 시행되고 있다.

12-2 수출통관

수출하고자 하는 물품을 수출자의 제조공장 또는 제품창고 등 세관검사를 받고자 하는 장소에 장치한 후 세관에 수출신고를 하고 수출신고수리를 받아 물품을 외국무역선(기)에 선적하기까지의 일련의 절차를 수출통관절차라 하며, 현행 수출통관절차는 수출신고자가 서류 없이 EDI로 신고내용을 세관에 송부하면 세관에서 컴퓨터상의 신고화면을 확인하고 신고수리를 신고자에게 전산통보해 주는 EDI수출통관제도를 실시하고 있다.

▌도 2-14▌ 수출통관 절차도

1 수출신고

수출하고자 하는 자는 당해 물품을 선박 또는 항공기에 선(기)적하기 전까지 당해 물품이 장치된 물품소재지를 관할하는 세관장에게 수출신고를 하고 수리를 받아야 한다.

수출신고는 수출물품의 소유자(화주 또는 완제품 공급자)나 수출입통관을 전문으로 하는 국가공인 자격인(관세사, 통관취급법인 또는 관세사법인)이 할 수 있으나 대부분 관세사에게 위탁하여 처리하고 있다.

수출신고는 원칙적으로 Paperless신고로 하며 전자문서로 작성된 신고자료를 통관시스템에 전송하여야 한다(서류제출 생략).

그러나 서류신고를 하여야 하는 경우는 ① 관세법 제226조의 규정에 의하여 세관장의 확인대상물품, ② 수출자가 재수입시 관세 등의 감면, 환급 또는 사후관리 등을 위하여 세관검사를 요청하는 물품, ③ 위약으로 인한 재수출물품 및 수입 시 재수출조건 이행 물품인 경우에는 신고자료를 통관시스템에 전송한 후 수출신고서 및 해당 구비서류를 세관장에게 제출하여야 한다(서류제출).

2 세관심사 및 물품검사

수출신고된 물품에 대한 신고서의 처리방법은 ① 자동 수리, ② 즉시 수리, ③ 검사 후 수리로 구분한다. 자동수리대상은 ㉮ 서류제출 대상에 해당하지 않은 경우, ㉯ 수출신고금액이 수출물품제조 미화 1만불 이내인 경우, ㉰ 통관시스템에서 검사대상물품으로 선별되지 아니하는 경우이며 통관시스템에서 자동 수리된다. 즉시 수리대상은 수출신고 시 자동수리대상에서 제외된 물품 중 검사가 생략되는 물품으로 심사 후 즉시 수리된다. 검사대상은 수출시 현품의 확인이 필요한 경우와 우범물품으로 선별된 물품 중 세관장이 검사가 필요하다고 판단한 물품에 대하여 수출물품을 실제로 검사 후 수리된다.

수출신고물품에 대한 검사는 생략한다. 다만 신고의 내용을 심사한 결과 현품을 확인할 필요가 있는 경우에는 현품검사를 할 수 있다.

3 수출신고수리 및 선적

세관장은 서류제출로 신고된 건에 대하여 수출신고를 수리한 때에는 수출신고 수리인과 신고서 처리담당자의 인장을 날인한 수출신고필증을 신고인에게 교부한다.

관세사 등 신고인은 Paperless 신고를 하여 신고수리된 물품에 대하여 세관장으로부터 신고수리된 사실을 전산으로 통보받아 통보된 내용과 일치하는 수출신고필증을 발행하여 당해 물품의 수출신고를 의뢰한 화주에게 교부할 수 있다.

수출신고필증을 교부받은 내국물품은 외국물품으로 간주되며, 수출신고가 수리된 날로부터 30일 이내에 우리나라와 외국간을 왕래하는 운송수단에 적재하여야 한다.

수출물품을 선적한 후 선사 또는 포워더는 수출신고가 수리된 날로부터 30일 이내에 선적 적하목록(manifest)에 수출신고번호를 기재하여 EDI방식으로 세관에 신고하여야 한다.

▮예시 2-4▮

수 출 신 고 서 (보관용)

※ 처리기간 : 1일

① 신고자상호 ______ 제출번호

② 수출자상호 ______ 부 호

③ 제조자주소 ______

상호 ______ 성 명 ______

통관고유번호 ______ 사업자등록번호 ______

④ 구매자상호 ______ 부 호

⑤ 환급신청인 수출자 / 제조자

⑥ 환급기관 부호

⑦ 신고번호	⑧ 신고일자	⑨ 신고구분	⑩ 검사구분

⑪ 거래구분 ⑫ 종류 ⑬ 결제방법

⑭ 목적국 ⑮ 적재항

⑯ 운송형태 ⑰ 제조완료일 (검사희망일)

⑱ 물품소재지

⑲ L/C번호

⑳ 사후관리은행 ㉑ 조사란

㉓ 품 명 · 규 격	㉒ 관 세 사 실 적	
	㉔ 세 번 부 호	
	㉕ 제 품 코 드	
	㉖ 신고가격(FOB)	
	㉗ 순 중 량	
	㉘ 수 량	
	㉙ 포장갯수/종류	
	세 번 부 호	
	제 품 코 드	
	신고가격(FOB)	
	순 중 량	
	수 량	
	포장갯수/종류	

㉚ 총란수( )란	㉛ 총중량	단위	㉜ 총포장갯수	㉝ 총신고가격(FOB)	₩ / $

관련서류	서류명	번 호	발급일자
	㊲ 수출승인서		
	㊳ 수출추천서		
	㊴ 검 사 증		
	㊵ 검 역 증		

㉞ 결 제 금 액

㉟ 운 임 (₩) ㊱ 보험료(₩)

67 세관기재란

보세운송 ㊶ 운송신고인

㊷ 기간 / / 부터 / / 까지

68 신고수리일자(/ /)

12-3 수입통관

외국으로부터 도착한 물품을 본선에서 양륙하여 보세구역에 반입하여 장치한 후 세관에 수입신고한다. 세관에서는 수입신고한 물품과 동일한 것인지 서류심사와 물품검사를 거쳐 확인하고 수입화주에게 수입신고필증을 발급한다. 수입신고수리를 받은 물품은 외국 물품에서 내국물품이 되어 보세구역에서 그 물품을 반출할 수 있다. 수입상은 수입물품을 인수한 후 신고수리 후 15일 이내에 관세 등을 납부하게 되며 이러한 일련의 절차를 수입통관이라 한다.

▌도 2-15▌ 수입통관 절차도

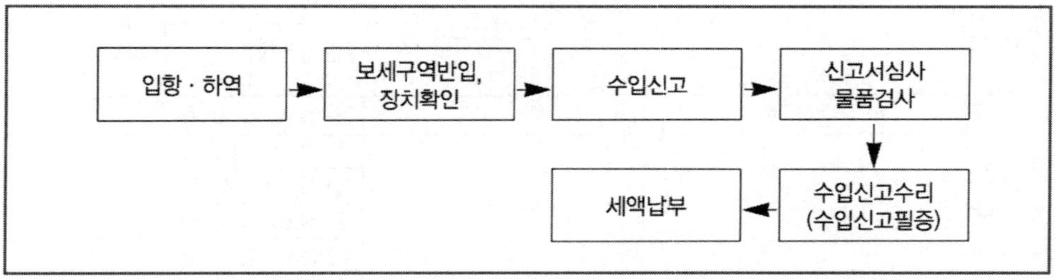

입항 · 하역 → 보세구역반입, 장치확인 → 수입신고 → 신고서심사 물품검사 → 수입신고수리 (수입신고필증) → 세액납부

1 보세구역반입

선(기)상 신고물품을 제외하고는 외국으로부터 도착한 물품은 보세구역(또는 타소장치장)에 반입하고 장치확인을 받아야 한다.

보세라 함은 수출입신고수리 미필상태를 의미하며, 보세제도는 크게 보세구역제도와 보세운송제도의 두 가지 종류로 구분할 수 있다. 보세구역이란 보세화물을 장치, 가공, 건설, 전시 또는 판매하는 구역을 말하며, 보세운송이란 동적 보세제도로서 보세화물을 국내의 보세구역간에 이동하는 것을 말한다.

보세구역은 지정보세구역과 특허보세구역으로 구분하고, 지정보세구역은 지정장치장 및 세관검사장으로, 특허보세구역은 보세장치장, 보세창고, 보세공장, 보세전시장,

보세판매장 및 보세건설장으로 구분한다.

보세구역과 유사한 제도로서 자유무역지역, 자유항, 관세자유지역 등과 같은 자유지역이 있다. 보세구역과 자유지역은 외국물품이 보세상태로 그 역내에 반입될 수 있다는 점에서는 같으나, 보세구역은 보세구역 내에 장치되는 화물이 세관의 엄격한 통제하에 있으며, 수출용 보세공장과 같이 보세화물의 가공수출인 경우 이외에 수출입통관으로 한 물품의 장치, 외국물품의 건설, 전시, 판매 등 그 목적이 다양한 점이 있는데 대하여, 자유 지역은 비관세지역으로서 관세법의 적용이 원칙적으로 배제되고 세관의 통제는 외곽관리와 물품의 역외로의 반출만을 감시하는 데 그치며 역내에는 원재료뿐만 아니라 시설재도 외국물품상태로 반입되며, 그 설치목적은 주로 수출물품의 가공이나 중계무역상품의 장치 등에 있다는 점에서 서로 상이하다고 볼 수 있다.

보세운송은 세관장에게 보세운송신고로 외국물품을 개항, 보세구역, 보세구역 외 허가된 장소, 세관관서, 통관역, 통관장, 통관우체국간에 한하여 외국물품을 그대로 운송하는 것을 말하며, 보세운송기간은 해상화물인 경우 15일, 항공화물인 경우 7일 이내이다.

2 수입신고

수입신고는 수입통관업무 중에서 가장 중요한 절차로서 관할 세관장에게 외국물품을 수입하겠다는 의사를 표시하는 것으로 수입신고를 함으로서 적용법령 및 과세물건의 납세의무자가 확정된다. 수입신고의 방법에는 출항 전 신고, 입항 전 신고, 보세구역 도착전 신고와 보세구역 장치 후 신고 등 네 가지 유형이 있으며, 필요에 따라 신고방법을 선택할 수 있다.

수입신고는 선하증권 1건에 대하여 수입신고서 1건으로 신고하며, 화주 · 관세사 · 통관 법인의 명의로 신고할 수 있으나 대부분의 경우 관세사 명의로 수입신고되고 있다. 여기서 화주라 함은 수입신고서상의 수입자, 수입대행의 경우는 수입위탁자를 말한다.

수입신고는 통관하고자 하는 물품을 지정장치장, 보세장치장(또는 타소장치장)에 반입한 날(허가일)로부터 30일 이내에 이루어져야 한다. 수입신고의 효력은 관세청 사서함으로 전송된 신고자료가 통관시스템에 접수되어 접수 결과를 신고인에게 통보한 시점에 발생한다.

수입신고시 제출서류는 다음과 같다.

① 수입신고서

② 수입승인서(수입승인 물품에 한함)

③ 송품장

④ 가격신고서

⑤ 선하증권 부본 또는 항공화물운송장 부본

⑥ 포장명세서, 원산지증명서

3 신고서의 심사

통관시스템에 접수된 신고서는 즉시수리, 심사대상, 물품검사 등으로 그 처리방법이 결정된다. 세관장 확인물품 등 심사가 필요한 물품은 심사대상으로 분류되며 필요한 경우 현품을 확인한다. 신고서의 심사 시 세관장은 필요한 경우 수입승인서의 기재내용을 정정할 수 있으며 법규정을 위반한 경우 통관을 보류할 수 있다.

4 수입물품검사

수입신고를 접수한 세관은 수입신고 서류의 서면심사 후 관세청장이 정하는 수입물품에 대해 물품검사를 한다. 그 목적은 수입물품의 규격과 수량을 확인하고 수입승인사항과 현품을 대조하는 동시에 그 물품의 HS를 확인하여 세율을 결정하고 밀수품이 수입되는 것을 막는 데 있다.

검사장소는 지정장치장이나 세관검사장에서 실시하는 것이 원칙이고 세관장의 허가를 받아 지정 보세구역 이외의 장소에서도 실시할 수 있다.

검사의 시기와 범위는 다음과 같다.

① 검사의 시기 : 원칙적으로 수입신고 후 실시한다. 그러나 긴급을 요하는 경우 수입 신고 전에 검사할 수 있다.

② 검사범위 : 발췌검사를 원칙으로 하나 불성실업체가 수입신고한 물품, 종량세 대상 물품, 변질 또는 손상된 물품, 기타 발췌검사가 곤란하다고 세관장이 인정한 물품에 대해서는 전량검사를 실시한다.

물품검사는 2인 이상이 실시하며, 수입신고인은 물품검사의 입회를 신청할 수 있다.

5 수입신고수리

수입신고서는 즉시 수리되거나 심사 후 또는 검사 후 수리된다. 신고수리는 적하목록이 제출된 이후라야 한다. 다만, 관세를 납부하여야 할 물품에 대하여는 관세에 상당하는 담보가 제공된 경우에 수입신고를 수리한다. 세관장은 수입신고를 수리한 때에는 수입신고 수리인을 날인한 신고필증을 교부한다. 수입화주는 수입신고필증을 교부받은 후 수입화물을 반출할 수 있다.

6 관세납부

수입화주는 수입물품에 대한 관세의 납세의무자가 되며 세관은 신고납부 또는 부과고지로서 관세를 징수한다. 신고납부란 화주의 신고로서 관세를 납부할 수 있는 물품으로서, 이는 통관시스템에 수입신고수리를 등록하는 때에 징수가 결정된 것으로 본다.

부과고지란 관세법상 부과고지 대상물품 등에 대하여 세관장이 관세 등을 직접 부과하여 징수하는 방법이다. 납세의무자는 수입신고수리일 또는 납세고지를 받은 날로부터 15일 이내에 당해 세액을 납부하여야 한다.

관세의 세율은 관세율표에 의거하고 있다. 이 관세율표는 HS에 의한 품목분류를 사용하고 있으며, 세율적용의 우선은 1순위가 덤핑, 보복, 긴급, 상계관세이고, 2순위는 국제협력관세, 농수산물 양허관세, 3순위는 조정, 계절 할당관세, 4순위는 잠정관세, 5순위는 기본관세 순이다.

과세표준은 세액결정의 표준이 되는 과세물건의 가격 또는 수량을 말한다. 이에 따라 물품의 가격을 기준으로 하는 관세를 종가세, 물품의 양을 기준으로 하는 관세를 종량세, 위의 종가세와 종량세 중 유리한 쪽을 택하는 관세를 혼합세라고 부른다.

또한 가격에 의할 때에는 수출항에서부터 수입항에 도착할 때까지 정상적으로 소요되는 화물운임, 보험료 및 기타 비용이 포함된 가격을 기준으로 하고 있다.

7 수입물품 수령

수입통관절차를 완료한 수입업자는 발행은행으로부터 선적서류 도착통지를 받고 대금을 결제한 후 선하증권 원본을 영수한다. 선하증권 원본을 운송회사에 제시한 후 운송회사로부터 화물인도지시서(Delivery Order; D/O)를 발급받아 이를 창고관리인에게 제시하고 물품을 영수하게 된다(예시 2-5).

▌예시 2-5▐

수입신고필증

① 신고자 ____________
② 수입자 ____________
③ 납세의무자 ____________ 통관고유부호
주소 ____________
상호 ____________ 사업자등록번호
성명 ____________
④ 무역대리점 ____________
⑤ 공급자 ____________

⑥ 세관-과	⑦ 신고번호	⑧ 통관계획	⑨ 신고구분
⑩ 신고일	⑪ 거래구분	⑫ 종류	⑬ 결제방법
⑭ 입항일	⑮ 국내도착항	⑯ 선기명 국적	
⑰ 운송형태	⑱ 적출국	⑲ B/L(AWB)번호	
⑳ 화물관리번호	㉑ 반입일	㉒ 관세사기재	
㉓ 검사(반입)장소	㉔ 징수형태	㉕ 예비란	

㉖ 품명 · 규격	㉗ 세번부호 ㉘ 과세가격(CIF)		㉙ 세종	㉚ 세율	㉛ 감면율	㉜ 세액	㉝ 감면, 분납 유예부호
			관	( )			
	₩			( )			※내국세세종
	$						
	㉞ 순중량	단위					
	㉟ 수량	단위	부				
	㊱ 원산국-표시유무-방법-형태				㊲ C/S검사구분	㊳ 검사방법변경	㊴ 예비란
			관	( )			
	₩			( )			
	$						※내국세세종
	㉞ 순중량	단위					
	㉟ 수량	단위	부				
	㊱ 원산국-표시유무-방법-형태				㊲ C/S검사구분	㊳ 검사방법변경	㊴ 예비란

㊵ 결재금액(인도조건-통화종류-금액)	㊶ 환율	㊷ 운임	㊸ 보험료	㊹ 가산금액	㊺ 공제금액

㊼ 총중량 | 단위 | ㊼ 포장갯수 종류		(56) 관 세	㊻ 과세가격합계매란 ₩ $
㊾ 포장기호 · 번호		(57) 특 소 세	(66) 타법령에 의한 구비요건 타법령명 :
		(58) 교 통 세	
		(59) 주 세	
첨부서류	(50)	(60) 교 육 세	(67) 세관기재란
	(51)	(60) 농 특 세	
	(52)	(62)	
	(53)	(63) 부 가 세	
	(54)	(64) 신고지연가산세	
	(55)	(65) 계	(68) 신고수리인자(/ /)

수입신고필증의 진위여부는 관세청 통관시스템에 조회하여 확인하시기 바랍니다.
본수입신고필증은 세관에서 형식적 요건만을 심사한 것이므로 신고내용이 사실과 다른 때에는 신고인 또는 수입화주가 책임을 져야 합니다.

13-1 무역클레임 개요

무역계약이 성립되면 계약내용과 매매당사자의 계약이행의무가 결정된다. 매매당사자의 계약이행의무는 기본계약상에 명시적인 약정이 없는 한 기본계약에서 채택한 정형거래조건에 따라 결정된다.

무역계약을 이행함에 있어서 당사자간의 고의나 과실, 불가항력으로 인하여 계약조건대로 품질, 수량의 물품이 수입자에게 인도되지 못할 경우 손해를 입은 당사자가 그 상대방에 대해 손해배상을 요구하면 무역클레임(claim)이 된다.

무역클레임에 대한 보상은 계약조건 불이행 등으로 손해를 초래한 무역당사자간에 이루어지는 것이 일반적이지만 운송계약에 관하여는 운송회사, 보험계약에 관하여는 보험회사, 신용장의 발행 및 화환어음의 결제에 관하여는 외국환은행, 창고계약에 관하여는 창고회사 등과의 사이에 클레임이 발생하여 제3자에게 배상요구가 발생될 수 있다. 또한 공업소유권에 관하여는 제3자인 특허권자, 상표권자 등으로부터 클레임을 제기당하는 수도 있으며, 이러한 여러 가지 클레임은 서로 관련성을 가지고 있는 경우가 많다. 왜냐하면 하나의 무역거래를 수행하는 데에는 운송, 보험, 은행, 창고 등과의 사이에 복잡한 절차가 존재하며, 이러한 절차에 있어서 각 당사자 사이의 관계는 연쇄관계를 형성하고 있기 때문이다.

운송회사나 보험회사에 대한 클레임은 각각의 운송약관이나 보험약관에 따라 보상을 받을 수 있으며 보편화된 국제판례나 관습이 있어 쉽게 처리되는 경우가 많으나, 수출자에게 책임이 있는 무역클레임은 쉽게 해결되지 않는 경우가 많다.

계약 체결 후 계약 당사자의 과실에 의하지 않고 계약을 이행할 수 없게 되거나, 이행이 요구되어지는 상황이 계약 시 예상하였던 것과 완전히 달라져 더 이상 계약을 이행할 가치가 없어진 경우 계약의 이행불능(frustration of contract)이라고 하며, 이러한 사태가 발생하면 계약 당사자는 향후 계약이행의무가 면제되고 계약이 해지된다.

개별 거래시 계약의 이행불능이 성립되는 요건은 계약대상물이 파괴되거나, 전쟁의 발발과 수출입의 금지 등 위법, 사정의 근본적인 변화, 수출입승인과 수입할당 등 네 가지로 설명할 수 있으나 무역거래 시 그 구체적인 성립여부에 대하여는 논란의 소지가 있으므로 수출입 본계약(포괄계약 또는 개별계약의 이면약정)에 불가항력조항(force majeure clause)을 두어 이에 대비하여야 한다.

13-2 무역클레임의 해결

무역클레임(claim)이 발생하여 이를 해결하여야 하는 경우 향후 지속적인 거래를 위해서는 당사자간의 자주적인 합의에 따라 해결하는 것이 좋다.

그리고 불가피하게 제3자에게 그 해결을 부탁하는 경우에도 알선이나 조정과 같은 방법을 따르는 것이 좋다.

그런 불가피한 경우 이러한 청구권을 법정에 소송을 제기하여 확정판결을 받아 행사하게 되면 시간과 비용이 많이 소요되기 때문에 극히 비경제적이다. 따라서 이 경우 최소한 중재(arbitration)에 의하여 해결하는 것이 바람직하다.

1 당사자간의 해결방법

당사자간의 해결방법이라 함은 제3자의 개입 없이 당사자간의 직접적인 교섭만으로 클레임을 해결하는 방법이다. 모든 무역클레임은 당사자간에 해결하는 것이 가장 바람직스럽다. 왜냐 하면, 당사자는 클레임의 내용을 잘 알고 있을 뿐만 아니라 클레임의 발생환경, 원인 및 상황 등을 다른 사람보다 쉽게 조사할 수 있기 때문이다. 당사자간의 해결방법으로는 청구권의 포기, 화해 등이 있다.

가. 청구권의 포기

피해자가 상대방에게 청구권을 행사하지 않는 경우로서 상대방이 사전 또는 즉각적인 손해배상 제의를 통해 해결되는 경우에 이루어진다. 청구권의 포기는 분쟁해결을 위한 가장 바람직한 방법으로 향후 양 당사자 간에 지속적이고 안정적인 거래를 보장받을 수 있다.

나. 화해

당사자간의 자주적인 교섭과 양보로 분쟁을 해결하는 가장 좋은 방법으로서 당사자가 직접적인 협의를 통하여 상호평등의 원칙하에 납득할 수 있는 타협점을 찾는 것이다.

화해는 당사자가 서로 양보할 것, 분쟁을 종결할 것, 그 뜻을 약정할 것 등 세 가지 요건을 필요로 한다.

2 제3자에 의한 해결방법

당사자간의 주장이 대립될 때 제3자가 개입하여 분쟁을 해결하는 방법으로서 대한상사 중재원의 중재인에 의한 알선, 조정 및 중재와 법원의 소송 등이 있다.

가. 알선

알선(intermediation)이란 공정한 제3기관(중재원)이 당사자의 일방 또는 쌍방의 요청에 따라 분쟁이 해결될 수 있도록 조언하는 것으로, 중재원이 당사자에게 강한 영향을 미침으로써 분쟁을 해결하는 방법이다. 알선은 법적 강제력이 없으며 당사자는 제3자의 알선에 응하지 않고 거부할 수 있다.

나. 조정

조정(conciliation)이란 양 당사자가 공정한 제3자(중재원)를 조정인으로 선임하고 조정인이 제시하는 해결방안(조정안)에 서로 합의함으로써 분쟁을 해결하는 방법이다. 조정안은 구속력이 없으며 당사자의 한 쪽이 거부하면 조정은 이루어지지 않는다.

다. 중재

중재(arbitration)란 당사자간의 합의(중재계약)로 실정에 맞는 중재인을 선임하여 그 분쟁을 중재인에게 맡겨 중재인의 판단에 양 당사자가 절대 복종함으로써 해결하는 방법이다.

중재는 소송과 비교하여 자유합의에 의한 분쟁해결, 평화적 분위기, 신속성(단심제), 절차의 간결 및 비공개, 중재인의 전문성, 비용이 저렴한 경제성, 중재판정의 국제적 효력 인정 등의 장점이 있다. 즉, 당사자간에는 확정판결과 동일한 효력을 미치며 외국에서도 그 집행을 보장해 준다.

무역거래에서 계약이행 과정 중 상사간 분쟁이 야기되는 경우를 대비하여 소송에 들어 가기 전에 일단 중재에 의해 분쟁을 해결한다는 약관을 삽입해 두면 분쟁해결이 보다 용이하다. 이는 무역분쟁의 해결을 중재에 의한다는 중재조항을 계약서에 약정해 두지 않거나 나중에 중재에 의해 해결할 것을 합의하지 못하면 이를 이용할 수 없기 때문이다. 한편 중재조항의 약정 시에는 중재기관, 중재장소 및 준거법 등을 삽입시키고 확인하는 것이 대단히 중요하다.

대한상사중재원(The Korean Commercial Arbitration Board)에서 권장하고 있는 표준중재조항은 다음과 같다.

"Arbitration : All disputes, controversies, or differences which may arise between the parties, out of or in relation to or in connection with this contract, or for the breach thereof, shall be finally settled by arbitration in

Seoul, Korea in accordance with the Commercial Arbitration Rules of the Korean Commercial Arbitration Board and under the Laws of Korea. The award rendered by the arbitrator(s) shall be final and binding upon both parties concerned."

라. 소송

소송(litigation)은 재판에 의한 분쟁해결의 최종 수단이다. 국제상거래에서 발생하는 분쟁을 해결하는 국제재판소가 없으므로 분쟁이 발생할 경우는 자기 나라의 법원이나 상대국의 법원에 소송을 제기하여야 한다. 자국의 법원에서 판결이 확정되어 그 판결을 집행할 때 상대방의 재산이 국내에서 있으면 집행할 수 있지만 없을 경우에는 상대국가에서 한국 내에서의 판결의 집행을 요구하여야 하나 사법협정이 체결되지 않은 경우는 그 나라의 법원에 소송을 제기하여 집행의 인정을 판결받아야 한다.

제3부

무역서류

학습목표

제3부에서는 수출입거래에서 다루게 되는 각종 서류에 대한 종류와 이론적 배경을 이해하게 된다. 각각의 서류의 의의와 종류에는 어떠한 것들이 있으며, 서류의 내용에 대한 이해와 서류 심사시 유의사항에 이르기까지 종합적으로 이해함으로써 수출입실무 처리능력을 향상시켜야 할 것이다.

첫째, 국제무역거래에서 서류가 갖는 의미와 중요성에 대해 알아보고 그 종류를 살펴본다.

둘째, 상업서류에는 운송서류, 상업송장, 보험서류, 기타 부속서류가 있음을 알고, 그 각각을 이해한다.

셋째, 대금결제에 이용되는 금융서류중 수출입거래에서 가장 많이 활용되고 있는 환어음에 대하여 이해한다.

14-1 서류의 개요

1 서류의 의의 및 중요성

신용장거래는 추상성의 원칙에 따른 서류상의 거래이므로 신용장 발행은행은 수익자가 매입은행을 통하여 제시한 서류가 신용장 조건과 일치할 경우에는 대금의 지급을 거절할 수 없게 된다. 또한 매입은행은 매입된 환어음이 은행에 의해 지급거절 또는 인수거절을 당하면 어음발행인 또는 서류 작성자인 수익자에 대해 상환청구권을 갖고 있으므로 어음채권 담보로서 서류가 중요한 의의를 갖고 있다.

따라서 신용장 업무 중 가장 중요한 것이 바로 적격한 서류의 구비이며, 신용장통일규칙은 서류(document)와 관련하여 각종 서류의 요건 및 은행의 수리여부 결정기준을 명문 규정으로 밝히고 있다.

위와 같은 서류에 대하여 통상 '선적서류(shipping documents)'라고 부르고 있으나, 좁은 의미로는 선화증권 등 운송관계서류(transport document)를 지칭하므로 서류 중의 일부분에 지나지 않으나 은행 또는 무역업계에서는 넓은 의미의 선적서류, 즉 서류의 의미로서 사용되어지고 있다. 또한 '추심에 관한 통일규칙'에 의하면 추심대상 서류로서 상업서류와 금융서류 모두를 서류라고 정의하고 있다.

2 서류의 종류

신용장과 관련한 상업서류는 크게 나누어 기본서류와 부속서류로 구분된다.

기본서류란 화환신용장이라면 어느 신용장에서나 공통적으로 제출을 요구하고 있는 서류로서 운송서류(transport document), 상업송장(commercial invoice) 및 보험서류(insurance document)를 가리킨다.

부속서류란 상기 서류 외에 영사송장(consular invoice), 세관송장(customs invoice), 원산지 증명서(certificate of origin), 포장명세서(packing list), 검사증명서(certificate of inspection) 등이 이에 해당되며, 그 서류의 명칭과 통수, 조건 등을 기재하고 있는 경우에 한하여 구비하면 된다. 그러나 일단 신용장상에 언급되어 있는 한 어느 서류나 그 중요성은 마찬가지이므로 수출상은 요구하고 있는 서류의 준비에 최선을 다하여야 한다.

기본서류 또는 신용장상에서 요구되는 기타 부속서류 외에 거래에 따라, 또는 품목에 따라서 이상 언급한 서류들 외에도 얼마든지 있을 수 있다.

수입상의 의사에 따라 신용장상에 요구되는 기타 부속서류들은 모두 은행의 매입(negotiation)에 필요한 서류의 일부가 되는 것이다.

▌서류의 종류▐

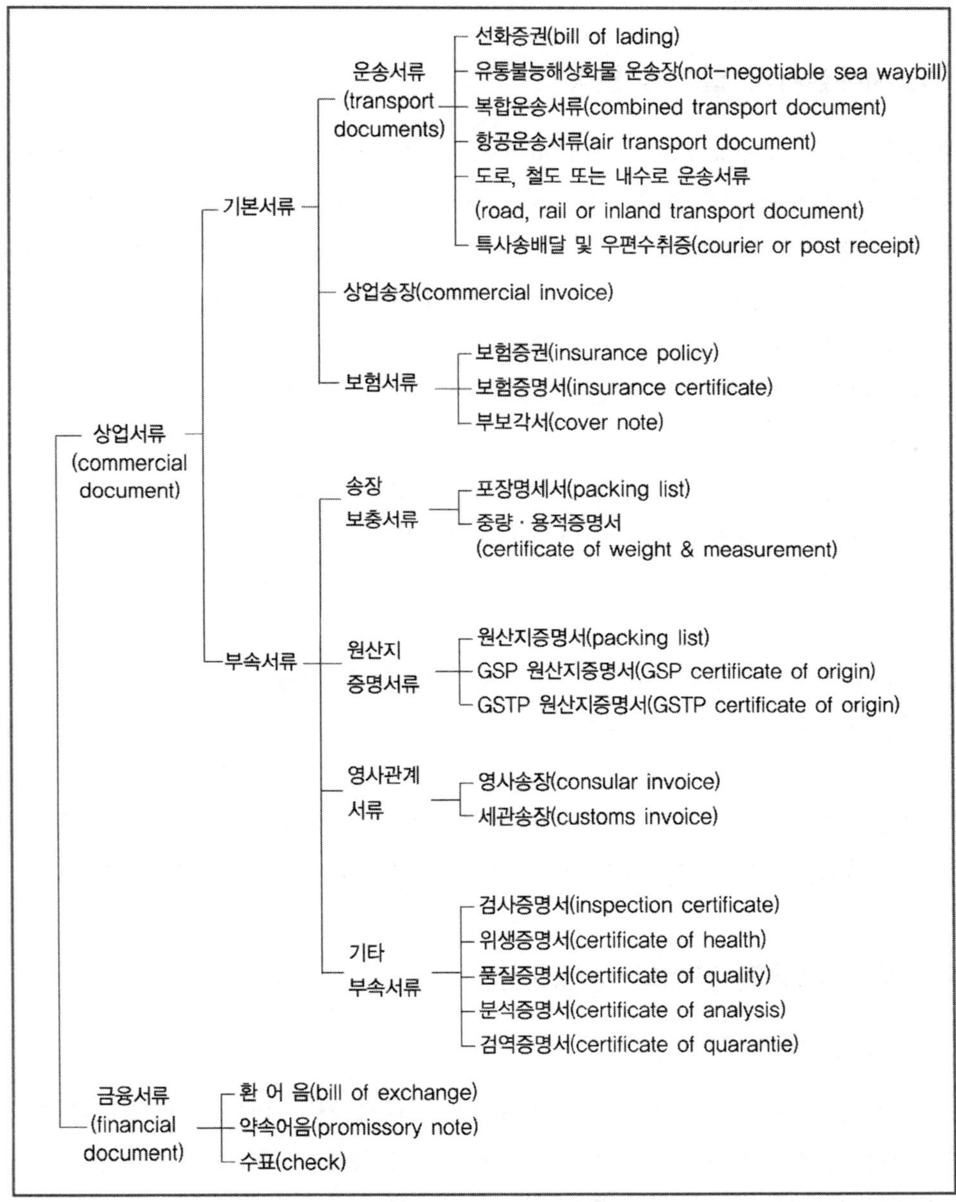
상업서류
(commercial
document)
기본서류
운송서류
(transport
documents)
선화증권(bill of lading)
유통불능해상화물 운송장(not-negotiable sea waybill)
복합운송서류(combined transport document)
항공운송서류(air transport document)
도로, 철도 또는 내수로 운송서류
(road, rail or inland transport document)
특사송배달 및 우편수취증(courier or post receipt)
상업송장(commercial invoice)
보험서류
보험증권(insurance policy)
보험증명서(insurance certificate)
부보각서(cover note)
부속서류
송장
보충서류
포장명세서(packing list)
중량 · 용적증명서
(certificate of weight & measurement)
원산지
증명서류
원산지증명서(packing list)
GSP 원산지증명서(GSP certificate of origin)
GSTP 원산지증명서(GSTP certificate of origin)
영사관계
서류
영사송장(consular invoice)
세관송장(customs invoice)
기타
부속서류
검사증명서(inspection certificate)
위생증명서(certificate of health)
품질증명서(certificate of quality)
분석증명서(certificate of analysis)
검역증명서(certificate of quarantie)
금융서류
(financial
document)
환 어 음(bill of exchange)
약속어음(promissory note)
수표(check)

3 서류의 심사

가. 서류심사의 일반적 원칙

신용장거래는 상품(goods), 용역(service) 또는 기타의 의무이행(performance)과 관계가 없는 서류에 의한 거래이며(신용장통일규칙 제5조), 신용장거래에 관계하는 은행은 서류가 신용장조건과 일치하는가를 상당한 주의를 가지고(with reasonable care) 심사하여야 하고, 서류상호간의 일치성을 심사하여야 한다(동 규칙 제14조).

서류 상호간의 불일치는 신용장의 조건을 충족하지 못한 하자로 간주되므로, 신용장에서 요구하지 않더라도 무역관습상 기재되는 것은 반드시 상호일치하는가를 확인하여야 한다.

또한 서류의 심사는 서류의 문면(on the face of documents)에 의하여 신용장의 조건과 일치하는가를 확인하여야 하며(동 규칙 제14조), 은행은 어떠한 서류이든지 다음에 대하여는 책임과 의무를 부담하지 아니한다(동 규칙 제34조).

① 서류의 형식, 충분성, 정확성, 진정성, 위조 또는 법률상 효력
② 서류에 표시되어 있는 상품의 명세, 수량, 중량, 품질, 상태, 포장, 인도, 가액(價額) 또는 실재여부(實在與否)
③ 상품의 송화인, 운송인, 보험자 또는 기타 어떠한 자의 성실성, 작위(作爲), 부작위(不作爲), 지급능력, 이행성(履行性) 또는 신용상태 등

나. 제시 서류의 명세와 수리조건

① 서류의 명세

신용장거래는 수차 언급한 대로 상품거래가 아니고 서류거래이므로 어떠한 서류를 제공하여야 할 것인가 하는 문제는 이 거래의 중심문제가 되는 것이다. 이와 같이 신용장거래에 있어서 서류가 매우 중요한 점으로 미루어 보아 신용장에 서류가 구체적이면서 정확하게 명시되지 않으면 안 된다.

따라서, 발행의뢰인은 신용장발행을 위한 모든 지시나 경우에 따라서는 신용장조건변경을 위한 모든 지시에 지급·인수 또는 매입을 위하여 제출되어야 할 서류를

구체적으로 정확하게 명시하지 않으면 안 된다. 만일 서류에 대한 지시가 불완전하고 불명확했을 때에는 통지은행 등의 피지시은행(被指示銀行) 등이 통일규칙 제9조의 선택권에 의거하여 신용장을 아무런 책임을 지지 않고 단순한 정보로서 수익자에게 예고할 수 있다. 그 결과 발행의뢰인 내지는 지시은행의 의도와는 달리 정식의 신용장이 안 되거나 경우에 따라서는 조건변경이 안 될 가능성이 있다.

② 서류발행자에 대한 불명확한 등급용어의 제한

신용장의 지시 중에 예를 들면 'a first class shipping company'가 발행한 운송서류, 'a well-known insurance company'의 보험증권 또는 'a qualified inspector'에 의한 검사증과 같은 서류발행자의 등급을 나타내는 것과 같은 표현이 간혹 엿보인다. 이와 같은 'first class'(일류의)·'well-known'(유명한)·'qualified'(자격이 있는)·'independent'(독립적인)·'official'(공식적인) 또는 이와 유사한 용어는 수익자를 제외한, 해당서류를 발행하는 모든 당사자가 서류 발행자가 될 수 있으므로 가급적 제한한다.

따라서, 만약 서류의 발행자를 한정하고자 할 때에는 구체적으로 운송업자·보험자 또는 검사관련의 회사명 내지는 기관을 지시해야 한다.

③ 원본으로서의 수리조건

운송서류와 같은 서류는 사진복사, 자동 또는 컴퓨터 시스템, 복사지에 의해 작성된 경우, 서류 자체에 "original(원본)"의 표시와 함께 "signature(서명)"가 있어야 원본으로 은행이 수리함을 유의해야 한다. 또한 서류를 "duplicate", "two copies"와 같이 요구할 때는 한 통은 원본, 나머지는 사본을 제출하면 충족되는 것으로 해석한다. 따라서 원본 2통 및 사본 한 통을 요구할 때는 "two originals and one copy"와 같이 표기하는 것이 좋다. 개정규칙에서는 "triplicate", "quadruplicate", "quintuplicate"와 같이 표시한다고 해서 모두 원본을 의미하는 것이 아니다.

14-2 운송서류

1 개요

오늘날 국제 무역거래에서 상품의 수출입에 이용되는 운송수단이 날로 다양해짐에 따라 운송에 필수적인 운송서류 또한 다양하게 요구되고 있다. 제4차 개정 신용장 통일규칙이 개정될 때, 선적서류(shipping documents)가 운송서류(transport documents)로 그 명칭이 바뀌면서 은행이 수리하는 운송서류의 범위가 보다 더 확대되고 있다.

서류 중에서도 가장 중추적 역할을 하고 있는 운송서류는 운송수단에 따라 해상운송서류, 항공운송서류와 육상운송서류 그리고 이들 두 가지 이상의 운송방법이 결합되어 이루어지는 복합운송서류와 특사송배달 또는 우편발송서류로 구분할 수 있다. 해상운송서류에는 해상 선화증권과 유통불능 해상화물 운송장으로 세분할 수 있으며, 항공운송서류는 항공화물 운송장과 항공화물 수탁서로 구분한다. 그리고 육상운송서류에는 운송방법에 따라 도로운송의 경우 트럭화물상환증, 철도운송시 철도화물수탁서, 내수로운송서류로 구분되어진다.

금번 제6차 개정규칙에서 수리 가능한 운송서류는 종전보다 다양해졌고, 특히 어떠한 운송서류든지 그 명칭에 관계없이(however named) 신용장에서 정한 요건들이 충족되면 수리한다는 점을 알아야 한다.

그 명칭이 어떠하든 당해 운송서류는 운송인 또는 그 자격으로 발행하였는가, 그리고 그 운송인의 서명이 있거나 인증되었는가가 매우 중요하므로 은행 및 수출입 당사자들은 이 점에 특히 유념해야 할 것이다. 오늘날 전자문서교환에 의한 운송서류가 급증함에 따라, 때로는 위조한 운송서류를 이용하여 대금결제나 화물수령이 가능하므로 신용장당사자들은 그 진위성 여부를 철저히 확인해야 할 것이다.

▌운송서류의 종류▐

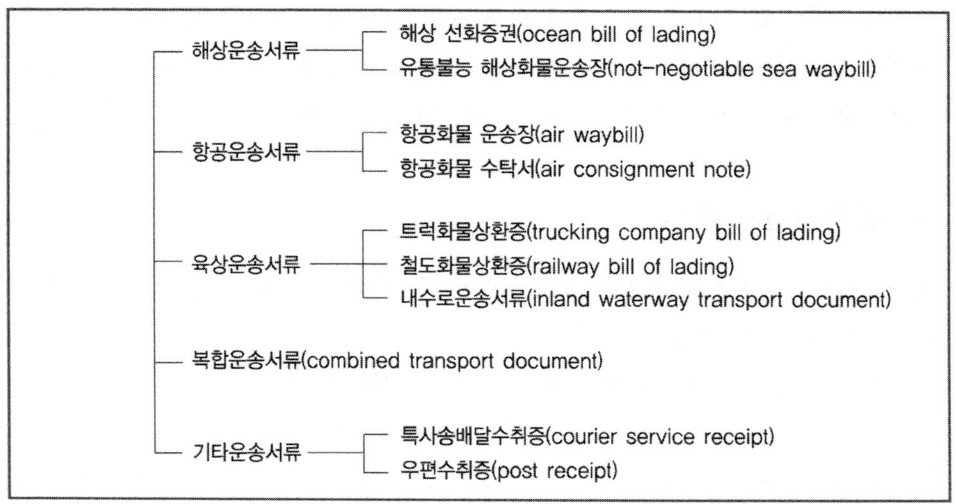

2 선화증권(船貨證券)[7)]

가. 선화증권의 의의

선화증권(bill of lading; B/L)이란 화주와 선박회사간의 해상운송 계약에 의하여 선박회사가 발행하는 유가증권이다. 다시 말하면 선주가 자기 선박에 화주로부터 의뢰받은 운송화물을 적재 또는 적재를 위해 그 화물을 영수(receipt of cargo)하였음을 증명하고 동 화물을 도착항에서 일정한 조건하에 수화인 또는 그 지시인에게 인도할 것을 약정한 유가증권(document of title)이며, 운송계약의 증거(evidence of carriage contract)서류이다.

B/L은 B/L상에 기재된 화물의 권리를 대체한 것으로서 B/L의 이전은 바로 화물에 대한 권리의 이전을 의미하므로, 화물을 처분할 시에는 반드시 관련 B/L을 갖고 있어야만 한다. 오늘날 국제무역에 있어서 대차결제 수단의 국제적 관례는 통상 화환어음(documentary bill)이며, B/L은 동 환어음을 취결하는 데 상업송장 및 해상 보험증권과 함께 그 기본이 되는 서류이다.

7) 선하증권(船荷證券)은 일본식 표기로서 우리나라 상법이나 상당수의 학술서적에도 아직까지 그대로 사용되고 있으나, 여기에서는 한국식 표기로서 선화증권(船貨證券)으로 사용한다.

선화증권은 송화인(shipper)이 화물을 본선에 선적하여 선장으로부터 본선수취증(M/R ; mate's receipt)을 발급받아 이를 운임과 함께 선박회사에 제출하면 선화증권을 발행받게 된다. 그러나 운임이 도착지불(freight collect)인 경우에는 운임 없이도 선화증권이 발행되며, 화물이 본선에 선적되지 않아도 수취 선화증권이 발급될 수 있다.

나. 선화증권의 특성

선화증권은 육상운송의 화물상환증보다 널리 쓰이며 해상운송에 있어 필수불가결한 것으로, 다음과 같은 특성이 있다.

① 요인성 : 운송계약에 의해 선박회사가 운송화물을 수취, 선적하였다는 전제하에 선화증권을 발급하기 때문에 요인증권이다.

② 요식성 : 선박의 명칭, 국적, 톤수, 운송화물의 종류와 개수, 기호 등을 기재하고 발행자가 기명, 날인하는 법정의 형식을 요하는 요식증권이다.

③ 유통성 : 선화증권은 화물을 대표하는 유가증권으로서, 증권의 발행인이 배서금지를 기재하지 않는 한 배서 또는 인도에 의해 소유권이 이전될 수 있다.

④ 대표성 : 선화증권은 운송화물을 대표하는 대표증권이며, 소지인이 선박회사에 화물의 인도를 청구할 수 있는 채권증권이다.

다. 선화증권의 기재사항

선화증권의 기재사항은 법정기재사항과 임의기재사항으로 나눌 수 있다.

① 법정기재사항

상법 제853조에 규정된 법정기재사항은 대체로 선화증권 표면란에 기재되고 발행시마다 내용이 달라지는 가변적인 사항으로서 다음과 같은 것이 있다.

㉠ 물품의 명세(description of commodity)

㉡ 화인(shipping mark)

㉢ 선박명, 선박의 국적 및 톤수(name of the ship, nationality and tonnage)

㉣ 선장명(name of the master of vessel)

㉤ 송화인의 성명(name of the shipper)

㉥ 수화인의 성명(name of the consignee)

ⓢ 선적항(port of shipment)
ⓞ 양륙항(port of discharge)
ⓙ 운임(freight)
ⓒ B/L의 발행일자 및 장소(place and date of B/L issue)
ⓚ 발행통수(number of B/L issue) 등

② 임의기재사항

임의기재사항은 선주의 책임면제에 관한 것이 대부분이며, 이를 면책약관이라 한다. 면책약관은 보통 선화증권의 표면약관이나 이면약관 중에 명백히 표시되어 있는데 이러한 면책약관을 일반약관(general clause)이라 하며, 이 외의 선화증권의 여백에 기입되거나 고무인으로 기입되는 것을 특별약관(special clause)이라 한다. 임의기재사항의 주요 항목에는 본선 항해번호(voyage No.), 통지처(notify party), 운임지급지, 선화증권번호 및 면책조항 등이다.

이 중 면책조항은 읽기 힘들 정도의 작은 글씨로 기재되어 있으나 임의기재사항 중 가장 중요한 내용이다.

라. 선화증권의 종류

선화증권은 분류방법에 의해 여러 가지 종류로 구분할 수 있으나 실무상 필요한 것을 보면 다음과 같다.

① 선적 선화증권(shipped B/L)

화물이 실제로 선적된 후에 발행되는 증권으로 증권면에 "shipped" 또는"shipped on board" 등의 문구가 표시되며, 모든 선화증권은 선적 선화증권으로 발행되어야 하는 것이 원칙이다.

② 수취 선화증권(received B/L)과 본선적재선화증권(on board B/L)

수취 선화증권은 운송인이 선적을 약속한 화물을 화주가 지정된 창고에 입고시킨 후 화주가 요구할 경우 선적 전에 발행되는 증권으로, 예정된 선박에 선적이 안되는 경우가 있기 때문에 L/C에 "received B/L acceptable"에 상응하는 문구가 없으면 은행에서 매입을 거절할 수 있다. received B/L의 형태로는 화물이 선박회사에 인도되어 있고 지정된 선박은 입항해 있으나 아직 화물이 본선에 적재되지 않은 때 발행되는 port B/L(항구 선화증권)과 화물은 선박회사에 인도되어 있으나 지정된 선박이 아직 항구에 도착하지 않았을 때 발행되는 custudy B/L(기탁 선화증권) 등이 있다. 당해 화물이 본선에 적재될 경우 본선적재 부기(on board notation)함으로써 비로소 본선적재 선화증권(on board B/L)이 된다.

본선적재 부기의 요건은 본선적재의 뜻과 본선적재일자가 있어야 하며, 동 기재 예를 보면 아래와 같다.

i) Loaded on board, dated XXXX.

ii) We certify that the goods were loaded on board the vessel named herein at the port specified in the bill of lading on or before the date of shipment dated XXXX.

③ 무고장 선화증권(clean B/L), 고장부 선화증권(foul or dirty B/L)

화물 선적 당시에 화물의 포장상태 및 수량에 어떠한 손상 또는 과부족이 있으면 운송인은 그 내용을 증권상에 표기하는데, 화물의 손상 및 과부족이 없이 발행되는 증권과 손상 및 과부족이 있을지라도 그 내용이 기재되지 않은 증권을 clean B/L이라 하며, 그 내용이 기재되는 증권을 foul B/L 또는 dirty B/L이라 한다.

고장부 선화증권은 은행에서 수리되지 않으므로 이 경우 수출상, 즉 송화인은 선박회사에 파손화물보상장(letter of indemnity)을 제공하고 무고장 선화증권을 교부받을 수 있다.

④ 기명식 선화증권(straight B/L), 지시식 선화증권(order B/L)

증권의 "Consignee"난에 수입자의 성명 또는 상호가 확실히 명기되어 있는 증권이 straight B/L인데, 발행인이 배서금지의 문구를 기재하지 않으면 배서에 의해서 양도할 수 있다.

그리고 Consignee난에 "To Order", "Order of A" 등의 문구가 기재된 증권을 order B/L 이라 하며 백지배서로 양도가 가능하다. 무역거래에서 일반적으로 이용되는 B/L은 order B/L이며, 기명식 B/L은 상호계산(open account)에 의한 매매나 위탁판

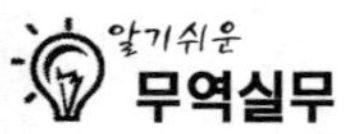

매의 상품수송시에 한해서 이용되는 수가 있다.

▌선화증권의 종류▌

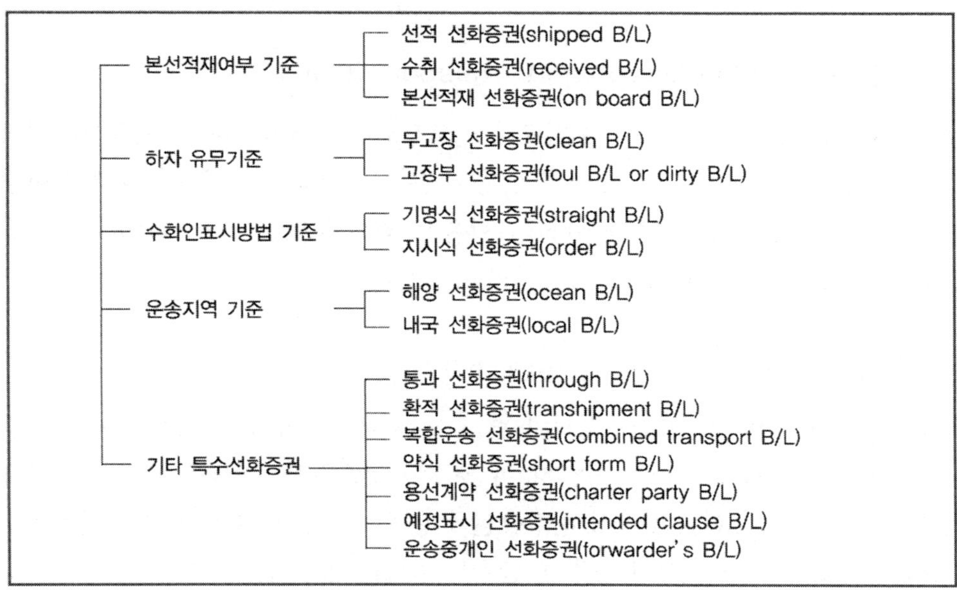

⑤ 해양 선화증권(ocean B/L)과 내국 선화증권(local B/L)

ocean B/L은 국외 해상운송에 있어서 발행되는 B/L이고, local B/L은 국내해상운송에서 국내항 상호간의 운송물품에 대해서 발행되는 B/L이다.

해양 선화증권과 일반적으로 함께 쓰여지고 있는 해상 선화증권(marine B/L)은 운송수단이 항공 또는 육상이 아닌 선박에 의한 운송의 경우에 발행되는 B/L이므로 약간의 차이는 있다.

⑥ 통과 선화증권(through B/L)

해상과 육상을 교대로 이용하여 운송하거나 둘 이상의 해상운송인과 육상운송인이 결합하여 운송할 경우, 최초의 운송인이 전구간의 운송에 대하여 책임을 지고 발행하는 운송증권으로 통상 통과운송계약에 의해서만 행해진다. 수출상소재지와 선적항이 격지일 경우 철도화물운송과 선박수배 등이 번거로울 경우 이용될 수 있으나 복합운송제도가 발달함에 따라 복합운송서류로 대체되고 있다.

⑦ 환적 선화증권(transhipment B/L)

화물의 운송 도중 중도에서 다른 선박에 환적하여 목적지까지 운송하는 경우 발행되며 각 구간마다 운송인이 연서하여 공동으로 운송책임을 진다.

⑧ 복합운송 선화증권(combined transport B/L)

수출국의 화물인수장소로부터 수입국의 인도장소까지 육상, 해상, 항공 중 적어도 두 가지 이상의 다른 운송방법에 의해 일관 수송되는 경우에 발행되는 운송증권이다. 이는 주로 컨테이너화물에 사용된다. 복합운송 선화증권을 multimodal transport B/L 또는 intermodal transport B/L이라고도 한다.

⑨ 약식(간이) 선화증권(short form B/L)

short form B/L은 선화증권으로서의 필요기재사항을 갖추고 있지만 보통 선화증권(Standard long form B/L)의 이면약관이 생략된 것으로서, 미국을 위시한 여러나라에서 널리 사용되고 있다. 이 약식 선화증권에 관하여 어떤 분쟁이 생기면 일반적으로 Standard long form B/L상의 화주와 선주의 권리와 의무에 따르게 된다. 약식 선화증권은 신용장상 금지하지 않는 한 수리가능하나 운송조건의 일부 또는 전부가 B/L 자체 이외의 자료 또는 서류에 근거하고 있다는 문구가 표시되어야 한다.

⑩ 용선계약 선화증권(charter party B/L)

용선계약에 의한 B/L은 개품운송계약에 의한 B/L과는 달리 선주와 용선자 사이의 계약관계에 영향을 받으므로 일반 B/L과 같이 완전하지는 못하다. 용선자가 용선료를 체불하여 선주가 유치권 행사를 할 수도 있으며, 이들간에 체결한 특정 계약관계를 B/L 소지인이 알지 못하므로 선의의 피해자가 생길 수도 있다. 따라서 용선계약의 내용이 화주에게는 불리하게 작용되기 때문에 4차 개정규칙에서는 신용장에서 별도의 명시가 없으면 수리 거절하였으나, 5차 개정시부터는 신용장에서 허용하거나 요구한 경우 용선계약에 따른다는 표시가 있고 선장 또는 그 대리인이나 선주 또는 그 대리인이 발행하고 본선적재부기가 된 경우에는 수리 가능하게 되었다.

용선계약에는 정기용선계약(time charter)과 항해용선계약(voyage charter)이 있다. time charter는 선박의 일부 또는 전부를 일정기간(6개월 ~ 1년)을 정하여 용선하는 것이며, voyage charter는 어느 특정항에서 다른 특정항까지 화물운송을 의뢰하고자 하는 용선자와 운항업자간에 체결되는 운송계약을 의미한다. 통상 B/L상에"as per charter party" 또는 "all other conditions and exceptions as per charter party"라고 기재되어 있다.

⑪ 예정표시 선화증권(intended clause B/L)

선박, 선적항 또는 양륙항은 B/L의 발급시에 확정되어야 하는 것이나 B/L 발급시에 이들이 확정되지 않고 "intended(예정)" 또는 이와 유사한 조건을 표시하는 경우가 있다. 그러나 선박 또는 선적항과 관련하여 "intended" 등과 같은 표시가 있더라도 본선적재부기(on board notation)가 있고 실제 선적항이 표시되어 있는 경우와 양륙항과 관련하여 "intended" 등의 표시가 되어 있는 경우의 선화증권은 수리한다.

⑫ 운송중개인 선화증권(forwarder's B/L)

forwarder's B/L이란 운송중개인이 발행한 B/L을 말하며, 운송중개인(forwarder, forwarding agent)이란 선박회사와 송화인간에 개재하여 서비스를 제공하는 자를 말한다.

운송중개인은 운송에 직접적인 관계가 있는 것이 아니라 다만 서비스만 제공할 뿐이고 운송중개업을 하는 데 많은 자금이 필요하지 않으며 송화인이 제공하는 운임을 가지고 선복(shipping space)을 획득하는 데 불과하므로, 사후 운송에 관하여 손해배상의 문제가 발생하는 경우 배상을 원만히 받을 수 없는 경우가 많고 여러 송화인으로부터 물품을 집화하여 다시 운송인에게 선적을 의뢰하게 되므로 선적이 지연될 가능성이 있어 송화인에게 불리하므로 4차 개정규칙에서는 forwarder's B/L을 신용장에서 별도의 명시가 없는 한 수리거절하였으나, 5차 개정시부터는 운송중개인이 운송인 또는 복합운송인과 각각 그의 대리인으로서 행동한다는 표시가 있고 본선적재되었을 경우에는 수리 가능하게 되었다.

⑬ 기타 특수한 선화증권

㉠ 제3자 선화증권(third party B/L)

선화증권상의 선적인(shipper)이 신용장의 수익자 이외의 제3자(third party)로 기재되어 있는 선화증권을 제3자 선화증권, 즉 third party B/L이라 한다.

선적인은 통상 신용장의 수익자가 되는 것이 보통이다. 그러나, 근래에 수출통관을 전문으로 하는 회사가 생겨 통관서비스뿐만 아니라 B/L도 발급받으므로 자연 이들이 선적인이 된다. 따라서 신용장거래의 제3자인 통관사가 B/L의 shipper란에 기재된다. 또한 중계무역에 있어 중계사실을 은폐하기 위하여 신용장에서 제3자를 선적인으로 기재토록 요구하는 경우가 있다.
예를 들면 "B/L must show shipper as ABC company" 등이 그것이다. 그러나 신용장상에 이러한 third party B/L을 요구하는 사항이 없더라도 선적인을 수출자 이외의 제3자로 표시할 수 있으며 이를 수리할 수 있다.

㉡ 부지약관 선화증권(unknown clause B/L)

부지약관(不知約款)은 운송인이 선적된 화물의 내용을 알지 못한다는(不知) 문구를 말한다. 컨테이너 운송의 특이성을 고려한 것으로 재래식의 개품운송인 경우에는 원칙적으로 선박회사가 화물의 내용, 중량 및 상태를 점검하고 그 내용에 대하여 책임을 져야 하나, container 또는 pallet 등의 단위(unit) 화물은 송화인이 봉인하였으므로 운송회사는 그 내용물에 대하여는 전적으로 송화인의 진술에 의존할 수밖에 없다. 따라서 선박회사는 부지약관, 즉 "shipper's load and count", "said by shipper to contain", "shipper's weight and measurement", "said to contain"의 문구를 선화증권상에 기재하여 화물에 대하여 운송인의 진술에 의할 뿐 실제로 아는 바 없음을 밝히고 아무런 책임을 지지 않겠다는 것이다.

㉢ 집단 선화증권(groupage B/L)

집단 선화증권은 운송할 화물이 소량화물, 즉 LCL Cargo(Less than container load cargo)로 한 컨테이너 분이 안되어 만재되지 않을 경우 화물운송회사가 같은 목적지로 가는 화물을 모아서 하나의 그룹으로 선적해 보낼 때 선박회사가 발행하는 B/L을 말한다. 따라서 이 B/L의 선적인은 화물을 주선한 운송중개인(forwarding agent)으로, 실제 선적인이 개개의 화주들에게는 house B/L이라는 일종의 선적증명서(certificate of shipping)를 발급해 준다.

㉣ 갑판선적 선화증권(on deck shipment B/L)

해상운송이나 해상운송을 포함한 2가지 이상의 운송방식에 의한 경우 신용장에서 특별히 허용되지 않는 한, 물품이 갑판에 적재되었거나 적재될 것이라는 표시가 있는 운송서류는 수리거절한다. 이는 해상운송에 있어서 화물을 갑판에 적재하는 것은 화물의 멸실 또는 손상의 위험이 크기 때문이다.

그러나 신용장에서 화물이 갑판에 적재되었거나 적재될 것이라는 특별한 명시가 없는 경우에는 다음과 같이 화물이 갑판에 적재되어 운송될 수 있다는 유보문언을 포함하고 있는 운송서류는 수리가 가능하다.

"The Carrier has the right to carry the goods in Container(s) under deck or on deck."

이러한 유보약관은 현실적으로 또는 앞으로 갑판적재를 하겠다는 것이 아니라 불가피한 경우에 하겠다는 것으로, 컨테이너 운송 등 운송수단의 발달로 화물의 손상 위험이 상대적으로 감소하여 유보약관을 허용하게 된 것이다.

ⓜ 선택 선화증권(optional B/L)

수화인(consignee)이 도착항을 지정할 권한이 부여된 B/L로서, 수입지의 도착항에서 물품의 양륙시 화물의 체화의 우려가 있거나 수입자의 시황의 불투명 등에 따라 판매계획이 결정되지 아니하였을 경우 등을 대비하여 신용장발행시에 도착항을 선택할 수 있는 선택권을 명시한 경우에 한한다. 예를 들어 신용장에서 optional B/L(도착항 : San Francisco Option Seattle)을 요구하면 B/L상의 도착항에 "San Francisco Option Seattle"로 기재하여야 한다. 실무상 유의할 점은 도착항의 선택권은 수화인에게 있으며, 따라서 송화인이 도착항을 선택할 수 있는"San Francisco or Seattle"로 해석해서는 안된다는 사실이다.

ⓑ 범선선적 선화증권(B/L Covering shipment by the carrying vessel propelled by sail only)

바람에 의해서만 추진되는 운송선에 의한 운송은 대단히 위험할 뿐만 아니라 항해지연의 위험이 있기 때문에 수리가 인정되지 않는다. 다만, 신용장에서 인정하는 경우에는 수리가 가능하다.

ⓢ 콘테이너 선화증권(container B/L)

선화증권면에 container B/L임을 인쇄로 표시하고 있는 경우도 있고, 상품명세란에 "1 container" 또는 "3 container"로 표시하여 container B/L임을 표시하는 경우도 있다.

이는 화물을 container, pallet(목재나 알루미늄으로 된 용기), igloo 등의 용기에 넣은 후에 선박에 적재하여 양륙항이나 최종 목적지까지 운송하는 단위화물 일관 운송 형태를 취하게 되는데, 주로 복합운송과 결합하게 되나 직송운송의 경우에도 사용되며 통상 CFS나 CY를 통하여 운송된다.

CFS(container freight station)는 선박회사나 그 대리점이 LCL Cargo(less than container load cargo)를 취급하는 특정의 장소를 말하며, LCL cargo란 어떤 회사의 물품이 컨테이너 1개를 모두 쓸 용량이 되지 않아 타사물품이 같이 혼적된 화물을 말한다. 따라서 LCL cargo를 여러 화주로부터 인수하여 목적항별로 선별, 컨테이너에 적재하거나 1개의 컨테이너로부터 반출된 여러 화주의 화물을 각 화주에게 인도하여 주는 서비스를 필요로 하게 되는데, 이를 전문적으로 취급하는 장소를 CFS라고 한다.

한편, CY(container yard)는 FCL cargo(full container load cargo)를 취급하는 컨테이너 집적장소를 말하는데, 1개 회사가 컨테이너를 전부 사용하므로 LCL cargo와 같은 특별한 서비스를 필요치 않는다.

이러한 컨테이너 화물의 운송을 그 운송형태 및 화물의 형태별로 분류하면 ㉠ CFS/CFS(LCL/LCL), ㉡ CFS/CY(LCL/FCL), ㉢ CY/CFS(FCL/LCL), ㉣ CY/CY 등 4가지로 구분되는바, 이 중 컨테이너의 장점을 최대한으로 활용한 운송형태는 CY/CY(FCL/FCL: door to door)이다.

마. 실무상 유의사항

(1) 선화증권의 수리성

① 해상 선화증권(marine bill of lading)

4차 신용장통일규칙 제25조에서는 해상 선화증권(marine bill of lading)의 수리요건으로 발행인을 기재할 것을 명시하고, 용선계약 선화증권(charter party bill of lading) 및 화물운송 주선업자(freight forwarder)가 발행한 선화증권의 수리를 거절하도록 규정하였다.

그러나 5차 및 현행 6차 규칙에서는 해상 선화증권의 수리요건에 발행인은 물론 서명 요건을 추가하고, 용선계약 선화증권 및 화물운송 주선업자가 발행한 선화증권도 원칙적으로 수리하도록 종전과 반대되는 입장을 취하고 있다.

항구간 선적품(port-to-port shipment)에 대해 발행되는 선화증권은 해상운송 중인 상품의 권리를 나타내는 물권적 유가증권이다. 따라서 이 선화증권에는 유통성을 보장할 뿐만 아니라 진정성(authenticity)을 입증하기 위해 발행인뿐만 아니라 서명자의 자격이 기재되어야 한다. 선화증권의 발행은 운송회사를 대표할 수 있는 운송인, 선장 또는 그들의 대리인의 명칭이 명시되고 서명되어야 하며, 발행요건의 구비 여부에 따라 은행은 수리여부를 판단해야 할 것이다.

신용장상 선박회사가 발행한 선적 선화증권을 요구하고 있으나 실제 제시된 서류는 선장이 발급 및 서명했다면 신용장 통일규칙의 취지에 따라 은행은 당연히 수리해야 한다.

본선적재 또는 선적에 있어서 현행 규칙에서도 본선적재나 선적의 표시를 요건으로 하고 있다. 그러나 "예정된 선박(intended vessel)"에 있어서 4차 신용장통일규칙에서는 최종 목적지와 양륙항이 상이한 경우는 수리하고 그 밖에는 거절하였으나, 현행규칙에서는 적재항 및 양륙항과 관련해서 "intended" 또는 이와 유사한 제한이 있는 선화증권을 수리하도록 요건을 개정하였다.

또한 현행 규칙에서는 상품이 실제 적재된 선박명이 표시된 선화증권상에 본선적재의 부기를 통해 지정선박에 적재되었음을 입증하도록 강화하고 있다.

환적에 있어서는 신용장에 환적이 금지되지 않는 한 은행은 전체 해상운송이 단일 및 동일 선화증권으로 이루어지는 경우에는 환적이 된다는 선화증권을 수리한다. 그러나 환적을 금지하는 경우 관련화물이 컨테이너, 트레일러(trailer) 또는 래쉬 바지(LASH barge)[8]에 Barge는 상자형의 부선으로 주로 예인선(tug boat)으로 끌게 된다.

선적되는 한 환적이 될 것이라고 표시하거나 운송인이 환적할 권리를 가진다는 조항이 삽입되어 있는 선화증권은 은행이 수리한다.

8) LASH는 lighter aboard ship의 약어로서 화물을 적재한 부선(lighter) 선박에 그대로 탑재하여 수송하는 방식이다.

② 용선계약 선화증권

한편 용선계약 선화증권은 4차 신용장통일규칙에서는 수리거절하였으나, 현행규칙에서는 신용장상에 요구할 경우 신용장 통일규칙의 요건을 충족시키면 은행은 수리한다고 개정하였다.

용선계약서는 선박의 용선계약시에 작성되고 이후 선적시에 용선계약 선화증권이 발행되므로 양자간에 내용상의 불일치가 있는 경우도 발생하고, 용선료가 체불될 경우 선주의 유치권이 행사되기도 한다. 국제간에 원목, 철강, 유류와 같은 화물은 주로 용선계약에 의해서 이루어진다.

이러한 용선계약은 용선 중개업자를 통해 선주와 용선자가 용선계약을 체결하고 선적이 완료될 때 발행되지만 선주의 권리가 유보되어 있다. 문제는 신용장상 용선계약 선화 증권과 관련해서 용선계약서의 제시를 요구할 때 이와 같은 불일치에 대하여 은행이 어떠한 입장을 취할 것인지에 대한 문제가 대두된다. 이 경우 은행은 용선계약서의 내용까지 심사할 필요는 없는 것이고 다만 은행은 책임을 지지 아니하고 그대로 전달하면 된다.

용선계약 선화증권은 선장이 서명 또는 인증하지만 선택적으로 선주도 서명할 수 있도록 현행규칙에서의 배려가 이루어졌다.

③ 운송중개인 선화증권

운송중개인, 즉 화물운송 주선업자가 발행한 선화증권의 경우 4차 신용장통일규칙에서는 운송인 또는 운송인의 대리인의 자격으로 발행된 것은 수리하고 그 이외의 것은 거절하도록 되어 있다. 그러나 현행 규칙에서는 운송인이나 복합운송인의 명의 및 이들을 대리하는 지정 대리인에 의해서 서명되거나 인증되어야 한다.

화물운송 주선업자는 수출입 화물에 대하여 화주를 위해 운송, 통관, 선적 및 운송에 관련된 업무를 대행해 주고 일정한 보수를 받는다. 은행은 화물운송 주선업자가 발행한 선화증권을 심사함에 있어 운송인이나 복합 운송인과의 대리권 위임을 입증할 만한 증빙서류를 확인하는 것이 바람직하다.

(2) 선화증권에 관한 신용장 조건의 의미

선화증권에 관한 일반적인 신용장조건은 다음과 같이 표시된다.

"Full set of clean on board ocean bills of lading made out to the order of (issuing bank) marked "freight collect (or prepaid)"and notify accountee"

위에 표시된 여러 요건을 자세히 살펴보면 다음과 같다.

① Full set

선화증권은 일반적으로 3부(original, duplicate, triplicate)를 1조로 발행되고 있는데, 이는 운송 도중 사고의 염려가 있으므로 분실 또는 멸실되었을 경우를 대비한 거래의 안전을 기하기 위한 것이다. 발행된 3부는 전부 정식의 선화증권으로서 각각 독립적으로 완전한 효력을 가지며, 그 중 어느 1부가 사용되면 나머지 2부는 무효가 된다. 따라서 신용장 발행 은행측 입장에서 보면 선박회사가 발행한 3부의 선화증권 모두를 제시받지 못하면 담보권이 확보되었다고 볼 수 없으므로 신용장조건으로 Full set를 요구하고 있는 것이다.

그러므로 선화증권상에는 반드시 몇 부의 선화증권을 발행하였는지를 명시하여 몇 부가 Full set인지를 밝히고 있다.

이와 같은 정식의 선화증권 이외 non-negotiable copy라고 하여 양도권이 없는 사본이 발행되는데, 이 사본은 운송회사의 기록용으로 사용되고, 송화인에 의하여 수화인에게 운송되어 통관수속 등의 사무처리에 사용케 하기도 하는데, 이 non-negotiable copy는 그 자체로서는 증권이 아니므로 몇 부를 발행하였는지는 문제가 되지 않는다.

우리는 앞에서 신용장의 구성내용 중 서류발송조건을 2set로 나누어서 등기로 우송하는 방법이 일반적으로 이용되어지고 있음을 배웠다. 선화증권의 Full set로 2부만 발행하여도 충분해 보이나 3부씩 발행되고 있는 것은 요즈음과 같이 항공이나 특사송배달(courier)이 발달하기 이전의 운송수단은 사고가 자주 발생하는 해상선박에 의한 송달방법이 주로 이용되었기 때문에 3부씩 발행하는 관례가 지금까지 계속되고 있는 것이다.

② clean

고장부 선화증권(foul or dirty B/L)이 아닌 무고장 선화증권(clean B/L)의 제시를 요구하고 있는 조건이다. foul B/L은 장차 화물이 양륙지에서 인수될 때 claim의 문제가 발생하므로 매입은행에서 수리가 거절된다.

③ 본선적재 선화증권(on board B/L)

선박회사가 수취 선화증권양식을 이용하여 본선적재의 뜻을 따로 증명하는 경우에 이와 같은 B/L을 본선적재 선화증권이라 한다. 따라서 본선적재 선화증권의 법률적 효력은 선적 선화증권과 동일하다. 본선적재의 뜻을 증명하는 것은 본선적재 부기(on board notation)라 하는데, 그 요건은 본선적재의 뜻과 본선적재 일자가 표시되어야 하며 선적 서류 발행인 또는 그 대리인의 약식 또는 정식 서명은 필수요건은 아니다.

따라서, 신용장에서 요구하는 운송서류가 해상 선화증권일 경우 은행에서 수리할 수 있는 것은 선적 선화증권(shipped B/L)이어야 하며, 수취 선화증권일 경우에는 본선적재를 완료한 후 on board notation을 부기한 본선적재 선화증권(on board B/L)이어야 한다.

④ ocean B/L

해상운송에 사용되는 선화증권은 범선(sailing vessel)에 의한 선적이나 국내 항구간 또는 내륙 수송시에 발행되는 local B/L이 아닌 대양을 항해하는 선박에 의한 선적과 관련하여 발행하는 B/L을 말한다.

⑤ consignee(수화인)

수화인의 기재방식에는 기명식과 지시식이 있는데, 주로 지시식이 많이 사용된다.
신용장조건에 "consigned to ~" 또는 "consignee"라고 기재된 경우에는 기명식 선화증권(straight)으로 수화인이 지정된다. 기명식 선화증권인 경우에는 증권면에 특별한 지시가 없는 한 수화인의 배서에 의하여 양도할 수 있다.

"order of ~"의 경우는 지시식 선화증권(order B/L)으로 수화인은 발행은행 또는 수입상이 된다. "order of shipper and blank endorsed", "to order and blank endorsed" 또는 "to order" 등 선화증권의 수화인란에 특정인을 기재하지

않고 단순 지시식으로 발행되는 경우에는 수출업자가 백지배서(blank endorsement)를 하여 은행에 인도함으로써 운송화물의 소유권은 은행으로 이전되며 은행은 화물의 담보권을 취득하게 된다.

⑥ freight(운임)

가격조건에 따라서 운임의 지급여부가 분명히 표시되어야 한다. 신용장의 가격조건이 CFR, CIF 또는 CIP 등인 경우에는 “freight prepaid”로 명기되며, FCA, FAS 또는 FOB인 경우에는 “freight collect”로 표시하여 운임이 지급 미필임을 명기하여야 한다. “freight prepayable” 또는 “freight to be prepaid”나 이와 유사한 문언은 운임을 지급한 것으로 간주하지 않는다.

⑦ notify party(통지처)

선박회사는 화물이 도착항에 도착하면 통지할 수 있는 상대방을 송화인으로부터 통고 받아 notify party(통지처)로서 선화증권상에 기재한다. 대개의 신용장에서는 “notify accountee”라고 기재되어 신용장 발행의뢰인, 즉 수입상이 통지처가 되거나 경우에 따라서는 수입상이 지정하는 그의 대리인인 통관사 등이 통지처가 될 수도 있다.

(3) 선화증권의 기재사항

〈예시 3-1〉을 보고 앞에서 설명한 법정기재사항과 임의기재사항을 구분하며 이해해 보자.

▌예시 3-1▐ 해상 선화증권

BILL OF LADING

① Shipper
GOLDEN BELL CO LTD
1 CHANGKYO-DONG CHUNG-KU (KO-395)
SEOUL KOREA

⑩ B/L No.
KMTC-BN-12266

KMTC LINE
KOREA MARINE TRANSPORT CO., LTD.

BILL OF LADING

② Consignee
TO ORDER

③ Notify Party
MATSUDA TRADING CO LTD
5-36 1-CHOME ASAHIGAOKA
KASHIWARA-CITY OSAKA JAPAN

④ Pre-carriage by	⑦ Place of Receipt		
	BUSAN CY		
⑤ Ocean Vessel	⑧ Voyage No.	⑪ Flag	⑬ Place of Delivery
BUSAN EXPRESS	333 E	KOREA	NAGOYA CY
⑥ Port of Loading	⑨ Port of Discharge	⑫ Final Destination	
BUSAN, KOREA	NAGOYA, JAPAN		

⑭ Container No. / ⑮ Seal No.; Marks & Nos	⑯ No. of Containers or P'kgs	⑰ Description of Goods	⑱ Gross Weight	⑲ Measurement
KMTU7030849 8373 HYC COMPOUND GRADE : BE-100 NET : 25KGS LOT NO : HAN YANG CHEMICAL CORP. N / M	 1 240 374	"SHIPPER'S LOAD & COUNT" "SAID TO CONTAIN" X20' BAGS & ROLLS 169,000M OF PVC TRANSPARENT FILM 6,000KGS OF PVC COMPOUND AS PER ORDER SHEET NO. 93013 DATED AUGUST 21. 19 *DOCUMENTARY CREDIT NUMBER : 41-2791824-209 "FREIGHT PREPAID"	17,685.00 KGS	20.000CBM

⑳ Total Number of Containers or Packages (in words) SAY : ONE (1) CONTAINER ONLY.

㉑ Freight & Charges	㉒ Revenue Tons	㉓ Rate	㉔ Per	㉕ Prepaid	㉖ Collect
** FREIGHT AS ARRANGED **					

㉗ Freight Prepaid at	㉘ Freight Payable at	㉛ Place of Issue
SEOUL, KOREA		SEOUL, KOREA
㉙ Total Prepaid in	㉚ No. of Original B/L	㉜ Date of Issue
	THREE (3)	SEP. 16, 19

Laden on Board the Vessel
㉝ Date SEP. 16, 19
㉞ By ______

㉟ Korea Marine Transport Co., Ltd.
By ______
for Master

① 송화인(shipper)

송화인, 즉 수출상의 성명 또는 상호를 기재하며 혼동이 예상될 때는 주소를 명기하여 명확히 하는 것이 좋다.

② 수화인(consignee)

신용장상에 'B/L made out to ~' 다음에 표시되는 내용대로 기재되며 보통 신용장발행 신청인 또는 신용장 발행은행이 수하인이 된다. 수하인은 통상 배서에 의한 유통이 가능하도록 지시식으로 요구하며 이 경우 지시된 자(to the order of XXX)의 배서가 이루어져야 한다. 즉, 'to the order'로 표시된 경우 to order of shipper로 해석하며 B/L 배면에 shipper가 배서하고, 수하인이 신용장발행은행이 아니고 신용장 발행신청인이거나 지시식으로 되어 있는 경우에는 반드시 원본(full set)을 제시받아야 한다.

③ 화물도착 통지처(notify party)

대개 신용장상에서 Notify Accountee라 기재되어 신용장 발행신청인 즉 수입업자 또는 수입업자가 지정하는 대리인이 통지처가 된다.

④ 사전운송(pre-carriage by)

화물인수지점에서 선적항까지 운송을 담당한 운송인을 기재한다.

⑤ 선박명(ocean vessel)

화물을 운송하는 해상운송 선박명이 기재된다.

⑥ 선적항(port of loading)

화물을 선적하는 항구명 및 국명이 표시된다. 예) "Busan, Korea"

⑦ 화물수취장소(place of receipt)

송화인으로부터 운송인이 화물을 수취하는 장소로 "Busan CY", "Busan CFS" 등으로 표기된다.

⑧ 항해번호(voyage No.)

송선박의 운송횟수로 선박회사가 임의로 정한 일련번호가 기재되는데, 1항차는 출발항에서는 목적항을 거쳐 출발항에 회항하는 것으로 하며, 수출 수입을 구별하기 위하여 East, West, South, North 등을 표기한다.

⑨ 양륙항(port of discharge)

화물의 양륙항 및 국명이 기재된다.

⑩ 선화증권번호(B/L No.)

선사가 임의로 규정한 표시번호를 기재한다. 통상 선적항과 양륙항의 알파벳 첫 문자를 이용하고 번호는 일련번호로 쓴다. "BO-9001" : Busan-Osaka, "HMBU-9001" : Hamburg-Busan

⑪ 선박등록 국적(flag)

선박의 등록국적을 나타낸다. 해상사고시는 국제적 관례인 기국주의에 의한다.

⑫ 최종목적지(final destination)

화물의 최종목적지를 표시하나 선화증권에 운임이 계상되어 있지 않은 경우는 운송인의 운송운임이 없고 단지 참조사항에 불과하며, 복합운송이 아닌 경우에는 기재되지 않는 경우가 많다.

⑬ 인도장소(place of delivery)

운송인이 책임지고 운송하여 수화인에게 인도하여 주는 장소를 명기한다.

⑭ 컨테이너 번호(container No.)

화물이 적재되는 container No.를 표기한다.

⑮ 컨테이너 봉인번호(seal No.)

container에 적재된 화물에 봉인을 한 seal No.를 표기한다.

⑯ 컨테이너 또는 포장 갯수(No. of containers or Pkgs.)

선적된 상품의 컨테이너 또는 포장의 갯수를 표기한다.

⑰ 물품명세(description of goods)

Packing List 및 Invoice에 기재된 상품의 내용을 열거 기재하며 L/C No.도 통상 표시되어진다.

⑱ 총중량

⑲ 용적(gross weight, measurement)

등록 검량회사에서 검측된 중량 및 용적이 명기되어 Packing List, Invoice와 일치되지 않는 경우 remark를 부기하여야 하고, 화물에 이상이 있으면 송화인에게 훼손화물보상장(Letter of Indemnity; L/I)을 첨부시킨다. 수출입의 경우 Packing List와 B/L이 상이한 경우 통관되지 아니하므로 세심히 작성되어야 한다.

⑳ 컨테이너 총 개수(Total No. of Container or Packages : in words)

상품의 수량 또는 Full Container의 갯수를 영문으로 표시하여 명백히 나타내며, in words의 의미는 선화증권 발행자가 직접 상품을 확인하지 못하고 발행하므로 수량이 틀림없을 것이라는 추측의 의미로 삽입된 단어이다.

㉑ 운임 및 기타비용(Freight and Charges)

상품의 운송에 따른 제반비용의 명세로 Freight, C.A.F, B.A.F, C.F.S, Charge, Warfage 등이 통상 표시되며, Through B/L인 경우는 Inland Charge가 표시된다.

㉒ 운임기준 톤수(Revenue Tons)

중량과 용적 중에서 운임이 높게 계산되는 편을 택하여 표시한다. 즉 총중량과 총용적에 각각의 운임 단가를 곱하여 총중량의 운임이 총용적보다 클 경우는 "K/T"를, 총용적이 클 경우는 "CBM"을 표시한다.

㉓ 운임률(Rate)

Revenue Ton당 운임단가 및 C.F.S Charge, Warfage, B.A.F, C.A.F의 Percent 등이 표시된다. Warfage의 경우 국내에서는 톤 이하 무조건 올림으로 산정하고 있어, 만일 7.001 CBM이라면 8 CBM으로 계산된다.

㉔ 단위기준(Per)

용적당 또는 중량당, Full Container의 경우는 Van당을 표시한다.

㉕, ㉖ 선지급 후불표시(Prepaid Collect)

CIF조건의 수출일 경우는 Prepaid 란에 운임을 계산하여 표시하며, FOB 조건의 수출일 경우는 Collect란에 계산 표시한다. 또한 운임의 지불조건은 'Description of Goods'란에 "Freight Prepaid", "Freight Collect"라고 통상 표시되므로 혼동은 되지 않으나 간혹 기재되지 않는 경우도 있으므로 구별하여 각각의 란에 기재하는 것이 좋다. 또한 복합운송의 경우는 각 구간마다의 운임을 표시하여 계산하는 것이 복합운송을 명백히 표시하는 것으로 구간표시를 하고 구간운임계산을 나타내는 것이 좋다.

㉗, ㉘ 운임 선지급장소(Freight prepaid at, Total Prepaid in)

CIF 수출조건인 경우 운임이 지불되는 장소를 나타낸다. 즉 화물이 부산에서 선적 운송되어도 서울에서 운임이 지불되는 경우는 "Seoul, Korea"라고 기재한다. Freight Prepaid의 경우 운임이 지불되지 않으면 B/L 발행자는 특별한 상거래가 없는 한 B/L을 발행 교부하지 않는다.

㉙ 운임후불장소(Freight Payable at)

FOB 수출조건으로 수화인 부담인 경우 수화인의 운임 지불장소가 기재되며, 운임이 지불되지 않으면 운송인 또는 대리점은 화물인도지시서(Delivery Order: D/O)를 발행 교부하지 않는다.

㉚ B/L발급 통수(No. of Original B/L)

Original B/L의 발행통수를 기재한다. Original B/L은 통상 3통을 한 세트로 발행하는데, 그 숫자에는 제한이 없다. Original B/L에는 "Original", "Duplicate", "Triplicate" 등의 문구가 있고, 은행과의 거래를 위하여 "Negotiable"이라는 문구도 표시된다. Original B/L의 경우는 발행통수에 관계없이 그 한 장이라도 회수되면 나머지는 유가증권으로서의 효력을 상실한다(상법 816조). B/L copy의 경우는 "Copy Non-Negotiable"이라 기재되며, B/L copy는 유가증권으로서의 효력이 없고 단지 참조적인 서류에 불과하다.

㉛ B/L발행장소

B/L의 발행장소가 기재된다.

㉜, ㉝, ㉞, B/L발행일자, 본선적재 부기일자 및 서명 Date of Issue, On Board Date and Signature B/L의 On Board Date와 Date of Issue가 기재되며, 일자는 보통 일치되며, Date of Issue가 On Board Date보다 늦을 수는 있으나 빠른 경우는 B/L의 선발행이 되므로 은행에서 매입을 거절한다. On Board Date의 하단에는 B/L 발행자의 Sign이 기재되나 필수 조건은 아니다.

㉟ B/L 발급회사명(Carrier Name)

B/L 발행권자의 Sign이 기재된다. B/L 발행권자가 Sign을 한 후에 B/L을 수정할 경우에는 재발급을 하든가, "Correction" 도장을 날인한 후 Sign하여야 한다.

3 유통불능(流通不能) 해상화물 운송장(運送狀)

가. 의의

운송인이 화물운송을 인수하는 경우에는 보통 운송계약서 대신에 운송증권을 발행하여 교부하게 된다. 육상운송의 경우에는 화물상환증이, 해상운송의 경우에는 선화증권(bill of lading)이나 해상화물 운송장(sea waybill)이, 항공운송의 경우에는 항공화물 운송장(air waybill)이 각기 발행된다. 그러나 화물상환증이나 선화증권은 화물의 수령을 증명하고 운송 중인 화물에 대한 도착지에서의 운송물 인도청구권을 표창하는 유가증권인 데 반하여 항공화물 운송장이나 해상화물 운송장은 물권적 유가증권이 아닌 일종의 물품 수취증이며, 단순한 화물의 탁송 및 수취의 역할만을 담당하는 증거서류이다. 제3자에 대한 전매가 불가능하므로 보통 유통불능(non-negotiable)으로 발행된다. 이 운송서류는 화주와 운송인 사이에 빈번히 사용되고 있는 추세에 있어, 5차 개정규칙에서부터 수리 가능한 운송서류로서 선명, 적재나 선적, 운송조건에서 선화증권과 같은 차원에서 운송업계에서의 건의에 따라 신설한 것이다.

▌해상 선화증권과 해상화물 운송장의 비교▐

해상 선화증권	해상 화물운송장
유가증권	단순한 해상화물 수취증
수화인을 지시식과 소지인식으로 기재할 수 있기 때문에 배서나 교부에 의해 수화인의 권리를 양도할 수 있다.	수화인을 기명식으로만 기재할 수 있기 때문에 배서나 교부에 의해서 수화인의 권리가 양도될 수 없다.
수취식인 경우도 있으나 일반적으로 본선적재식이다.	해상 선화증권과 마찬가지이다.

나. 해상화물 운송장의 필요성

최근의 컨테이너 정기선에 의한 해상운송의 비약적인 발달은 재래식 해상운송과 비교하여 매우 신속한 서비스를 제공하게 되었다. 즉, 선박 자체가 고속화되어 항해기간이 단축되었을 뿐만 아니라 화물의 수령, 선적, 양륙, 통관, 내륙운송, 인도에 이르기까지 복합 운송에 의하여 일관운송 서비스가 제공됨으로써 운송이 신속하고도 정확하게 이루어지게 된 것이다.

그런데 운송이 신속화됨에 따라 목적지에 화물이 선화증권보다 먼저 도착하는 사태가 자주 생기게 되었다. 수출상은 선적지에서 상품을 선적한 후 선화증권을 발급받고 기타 서류를 준비하여 함께 자기 거래은행에 가서 매입을 의뢰하게 되는데, 매입은행이 매입한 선적서류는 다시 발행은행을 경유하여 수입상의 수중에 들어가기 때문에 그 과정에 상당한 시일이 소요되기 마련이다.

그래서 유가증권이 아니면서 단순히 운송계약을 증명하고 그 소지인에게 운송물을 인도하면 운송채무가 이행되는 것이 되어 면책되는 간편한 Sea Waybill이 필요하게 되었다.

특히, 운송기간이 비교적 짧은 유럽지역에서는 해상운송이 컨테이너화한 이후에는 Sea Waybill의 사용이 보편화되었는데, 이는 Sea Waybill이 단순한 증거증권이고 면책증권에 불과하여 유가증권이 아니므로 선화증권처럼 복잡한 법적 규제 없이 선화증권의 기능을 대신하기 때문이다.

다. 수리 요건

신용장에서 항구간 선적품에 대한 유통불능 해상화물 운송장을 요구할 경우 신용장에 별도의 명시가 없는 한 은행은 명칭에 관계없이 수리한다. 다만 유통불능 해상화물 운송장을 은행이 수리함에 있어, 운송인의 명의와 서명, 선적 및 적재항과 양륙항 면에서 다음과 같이 그 요건을 강화하고 있다.

첫째, 유통불능 해상화물 운송장은 운송인이나 운송인의 대리인 명의로 작성되고, 운송인, 운송인을 대리하는 지정 대리인, 선장이나 선장을 대리하는 지정 대리인에 의해 서명되거나 인증되어야 한다. 운송인이나 선장을 대리하여 서명이나 인증하는 경우 대리인은 그가 대리하는 운송인이나 선장의 성명 및 자격을 명시해야 한다.

둘째, 당해 서류상에 본선적재 또는 지정선박에 적재되었음을 명시해야 한다. 물품이 선박에 본선적재되었다거나 선적되었다는 취지를 사전 인쇄된 문언으로 표시하고 있을 경우에는 발행일자가 본선적재일자와 선적일자로 간주된다. 그 밖의 모든 경우에 있어서는 물품이 본선적재된 일자를 표시하는 즉 'on-board notation'의 부기로서 입증되어야 하는데, 이 때 본선적재부기일자가 곧 선적일자로 간주된다. 따라서 은행이 운송서류의 선적일자 심사에 있어 이와 같은 면에 유의해야 할 것이다.

유통불능 해상화물 운송장에도 선화증권에서와 같이'intended vessel'에 적재되었다는 문언이 나타나기도 한다. 이 경우 상품의 적재일자 이외에 지정된 선박에 적재되었음을 입증하는 부기를 당해 운송장상에 명시해야 하므로 운송서류의 작성자는 물론 수리하는 은행 당사자도 유의해야 한다.

셋째, 선적항 및 양륙항과 관련하여 상품의 수탁 및 목적지가 표시된 경우 당해 운송서류는 수리하도록 한다. 상품의 운송에 각종 운송수단이 이용됨에 따라 상품을 선적항과 다른 내륙지점이나 항구에서 수탁하기도 한다. 또한 양륙항과 다른 최종 목적지가 표시되기도 하고, 선적항 및 양륙항과 관련하여 'intended' 또는 이와 유사한 표현을 쓰기도 한다. 이러한 모든 경우 은행은 신용장에 규정된 선적항 및 양륙항이 표시되어 있는 한 당해 유통불능 해상화물 운송장을 수리해야 한다.

유통불능 해상화물 운송장은 지명된 수화인을 운송장에 기재하는 기명식으로 작성되어야 한다. 수입업자는 수입상품의 전매 등을 고려하여 가능하면 해상화물 운송장 대신 해상 선화증권을 요구하는 것이 좋다. 해상화물 운송장은 화주와 운송인과 친밀한 관계에서 발행되는 것이 일반적이므로, 이들에게는 편리하게 사용되는 운송서류일 수도 있다. 그러나 은행은 신용장상에 특별히 이 서류를 요구할 때에 한해서 수리해야 함을 유의하여야 한다.

4 복합 운송서류(combined transport document; CTD)

가. 의의

복합 운송서류란 복합운송인(combined transport operator; CTO)이 복합운송계약에 의해 화물을 수탁하였다는 것과 그 계약내용에 따라 화물을 운송하여 인도할 것을 증명하는 운송증권이다.

복합운송(combined transport)이라 함은 2가지 이상 서로 다른 방법에 의하여 물품이 수탁된 장소(place of taking in charge)에서 인도키로 약정된 장소(final destination)까지 운송되는 것을 말한다(복합운송서류에 관한 통일규칙 제2조 a항). 이와 같은 복합운송을 표시하는 용어로서 combined transport, multimodal transport, intermodal transport, overland common point(OCP), miniland bridge(MLB), land bridge(LB) 또는 micro bridge(MB)를 사용하여 표시하는 경우도 있다.

종래 운송방법은 단일 운송방법(single mode transport) 및 개품 운송방법을 취하여 왔으나 운송방법의 발달로 단위화된 화물(unitized cargo)을 단위적재(unit load)하는 방법, 즉 container 또는 pallet를 사용하는 방법이 개발되었으며 이러한 방법은 다시 화물의 출발지점으로부터 목적지까지 여러 종류의 운송방법에 의하여 운송함으로써 "start-to-finish" 또는 "door-to-door"의 서비스를 제공하는 복합운송으로 발전하였다.

복합운송 서비스는 복합운송인에 의하여 제공되며 두 가지의 특징이 있다. 하나는 연결운송 서비스를 제공하고, 다른 하나는 복합운송인이 전 연결운송에 대하여 중개인이 아닌 주체로서 서비스를 제공한다는 것이다.

나. 복합운송인

복합운송인(combined transport operator ; CTO)은 여러 종류의 운송수단 또는 동종의 운송 수단을 조합하여 운송을 담당하는 자로 UN조약에서는 MTO(multi- modal transprot operator), 미국에서는 ITO(intermodal transport operator)라고도 부른다.

복합운송인은 실제 운송을 담당하는 자와 타인에 의한 운송의 전부에 대하여 또는 일부에 대하여 준비를 배려하는 자로 구분된다. 전자는 선박을 소유하고 있는 운송인, 즉 VOCTO(vessel operating combined transport operator)라고 하며, 운송중개인인 후자를 NVOCTO(non-vessel operating combined transport operator)라고 한다.

다. 복합 운송서류의 특징

복합 운송서류(CTD)란 복합운송인이 발행한 서류로서 운송인이 화물을 수취하였음을 증명하고 운송계약에 관한 증거가 되는 권리증이다.

복합 운송서류의 특징을 살펴보면 다음과 같다.

첫째, 도로, 철도, 내수로, 해상 또는 항공운송이 결합된 복합운송이 상이한 운송인에 의하여 이루어지더라도 복합 운송서류는 처음부터 끝까지 전 운송구간을 커버하는 서류이다.

둘째, 복합 운송서류는 화주에게 통과운송(through transport)의 전체적인 책임을 지고, 어느 구간에서 발생하였던 화물의 멸실이나 손상에 대해 책임을 지는 복합운송인이 발행한다.

셋째, 복합 운송서류는 본선적재 전에 복합운송인(CTO)이 수탁 또는 수취한 상태에서 발행되는 서류이다.

넷째, 복합 운송서류는 선화증권과는 달리 운송인뿐만 아니라 운송중개인(freight frowarder)에 의해서도 발행된다.

라. 복합 운송서류의 수리요건

상이한 두 가지 이상의 운송방식으로 화물이 운송될 때 발행되는 복합 운송서류(combined transport document; CTD)는 4차 신용장 통일규칙에서부터 현행규칙에서도 수리하도록 규정하고 있다. 다만 은행이 이 서류를 수리하되 문면상 운송인이나 복합운송인(combined transport operator; CTO)의 명의 표시 및 운송인, 복합 운송인, 선장, 이들을 각각 대리하는 지정 대리인에 의해 서명 또는 인증하도록 기재요건을 보다 강화하고 있다.

운송인, 복합운송인 또는 선장의 서명이나 인증은 운송인, 복합운송인, 경우에 따라 선장으로 확인되어야 하며 운송인, 복합운송인 또는 선장을 대리하여 서명 또는 인증하는 대리인은 이들 당사자들의 명의 및 자격(capacity)을 기재하여야 한다.

환적에 있어서는 신용장상에 환적을 금지한다 할지라도 전체 운송이 단일 및 동일 복합 운송서류로 이루어지는 경우 환적이 되거나 환적이 될 수도 있다고 표시된 복합 운송서류를 수리하도록 규정하는 것은 4차 신용장 통일규칙에서의 규정과 같다.

복합 운송서류에서는 상품의 발송(dispatch), 수탁(taking in charge) 또는 본선적재(loading on board)의 일자 및 이 서류의 발행일자가 동시에 표시될 수도 있다.

이때 은행은 수리 기준으로서 어느 일자를 신용장상 선적일자로 보느냐가 문제이다.

통상 선화증권의 발행일자는 선적일자로 해석하지만 이 경우 은행은 실제 상품의 발송, 수탁 또는 본선적재의 일자를 선적일자로 간주해야 한다.

선박, 적재항 또는 양륙항과 관련하여 "intended" 또한 이와 유사한 표시가 복합운송서류상에 있는 경우 실제는 예정된 선박, 적재항 또는 양륙항과 다를 수도 있다. 이때 은행은 운송서류의 수리여부의 결정에 있어서 유의해야 한다. 예정된 선박에 적재, 예정된 적재항 또는 양륙항에 관계없이 신용장에 지정된 선박, 적재항 또는 양륙항이 복합 운송서류상에 명시되었느냐에 따라 당해 서류의 수리여부를 결정해야 한다.

5 항공 운송서류(air transport document)

가. 의의

항공운송은 해상운송의 역사에 비해 사실상 매우 일천한바 본격적인 항공화물의 수송이 시작된 것은 1970년대 점보제트기 등 대형여객기 및 화물전용 비행기의 출현과 더불어 시작되었다고 할 수 있다.

최근 항공운송수단의 발달로 고가품인 경우 많이 이용되고 있는 항공 운송서류는 송화인과 운송인간에 화물의 운송계약이 체결되었음을 나타내는 증거서류이며, 동시에 송화인으로부터 화물을 운송하기 위하여 수령하였다는 증거서류를 의미한다.

이들 서류는 물권적 유가증권이 아닌 수취증이므로 보통 유통불능으로 발행한다.

일반적으로 항공운송에 있어서는 화주인 무역업체가 항공회사와 직접 거래하지 않고 항공화물 운송대리점(air cargo agent)이나 혼재업자(consolidator or freight forwarder)와 화물운송계약을 체결하는 것이 관행화되어 있다.

따라서 항공 운송서류에는 항공회사 또는 운송대리점이 화주 또는 혼재업자 앞으로 발행하는 항공화물 운송장(air waybill)과 소량의 화물을 여러 선적인으로부터 수집하여 항공사에 운송을 의뢰하는 운송중개인인 혼재업자가 여러 화주에게 발급하는 house air waybill(house AWB)이 있다.

air waybill(AWB)은 air consignment note(항공화물 수취증)라고도 불리며, 항공회사들은 원칙적으로 air waybill을 사용하고 괄호 내에 air consignment note를 표시하고 있다〈예시 3-7〉.

나. 항공화물 운송장과 선화증권의 비교

항공운송장은 때때로 선화증권에 비유되어 단순히 B/L이라고 불리는 경우도 있다. 그러나 양자의 법률적 성격은 몇 가지 중요한 점에 차이가 있다.

양자의 동일한 점은 모두 화물수취증권이며 요인증권이자 요식증권이라는 점이다.

한편 항공화물 운송장과 선화증권의 차이는 선화증권은 화물에 대한 물권적 권리를 나타내는 유가증권인 데 반해 항공운송장은 단순한 수취증거증권으로 항공운송 사실만을 증명한다는 점이다.

또한 선화증권은 유통증권인 데 반해 항공화물 운송장은 유통불능증권이며 기명식으로만 발행되는 수취식 증권이란 점이다. 항공화물 운송장은 신속을 요하기 때문에 원칙적으로 통과 선화증권(through B/L)과 같이 환적(transhipment)을 전제로 하고 있다.

항공화물 운송장은 송화인이 작성하여 항공회사에 교부하는 데 반해 선화증권은 선박회사가 작성하여 송화인에게 교부하도록 되어 있는 점 등이 다르다고 볼 수 있다.

▌해상선화증권과 항공화물운송장의 비교▌

구 분	해상 선화증권	항공화물 운송장
유가증권유무	유가증권	수취증
유통성 유무	유통증권	비유통증권
발행형식	소지인식, 지시식	기명식

다. 항공 운송서류의 수리성

항공 운송서류(air transport document)에 관한 규정을 독립적으로 신설하여 신용장 통일규칙에 포함시킨 것은 5차 개정규칙 때부터이다.

은행이 수리하는 항공 운송서류는 해상 선화증권에서와 같이 운송인의 명의, 서명 및 서명인의 자격이 명시되어야 하고, 상품을 운송하기 위해 인수했다는 문언이 있어야 한다. 항공 운송서류의 발행일자는 상품의 적재일자로 간주하고 비행번호 및 일자와 관련된 자료는 발송일자로 간주하지 않는다.

만일 발행의뢰인은 특정한 비행번호 및 일자(flight number and date)에 상품이 적재되기를 요구한다면, 신용장상에 이러한 요건을 명시해야 하고 항공 운송서류상에 명백히 일치하도록 유의해야 한다. 은행은 이 같은 운송서류를 수리함에 있어 별도로 적재일자가 있는 경우와 구별해야 한다.

국제 항공운송업계의 관행을 반영하기 위해 항공운송에서의 환적의 개념이 도입되었다.

환적에 있어서 신용장상에 환적을 금지한다 할지라도 전체 운송이 동일 및 단일 항공 운송서류로 이루어지는 경우 환적이 이루어지거나 환적이 될 수도 있다는 표시가 있는 항공 운송서류를 수리한다. 항공운송에서 환적이라 함은 신용장에 규정된 출발공항에서 도착공항까지 운송과정 중 한 항공기에서 다른 항공기로 양화 및 재적재하는 것을 의미한다. 만일 신용장 발행의뢰인이 어떠한 형태의 환적을 금지하기를 원한다면, 신용장상에 6차 통일규칙 제23조 c항의 적용을 배제한다는 명시를 해야 한다.

라. 항공화물 운송장의 기재내용

항공화물 운송장에 관해서는 1929년에 개최된 국제항공 사법회의에서 결정되고 1933년부터 발효된 '국제항공운송에 관한 바르샤바 조약(The convention of unification of certain rules relating to international carriage by air)'을 각국이 채택하고 있어 그 형식이 대개 유사하다.

현재 항공화물 운송장은 국제항공운송협회(IATA)에서 운송장의 양식과 발행방식을 세부적으로 통일하고 표준화하여 전세계의 항공회사들이 동일한 양식의 항공화물 운송장을 사용하도록 의무화하고 있다.

항공화물 운송장은 원본 3매와 사본(dummy air waybill) 6매로 구성되며 항공사에 따라 부본을 5매까지 추가할 수 있다. 즉,

① 원본 1(운송인용)
② 원본 2(수화인용)
③ 원본 3(송화인용)
④ 사본(인도수취증)
⑤ 사본(도착공항용)
⑥ 사본(제3운송인용)
⑦ 사본(제2운송인용)
⑧ 사본(제1 운송인용)
⑨ 사본(영업대리점용)

국제항공운송에 관한 국제조약 제8조는 항공화물 운송장의 필요 기재사항을 다음과 같이 정하고 있다.

① 작성지 및 일자
② 출발지 및 도착지
③ 예정기착지(부득이한 경우 변경 가능)
④ 송화인의 성명 및 주소
⑤ 최초 운송인의 성명 및 주소
⑥ 필요시에는 수화인의 성명 및 주소
⑦ 화물종류

⑧ 화물의 수량, 특별기호 및 번호

⑨ 화물의 중량, 용적, 수량

⑩ 외부에서 인정되는 운송품의 상태

⑪ 운임 특약시에는 운임 지급기일, 장소 및 지급인

⑫ 운임 지급시는 운임 등

⑬ 송화인이 운송인에게 인도시 가격을 신고한 경우는 신고된 가격

⑭ 항공화물 운송장의 발행통수

⑮ 운송장에 첨부하기 위한 운송인 앞 서류

⑯ 특약시의 운송기한 및 경유지

⑰ 기타 운송책임에 관한 특약의 표시

마. 실무상 유의사항

일반적으로 신용장에서 항공화물 운송장을 요구하는 경우는 다음과 같이 기재하고 있다.

"air waybill consigned to xxx Bank marked", "freight collect", "notify", "accountee" 등인데, 여기서 consigned to xxx Bank라고 한 점은 항공화물운송장은 지시식(order)으로 발행될 수 없고 유통불능(non-negotiable)증권이므로 xxx Bank를 수화인으로 함으로써 화환어음의 물적 담보를 확보하기 위함이다.

여기서 유통과 유통불가능의 차이점은 증권 자체를 정당한 배서(endorsement) 또는 교부로서 제3자에게 양도할 수 있는가 여부에 따른 것이며 통관 후 화물이 전매되는 것과는 다른 것이다.

또한 항공화물운송장은 수취증권(received bill)이므로 발행시 항공회사가 증권면에 on board notation을 추가 기재하는 경우가 있는데, 이는 단순히 화물의 적재사실을 입증하기 위한 증거를 표시하는 것이다.

6 도로, 철도 또는 내수로(內水路) 운송서류

도로(road), 철도(rail) 또는 내수로(inland waterway)를 이용한 운송의 경우 발행되는 운송서류에 관해서 현행 신용장 통일규칙에서는 별도 독립된 규정에 신설하여 일

정한 요건을 구비하면 은행이 당해 운송서류를 수리하도록 신설하고 있다.

은행이 수리하는 당해 운송서류는 발행하는 운송인의 명의 표시 및 서명이 있어야 하며, 대리인의 경우 운송인의 명의 또는 자격을 기재하여야 한다.

운송서류의 발행일자는 선적, 발송 또는 운송의 접수일자를 명시하는 날인이 있는 경우를 제외하고 선적일자로 간주한다.

도로운송의 경우 트럭회사는 운송화물에 대한 trucking company bill of lading(트럭회사 운송화물 상환증) 또는 waybill(화물 수취증)을 발행한다.

철도의 경우 철도 운송회사가 철도화물을 인수하고 railway consignment note(철도화물 수탁서) 등의 서류를 발행한다. 우리나라의 경우 공장이나 보관창고가 내륙장소라면 도로, 철도 및 내수로를 적절하게 활용하여 항구까지 운송할 수 있다. 장차 남북간의 운송에 관한 협정이 이루어져 남북한의 철도가 연결된다면, 남북한 철도, 시베리아 대륙 횡단철도 또는 중국대륙 횡단철도를 이용하여 유럽이나 중국 또는 중동 방면의 물동량을 복합운송을 통해 유효적절하게 운송할 수도 있을 것이다.

도로, 철도 또는 내수로 운송은 주로 복합운송에서 많이 이용된다. 따라서 환적은 불가피하기 때문에 신용장에서 환적을 금지한다 할지라도 은행은 전체운송이 단일 및 동일 운송서류 그리고 동일 운송방식으로 이루어지는 경우 환적이 되거나 환적이 될 수도 있다는 도로, 철도 또는 내수로 운송서류를 수리한다. 도로, 철도 또는 내수로 운송에서 환적이라 함은 신용장에 규정된 선적지에서 목적지까지 운송 도중 다른 운송방식으로한 운송수단에서 다른 운송수단으로 양화 및 재적재하는 것을 의미한다.

7 특사 송배달(特使送配達) 및 우편 수취증

특사 송배달업자(courier) 및 속달 서비스업체(expedited delivery service)가 양적으로 증가하고 국제간 상품의 운송에 이용됨에 따라 이들이 발행하는 특사 송배달 증명서(courier receipt ; 예시 3-8) 또는 각종 운송서류는 5차 신용장 통일규칙에서 신설되어, 우편 수취증(post receipt) 또는 우편 증명서(certificate of posting)와 함께 은행이 수리하는 운송서류의 범주에 포함되고 있다. 특사 송배달업자인 Courier Service는 무역관계서류의 배달은 물론 각종 상용견품, 소화물 등을 짧은 시일 이내에 원하는 장소까지 긴급 배달해 주는데, 미국의 UPS 또는 DHL은 그 대표적인 서비스업체이다.

신용장에서 상품인도의 접수를 입증하는 특사 송배달업자 또는 속달 서비스업체가 발행한 서류를 요구하는 경우 신용장에 별도 명시가 없는 한 명칭에 관계없이 문면상 특사 송배달업자 또는 속달 서비스업체의 명칭이 기재되고 이들에 의해 날인이나 인증된 서류를 은행은 수리한다. 이들이 발행한 서류에는 선적 또는 발송일자로 간주되는 수취일자, 접수일자 또는 이 같은 취지의 문언이 표시되어야 한다.

또한 신용장상에 우편 수취증 또는 우편 증명서를 요구하는 경우 신용장에 별도 규정이 없는 한 우편 수취증이나 우편 증명서가 문면상 날인되거나 별도 인증되고, 또한 신용장에 규정된 상품의 선적 또는 발송 장소에서의 일자가 있어야 한다. 물론 이 일자는 선적일자로 간주한다.

▌예시 3-2▌ 용선계약 선화증권

CODE NAME: "CONGENBILL" EDITION 1978

Shipper

COLDEN BELL CO.,LTD
14TH FL.,HYONAM BLDG.1,CHANGKYO-DONG
CHUNG-KU,SEOUL,KOREA

BILL OF LADING
TO BE USED WITH CHARTER-PARTIES

B/L No. SRSC930035

Reference No.

Consignee

TO ORDER

NEPTUNE SHIPPING AGENCY CO., LTD.
TAIPEI, TAIWAN

COPY

Notify address

NINGBO ECONOMIC N TECHNICAL DEVELOPMENT
ZONE FOREIGH CAPITAL ENTERPRISE
MATERIALS SUPPLYING CORP.
FAX:(0574)221866 TEL:(0574)221915

NON NEGOTIABLE

Vessel: M/V "HAI HANG"

Port of loading: MASAN, KOREA

Port of discharge: NINGBO CHINA

은행보관용

Shipper's description of goods / Gross weight

4,343BUNDLES

SPEC : JIS G3112 SD35
SIZE : D16 X 8M
WEIGHT : M/T
DESTINATION : NINGBO CHINA
ORIGIN : MADE IN KOREA

3,999.903M/T OF
DEFORMED STEEL BAR,KS3504
EQUIVALENT TO JIS G3112 SD35
SIZE : D16X8MT 3,999.903M/T 4,002.074M/T
PACKING: IN BUNDLE OF ABT 1 MT WITH 5.5 MM
WIRE ON MIN 4 SPOTS

SIZE	BUNDLE NUMBER	NET WEIGHT	GROSS WEIGHT
D16X8MT	4,343BNDLS	3,999.903M/T	4,002.074M/T

ON BOARD
DATE: APR. 10. 20XX

* L/C NO. 390LC930044

" FREIGHT PREPAID "

(of which on deck at Shipper's risk; the Carrier not being responsible for loss or damage howsoever arising)

Freight payable as per CHARTER-PARTY dated

FREIGHT ADVANCE.
Received on account of freight:

Time used for loading ______ days ______ hours.

SHIPPED at the Port of Loading in apparent good order and condition on board the Vessel for carriage to the Port of Discharge or so near thereto as she may safely get the goods specified above.

Weight, measure, quality, quantity, condition, contents and value unknown.

IN WITNESS whereof the Master or Agent of the said Vessel has signed the number of Bills of Lading indicated below all of this tenor and date, any one of which being accomplished the others shall be void.

FOR CONDITIONS OF CARRIAGE SEE OVERLEAF

Freight payable at

Place and date of issue: SEOUL, KOREA APR. 10. 20XX

Number of original Bs/L: THREE (3)

Signature: SEA ROAD STEAMSHIP CO., LTD.

As Agents

▮예시 3-3▮ FIATA FBL

YOUNG CHANG AKKI CO., LTD.
C.P.O. BOX 219
SEOUL, KOREA

FBL No. KLCS 304027

NEGOTIABLE FIATA
COMBINED TRANSPORT
BILL OF LADING
issued subject to ICC Uniform Rules for a Combined Transport Document(ICC publication 298)

Consigned to order of

TO SHIPPERS ORDER

KOREA LOGISTICS CO., LTD.
1, MYUNG-DONG 2-KA, CHUNG-KU
SEOUL, KOREA
TEL (SEOUL) 779-6341
(BUSAN) 441-6891
FAX (SEOUL) 779-6346
(BUSAN) 441-6890

Notify address

BRASHS PTY. LTD.
276 COLLINS STREET MELBOURNE
VICTORIA AUSTRALIA 3000

For delivery of goods please apply to :
AEROCEAN (MELBOURNE)
19 DRYBURGH STREET
WEST MELBOURNE VICTORIA 3003
TEL: 03 326 5100

Place of Receipt	Port of loading
	BUSAN, KOREA
Ocean vessel	
PYRMONT BRIDGE V 93259S	
Port of discharge	Place of delivery
MELBOURNE	MELBOURNE

Marks and numbers	Number and kind of packages	Description of goods	Gross weight	Measurement
			5,232KGS	27.099CBM
	23CTNS	"SHIPPER'S LOAD & COUNT"	CNTR NO/SEAL NO	
BRASH PALING		SAID TO CONTAIN; 23SETS OF PIANO WITH BENCH "BRASH PALING" BRAND	20' ITLU6986620/026620	
MELBOURNE MODEL COLOR SERIAL NO. C/NO. WE41/1 20 W45/21 23 MADE IN KOREA		AS PER PROFORMA INVOICE YCP 93319 DATED 15/01/		
		L/C NO. 67523/3083		
		FREIGHT COLLECT	ON BOARD DATE : APR. 09, 19	
		SAY: ONE(1X20') CONTAINER ONLY.		

according to the declaration of the merchant

The goods and instructions are accepted and dealt with subject to the Standard Conditions printed overleaf.

Taken in charge in apparent good order and condition unless otherwise noted herein, at the place of receipt for transport and delivery as mentioned above.
One of these Combined Transport Bills of Lading must be surrendered duly endorsed in exchange for the goods. In Witness whereof the original Combined Transport Bills of Lading all of this tenor and date have been signed in the number stated below, one of which being accomplished the other(s) to be void.

Freight amount	Freight payable at	Place and date of issue
AS ARRANGED	DESTINATION	SEOUL, KOREA APR. 10, 19
Cargo insurance through the undersigned ☐ not covered ☐ Covered according to attached Policy	Number of Original FBL's THREE(3)	Stamp and authorized signature
For delivery of goods please apply to		KOREA LOGISTICS CO., LTD. ACTING AS A CARRIER, NVOCC

▌예시 3-4▌ 컨테이너 B/L

OOCL ORIENT OVERSEAS CONTAINER LINE

BILL OF LADING

SHIPPER / EXPORTER: PUNGHAN TEXTILE CO., LTD. SEOUL, KOREA

BILL OF LADING NO: OOLU62014325

CONSIGNEE: TO ORDER

NOTIFY PARTY: KATOEN NATIE LOGISTIC SYSTEMS N.V., VAN AERDT STRAAT 33, 2060 ANTWERP 6.

PLACE OF RECEIPT BY PARTICIPATING CARRIER/CARRIER: BUSAN/CFS

INTENDED VESSEL / VOYAGE / FLAG: OOCL FRIENDSHIP V-37W

PORT OF LOADING: BUSAN/KOREA

ORIGINALS TO BE RELEASED AT: SEOUL

PORT OF DISCHARGE: ROTTERDAM

PLACE OF DELIVERY BY PARTICIPATING CARRIER/CARRIER: ANTWERP/CY

PARTICULARS FURNISHED BY SHIPPER

CNTR. NOS. W/SEAL NOS. MARKS & NUMBERS	QUANTITY PACKAGES	DESCRIPTION OF PACKAGES AND GOODS	GROSS WEIGHT	MEASUREMENT
OOLU2218710/HS043300	7	72 BALE(S) /CFS TO CY/ 720GP7		
K T N P/O 3620-1 ANTWERP B/NO. 145-216	72	BALE(S) SAID TO CONTAIN: 72 BALES OF, (45,000YDS) 100% COTTON GREY CLOTH NE 30/30 76X68 PER INCH, WIDTH 98 INCH CLOSED SELVEDGE OPENER'S P/O NO. 3620. L/C NO.: 00/230'300-350	13470	25.946
TOTAL PACKAGE : ***72*** BALE(S) "TERMINAL LOAD" (LCL/FCL) SAY: SEVENTY TWO (72) BALES ONLY.		-FREIGHT PREPAID-	13470KGS	25.946CBM

"FREIGHT AS ARRANGED"

OOCL (KOREA) LIMITED

▌예시 3-5▌ 통과 선화증권

SENKO CONTAINER LINE **UNIFORM THROUGH EXPORT BILL OF LADING**

Shipper / Exporter	Booking Number	B/L Number
MANUFACTURERA DE ROPA [illegible], S.A. [illegible] AVENIDA 1-51, ZONA 3 MIXCO COLONIA ALVARADO CIUDAD GUATEMALA, GUATEMALA C.A.	Export References CY-169-192-197-199	[illegible]
Consignee TO THE ORDER OF THE BANK OF NEW YORK, N.Y.	Forwarding Agent-References [illegible]-MAR-[illegible] Point and Country of Origin GUATEMALA CITY, GUATEMALA C.A.	
Notify Party [illegible] GROUP L.P. [illegible] FIFTH AVENUE SUITE [illegible] NEW YORK, N.Y. 10118 [illegible]	Delivery Agent	

Carrier	Place of Receipt GUATEMALA CITY
Vessel-Voyage No. [illegible]	Port of Loading [illegible]
Port of Discharge [illegible] NEW ORLEANS	Place of Delivery [illegible]

PARTICULARS FURNISHED BY SHIPPER

MARKS AND NUMBERS	NO. OF PKGS.	DESCRIPTION OF PACKAGES AND GOODS	GROSS WEIGHT	MEASUREMENT
CARTON NO. CONTRACT NO. [illegible] STYLE NO. [illegible] SIZE [illegible] MADE IN GUATEMALA	175	ONE PARTIAL CONTAINER STC: (1X40'ST) CARTONS OF MEN'S SHORT SLEEVE SHIRTS (ROPA ELABORADA) CONTAINER NO.: HLCU-400555-8 SEAL NO.: [illegible] [illegible] BOXES: CONTRACT NO. [illegible]/ STYLE NO. [illegible] I.T. NO. [illegible] L.C. NO. [illegible] [illegible] BOXES: CONTRACT NO. [illegible]/ STYLE NO. [illegible] I.T. NO. [illegible] L.C. NO. [illegible] [illegible] BOXES: CONTRACT NO. [illegible]/ STYLE NO. [illegible] I.T. NO. [illegible] L.C. NO. [illegible] [illegible] BOXES: CONTRACT NO. [illegible]/ STYLE NO. [illegible] I.T. NO. [illegible] L.C. NO. [illegible] [illegible] BOXES: CONTAINING ALL [illegible]. FREIGHT COLLECT	NET WT [illegible] [illegible] GROSS WT [illegible] [illegible]	29.[illegible]

ORIGINAL

RECEIVED by the Carrier in apparent good order and condition except as otherwise noted the total number of Containers or other packages or units enumerated above for transportation from the place of receipt to the place of delivery subject to the terms hereof. One of the original Bills of Lading must be surrendered duly endorsed in exchange for the Goods or Delivery Order. On presentation of this document (duly endorsed) to the Carrier by or on behalf of the holder, the rights and liabilities arising in accordance with the terms hereof shall without prejudice to any rule of common law or statute rendering them binding on the Merchant become binding in all respects between the Carrier and the Holder as though the contract evidenced hereby has been made between them.

IN WITNESS WHEREOF THE CARRIER OR ITS AGENT HAS SIGNED 3 BILLS OF LADING, ALL OF THE SAME TENOR AND DATE, ONE OF WHICH BEING ACCOMPLISHED THE OTHERS TO STAND VOID.

This is shipped on board Bill of Lading when endorsed onboard.

SENKO CONTAINER LINE

BY [illegible] Date [illegible]

FREIGHT CHARGES PAYABLE BY CONSIGNEE	PREPAID	COLLECT
[illegible]		[illegible]
TOTAL		[illegible]

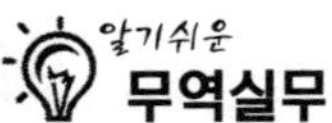

▌예시 3-6▌ 복합운송 선화증권

COMBINED TRANSPORT BILL OF LADING

Shipper
GOLDEN BELL CO LTD
1 CHANGKYO-DONG.CHUNG-KU
SEOUL.KOREA

CAN
B/L No.
Shipper's Ref. SELA027481
F/Agent's Ref. SEMI

Consignee
TO THE ORDER OF
LIPPOBANK SAWAH BESAR BRANCH
JAKARTA

شركة الملاحة العربية المتحدة
UNITED ARAB SHIPPING COMPANY (S.A.G.)

Notify Address
PT BUKITMEGA MASABADI
JL.CIDENG BARAT NO.15 JAKARTA

Feeder Vessel	*Place of Receipt
Ocean Vessel	Port of Loading
IBN BAJJAH V-C020W	BUSAN, KOREA
Port of Discharge	*Place of Delivery
SEMARANG, INDONESIA	

Owner's Mark/Container No. Marks and nos. F.C.L. Seal No.	Number and kind of packages: Description of goods	Gross weight kgs	Measurement m³
	19X20'CONTRS. "SHIPPER'S LOAD & COUNT"	306.432.00 KGS	486.400 CBM
PT BM L/C NO.026/006/2869/93/B INVOICE NO. AND DATE 93101AHD-043D AND OCT. 21. 19	SAID TO CONTAIN: 12.160 BAGS 304 MT POLYETHYLENE CONTRACT NO. : 93PI-09221 STANDARD EXPORT PACKING CONTAINERIZED H.S. NO. : 3901.20.200 COUNTRY OF MERCHANDISE ORIGIN : KOREA L/C NUMBER : 026/006/2869/93/B IMPORT APPLICATION NUMBER : 026/006/2869/B		
-CONTAINER NOS & SEAL NOS AS PER ATTACHED RIDER-		LOADED ON BOARD 12 NOV. 19	
	SAY: 19X20' CONTAINERS ONLY. "FREIGHT PREPAID"		

Particulars declared by Shipper

NON-NEGOTIABLE COPY

SHIPMENT SUBJECT TO ALL TERMS AND CONDITIONS PRINTED ON FACE AND REVERSE OF THE ORIGINAL SIGNED BILL OF LADING.

Freight and charges	Revenue tons	Rate	Per	Prepaid	Collect
		"AS ARRANGED"			

*Applicable only when document used as Through Bill of Lading

Freight payable at	Place and date of issue
SEOUL, KOREA	SEOUL, KOREA 12 NOV. 19
Number of original Bs/L	Signed for the Carrier
THREE(3)	

For the MASTER

UNITED SHIPPING CO. LTD., Agents.

▌예시 3-7▌ 항공화물 운송장

FAF— № 000899

Not negotiable
AIR WAYBILL
(Air consignment note)

FRITZ AIR FREIGHT

TEL (02)335-7200(7 LINES) FAX (02)324-1479 1ST FL. SUSUNG BLDG. 196-31 DONGKYO DONG, MAPO-KU, SEOUL, KOREA
ISSUED BY JUMBO AIR FREIGHT CONSOLIDATORS LTD.

Copies 1, 2 and 3 of this THROUGH CONSIGNMENT NOTE are originals and have the same validity

MAWB NO: 012-8243 5986

It is agreed that the goods described herein are accepted in apparent good order and condition (except as noted) for carriage SUBJECT TO THE CONDITIONS OF CONTRACT ON THE REVERSE HEREOF. THE SHIPPER'S ATTENTION IS DRAWN TO THE NOTICE CONCERNING CARRIERS' LIMITATION OF LIABILITY. Shipper may increase such limitation of liability by declaring a higher value for carriage and paying a supplemental charge if required.

Shipper's Name and Address: DOOSAN INDUSTRIAL CO., LTD. SEOUL, KOREA
Shipper's account Number:

Consignee's Name and Address: NORDSTROM INC.
P.O.BOX 870, SEATTLE, WASHINGTON, U.S.A.
NOTIFY: FRITZ COMPANIES INC.
12403 N.E. MARK STREET PORTLAND, OR 97230.
FAX# (303)251-2230. AND NORDSTROM INC.
CORPORATE TRAFFIC DEPT. P.O.BOX 870,
Consignee's account Number:

ALSO NOTIFY NAME AND ADDRESS (OPTIONAL ACCOUNTING INFORMATION): SEATTLE, WA 98111.

Issuing Carrier's Agent, Name and City: FRITZ AIR FREIGHT(KOREA)INC.
Agent's IATA Code: | Account No.:

Accounting Information: LTI EAN 3128NS

Airport of Departure (Addr. of first Carrier) and requested Routing: SEOUL(KIMPO)AIRPORT

to	By first Carrier	to	by	to	by	Currency	WT/VAL	Other	Declared Value for Carriage	Declared Value for Customs
PDX	NW 020					USD	X		N.V.D.	FOB$18,785.00

Airport of Destination: PORTLAND, U.S.A. | Flight/Date: NW 020/OCT.29- | Amount of Insurance: NIL

INSURANCE - If Carrier offers insurance, and such insurance is requested in accordance with conditions on reverse hereof, indicate amount to be insured in figures in box marked 'amount of insurance'.

Handling Information: ENCL: INVOICE, P/LIST & NEGATIVE DECLARATION. & BENEFICIARY'S STATEMENT.

신고번호 010-4-11A 063529-1

No of Pieces RCP	Gross Weight	kg lb	Rate Class / Commodity Item No.	Chargeable Weight	Rate / Charge	Total	Nature and Quantity of Goods (incl. Dimensions or Volume)
18	482.0	K		950.5	AS AGREED		221 PCS OF (WOMEN'S APPAREL) LADIES H/COAT (STYLE NO: 70191) P.O.NO: PV827273 (DEPT #:47) L/C NO: I35638 INV NO: LTI-EAN-3128NS. DIM:110X72X40CM(18) FREIGHT COLLECT

(MAIN MARK) NSM ORDER#:PV827273 DEPT #:47 STYLE#: 70191 QTY #: MADE IN KOREA P.O.E. : PORTLAND D.C. #: 89 PORTLAND, OR STORE#: 20-26,7,9,12 CTN #: 1-12
-DITTO- D.C. #: 299 DUBUQUE, IA STORE#: 600,621-623, 520,522,221,222. CTN #: 13-17.
-DITTO- D.C. #: 399 ONTARIO, CA STORE#: 320-364 CTN #: 18.

Prepaid	Weight Charge	Collect
	AS AGREED	

Other Charges: H/C:35.00 INLAND CHRG:45.00 PREPAID

Valuation Charge:
Tax:
Total other Charges Due Agent: 80.00
Total other Charges Due Carrier:

Shipper certifies that the particulars on the face hereof are correct and that insofar as any part of the consignment contains dangerous goods, such part is properly described by name and is in proper condition for carriage by air according to the applicable Dangerous Goods Regulations.

ON BOARD DATE 19 10. 29

Signature of Shipper or his Agent

Total prepaid | Total collect
Currency Conversion Rates | cc charges in Dest. Currency

Executed on OCT.29,19 (Date) at SEL (Place) Y.H. CHAE Signature of Issuing Carrier or its Agent
JUMBO AIR FREIGHT CONSOLIDATORS LTD.

For Carriers Use only at Destination | Charges at Destination | Total collect Charges

FAF— № 000899

PRINTED IN KOREA

▌예시 3-8▐ courier receipt(forwarder airbill)

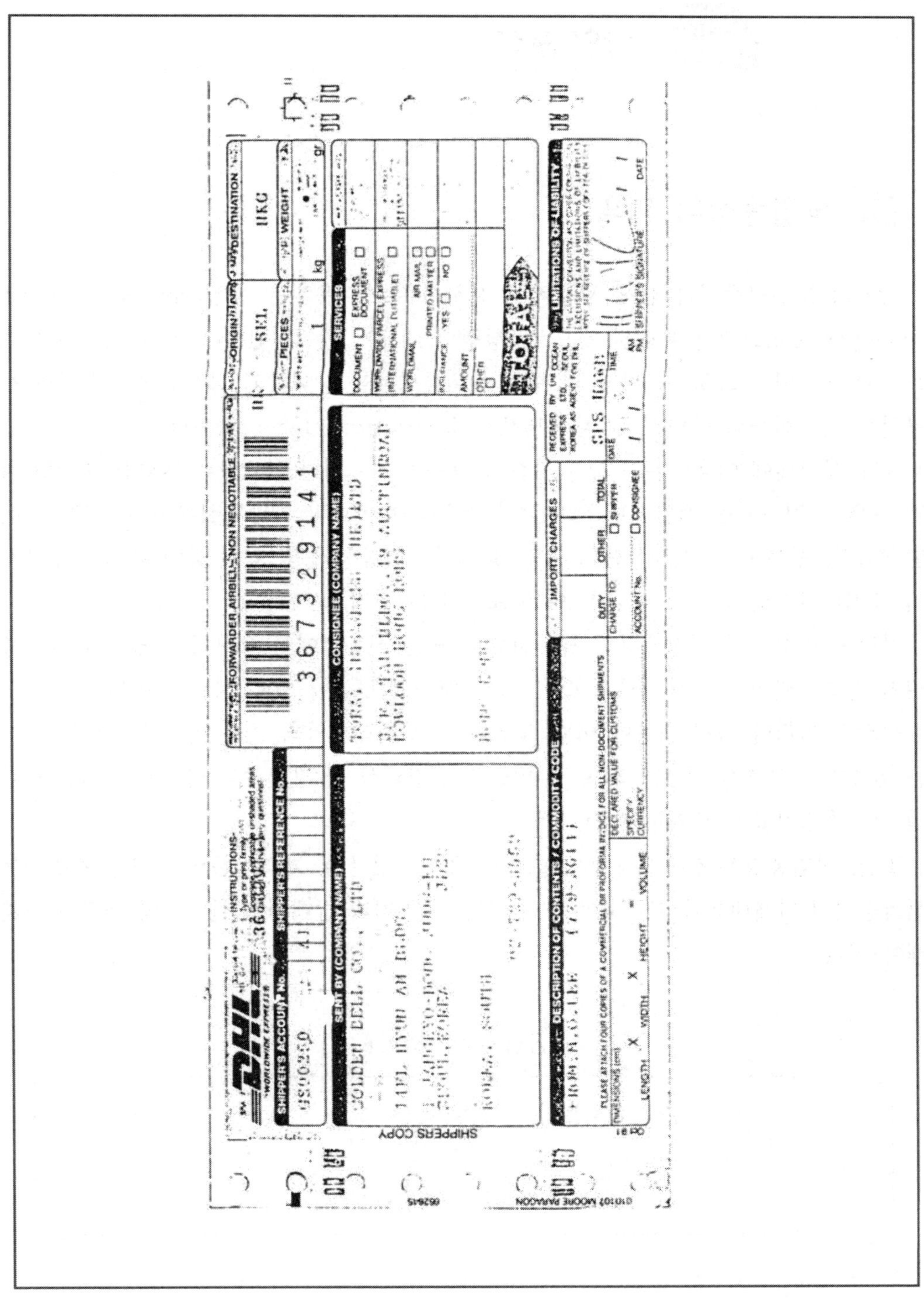
DHL WORLDWIDE EXPRESS

FORWARDER AIRBILL – NON NEGOTIABLE

3 6 7 3 3 2 9 1 4 1

SHIPPER'S ACCOUNT No. 9S90250

SHIPPER'S REFERENCE No.

ORIGIN SEL

DESTINATION HKG

PIECES 1

WEIGHT kg

SENT BY (COMPANY NAME)

GOLDEN BELL CO., LTD

KOREA, SOUTH

CONSIGNEE (COMPANY NAME)

SERVICES

DOCUMENT ☐ EXPRESS DOCUMENT ☐

WORLDWIDE PARCEL EXPRESS

INTERNATIONAL

WORLDMAIL AIR MAIL ☐ PRINTED MATTER ☐

INSURANCE YES ☐ NO ☐

AMOUNT

OTHER ☐

DESCRIPTION OF CONTENTS / COMMODITY CODE

PLEASE ATTACH FOUR COPIES OF A COMMERCIAL OR PROFORMA INVOICE FOR ALL NON-DOCUMENT SHIPMENTS

DECLARED VALUE FOR CUSTOMS

SPECIFY CURRENCY

DIMENSIONS (cm) LENGTH X WIDTH X HEIGHT = VOLUME

IMPORT CHARGES

DUTY OTHER TOTAL

CHARGE TO ☐ SHIPPER ☐ CONSIGNEE

ACCOUNT No.

RECEIVED BY

DATE TIME AM PM

LIMITATIONS OF LIABILITY

SHIPPER'S SIGNATURE DATE

SHIPPER'S COPY

MOORE PARAGON

14-3 상업송장

1 상업송장의 의의

상거래상 선화증권과 함께 필수적인 선적서류로 사용되는 송장(invoice)은 불어의 "envoyer"(send)에서 유래된 것으로, 상품의 매매가 원격지간에 행하여지는 경우 매도인이 매수인 앞으로 해당물품의 특성과 내용명세를 상세하고 정확하게 작성하여 송부하는 선적화물의 계산서 및 내용명세서(description of goods)이다.

국내 상거래에 이용되는 송장은 단순히 상품의 적요서나 안내장의 역할을 하지만 국제 무역의 경우에는 적요서나 안내장의 역할뿐만 아니라 매매당사자의 이름과 주소, 발행일자, 주문번호, 계약상품의 규격 및 개수, 포장상태 및 화인 등이 표시된 구체적인 매매계산서인 동시에 대금청구서(debit note)이기도 하다.

따라서 송장은 무역거래상의 필수서류로 모든 신용장에서 요구하고 있으나 유가증권인 선화증권이나 보험증권과 같이 그 자체가 청구권이 있는 서류는 아니다.

송장의 이러한 성격 때문에 어떤 경우에는 그 거래계약의 존재 및 계약이행의 사실을 입증하는 유력한 자료가 되며, 수입물품의 정확성 및 진실성을 입증하기 위한 세관신고의 증명자료가 되기도 한다.

또한, 상업송장은 신용장상에서 별도의 약정이 없는 한 계약물품의 인도를 증빙하는 선화증권의 기재내용과 일치해야 하며, 신용장에 따라 발행되는 환어음의 금액과 일치해야 한다.

▌상업송장의 의의▐

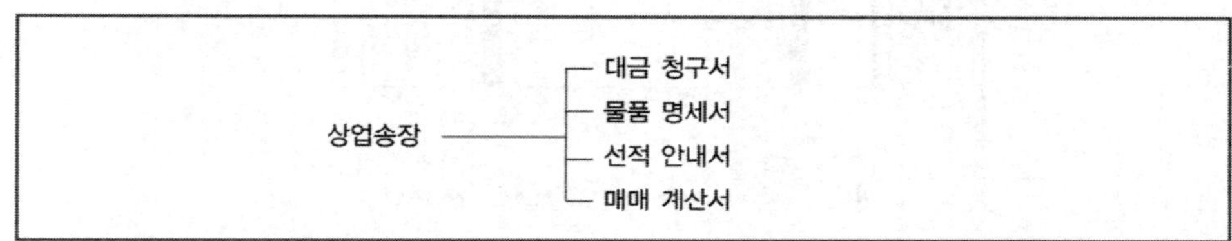

2 상업송장의 종류

송장은 그 용도에 따라 상거래용으로 작성되는 상업송장(commercial invoice)과 영사관에서 작성되거나 세관용으로 작성되는 공용송장(official invoice)으로 구분할 수 있다.

가. 상업송장(commercial invoice)

상업송장은 매매계약 성립 후 계약상품을 선적한 후 작성되는 선적송장(shipping invoice), 거래의 유치를 위한 견적용으로 사용되는 견적송장(pro-forma invoice), 위탁판매시에 사용되는 위탁판매송장(consignment invoice), 수탁판매시에 사용되는 수탁판매송장(indent invoice) 및 견본 발송시에 사용되는 견본송장(sample invoice)으로 나눌 수 있다.

우리들이 흔히 쓰는 송장이라는 것은 상업송장 중에서 선적송장을 말한다.

나. 공용송장(official invoice)

송장은 선박회사나 보험회사가 발행하는 각 증권과는 달라서 사문서이기 때문에 원래 공적 신용도가 낮다. 따라서 수출국에 주재하고 있는 수입국의 영사가 송장내용의 진실성을 증명하거나 수입국 세관당국이 정한 소정양식에 따라 작성하도록 요구되는 경우가 있다. 따라서 공용송장은 일반송장에 공적입증력을 부가시킨 것이다.

▌송장의 종류▐

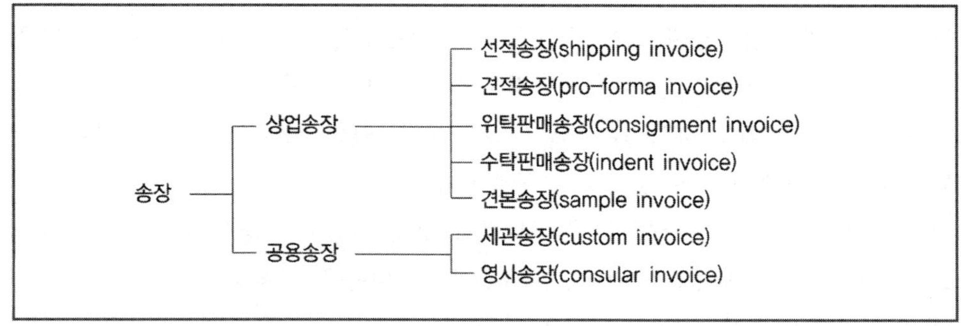

공용송장은 세관송장(customs invoice)과 영사송장(consular invoice)으로 구별되며 제5절 부속서류에서 자세히 설명하기로 한다.

3 실무상 유의사항

가. 상업송장의 상품명세

상업송장에서의 상품의 명세는 신용장에서의 명세와 일치하여야 하며 상품명세에 관한 판단은 상업송장의 명세를 기준으로 한다. 그러나 다른 모든 서류에서 상품은 신용장상의 상품명세와 모순되지 않는 일반용어로 기술될 수 있다. 그러나 상업송장상의 상품명세 중 자구 일부가 신용장의 기재와 차이가 있다고 하여도 그것이 착오기재나 오타임이 문면상 명백하여 상당한 주의를 기울이면 쉽게 알아볼 수 있는 경미한 것일 때에는 신용장조건과 일치되는 것으로 보아야 한다.

나. 신용장금액 초과작성의 금지

신용장에 별도 명시가 없는 한 은행은 신용장에서 허용된 금액을 초과한 금액으로 발행된 상업송장을 거절할 수 있다.

상업송장의 금액은 원칙적으로 신용장 금액의 범위 내에서 작성되어야 한다. 그러나 신용장에서 가격조건은 FOB나 수출상이 수입상을 대신하여 운임을 지급하거나 보험을 부보토록 하고 그 비용을 청구할 수 있도록 수권하는 경우나 매매계약 당시 약정되지는 않았으나 결국 수입상이 부담할 성격의 추가비용 발생시에는 부득이 송장금액이 신용장 금액을 초과하게 된다.

이러한 경우에 지급·인수 또는 매입은행이 비록 상업송장 금액이 신용장 금액을 초과하여 작성되었을지라도 그 이유를 인정하여 신용장 금액을 초과하는 금액에 대하여 지급·인수 또는 매입을 하지 아니하는 조건으로 상업송장을 수리하였을 경우 그러한 수리 결정은 신용장의 모든 당사자를 구속한다.

따라서 매입은행은 신용장에서 허용된 범위 내에 해당하는 금액에 대해서만 매입하고 초과금액은 서류송달장(covering letter)에 그 내용을 명시하여 추심처리한 후 발행은행으로부터 입금이 되면 고객에게 지급한다.

다. 상업송장의 피발행인

신용장상에 별도의 명시가 없는 한 상업송장은 당해 신용장의 발행의뢰인 앞으로 작성되어야 한다. 상업송장은 당해 상품의 명세서인 동시에 대금청구서의 구실도 겸하기 때문에 대체로 신용장 발행의뢰인 앞으로 작성한다. 그러나 화물이 도착하기 전에 전매 등으로 인하여 상업송장에 기재되는 당사자가 반드시 실제 그 화물을 인수하는 자가 아닐 경우가 있다. 이러한 경우에는 신용장에 특별히 명기하여 제3자 앞으로도 송장을 발급할 수 있다.

라. 기타 심사사항

① 국내 상거래에서 사용되는 송장과 달리 국제무역에서는 구매서의 역할을 하므로 거래물품의 주요사항인 계약상품의 정확한 규격(specification of goods) 및 개수, 포장상태 및 화인(marks) 등이 상세하게 표시되어야 한다.

② 송장은 수입지에서 화물수취안내서와 수입물품의 진실성 및 정확성을 입증하기 위한 세관신고의 증명자료가 된다. 따라서 모든 송장은 과세표준액 산정에 가장 중요한 자료가 되므로 수입통관시 수입업자에게 불이익이 초래되지 않도록 정확히 작성되어야 한다.

③ 계약상품의 순단가, 부대비용, 할인료, 지급방식, 지급시기 등을 구체적으로 명기한 매매계산서 및 대금청구서로서 송장상의 발행금액은 환어음(bill of exchange)의 발행금액과 일치하여야 한다.

④ 일반적인 기재사항의 누락은 없으며 운송서류, 보험서류 등 다른 서류의 기재내용과 일치하여야 한다.

⑤ 상업송장은 가격계산서 역할을 하므로 계산내용이 기재된다. 신용장 통일규칙 제34조에 의거 서류의 정확성에 대하여 은행이 면책되므로 계산의 정확성을 검사할 의무가 있다고 보기는 어려우나 명백한 계산착오임에도 주의를 태만히 하면 책임을 부담할 가능성이 크다고 ICC는 해석하고 있으므로 확인하는 것이 좋다.

마. 상업송장의 기재사항

상업송장은 수출상이 작성하여 외국환은행을 통하여 환어음 및 당해 선적서류와 함께 수입상에게 보내지는데, 우리나라의 경우 상업송장 등 무역관련양식은 1975년 10월에 행정개혁위원회에서 통일된 바 있고 주요 기재사항은 다음과 같다.

① 수출상(Shipper/Exporter)
매수인에게 상품을 판매하는 개인 또는 법인의 이름과 주소를 기재하며, 대미 상업송장에는 우측 상단에 Manufacturer's I.D. Code를 기재하여야 한다.

② 개설의뢰인 또는 수화인(For Account & Risk of Messrs. or Consignee) 상업송장 양식상의 "For Account & Risk of Messrs."로 기재되어 있을 시는 수출물품을 인도받을 신용장상의 개설의뢰인의 이름과 주소를 기재하며, 또는 동 양식상에 "Consignee"라고 기재되어 있는 경우에는 운송서류상에 기재된 수화인과 동일해야 한다.
즉 신용장에 기명식이 아닌 지시식 선화증권을 요구하는 'to order of A", "to the order of A Bank" 등으로 표시된 때에도 선화증권과 동일한 "to order of A", "to the order of A Bank" 등으로 기재하여야 한다.

③ 도착통지처(Notify Party)

④ 선적항(Port of Loading)

⑤ 최종목적지(Final Destination)
B/L의 설명과 같다.

⑥ 선박(또는 비행기)명

⑦ 출항예정일(Sailing on or about
화물을 적재한 선박이나 비행기가 출발하는 년, 월, 일을 기재하며, 통상 B/L이나 Air waybill상의 선적일자와 일치시켜야 하나, 송장 작성시점에서는 선적일자를 정확히 알 수 없으므로 예상되는 선적일자의 5일 전후로 기재하면 된다.

⑧ 송장번호 및 일자(No. & Date of Invoice)
매도인이 송장에 부여한 참조번호 및 송장발행일을 기재한다.

⑨, ⑩ 신용장 번호, 발행일 및 발행은행(No. & Date of L/C, L/C Issuing Bank)

신용장 발행은행명, 발행일 및 번호를 기재한다.

⑪ 기타 참고사항(Remarks)

거래상대방이 신용장이나 계약서에서 별도로 요구한 사항을 기재하며, 대미 수출시는 Special Customs Invoice 제출 대신 이 난에 원산지를 기재하기도 한다.

⑫ 화인, 포장개수(Marks & No. of Pkgs)

화인은 관련서류와 포장상품의 대조 점검을 용이하게 하고 화물을 도착시까지 신속하고 안전하게 운송할 수 있도록 간단하게 표시하여야 하며, 포장종류당 포장화물의 개수와 각 물품의 포장형태를 drum, bale, box, case, bundle 등으로 기재한다.

⑬ 상품명세(Goods Description)

물품명세란에는 규격, 품질, 등급 등 해당물품에 대한 정확한 명세를 기재하여 다른 어떤 물품과도 명확히 구별할 수 있어야 하며, 동 물품명세는 신용장상의 표현과 완전히 일치하여야 한다(UCP 제18조 C항).

⑭, ⑮, ⑯ 수량, 단가 및 금액(Quantity/Unit, Unit Price and Amount)

송장금액 계산의 기초가 되는 최소단위당 수량, 단위수량당 가격을 기재하며, 단위당 단가에 수량을 곱하여 총금액을 계산한다. 그러나 제반비용을 첨가하여야 하고, 대량구입에 따르는 할인이 있으면 차감하여 송장상의 금액은 수입업자가 꼭 부담하여야 할 실채무액이 표시되어야 한다.

그리고 L/C상의 금액은 상업송장에 기재될 수 있는 최고 금액을 의미하므로 신용장상에 별도의 명시가 없는 한 은행은 신용장이 허용하는 금액을 초과한 금액으로 발행된 상업송장의 수리를 거절할 수 있다.

⑰, ⑱ 송장 작성자의 주소 및 서명

▌예시 3-9▌ 상업송장

COMMERCIAL INVOICE

1. Shipper/Exporter GOLDEN BELL COMPANY LIMITED GPOBOX 7423 SEOUL SKOREA	8. No. & Date of invoice 9309PKHD-333C SEP. 17, 20 9. No. & Date of L/C 681020/RRK/DA SEP. 09, 20
2. For Account & Risk of Messrs. H A ENTERPRISES 544 ADAMJEE DAWOOD ROAD KARACHI.	10. L/C Issuing Bank HABIB BANK LTD, F.EXCH BR, KARACHI PAKISTAN:
3. Notify Party 1) SAME AS ACCOUNTEE 2) HABIB BANK LTD, F.EXCH BR, KARACHI PAKISTAN:	11. Remarks: * SHIPMENT BY STEAMER * WE HEREBY CERTIFY THAT MERCHANDISE IS OF KOREA ORIGIN (.) * GOODS ARE IMPORTABLE UNDER THE H S CODE NO 3902.2000 AND IMPORT REGISTRATION NO(S) W069482 * LICENCE NO(S)
4. Port of loading BUSAN, KOREA 5. Final destination KARACHI, PAKISTAN	
6. Carrier SOCOL 8 /9353 7. Sailing on or about SEP. 17, 20	

12.Mark & No.of PKGS	13.Description of goods	14.Quantity/unit	15.Unit-price	16.Amount
640BAGS			CANDF KARACHI	
HIGH DENSITY POLYETHYLENE	HIGH DENSITY POLYETHYLENE GRADE NO 3080 PACKED IN 25 KGS ORIGINAL MANUFACTURERS PRINTED BAGS ASPER INDENT HAN/428/H/93 DT 29.7.93 OF M/S VINMAR POLYMERS KARACHI.			
		16 M/TONS	USDL 586/- PER MTON	USDL9,376/-
	TOTAL	16 M/TONS		USDL9,376/-

17.
C.P.O. BOX 7423 SEOUL KOREA
Telex : K27453, 22935 KOMITE
Cable Address : GOLDENTRAMITE SEOUL
Telephone Nos.: (02) 729-3791

18. GOLDEN BELL CO., LTD.
Signed by
K.W. KIM / GENERAL MANAGER

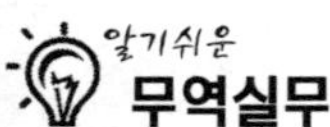

14-4 보험서류

본 절에서는 운송서류, 상업송장과 함께 선적서류를 구성하는 기본서류 중의 하나인 보험서류의 의의와 종류별 유의사항 등에 대하여 설명하기로 한다. 그리고 육상, 항공, 해상 그리고 복합운송 등의 운송방법 중에서 가장 많이 이용되고 있는 해상운송 과정상 발생되는 해상손해와 그 부보범위 등에 대해서는 제9장 해상보험과 협회적하 보험약관을 참고하기 바란다.

1 개요

가. 보험서류의 의의

일반적으로 보험(insurance)이란 어떤 우연한 사고에 의하여 발생하는 손해를 경제적으로 보전해 주기 위하여 동종의 위험을 느끼는 다수의 경제단위가 통계적 기초에 의하여 산출된 보험료를 갹출하여 예기치 못한 사고의 발생에 공동으로 대비하는 제도를 말한다.

국제무역거래는 국내와는 달리 물품의 이동거리가 멀고, 또한 대부분 위험이 큰 해상운송에 의해 운송될 뿐만 아니라 매매당사자간에 언어, 관습, 법률 및 통화제도를 달리하고 있으므로 그 위험도 훨씬 크고 복잡다양하다. 화물운송 중에 발생할 수도 있는 각종 위험으로부터 보전할 필요가 생기는데 보험회사가 이 역할을 수행하는 것이다.

따라서 보험서류는 보험회사인 보험자가 보험기간 중 화물운송 도중에 발생할 수 있는 사고로 인하여 보험목적물에 손해가 발생하였을 경우에 그 손해를 보전할 것을 약속하고 피보험자는 그 대가로 보험료를 지불할 것을 약속하는 증서이다.

이러한 보험서류는 먼저 신용할 수 있는 보험회사를 선정하여 규정된 신청서를 작성하여 제출하면 보험회사에서는 신청서를 검토하여 보험요율을 정하고 보험료를 지급하면 보험증권 등이 발행되며 보험계약이 성립된다.

보험서류는 모든 신용장에 필요한 것이 아니고 매도인에게 부보의무를 부과하는

C.I.F.계약과 C.I.P.계약에서 필요로 하는 서류이다. F.O.B.계약 C.F.R.계약 등에서는 운송 중의 위험을 매수인이 부담하기 때문에 매도인은 부보할 필요가 없다.

나. 보험의 당사자

보험의 당사자란 보험계약에 직접 관계되는 자를 말하는 것으로 보험자, 보험계약자, 피보험자가 있다.

보험자(insurer, assurer)란 손해의 보전을 약정하고 보험서류를 발행하는 보험회사를 말하며 수리가 가능한 보험서류는 보험회사(insurance companies)나 보험인수업자(underwriters) 또는 그 대리인에 의하여 발행 서명된 보험서류에 한한다.

보험계약자(policy holder)는 보험회사와 계약을 체결하고 보험료를 지불하는 자를 말하며, 피보험자(insured, assured)는 피보험이익(insurable interest)을 갖고 피보험재산에 손해가 발생하면 보험자로부터 보험금을 지급받는 자이다.

보험계약자와 피보험자는 무역거래에 있어 대개 별개이며 CIF계약에서는 수출업자는 보험계약자, 수입업자는 피보험자가 된다.

만일 수출업자가 자신을 피보험자로 하여 보험계약을 하여 보험자로부터 보험증권이 발행되어졌다면 수출업자가 배서(endorsement)하여 수입업자에게 양도하는 형식을 취한다.

한편 FOB나 CFR 계약인 경우에는 처음부터 수입업자가 자기를 피보험자로 하여 보험자와 보험계약을 체결한다.

이 밖에 보험회사의 대리인으로서 보험사고 발생시 보험금을 지급하는 보험결제대리인(claims settling agent)이 있으며, 통상 피보험자의 소재지에 있는 자를 지정한다.

다. 보험서류의 종류

보험서류에는 보험증권(insurance policy), 보험증명서(certificate of insurance), 부보각서(cover note) 등이 있으며, 보험증권에는 포괄보험계약에 따라 발행되는 예정보험증권(provisional policy, open policy)과 확정보험계약에 따라 발행되는 확정보험증권(definite policy)으로 나뉜다. 이들 제 서류 중 신용장거래에 있어서 제공될 수 있는 것은 신용장에 특별히 구체적으로 명시된 것과 똑같아야 하며, 보험회사나 그 대리인 또는 보험인수업자가 발행 내지는 서명한 보험증권 또는 보험증명서이어야 하며, 부보각서는 신용장 등에서 허용하지 않는 한 수리가 거절된다.

2 보험증권

가. 의의

보험계약자의 신청을 보험자가 승낙하면 보험계약은 성립되고, 보험자가 통상 보험증권(insurance policy; I/P)을 발행한다. 보험증권은 보험계약 성립의 증거로서 보험자가 보험계약자의 청구에 의하여 교부하는 것으로 보험증권은 유가증권은 아니며 다만 증거증권이며 매도인이 부보하여 발급받은 것을 손해발생시 매수인이 보험금을 청구하기 때문에 유통증권(negotiable document)이어야 하며, 통상 배서 내지 인도에 의하여 양도된다.

우리나라에서 사용되고 있는 보험증권은 영문 보험증권으로서 종전까지는 영국의 해상보험단체인 Lloyd's가 제정한 Lloyd's S.G. Form이었으나, 최근에 Lloyd's S.G. Form이 폐기되고 협회화물약관(institute cargo clause; ICC)이 개정되어 새로운 보험증권양식이 국제적으로 사용됨에 따라 우리나라에서 과도기로서 1983년 3월부터 신증권과 종전증권을 병행하여 사용하고 있다. 보험증권은 보험계약을 체결한 증빙서류로서 계약내용과 계약당사자가 증권상에 나타난다. 해상보험을 체결할 때 고지사항 모두가 명확한 경우에는 확정보험증권(definite insurance policy)이 발행되고, 불명확한 사항이 있는 경우에는 예정보험(provisional insurance)계약을 체결하고 예정보험증권(provisional insurance policy) 또는 포괄예정보험증권(open policy)을 발행받는다.

보험증권도 선화증권과 마찬가지로 복본 전통으로 발행되는바 통상 2통으로 발행되며 그 중 어느 1통에 의하여 보험채무가 이행되었을 때 나머지 보험증권은 무효가 되며, 증권에는 상법에 규정된 다음의 법정기재사항을 기재하여야 한다.

① 피보험자의 주소와 성명 또는 상호
② 선적항과 도착항
③ 선박명 및 국적
④ 보험기간을 정하였을 때 그 시기와 종기
⑤ 보험금액과 그 지급지

⑥ 보험료
⑦ 보험의 목적물과 보험약관
⑧ 보험증권의 작성지와 작성 연월일

나. 보험증권의 해석원칙

① 수기문언 우선의 원칙

보험증권에 기재된 수기문언은 타자된 문언, 스탬프 문언, 인쇄된 문언에 우선하여 적용된다.

② 판례 및 당사자 의사의 존중원칙

과거의 판례와 계약 당사자간의 의사에 따라서 해석된다.

③ POP의 원칙

보험증권상의 문언은 학문적, 이론적으로 해석되어서는 안 되고, 평이하면서(Plain), 통상적으로(Ordinary) 그리고 통속적으로(Popular) 해석되어야 한다.

④ 동종제한의 법칙

보험증권에서는 서로 비슷한 뜻을 지닌 단어들이 나열되는 경우가 많은데, 이들 단어들은 다른 뜻을 지니고 있는 것이 아니라 앞의 단어와 유사한 뜻을 지니고 있는 동일한 종류로서 해석하는 것을 동종제한의 원칙이라 한다.

⑤ 문언작성자 불이익의 원칙

일반상거래에서 문언상의 애매모호한 점으로 인하여 야기되는 문제 문언을 작성한 사람에게 불리한 방향으로 해석하는 것을 말한다.

3 보험증명서

보험증명서(insurance certificate)는 개개의 보험내용이 미확정된 예정보험계약에 의하여 보험회사가 포괄적인 예정보험증권(open policy)을 교부하고, 동 예정보험증권을 근거로 개개의 보험사실이 확정될 때마다 그 보험의 확정사실을 증명하여 보험계약자에게 발행하는 증명서이다. 즉 플랜트기자재 수출과 같이 일정기간 동안의 대량적이고도 반복적인 수출입거래의 경우에 선적시마다 개별적인 보험에 부보하지 않고 수출입상이 보험회사와 일정조건의 예정보험계약을 체결하여 예정보험증권을 교부받고, 실제 물품이 선적되어 확정보험사실이 발생할 때마다 동 예정보험증권을 근거로 보험회사로부터 발급받는 증명서로서 시간과 비용이 절약되고 수수료가 저렴하기 때문에 근래 점차 일반화되고 있다.

보험서류에 대해서 신용장 통일규칙 제28조에서는 신용장에서 명시된 보험서류이어야 하며 보험회사나 보험인수업자 또는 그 대리인에 의하여 발행 서명되어야 한다고만 규정하고 있다. 따라서 신용장에서 보험증권만을 요구하는 경우에는 보험증명서는 수리되지 않지만 신용장에서 막연히 insurance document를 요구하거나 명시적으로 보험증명서상에 동 open policy가 선적일자 이전에 발급되고 보험증명서상에 동 open policy의 번호, 일자 등이 기재되어 있으면 그 수리가 인정되는 것이 특징이다.

실무상 대개의 신용장은 수익자가 보험증권이나 보험증명서 중 어느 것이나 택일하여 제시할 수 있도록 명시하고 있다. 보험증명서도 보험증권과 마찬가지로 배서에 의해 양도할 수 있다.

4 부보각서(附保覺書)

부보각서(cover note)란 보험중개인(insurance broker)이 발행한 것으로 보험료의 영수증을 겸한 보험의 예약각서에 불과하며, 보험의 수혜자와 보험회사간의 법적관계를 분명히 정하고 있지 않을 뿐만 아니라 보험중개인은 보험회사에 비하여 그 자산과 신용이 낮기 때문에 부보각서는 신용장에서 특별히 허용하지 아니하는 한 수리할 수 없다.

또한 보험자가 cover note를 발급할 수도 있는데, 이는 보험료를 납부할 경우 당해 보험을 인수할 것을 승낙한다는 의미에서 보험승인서 또는 보험인수승인장이라고도 한다.

5 실무상 유의사항

보험서류는 운송서류와 함께 선적서류를 구성하는 중요한 기본서류이므로 은행은 제시되는 보험서류의 형식, 발행인, 부보일자, 부보조건 등 그 내용을 면밀히 검토하여야 한다.

가. 부보일자

신용장에 별도의 명시가 없거나 보험서류에 부보의 효력이 늦어도 상품의 본선적재, 발송 또는 수탁일로부터 발효된다고 표시되어 있지 않는 한 은행은 운송서류에 표시된 화물의 본선적재, 발송 또는 수탁일 이후의 일자가 표시되어 제시된 보험서류는 수리거절한다. 즉, 보험서류의 일자는 B/L상의 선적일, 기타 발송서류의 발송일, 복합운송서류의 수탁일과 최소한 같거나 그 이전이어야 한다. 이러한 일자보다 후일자일 경우에는 선적 등의 일자와 부보일자 사이에 사고가 발생하면 그 기간의 보험이 cover되지 않기 때문이다.

나. 표시통화와 부보금액

신용장에 보험서류가 요구되어 있을 때에는 이에 표시할 통화는 원칙적으로 신용장면에 표시된 통화와 일치하지 않으면 안된다. 신용장에 표시된 통화 이외의 통화로 부보하려면 신용장에 그 취지가 명시되어 있어야 한다.

한편, 보험서류에는 만일 사고가 발생했을 경우에 그 손해에 대하여 보험자가 부담할 금액의 한도를 표시하는 보험금액(insurance amount)이 표시되어 있지 않으면 안된다. 따라서 부보를 요하는 최저금액은 당해 상품의 C.I.F.가격에 희망이익 10%를 가산한 금액이므로 그 금액에 합당한 보험서류이라야 수리될 수 있다. 다만 CIF 또는 CIP 가격을 산출할 수 없을 때에는 송장금액과 어음금액 중 큰 금액에 대하여 부보하여야 한다.

다. 면책비율(franchise)

면책비율이 적용되지 않는다는 면책비율부적용(irrespective of percentage: IOP)

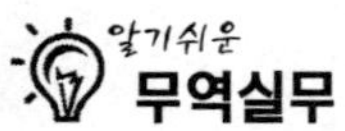

조항이 신용장에 표시되어 있지 않는 한 면책비율조항이 기재된 보험서류를 정당한 서류로 인정하여 수리한다. 면책비율조항은 화물에 손해가 발생하면 일정비율 미만의 손해에 대하여 보험자가 담보책임을 면하는 소손해 면책비율(franchise)로 손해가 일정금액 한도를 초과하는 경우 일정률을 공제하는 소손해 공제면책비율(deductible franchise)과 공제하지 아니하는 비공제면책비율(non-deductible fran- chise)로 구분된다.

① 공제면책비율[deductible franchise, excess(deductible)]

손해가 일정면책비율에 달했을 때 초과하는 부분의 손해액에 대해서만 담보하겠다는 면책비율이다. 예를 들면 3% 품목인 경우 5%의 손해가 났을 때 5% - 3% = 2%만 보전하는 면책비율이다. 기재 예를 보면, "To pay the excess of the percentage specified in the policy", "Average payable in excess of 3%", "Warranted free of particular average under 5% which is deductible" 등이다.

② 비공제면책비율(non-deductible franchise)

손해가 일정면책률에 달하지 않을 때에는 담보하지 않으나 그 이상인 경우에 면책률을 금액에서 공제하지 않고 손해의 전부에 대하여 담보한다. 예를 들면, 3% 품목에서 6%의 손해가 난 경우 원칙은 6% - 3% = 3%만 담보하면 되는 것이나, 6% 전부를 담보하는 것이며 2% 손해시에는 담보하지 않는다. 기재 예는 "Subject average(average payable) if amounting to 3%", "To pay average if amounting 5% on each 250 bags" 또는 "Free from particular average unless amounting to 5% each to bales seperately insured" 등이다.

라. 보험서류의 점검사항

① 보험증권의 법적 기재사항의 누락은 없는가?
② 정당한 발행권자인 보험회사나 보험인수업자 또는 그 대리인에 의해 발행되고 서명된 full set(통상 2통)가 제시되었는가?
③ 신용장에서 별도 명시가 없는 한 부보일자는 운송서류의 선적일, 발송일, 수탁일 이전인가? 다만 보험의 효력이 늦어도 선적일, 발송일 또는 수탁일로부터 유효

한다고 입증되는 때에는 수리가능하다(신용장 통일규칙 제28조).

④ 신용장에 별도 명시가 없는 한 부보금액은 CIF 또는 CIP 가격의 110%로 되어 있는가?

⑤ 보험금액의 표시통화 및 부보금액은 신용장 조건과 일치하는가?

⑥ 위험은 신용장에서 요구한 조건대로 부보되어 있는가?

⑦ 배서를 요하는 경우 배서는 누락되지 않았는가?

⑧ 선명, 출항예정일, 선적항, 양륙항, 상품명, 수량 등 기타 제반 기재사항은 신용장 조건과 일치하고 다른 서류와는 상치되지 않는가?

마. 보험증권의 기재사항

〈예시 3-10〉의 해상보험증권의 기재내용을 살펴보기로 한다.

① 보험증권번호(Policy No.)

보험자가 피보험자에게 보험증권을 교부할 때 붙이는 일련번호이다.

② 피보험자(Assured etc)

수출입상사명을 기재하는데 CIF계약의 수출인 경우 피보험자에 대하여 별도의 약정이나 지시가 없으며 수출업자 자신을 피보험자로 하여 수출환어음 매입시에 백지배서(blank endorsement)에 의해 양도하면 된다.

③ 참고번호(L/C NO 등)

보험자가 업무상 참조하기 위한 번호로서 통상 수출의 경우에는 신용장 또는 수출신고서의 번호를, 수입의 경우에는 상업송장 또는 수입신고서의 번호를 기재한다.

④ 보험금액(Amount insured hereunder)

보험계약자가 부보한 금액으로서 보험사고가 발생하였을 때 보험자가 손해보전액, 즉 보험금으로서 지불하는 최고한도액이다. 보험금액은 당사자의 합의에 의하여 정해지지만, 보험금액은 보험가액과 동액 또는 그 이하가 되지 않으면 안된다. 보험가액과 보험금액이 동액인 경우를 전부보험, 보험금액이 보험가액의 일부인 경우를 일부보험이라고 하는데, 대부분의 해상보험은 전부보험이다. 보험금액이 보험가액을 상회하면 초과보험이 되는데 초과분은 무효가 된다. 보험금액은 보통 물품의 CIF 가격에 10%를 가산한 금액이 되며, 표시통화는 신용장상에 별다른 명시가 없는 한 신용장과 동일한 통화로 표시하여야 한다.

⑤ 보험조건(Conditions & Warranties)

어떠한 보험조건을 선택하느냐 하는 문제는 보통 수출입계약을 체결할 때에 매매당사자간의 합의에 의해 결정된다. 그리고 그 내용은 신용장이나 매매계약서에 기재된다. 그런데 이 보험조건은 화물의 종류, 포장, 운송방법, 예상항해기간 등을 감안하여 이상적인 조건으로 결정하도록 하여야 한다. 즉 구체적으로 어떠한 기본조건을 선택하고 또 화물과 수송의 특수사항을 고려하여 어떠한 부가위험을 추가할 것이며 전쟁위험과 동맹파업위험 등은 어떻게 할 것인가를 결정하지 않으면 안된다.

⑥ 보험금 지급지(Claims, if any, payable at/in)

일반적으로 수출의 경우에는 화물의 최종목적항이 기재되고 수입의 경우에는 당해 보험자명이 기재된다.

⑦ 손해사고 통지처(Survey should be approved by)

피보험화물에 손해가 발생하였을 때 지체 없이 통지하여야 할 곳인데, 수출의 경우에는 최종목적항에 있는 보험자의 대리점의 상호 및 주소가 명시되고, 수입의 경우에는 보험자명이 기재된다.

⑧, ⑨ 국내 운송수단, 적재지(Local vessel or conveyance, From(interior port or place of loading))

화물의 출하자와 선적지가 다른 경우에 출하지로부터 선적지까지의 운송화물에 대한 부보시 기재하게 되는데, ⑧은 국내운송 용구이며, ⑨는 출하항 또는 출하지이다.

⑩ 선박명(Ship or Vessel called the)

화물을 적재하는 선박명이 기재된다.

⑪ 출항(예정)일(Sailing on or about)

적재선박이 선적항을 출항하는 연월일 또는 예정 연월일을 기재한다. 특히 수출의 경우에는 선화증권상의 내용과 일치하도록 하여야 한다.

⑫, ⑬, ⑭ 선적항, 환적항, 양륙지(at and from, transhipped at, arrived at)

선적항, 환적이 있는 경우 환적항과 양륙항을 기재한다.

⑮ 최종목적지와 운송용구(thence to)

최종목적지가 내륙지방에 있어 양륙항과 목적지가 상이한 경우, 운송약관에 따라 양륙항에서 최종목적지까지의 운송화물에 대하여 부보할 때 최종목적지와 운송용구를 기재한다. 예를 들어 양륙항이 New York이고 최종목적지가 Chicago인데 철도화차를 이용하여 운송한다면 thence to Chicago by rail과 같이 기재하고 운송용구가 불명할 때에는 land conveyance 또는 any conveyance라고 기입한다.

⑯ 부보화물명세(Subject matter insured)

화물의 품명, 수량, 화인 등을 신용장이나 선화증권상의 기재내용대로 기입한다.

⑰ 보험증권 발행지와 발행일(Place and Date signed in)

발행일은 선화증권 발행일보다 이전이 되지 않으면 안된다.

⑱ 보험증권 발행매수(Nos. of Policies issued)

보통 2통이 발행되는데, 보험자가 1통에 대하여 변제하면 나머지 1통은 무효가 된다.

⑲ 보험자의 서명

해상보험증권은 보험자 또는 보험자의 대리인에 의해 서명되지 않으면 안된다.

다만 보험자가 법인인 경우에는 법인의 인장으로 충분하다. 우리나라에서는 보험회사의 해상보험 부문의 책임자가 서명하는 것이 보통이다.

⑳ 본문약관

개정된 보험증권의 신양식의 본문약관은 종전 양식의 본문약관보다 아주 간결하게 되어 있는데, 그 내용은 준거법약관, 타보험약관, 약인약관 및 선서약관으로 되어 있다.

㉑ 난외약관

종전 양식에 있던 이탤릭 서체약관과 대치된 것으로서 Important Clause(중요사항약관)라 하는데 클레임 발생시에 피보험자가 취해야 할 각종 조치 및 절차 등을 일괄 규정하고 있다.

■ 예시 3-10 ■ 해상보험증권

HYUNDAI MARINE & FIRE INSURANCE CO., LTD.

178, SEJONGRO, CHONGRO-KU, SEOUL, KOREA CABLE: HYUNDAIMFINSURE TELEX: HDMFINS K27270 FAX : 02-735-0239

MARINE CARGO INSURANCE POLICY

Assured(s), etc. ② Kildong Trading Co;.Ltd.

Policy No. ① PK 22305

Ref. No. ③ L/C No. HK1120788

Claim, if any, payable at/in ④ HONG KONG

Claims are payable in

Amount insured hereunder ⑥ US$ 12100 (Say US dollars Twelve Thousand One Hundred)

Survey should be approved by ⑦ ITOMAN CO., LTD 801 Wing On Building 13 Des Voeux Road C HONG KONG

Conditions and Warranties ⑤ ICC(A)

Local Vessel or Conveyance ⑧

From (interior port or place of loading) ⑨

Ship or Vessel called the ⑩ Phoenix

Sailing on or about ⑪ SEP. 10. 19 .

at and from ⑫ Busan, Korea.

transhipped at ⑬

arrived at ⑭ HONG KONG

thence to ⑮

Subject-matter Insured ⑯

ORIGINAL
DUPLICATE UNPAID

GD

28 Cartons of TRAINING PANTS

S/NO:
Q'TY:
COL:
SIZE:
C/NO:
MADE IN KOREA

Subject to the following Clauses as per back hereof
☐ Institute Cargo Clauses specified above
☐ On Deck Clause
☐ Special Replacement Clause (applying to machinery)
☐ Institute Classification Clause

Marks and Numbers as per Invoice No. specified above

Place and Date signed in ⑰ Seoul, Korea. SEP. 2, 19

Numbers of Policies issued ⑱ Original 2, Copy 3

㉑ IMPORTANT
PROCEDURE IN THE EVENT OF LOSS OR DAMAGE FOR WHICH UNDERWRITERS MAY BE LIABLE
LIABILITY OF CARRIERS, BAILEES OR OTHER THIRD PARTIES

INSTRUCTIONS FOR SURVEY

DOCUMENTATION OF CLAIMS

CONDITION

⑳ Notwithstanding anything contained herein or attached hereto to the contrary, this insurance is understood and agreed to be subject to English law and practice only as to liability for and settlement of any and all claims.

This insurance does not cover any loss or damage to the property which at the time of the happening of such loss or damage is insured by or would but for the existence of this Policy be insured by any fire or other insurance policy or policies except in respect of any excess beyond the amount which would have been payable under the fire or other insurance policy or policies had this insurance not been effected.

We, HYUNDAI MARINE & FIRE INSURANCE CO., LTD. hereby agree, in consideration of the payment to us by or on behalf of the Assured of the premium as arranged, to insure against loss damage liability or expense to the extent and in the manner herein provided.

In witness whereof, I the Undersigned of HYUNDAI MARINE & FIRE INSURANCE CO., LTD. on behalf of the said Company have subscribed My Name in the place specified as above to the policies, the issued numbers thereof being specified as above, of the same tenor and date, one of which being accomplished, the others to be void, as of the date specified as above.

For HYUNDAI MARINE & FIRE INSURANCE CO., LTD.
⑲

By ______________________
AUTHORIZED REPRESENTATIVE

14-5 부속서류

운송서류, 상업송장 및 보험서류와 같은 기본서류 외에 부속서류로서 수입상은 자기 이익의 방어나 법규의 규정에 따라 필요한 서류를 매매계약의 조건으로 요구하는데, 이들 부속서류는 각 거래마다 상이하다.

신용장에서 기본서류 이외의 부속서류를 요구하는 경우에는 당해 서류의 작성자 및 그 내용 등에 대하여 명시를 하여야 하나, 그러한 명시가 없는 경우에는 제시된 서류가 상업 송장과 관련이 있다고 판단되면 은행은 제시된 대로 수리한다. 그러나 서류 상호간의 불일치는 하자로 간주되므로 서류의 제반 기재사항이 문면상 상호 일치하는지 신중히 검토하여야 한다. 통상 요구되는 부속서류의 종류는 다음과 같다.

1 포장명세서

가. 의의

포장명세서(packing list)는 수입상이나 세관에서 화물을 확인할 때 상업송장만으로는 포장단위의 내용과 중량을 정확히 알 수 없기 때문에 포장명세서는 상업송장의 보충서류로 관례적으로 선적서류에 포함시키고 있다.

포장명세서에는 선적화물의 포장 및 포장단위별 명세와 단위별 순중량, 총중량, 그리고 화인 및 포장의 일련번호 등을 기재함으로써 포장과 운송, 통관상의 편의를 위하여 수출상(매도인)이 수입상(매수인) 앞으로 작성하는 계약관련 서류 중의 하나이다.

따라서 기재내용은 상업송장에 부수하여 거래계약 성립에 따라 선적화물의 자세한 명세를 표시하여, 선적된 화물을 일목요연하게 알아볼 수 있도록 작성하는 것으로 송장을 보충하는 역할을 행하고 있다.

또한 포장명세서는 대금 관련사항을 명기하지 않고 각 규격별, 단위별로 일목요연하게 기재한다는 점을 제외하고는 송장과 별다른 차이점을 발견할 수 없다.

포장명세서의 실제 기능을 간단히 살펴보면 다음과 같다.

① 수출입통관 절차에서의 심사자료로서 활용되고 양륙지에서 화물의 처리(분류 및 판매) 단계에서 이용된다.
② 검수 또는 검량업자가 실제화물과 대조하는 참조자료로서 이용된다.
③ 개별 화물의 사고발생분에 대한 확인자료로서 사용할 수 있다.
④ 중량 외에 각각의 용량이 표시되어 있으므로 선박회사가 운송계약을 체결할 때 1차적인 기준자료로서 활용할 수 있다.

나. 기재사항

포장된 물품의 내용을 상세하게 나타내는 포장명세서는 여러 가지 품목을 선적하거나 선적물품 각 단위의 수량, 중량, 내용이 상이할 때 상업송장을 보충하여 사용되므로 대부분의 기재 내용이 상업송장과 일치한다.

① 수출상
② 수화인
③ 통지처(수입상)
④ 적재지
⑤ 최종목적지
⑥ 운송수단인 선박 또는 비행기의 명칭
⑦ 화물을 적재한 선박이나 비행기가 출발하는 일자
⑧ 상업송장 번호 및 일자
⑨ 기타참고(원산지, 계약서 번호 등)
⑩ 화인
⑪ 포장종류당 개수 등 포장형태
⑫ 물품명세(규격, 품질 등)
⑬ 수량 또는 순중량
⑭ 총중량
⑮ 용적
⑯ 작성자 서명

▌예시 3-11▐ 포장명세서

PACKING LIST

1. Shipper/Exporter GOLDEN BELL CO LTD 1 CHANGKYO-DONG, CHOONG-KU SEOUL, KOREA		8. No. & Date of invoice 9309HXPVC-056A SEP. 15, 20xx
2. For Account & Risk of Messrs. JEBSEN AND CO. LTD. CHEMICAL DIVISION, 28/F., CAROLINE CENTRE, 28 YUN PING ROAD, CAUSEWAY BAY, HONG KONG		9. Remarks : * CREDIT NUMBER : LCI-095101
3. Notify Party SAME AS ACCOUNTEE		
4. Port of loading ULSAN SEAPORT, S.KOREA	5. Final destination HONG KONG	
6. Carrier SUNNY LAUREL 319 S	7. Sailing on or about SEP. 15, 20xx	

10.Marks	11.Description	12.No. of PKGS	13.Quantity	14.Gross-weight	15.Measurement
 PVC RESIN	L33/93/137 HANYANG GRADE PVC P-1000 PACKING: 25KGS PER BAG MANUFACTURER: HAN YANG CHEMICAL CORPORATION				
		1.360BAGS	34.00MT	34.272.00KGS	54.400CBM
	TOTAL	1.360BAGS	34.00MT	34.272.00KGS	54.400CBM

16. GOLDEN BELL CO., LTD.

C.P.O. BOX 7423 SEOUL KOREA
Telex : K27453, 22935 KOMITE
Cable Address : GOLDENTRAMITE SEOUL
Telephone Nos.: (02)729-3791

Signed by [signature]
K. W. KIM/General Manager

2 영사송장(領事送狀)

영사송장(consular invoice)은 상업송장을 수출상이 수입상에게로 발행하는 사문서이기 때문에 공신력이 문제가 되므로 수출국에 주재하고 있는 수입국의 영사가 자국행 상품의 수출상에게 상업송장의 제출을 요구하고 상업송장의 기재내용이 사실과 같음을 선서하도록 한 뒤 발행한 서류이다.

상품의 수입국으로 보아 수입세액 사정의 기초가 되는 것은 상업송장인데 수입세 경감을 위해 고의로 부정한 송장을 작성할 가능성이 있으므로 대개 수출지 주재 영사의 사증을 요구하고 있다. 이 영사송장은 화물의 수입세액사정, 송장의 과다발급(over-invoicing)에 의한 외화도피, 송장의 과소발급(under invoicing)에 의한 관세포탈 및 덤핑방지와 해당 상품의 원산지, 기타 통계자료로 이용하기 위해 제출하도록 한다. 신용장에서 visaed, legalized 또는 notarized document라는 말은 영사송장과 같은 목적으로 요구되는 것이며, 다음과 같이 해석된다.

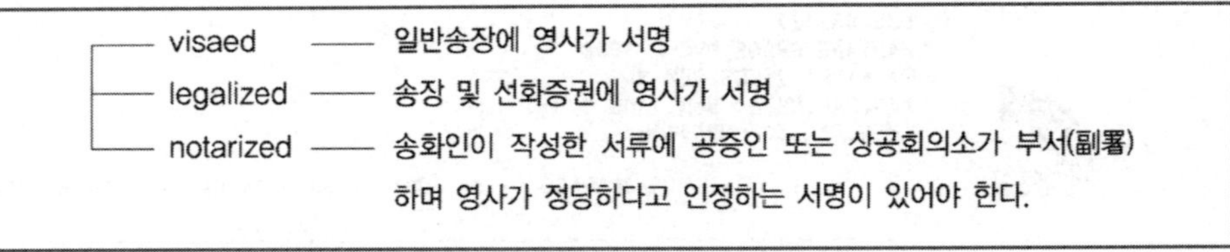

영사송장은 모든 국가에서 요구하고 있는 것이 아니고 현재 동남아 일부와 중남미 등에 수출할 때 주로 필요한데, 그 양식은 각국마다 다르며 점차 폐지되어 가는 추세이다.

3 세관송장(稅關送狀)

세관송장(customs invoice)은 통관송장 또는 관세송장이라고도 하며, 과세가격의 결정이나 덤핑(dumping)의 방지 등을 목적으로 수출상이 수입지세관에 직접 송장내용의 진실성을 선서하는 공용송장으로서 영사의 사증을 받지 않으며 수출상이 소정양식에 필요사항을 기재하고 서명하면 된다.

세관송장의 양식은 국가에 따라 차이가 있는데, 영국 연방국 세관송장은 conference invoice form이라고 부르며, 미국은 1955년 10월부터 종래의 영사 송장제도를 폐지하고 대신 특별세관송장(special customs invoice)을 사용하고 있다.

미국으로 수출하는 상품 중 가격에 의하여 세율이 적용되는 종가품의 경우 그 가격이 500달러를 초과할 때는 특별세관송장을 작성해 오다가 1985년 5월부터는 특별세관송장마저 폐지하고 상업송장상에 원산지 기재로 갈음하고 있다. 남아프리카, 오스트레일리아, 뉴질랜드 및 북미에 대한 수출에는 영사송장은 필요 없으나 특별한 양식에 의한 세관송장의 제출을 요구하고 있다.

실무상 주의할 점은 다음과 같다.

① 국가별로 양식을 달리하고 있기 때문에 반드시 수입국이 지정한 소정양식을 사용하여야 하고

② 원산지란에 "Korea" 또는 "Republic of Korea"가 기재되어 있는가 확인하여야 한다.

4 원산지증명서

가. 의의

원산지증명서(certificate of origin)는 수출화물이 당해 수출국에서 생산 또는 제조 또는 가공되었다는 것을 증명하는 공문서를 말한다. 현재 국제적으로 통용되고 있는 원산지인정 기준은 다음과 같다.

① 자국의 영토에서 채굴한 광물, 수확된 농・임산물, 사육된 축산물, 수렵물

② 자국의 영해에서 포획 또는 채취한 수산물

③ 자국 영해 밖의 해상이나 지층에서 채취한 광물 및 수산물

④ 공해상에서 자국의 국기를 게양한 선박이 포획한 수산물 또는 그 가공물

⑤ 자국에서 생산된 자재를 사용하여 제조 가공한 물품

⑥ 외국산 원자재를 사용하여 생산된 물품으로서 가공과정에서 새로운 상품적 특성이 발생된 물품, 즉 가공에 의해 새로운 상품적 부가가치가 발생된 물품 이상의 여섯가지 조건 중 어느 한 조건을 충족할 경우에는 원산지로 인정하는 것이 국제적인 관례이며, 우리나라도 이에 준하고 있다.

▌예시 3-12▐ 영사송장

FORM NO. 48
(REVISED) MAY 1977
(SUBMIT IN TRIPLICATE)

THE FOREIGN SERVICE
OF THE
REPUBLIC OF THE PHILIPPINES

ORIGINAL
No. 015535

CONSULAR INVOICE

(Place)

(Date)

Exporter/Supplier
Address
Consignee
Address
Place of Exportation Port of Loading
Country of Origin
Port of Discharge Carrier:
Date of Departure

MARK & NUMBERS	QUANTITY/ TYPE OF PACKAGES	DESCRIPTION/ PARTICULARS	(1) PURCHASE PRICE (If not purchased Current Domestic Value)	(2) HOME CONSUMPTION VALUE (If the same as in Column 1, indicate accordingly)

TOTAL (State whether FOB, FAS, C&F or CIF)

NATURE OF CHARGES	AMOUNT INCLUDED IN OR EXCLUDED FROM COLUMN: ABOVE	
	Included	Excluded
1. Ocean Freight		
2. Marine Insurance Premium		
3. Other Charge		
TOTAL		

Miscellaneous Information:

Exporter/Shipper/Manufacturer/Representative
SUBSCRIBED AND SWORN TO:

(Consular Officer)

(Post)

Fee:
O.R.No.
Date: Consular Invoice No

Consular Seal

▌예시 3-13▐ 캐나다 세관송장

Revenue Canada Revenu Canada
Customs and Excise Douanes et Accise

CANADA CUSTOMS INVOICE
FACTURE DES DOUANES CANADIENNES

1 Vendor (Name and Address)
Hanjoo Corporation,
C.P.O. Box 2020, Seoul, Korea.

4 Consignee (Name and Address)
To order of Banque National
De Paris (Canada)

5 Purchaser's Name and Address
Canadian Children's Wear
5155 Iberville St.,
Montreal, Canada.

7 Country of Origin of Goods
Republic of Korea.

8 Transportation
From : Busan, Korea.
To : Montreal, Canada.
Carrier : OOCL EXECUTIVE 26E
Sailing on or about: Mar. 29, 19 .

9 Conditions of Sale and Terms of Payment
FOB KOREA
At Sight

10 Currency of Settlement
U.S. Currency

11 No. of Pkgs	12 Specification of Commodities	13 Quantity	14 Unit Price	15 Total
< D.D.I > < > STYLE : 83760 COLOUR: BLACK SIZE : 8-16 Q'TY : 20 PCS. CARTON: 1-160	160 cartons of ADULT GIRL'S 2 PCE SKI SUIT STYLE NO. 83760 Shell : 100% Nylon Taslan tie dyed, W.P. Lining: 100% Nylon 190T. *Total N/Net Weight : 3,313 kgs. *Total Net Weight : 3,530 kgs. *Total Gross Weight : 4,036 kgs. *Total Measurement : 46.810 cbm.	3,200 sets	@$22.00	FOB KOREA/SET US$70,400.00

Commercial Invoice No. 2M-0123010L

18 Total Weight: Net 3,530 kgs. Gross 4,036 kgs.
17 Invoice Total US$70,400.00

20 Originator (Name and Address)
HANJOO CORPORATION, C.P.O. BOX 2020,
SEOUL, KOREA.
C. H. PARK / MANAGER

▌예시 3-14▐ 원산지증명서

1. Seller GOLDEN BELL CO LTD 1 CHANGKYO-DONG, CHOONG-KU SEOUL, KOREA	**ORIGINAL** **CERTIFICATE OF ORIGIN** issued by THE KOREA CHAMBER OF COMMERCE & INDUSTRY Seoul, Republic of Korea
2. Consignee TO ORDER	원 산 지 증 명 서 대한상공회의소
	4. Buyer (if other than consignee) JEBSEN AND CO. LTD. CHEMICAL DIVISION, 28/F., CAROLINE CENTRE, 28 YUN PING ROAD, CAUSEWAY BAY, HONG KONG
3. Particulars of Transport (where required) FROM : ULSAN SEAPORT, S.KOREA TO : HONG KONG BY : SEA (SEP. 15, 19. .) SUNNY LAUREL 319 S	5. Country of Origin The Republic of Korea 6. Invoice Number and Date 9309HXPVC-056A SEP. 15, 19

7. Shipping Marks	8. Number and Kind of Packages; Description of Goods	9. Quantity Gross Weight or Measurement
PVC RESIN	L33/93/137 34.00MT OF HANYANG GRADE PVC P-1000 PACKING: 25KGS PER BAG MANUFACTURER: HAN YANG CHEMICAL CORPORATION * CREDIT NUMBER : LCI-095101	34,272.00KGS

//

10. Other Information

The Korea Chamber of Commerce & Industry hereby certifies, on the basis of relevant invoice and other documents, that the above mentioned goods originate in the country shown in column 5.

CERTIFIED BY
SEP 17 19 086111
THE KOREA CHAMBER OF COMMERCE & INDUSTRY

THE KOREA CHAMBER OF COMMERCE & INDUSTRY

원산지증명서는 원래 수입상이 수입화물에 대하여 국정세율(national or general tariff)보다 싼 협정세율(conventional tariff)의 적용을 받기 위하여 필요로 하는 것이었지만, 현재에는 그 성질이 변하여 국가간의 호혜협정에 따라 수출국의 상품에 대하여 수입세를 면세 내지 감세하는 경우 및 수입국의 외환관리와 덤핑방지 등을 위하여 작성된다.

원산지증명서는 수출지에 주재하는 수입국의 영사 또는 상공회의소 내지 해당 국가의 정부기관에서 발행하고 있다.

신용장에서 원산지증명서의 작성자를 명시하지 않은 경우 통상 우리나라의 상공회의소가 발행한 원산지증명서가 제시되며 이는 제시된 대로 수리한다. 원산지증명서의 발급은 정당한 발급기관에서 발급되고, 그 내용은 다른 선적서류의 내용과 상치되지 않아야 한다.

나. 기재사항

〈예시 3-14〉의 기재내용을 설명하면, ① 수출상(Seller), ② 수화인(Consignee), ⑥ 상업송장 번호 및 일자(Invoice No. & Date), ⑦ 화인(Shipping Marks), ⑧ 포장개수 및 포장종류(No & Kind of Pkgs), ⑨ 총중량 또는 기타 수량(Gross Weight of other Quantity)에 대해서는 앞의 설명과 같다.

③ 운송관련사항(Particulars of transport: where required)

선명(또는 기명), 선적항, 도착항 및 선적일자를 기재한다.

④ 수입상(Buyer(if other than consignee))

매수인과 수화인이 다른 경우에는 매수인을 별도로 기재하며, 같을 경우에는 Same as Consignee로 표기한다.

⑤ 원산지(Country of Origin)

원산지가 한국인 경우 Republic of Korea라고 기재하며, 외국상품에 대한 원산지증명발급신청시는 동 란에 실제 원산지 국명을 표기하고 관련 증빙서류를 제출해야 한다.

⑩ 기타 사항(Other Information)

재발급, 소급발급 등 증명 발급기관에서 필요한 경우 사용하는 난이며, 증명발급시 공인날인과 번호를 부여하게 되며 어떠한 사유로도 본란을 사용해서는 안된다.

5 GSP 원산지증명서(Form A)

가. 의의

일반특혜관세제도(generalized system of preference; GSP)란 개발도상국의 수출확대 및 공업화촉진을 위하여 선진제국이 개도국으로부터 수입하는 농수산품 및 공산품에 대하여 아무런 조건 없이 무관세 또는 저율의 관세를 부과하는 관세상의 특혜대우를 말하며, 일반적, 무차별적, 비상호주의적인 특혜관세제도를 말한다.

GSP 원산지증명서(GSP certificate of origin; GSP C/O Form A)란 이러한 일반특혜 관세제도하에서 특혜관세 공여국인 선진국이 개발도상국에서 수입하는 특정상품에 대한 특혜관세 적용을 목적으로 당해국에서 생산, 제조, 가공된 상품임을 구분하기 위하여 징구하는 서류로서 마산, 익산 수출자유지역 사무소 및 시·도지사가 발급한다.

특혜관세 적용상품은 매년도 품목별 일정수입한도(ceiling)를 해당국별로 정하여 그 한도까지는 저율의 특혜관세를 적용하고, 초과분에 대하여는 기본관세를 적용하여 수입을 제한하고 있으며, 최근 선진국들의 우리나라에 대한 특혜관세 수입 한도는 점차 철폐 또는 감소되고 있다.

현재 우리나라는 2010년 4월부터 GSP수혜국에서 GSP공여국으로 전환되어 개발도상국 약 150여개국에 GSP혜택을 부여하고 있다.

한편 특혜관세를 수혜받고자 함에 있어 상품이 GSP수혜국에서 실질적 변경이 이루어졌느냐의 여부를 판단하는 구체적인 원산지 인정기준으로는 가공도 기준과 부가가치 기준의 두 가지가 있으며, GSP수혜국에서 수출된 상품이 제3국 경유 중에 가공과정을 거치는 것을 방지하기 위한 목적으로 직접운송요건을 두고 있다.

① 가공도 기준(transformation criteria)

2차상품에 있어서 여러 나라의 원료와 노동력을 첨가하여 생산한 경우 통상원료의 상품분류 부호와 최종 완제품의 상품분류 부호가 달라지게 가공을 행한 나라를 원산국으로 인정하는 것으로 EC, 일본, 북유럽구제국, 스위스, 오스트리아 등이 적용하고 있다.

② 부가가치 기준(value added criteria)

수출상품의 수입원료와 완제품간의 제조과정에서 형성되는 일정률 이상의 부가가치를 부가한 나라를 원산국으로 인정하는 것으로 적용 국가에 따라서 기준율이 다르다. 미국, 캐나다, 뉴질랜드 등이 이 기준을 적용하고 있다.

나. 실무상 유의사항

개발도상국이 특혜관세의 적용을 받기 위하여는 공여국의 원산지기준, 운송요건 등을 충족하고 있음을 증명하는 서류를 제출하여야 하는바, UNCTAD에서는 일반특혜관세 원산지증명서(GSP C/O Form A)라는 양식을 제정하여 사용토록 하였다.

따라서 수혜국의 수출자는 Form A 양식대로 제반사항을 기재 서명하고 발급기관의 확인을 받아 선적서류와 함께 수입자에게 송부하여야 하는데, 이때 Form A의 세 번째 사본 이면에 인쇄되어 있는 Form B를 작성하여 수입국의 원산지 기준을 충족시키는지를 확인시켜 주어야 하며, Form B의 작성만으로는 정확한 원산지 기준 충족여부를 판단하기 어려워 우리나라에서는 기준별 사실 신고서를 작성 제출하도록 요구하고 있다.

다. 기재사항

(1) GSP 원산지 증명서 (Form A)

〈예시 3-15〉 의 기재사항을 설명한다.

① 수출상(Goods consigned from)

수출신고서상의 수출자, 주소 및 국명을 기재한다.

② 수화인(Goods consigned to)

화물수취회사명, 주소 및 국명을 기재한다. L/C거래의 경우 L/C상에 화물인수에 관한 특별한 지시가 없는 경우에는 L/C발행의뢰인을 기재하며 특정인을 지시한 경우에는 동 특정인을 기재한다.

③ 운송방법과 운송경로(Means of Transport and route(as far as known))

화물의 운송방법에 대해서는 출발항이 부산이고 도착항이 런던일 경우는 "From Busan To London"이라고 기재하며, 다른 곳을 경유할 때는 동 경유지를 표기한다.

④ 예외발급시 기재(For Official Use)

Form A의 예외적인 발급지 증명발급기관에서 기재하는 란으로 재발급의 경우는 "Duplicate", 소급발급은"Issued Retrospectively"라고 기재한다.

⑤ 수출상품의 일련번호(Item No.)

수출상품의 종류가 여러 가지일 경우 상품 종류별로 분류하여 그 일련번호를 기재한다. 예를 들면 수출상품이 섬유류, 신발류일 경우, 이들 품목의 관세번호를 기재하는 것이 아니라 상품별 일련번호를 기재한다.

⑥ 화인 및 포장개수(Marks & Nos. of Pkgs)

앞의 설명과 같다.

⑦ 포장상품 내역(No. & Kind of Pkgs)

⑧ 원산지기준 표시(Origin Criterion)

원산지기준을 기재하는 란으로 동 란의 기재가 잘못될 경우 GSP수혜를 받지 못하는 경우도 있으므로 작성시 유의해야 한다. 모든 GSP수혜품목은 당해 수출국의 완전생산품이거나 수입원자재 사용시에는 수출국 내에서 원산지 기준을 충족시켜야 하며, 기재방식은 다음과 같다.

- 완전생산품의 경우

  수출생산품이 수출국의 완전생산품인 경우 호주와 뉴질랜드를 제외한 전 공여국은 "P"라고 기재하며, 호주와 뉴질랜드는 기재할 필요 없이 공란으로 둔다.

- 수입원자재 사용 생산품의 경우

  수출상품이 수입원자재를 사용한 생산품일 때에는 공여국별로 기재방법이 상이하다. 캐나다의 경우에는 "F"라고 기재하고 그 옆에 당해 수출상품의 부가가치율을 표기하며, 호주와 뉴질랜드는 동 란을 기재할 필요가 없다. 한편 가공도기준 국가의 경우에는 "W"라고 기재하고 그 옆에 최종수출품의 HS6단위 번호를 기재한다.(예, "W5802.20")

⑨ 총중량 또는 기타수량(Gross Weight or other quantity)

앞의 설명과 같다.

⑩ 상업송장번호 및 일자(No. & date of Invoice)

⑪ 발급기관 확인인(Certification)

수출업체에서 기재하는 난이 아니며, 당해 수출품이 GSP공여국의 원산지기준을 충족시킨 경우 발급기관에서 이를 확인하고 증명하는 란으로 발급기관의 스탬프 및 발급담당관의 서명, 발급일자 및 발급장소 등이 표기된다.

⑫ 수출업체 서명(Declaration by the exporter)

수출국과 수입국을 기재하고 수출업체의 책임담당자가 서명, 장소 및 일자를 기재한다.

(2) Form B

Form B는 Form A의 세 번째 사본 이면에 인쇄되어 있는데, 이는 수출업체가 작성하여 Form A 발급신청시 발급기관에 제출하여야 한다. GSP원산지증명서 발급시 Form B가 작성되어야 하는 이유는 당해 수출상품이 각 공여국의 원산지기준을 충족시키고 있는지를 알아야 발급기관이 이를 증명하고 Form A를 발급해 줄 수가 있기 때문이다. 즉 수출업체는 당해 수출상품이 수입국의 원산지기준을 충족시키는지를 확인한 다음 그 충족요건을 Form B에 기재하는 것이다.

Form B의 기재항목은 3가지로 구분하여 작성하여야 한다. 즉 〈예시 3-16〉의 첫 번째 공란에는 해당수출 상품이 수입국의 원산지기준을 충족시키고 있는 요건을 설명해 주고, 두 번째 공란에는 동 충족요건을 증빙할 수 있는 증빙서류명을 기재한다. 또한 세 번째 공란에는 상기 사실들이 정당하게 작성되었다는 것을 입증하는 수출업체 담당

책임자의 서명, 일자 및 장소 등이 기재되어야 한다.

① 수입국의 원산지기준 충족요건 기재
② 상기 요건 충족 증빙서류
③ 수출업체의 서명 등

▌예시 3-15▌ GSP 원산지증명서(Form A)

1. Goods consigned from (exporter's business name, address, country)

Punghan Textile Co.,Ltd.
C.P.O. Box 8469
Seoul, Korea

Reference No SE-19-2883

GENERALIZED SYSTEM OF PREFERENCES
CERTIFICATE OF ORIGIN
(Combined declaration and certificate)
FORM A

Issued in REPUBLIC OF KOREA (country)

See notes overleaf

2. Goods consigned to (consignee's name, address, country)

Contex Ltd.,
10A Chandos Street,
London W1M 9DE/United Kingdom

3. Means of transport and route (as far as known)

From : Busan, Korea
To : United Kingdom

4. For official use

BLANK

5. Item number	6. Marks and numbers of packages	7. Number and kind of packages; description of goods	8. Origin criterion (see notes overleaf)	9. Gross weight or other quantity	10. Number and date of invoices
	USE NO HOOKS SKPH-131 B/NO.1562-1641	50,000yds (80 Bales) of, 52 pct polyester/48 pct carded cotton grey cloth Ne 30/30 76x56 94" "A" grade quality, good for dyeing. -Type of closed selvedge.-	" W " 5513-11	13,505Kgs	PH-93-149 Sep.21,1993.

MINISTRY OF TRADE, INDUSTRY & ENERGY CERTIFIED REPUBLIC OF KOREA

11. Certification

It is hereby certified, on the basis of control carried out, that the declaration by the exporter is correct.

SEOUL DATE SEP. 27.19
MINISTRY OF TRADE, INDUSTRY AND ENERGY
FOR MINISTER

Place and date, signature and stamp of certifying authority

12. Declaration by the exporter

The undersigned hereby declares that the above details and statements are correct; that all the goods were produced in REPUBLIC OF KOREA (country)

and that they comply with the origin requirements specified for those goods in the generalized system of preferences for goods exported to

United Kingdom (importing country)

Seoul, Korea. Sep.24.19

Place and date, signature of authorized signatory

▌예시 3-16▐ GSP 원산지증명서(Form B)

APPLICATION FOR CERTIFICATE OF ORIGIN

Form B

The undersigned, being the exporter of the goods described overleaf,
DECLARES That these goods were produced in REPUBLIC OF KOREA (Country)
SPECIFIES as follows the grounds on which the goods are claimed to comply with GSP origin requirements 1/

40.11

㉮ AUTOMOBILE TUBES

....

SUBMITS the following supporting documents 2/

....

㉯ ....

....

UNDERTAKES to submit, at the request of the appropriate authorities of the exporting country, any additional supporting evidence which these authorities may require for the purpose of issuing a certificate of origin, and undertakes, if required, to agree to any inspection of his accounts and any check on the processes of manufacture of the above goods, carried out by the said authorities.
REQUESTS the issue of a certificate of origin for these goods.

㉰ Place and date SEOUL, KOREA FEB. 20, 20××

.... (signature of authorized signatory)

1/ To be completed if materials or components originating in another country have been used in the manufacture of the goods in question. Indicate the materials or component used, their Brussels Nomenclature tariff heading, their country of origin and, where appropriate, the manufacturing processes qualifying the goods as originating in the country of manufacture (application of List B or of the special conditions laid down in List A), the goods produced and their Brussels Nomenclature tariff heading.

Where the origin criteria involve a percentage value, give information enabling this percentage to be verified – for example the value of imported materials and components and those of undetermined origin and the ex-factory price of the exported goods, where applicable.

2/ For example, import documents, invoices, etc., relating to the materials or components used.

▌예시 3-17▐ 기준별 사실 신고서

기준별 사실 신고서

1. 수출품의 HS No. 4013. 10 - 2000
2. 수출품의 명칭 AUTOMOBILE TUBES
3. 수출국 YOKOHAMA JAPAN
4. 원산지 기준(해당란에 ○로 표시할것)

F( ) B( ) X( )

Y( ) P( ) W(0)

5. 수출품 HS에 관한 공여국의 특혜 원산지 적용기준 내용

LIST A의 내용 __________

LIST B의 내용 __________

6. 원산지 기준별 사실내용

별첨과 같음.

위에 기술한 내용은 사실과 상위 없습니다.

20 년 2월 20일

신 청 자 ㉤

6 GSTP 원산지증명서

가. 의의

개도국간 특혜무역제도(global system of trade preferences among developing countries; GSTP)는 제2차 세계대전 이후 국제무역질서를 유지해 온 GATT체제가 선진국 위주로 운영되어와 그동안 추진되어 온 케네디라운드, 도쿄라운드 등 다자간 무역협상이 결과적으로 개도국의 무역증진 효과보다는 선진국간의 국제무역질서 재편에 불과했다는 자각에 따라 개도국간의 실효성 있는 무역체제의 확립을 모색한 최초의 개도국만의 국제무역체계인 것이다. 따라서 GSP 원산지증명서가 개도국이 선진국으로 수출함에 있어 필요한 서류인 데 반해 GSTP 원산지증명서는 동 협정에 서명한 48개국의 개도국간에 1,550개 품목의 수출입 거래시 필요한 서류인 점이 다를 뿐이다.

GSTP협정국으로 수출하는 상품을 관세양허 받기 위해서는 협정가입국의 특혜대상 품목이고, 동 협정에서 적용하고 있는 원산지 기준요건을 갖추어야 한다. 이 기준에 의하여 특혜를 받을 수 있는 수출물품은 다음 두 가지 중 하나에 해당하여야 한다.

① 완전생산품, 즉 당해수출국 토양으로부터 재배, 추출하였거나 수확된 산품, 또는 이러한 산품으로부터 전적으로 가공 또는 제조된 생산품

② 수출물품이 원료로 투입된 생산품은 다음 부가가치 기준을 충족해야 한다.

㉮ 협정가입국 이외 수입물품이 원료로 사용된 경우 그 비율이 FOB 가격의 50% 이상 초과하지 않아야 한다.

㉯ 협정국의 특혜대우를 받을 수 있는 수입물품이 투입된 수출품인 경우 수출국에서 부가가치를 FOB 가격의 40% 이상 부과하여야 한다(부가가치통산).

나. 기재사항

기재사항은 8항 원산지기준(완전생산품 : P, 수입원자재 사용 생산품 : 부가가치기준 Y 또는 가공도기준 X)을 제외하고 GSP 원산지증명서와 동일하다.

▌예시 3-18▌ GSTP 원산지증명서

1. Goods consigned from(Exporter's business name, address, country) Gil Dong Trading Co., Ltd 159 Samsung-dong Kang anm-Ku, Seoul, Korea	Reference No. PREFERENTIAL ARRANGEMENTS AMONG DEVELOPING COUNTRIES NEGOTIATED IN GATT CERTIFICATE OF ORIGIN (Combined declaration and certificate) Issued in REPUBLIC OF KOREA (country) See Notes overleaf
2. Goods consigned to (Consignee's name, address, country) Thai Trading Co., Ltd. 394-14 Samsen Road, Bangkok, Ki ng of Thailand	
3. Means of transport and route (as far as known) By Sea From Busan to Bangkok	4. For official use

5. Item No.	6. Marks and numbers of packages	7. No. & kind of packages; description of goods	8. Origin criterion (see instructions overleaf)	9. Gross weight or other quantity	10. Number and date of invoices
5208 11	TE115 5Packages .21,22, 23,24,25	5 Carton-box Packages ; Woven Fabric of Cotton	P	5,000 pcs	TN- APr 7 1991

11. Certification It is hereby certified, on the basis of control carried out, that the declaration by the exporter is correct. Place and date, signature and stamp of certifying authority	12. Declaration by the exporter The undersigned hereby declares that the above details and statements are correct; that all the goods were produced in REPUBLIC OF KOREA (country) and that they comply with the origin requirements specified for those goods in the Preferential Arrangements Among Developing Countries' for goods exported to Kingdom of Thailand (importing country) Seoul Apr 7, 19 Place and date, signature of authorized signatory

7 검사증명서

검사증명서(inspection certificate)란 수출상과 수입상이 체결한 매매계약서상의 수출상품의 품질조건이 완전함을 증명하는 서류로서 수출검사법에 의한 검사합격증과는 다르다. 수입업자가 지정하는 사적 검사인이나 공적 검사기관 또는 국제검정기관의 증명으로 발급되는 경우가 많고 수출자 자신이 작성하는 경우도 있다.

따라서 검사증명서는 신용장에서 요구하는 검사기관에서 발급되어야 하며, 내용은 상업송장의 내용과 일치하여야 한다. 품질증명을 위하여 발행되는 품질증명서나 분석증명서 등도 검사증명서의 일종이다.

8 품질증명서

품질증명서(quality certificate)는 주로 농수산물과 같은 자연산품인 경우 같은 종류라도 규격이나 무게, 즉 그 품질이 각각 다를 수 있으므로 이들의 등급을 매겨 구분하며 그 계통의 공인검사관(official grader)에 의해 판정되고 또한 판정결과에 따라 품질증명서가 발급된다.

9 분석증명서

광산물 등의 품위와 순도 및 의약품 등의 원료구성을 분석하여 증명하는 서류이다. 예를 들어 알루미늄의 원료인 bauxite는 철광석과 같이 채굴되며 여기에는 소량의 금이 섞여 있다고 하는데 이런 경우 선적된 광석의 품위가 어느 정도 순도인가 하는 분석증명이 필요할 것이며, 의약품일 경우도 어떤 약의 구성원소를 분석한 신빙성 있는 사계의 권위자나 기관이 발급하는 분석증명서(certifcate of analysis) 등이 요구된다.

10 중량 · 용적증명서

중량 · 용적증명서(certificate of weight & measurement)란 상품의 중량, 용적에 관한 증명서로서 상업송장에 총괄적으로 표시한 것을 보충하여 상세히 기재한 서류로서 수익자가 직접 작성하는 경우와 제3자가 작성하는 경우가 있다. 이 서류는 포장명세서를 요구하지 않고 단순히 중량증명을 요구하는 경우 해상운송을 제외하고는 운송인 또는 그 대리인에 의하여 운송서류상에 부기된 중량스탬프 또는 중량표시를 수리한다. 중량증명서의 중량표시는 상업송장 및 운송서류의 중량표시와 일치하여야 한다.

11 위생증명서

위생증명서(health certificate)는 식료품, 화장품, 육류 및 의약품 등을 수출하는 경우에 수입국에서 규정한 기준에 합격되며 무균, 무해임을 증명하는 서류이다. 특히 브라질, 미국, 파나마 등으로 살아 있는 동식물을 수출하는 경우에는 위생증명서의 일종인 검역증(certificate of quarantine)을 필요로 한다. 미국에서는 FDA(food and drug administration)에서 정한 기준에 합치된다는 증명을 요구한다.

12 검역(檢疫)증명서

검역증명서(certificate of quarantine)는 주로 동식물을 수출하는 경우에 전염성균이 묻혀 들어가는 것을 사전에 방지하기 위하여 당해 물품을 고립된 장소에 일정 기간 동안 장치하여 검역을 실시한 후 발급해 주는 서류이다.

13 화물수취증

화물수취증(Forwarder's Cargo Receipt; FCR)은 선사나 선사의 대리점 등이 발행하는 운송서류가 아니고, 운송중개인이 화물을 인수했다는 사실을 확인하는 기타서류로 단순한 화물수취증 또는 화물수령증이라고 하며 신용장에서 특별히 명시되지 않는 한 수리되지 않는다.

따라서 운송서류와 관련된 UCP 19조 내지 25조까지의 조항이 적용되지 않으며, 신용장에서 FCR을 요청하였다면 선적기일 이후에 발행된 FCR도 수리될 수 있다. 다만 FCR에 선적기일을 표시하였다면 신용장상의 선적기일 이내여야 한다.

▌예시 3-19▐ 검사증명서

YURAH CORPORATION

#5C8 NAM KANG BLDG.
32-2 MUKYODONG, JUNG-GU,
SEOUL, KOREA
MAIL : C.P.O. BOX 7545 SEOUL

TELEX : K32553 YURAHCO
CABLE : "YURAHCORP" SEOUL
TEL : 757-2451/4, 754-1306
TELEFAX : (02)757-2455

OUR REF. YI-930330/A

SEOUL MAR. 30, 20××

TO WHOM IT MAY CONCERN:

INSPECTION CERTIFICATE

1. LETTER OF CREDIT : A89900
2. BUYER : CANADIAN CHILDREN'S WEAR (D.D.I. FASHION DESIGN INC.)
3. SHIPPER : HANJOO CORPORATION

THIS IS TO CERTIFY THAT THE UNDERSIGNED CARRIED OUT FINAL INSPECTION ON THE COMMODITY DESCRIBED BELOW AT THE SHIPPER'S FACTORY.

a) COMMODITY & Q'TY : ADULT GIRL'S 2 PCE. SKI SUIT S/#83760. 3,200 SETS
b) AMOUNT : US$70,400.00
c) CARRIER : OOCL EXECUTIVE 26E
d) DESTINATION : MONTREAL, CANADA
e) INSPECTION : THE ABOVE GOODS HAVE BEEN INSPECTED AT THE SHIPPER'S FACTORY AND FOUND TO BE IN ORDER GENERALLY AS PER BUYER'S INSTRUCTION ALSO QUALITY HAVE BEEN INSPECTED MERCHANDISE.

THIS INSPECTION CERTIFICATE FURTHER CERTIFIES THAT HANJOO CORPORATION SOLELY REMAINS LIABLE FOR ALL AND ANY DEFECTS ON THE ABOVE GOODS FOUND UPON RECEIPT AT DESTINATION.

YURAH CORPORATION

Yurah Corporation

J. Y. Lee
PRESIDENT

▌예시 3-20▌ 품질 · 수량증명서

14TH FL. HYONAM BLDG.
1, CHANGKYO-DONG, CHUNG-KU,
SEOUL, KOREA
TEL : 82-02-729-3791
FAX : 82-02-729-3535
TLX : K27453, K22935 KOMITE

QUALITY, QUANTITY CERTIFICATE

* IRREVOCABLE CREDIT NBR : 135E993371LC1948
* ITEM : STRIPPED PE TARPAULIN
* Q'TY : 650ROLLS
* AMOUNT : USD24,375.00
* MANUFACTURER : GOLDEN BELL CO., LTD.

WE, GOLDEN BELL, HEREBY CERTIFY THAT WE CARRIED OUT SHIPMENT UNDER CORRECT QUALITY AND QUANTITY WITH YOUR ORDER SPECIFICATION.

YOURS FAITHFULLY,

GOLDEN BELL CO., LTD.

K. W. KIM/General Manager

▮예시 3-21▮ 분석증명서

ANALYSIS CERTIFICATE

(CERTIFICATE OF QUALITY)

DJL-××091108

Issued : 20×× 09. 11.

CUSTOMER : GOLDEN BELL

PRODUCT	UNICELL-D300L
QUANTITY	TOTAL : 31.2M/T, 3 LOTS
FORWARDING	20 . 09. 01.

RESULTS

Appearance	Orange Yellow Fine Power		
Decomposition Temp (℃)	200	200	199
Gas Evolution (mℓ/gr)	232	233	229
Average Particle Size(㎛)	2.8	2.6	2.7
Moisture Content(%)	0.18	0.19	0.17
No. of Packing(F/D)	250	250	280
	**************		

We, hereby certify that the above statements are true and correct.

Sincerely yours,

DONGJIN CHEMICAL IND. CO., LTD.

TECHNICAL MANAGER

▮예시 3-22▮ 중량증명서

WEIGHT LIST

1. Shipper/Exporter GOLDEN BELL CO LTD 1 CHANGKYO-DONG, CHOONG-KU SEOUL, KOREA	8. No. & Date of invoice 9309HXPVC-056A SEP. 15, 20xx
2. For Account & Risk of Messrs. JEBSEN AND CO. LTD. CHEMICAL DIVISION, 28/F., CAROLINE CENTRE, 28 YUN PING ROAD, CAUSEWAY BAY, HONG KONG	9. Remarks : * CREDIT NUMBER : LCI-095101
3. Notify Party SAME AS ACCOUNTEE	
4. Port of loading ULSAN SEAPORT, S.KOREA / 5. Final destination HONG KONG	
6. Carrier SUNNY LAUREL 319 S / 7. Sailing on or about SEP. 15, 20xx	

10.Marks	11.Description	12.No. of PKGS	13.Quantity	14.Gross-weight	15.Measurement
PVC RESIN	L33/93/137 HANYANG GRADE PVC P-1000 PACKING: 25KGS PER BAG MANUFACTURER: HAN YANG CHEMICAL CORPORATION				
		1,360BAGS	34.00MT	34,272.00KGS	54.400CBM
	TOTAL	1,360BAGS	34.00MT	34,272.00KGS	54.400CBM

C.P.O. BOX 7423 SEOUL KOREA
Telex : K27453, 22935 KOMITE
Cable Address : GOLDENTRAMITE SEOUL
Telephone Nos.: (02)729-3791

GOLDEN BELL CO., LTD.

Signed by

K. W. KIM/General Manager

14-6 환어음

지금까지 서류 중 물품과 관련된 상업서류에 대해서 살펴보았다. 금융서류에는 환어음, 약속어음 및 영수증 등이 이용되고 있으며 여기에서는 무역거래에서 가장 많이 이용되는 환어음에 대하여 익히도록 하자.

1 환(換)의 원리와 결제방식

환이란 직접 현금을 주고받지 않고 격지자간에 대금을 결제하는 방법을 말한다. 따라서 환은 격지자간의 금전수급에 관한 거래이므로 일반적으로 원격지에 있는 자 사이의 결제 수단이며, 이 결제를 위해서 직접 현금을 수송하지 않고 제3자에 대해서 자기를 대신하여 지급하도록 위탁하든지 또는 자기가 가지고 있는 채권을 일단 제3자에게 양도하여 자기를 대신하여 채권을 징구시키든지 하는 지급위탁 또는 채권양도의 방법에 의한다.

외국환은 외국과의 대차를 결제하는 환거래이다. 따라서 외국환거래는 외국과의 대차결제를 현금을 수송하지 않고 은행의 개입에 의하여 어음이나 수표 등의 신용수단을 이용하여 행해진다.

외환에 의한 결제에는 두 가지 방식이 있다. 그 하나는 결제에 있어서 채무자가 주도권을 쥐고 그 채무를 상환하는 방식이며, 또 다른 하나는 반대로 채권자가 주도권을 쥐고 그 채권을 회수하는 방식이다. 전자는 채무자가 은행을 통하여 채권자에게 대금을 보내는 경우인데 이것을 송금(remittance)에 의한 방식(또는 순환방식)이라고 하며, 후자는 채권자가 은행을 통하여 채무자로부터 채권을 회수하는 경우인데 이것을 추심(collection)에 의한 방식(또는 역환방식)이라 한다. 이들 두 방식이 국가간의 결제에 사용되지만, 이 가운데 송금방식은 무역외거래의 대금결제 또는 이전수지관계의 대금결제에 많이 이용되고 추심방식은 무역거래의 대금결제에 주로 이용된다.

순환의 대표적인 것이 송금환이며 여기에는 우편환·전신환·송금환어음(송금수표 포함)이 사용되며, 역환에는 환어음이 가장 많이 이용되고 있다.

2 환어음의 의의

어음에는 환어음(bill of exchange)과 약속어음(promissory note)의 두 종류가 있는데 무역거래에 사용되는 것은 환어음이다. 일반적으로 환어음이 국내결제수단으로 사용될 경우에는 내국환이라고 하는데, 본질적으로는 내국환과 외국환 사이에 아무런 차이도 없다. 그러나 그것이 본질적으로 동일하다 하더라도 채권자와 채무자가 거주하는 국가가 다르거나 환어음의 지급장소와 발행장소가 국제적으로 상이함에 따라, 환어음은 내국환어음(inland bill of exchange)과 외국환어음(foreign bill of exchange)으로 구분된다. 따라서 엄격한 의미에 있어서 무역거래에 사용되는 환어음은 외국환어음이다.

환어음이란 채권자인 어음의 발행인(drawer)이 채무자인 지급인(drawee)에 대하여 일정기일에 일정한 장소에서 그 채권 금액을 지시인 또는 소지인(bearer)에게 무조건 지급할 것을 위탁하는 요식 유가증권이다. 따라서 지급청구서(a demand for payment)의 역할을 한다.

그러므로 환어음은 다음과 같은 성질을 가지고 있다.

첫째, 채권자가 채무자 앞으로 작성하고 서명한다.

둘째, 일람출급 또는 기한부로 작성된다.

셋째, 서면으로 작성하여야 한다.

넷째, 무조건적으로 작성하여야 한다. 즉, 조건을 부기할 수 없다.

국제간의 환어음 거래는 1882년 영국에서 제정된 환어음법(Bill of Exchange Act 1882)과 국제상업회의소(ICC)에 의해 제정된 추심에 관한 통일규칙(Uniform Rules for Collection, 1995)에 의해 처리되고 있다. 이러한 외국환어음에 따르는 어음행위의 효력은 원칙적으로 행위지의 법률에 의해 처리하게 되어 있다. 따라서 우리나라에서 발생한 어음행위는 우리나라 어음법이 적용되며 외국에서 발생한 어음행위는 그 나라의 어음 관계법을 따르게 되는 것이다.

환어음은 대금결제 기간에 따라서 일람출급어음과 발행 후 일정기간이 경과한 후 지급되는 기한부어음 등으로 구분할 수 있다.

또한 환어음이 신용장조건에 의하여 다른 서류와 함께 발행되면 화환어음(documentary bill of exchange)이고, 선적서류가 첨부되지 않은 것은 무화환어음(clean bill of exchange), D/A, D/P 등과 같이 추심할 경우 발행되는 환어음은 추심

어음(bill of documentary collection)이라고 한다.

환어음은 은행에 제출시 통상 2통이 제시된다. 이 때에 어음은 first bill of exchange와 second bill of exchange가 set로 되어 제시되어야 하며, 그 중 하나가 결제되면 나머지는 자동적으로 효력을 잃게 된다.

3 환어음의 당사자

환어음의 주요당사자는 다음과 같이 구별할 수 있다.

① 발행인(drawer)

어음을 발행하고 서명하는 자, 즉 채권자인 수출자

② 지급인(drawee)

환어음의 지급을 위탁받은 신용장 발행은행 또는 수입상

③ 수취인(payee)

환어음의 지급을 받을 자로서 발행인이 될 수도 있고 발행인이 지정하는 제3자도 될 수 있으나 통상 신용장에 근거를 두고 발행하여 외국환은행에 매입을 의뢰하는 경우의 수취인은 동 서류를 매입한 외국환은행이 된다.

4 환어음의 기재사항

환어음은 요식증권이므로 반드시 일정한 형식을 갖추어야 하며, 무인증권으로서 어음상의 권리도 추상적인 것이므로 다른 유가증권에 비하여 엄격한 형식이 요구되고 있다. 어음의 기재사항에는 어음이 성립하는 데 반드시 기재되어야 할 사항, 즉 필수기재사항과 이를 기재하지 않아도 어음의 효력에 영향이 없는 사항, 즉 임의기재사항이 있다.

필수기재사항은 그 중 어느 하나라도 누락이 되면 어음으로서의 법적 효력이나 구속력을 갖지 못하게 된다.

(1) 필수 기재사항

가. 환어음의 표시

어음법에서 환어음임을 표시하는 문자의 기재를 요구하는 것은 이 증서가 어음, 특히 환어음임을 표시하기 위한 것이다. 따라서 증권의 문언 중에 환어음이라는 것을 표시한 문구, 즉 영어로 작성할 때에는 Bill of Exchange가 기재되어야 한다. 이 문구는 어음면상부의 Bill of Exchange로서는 부족하며 반드시 증권의 본문 자체 중 또는 문장 중에 기재되어야 하는데, 다음 환어음의 예시에서 보는 바와 같이 the First(or Second) Bill of Exchange가 기재되어야 한다.

나. 일정금액의 무조건 지급위탁 문언

일정한 금액을 지급하라는 조건 없는 위탁문언(unconditional order in writing)이 표시되어야 한다. 보통 "pay to ~ the sum of ~"가 이에 해당하며, "to" 다음에는 수취인(payee)이 기재되며 통상 매입은행이 된다. 그리고 "the sum of" 다음에 금액을 표시하여야 한다. 이것은 지급하는 데 무슨 조건을 붙이거나 지급자금이나 지급방법을 한정시키는 문언이 기재되어서는 안된다는 뜻이다.

다. 지급인의 표시

지급인은 지급을 위탁받은 자로서 보통 신용장 발행은행이나 발행의뢰인(수입자)이 되며 어음상의 "TO" 이하에 기재된다.

• 환어음 예시 : 〈예시 3-23〉 참조

라. 지급만기일의 표시

어음만기일(tenor)의 표시방법에는 다음의 4가지가 있으며 어음상 "at ~ sight of"의 at 다음에 기재된다.

① 일람 출급(at sight)

어음의 지급인에게 제시하는 날이 어음만기일이 된다.

② 일람 후 정기출급[at ~ days (or months) after sight]

어음의 지급인(인수인)에게 제시된 날로부터 일정기일이 지난 후에 어음의 만기일이 된다.

③ 발행일자 후 정기출급[at days(or months) after B/L date (or draft date)]

어음이 발행되고 난 후 일정기일이 지난 후 어음의 만기일이 된다.

④ 확정일 출급(an a fixed date)

어음상에 만기일을 기재하고 있는 어음을 말한다.

마. 지급지(place of payment)

지급지는 실제로 존재하는 지역이어야 하며 현존하지 않는 지역을 기재한 경우에는 어음이 무효가 된다. 지급지의 기재가 없으면 지급인의 명칭에 부기한 지역을 지급지로 하며 영미법에서는 지급지의 표시는 임의기재사항이다.

▌예시 3-23▌ 환어음

NO. 1234 **BILL OF EXCHANGE** Date: April 14, 19xx Seoul, Korea

FOR US$4,224.71

AT 90 DAYS AFTER B/L SIGHT OF THIS FIRST BILL OF EXCHANGE (SECOND OF THE SAME TENOR AND DATE BEING UNPAID) PAY TO KOREA EXCHANGE BANK, OR ORDER THE SUM OF US DOLLARS FOUR THOUSAND TWO HUNDRED AND TWENTY FOUR CENTS SEVENTY ONE ONLY.

VALUE RECEIVED AND CHARGE THE SAME TO ACCOUNT OF USHA ELECTRONICS (INDIA) PVT. LTD. A-137, OKHLA, PHASE-II, NEW DELHI-110020.

DRAWN UNDER INDIAN OVERSEAS BANK F-47, JANPATH NEW DELHI.

L/C NO. 065/IOBK/31/93-94 DATED 1/11/

TO USHA ELECTRONICS (INDIA) PVT LTD. A-137, OKHLA, PHASE-II, NEW DELHI-110020

SAM-A ALUMINIUM CO., LTD.
Kye Dong Son
KYE DONG SON
PRESIDENT

NO. 1234 **BILL OF EXCHANGE** Date: April 14, 19xx Seoul, Korea

FOR US$4,224.71

AT 90 DAYS AFTER B/L SIGHT OF THIS SECOND BILL OF EXCHANGE (FIRST OF THE SAME TENOR AND DATE BEING UNPAID) PAY TO KOREA EXCHANGE BANK, OR ORDER THE SUM OF US DOLLARS FOUR THOUSAND TWO HUNDRED AND TWENTY FOUR CENTS SEVENTY ONE ONLY.

VALUE RECEIVED AND CHARGE THE SAME TO ACCOUNT OF USHA ELECTRONICS (INDIA) PVT. LTD. A-137, OKHLA, PHASE-II, NEW DELHI-110020.

DRAWN UNDER INDIAN OVERSEAS BANK F-47, JANPATH NEW DELHI.

L/C NO. 065/IOBK/31/93-94 DATED 1/11/

TO USHA ELECTRONICS (INDIA) PVT LTD. A-137, OKHLA, PHASE-II, NEW DELHI-110020

SAM-A ALUMINIUM CO., LTD.
Kye Dong Son
KYE DONG SON
PRESIDENT

바. 수취인(payee)의 표시

어음금액의 지급을 받을 자 또는 지급을 받을 자를 지시할 자의 표시로 다음과 같이 4가지가 있으며, 은행업무에서는 주로 지시식이 이용되고 있다.

① 기명식 : pay to Korea xxx Bank

② 지시식 : pay to Korea xxx Bank or order, pay to the order of Korea xxx Bank

③ 소지인식 : pay to bearer

④ 선택무기명식 : pay to Korea xxx Bank or bearer

우리나라의 어음법에서는 ③, ④는 무효이나 영미법에서는 이를 인정하고 있다.

사. 발행일 및 발행지의 표시

어음의 발행일은 신용장의 유효기일 이내라야 하며, 발행지의 표시는 어음법 적용의 근거가 된다.

아. 발행인의 기명날인 또는 서명

어음은 행위지법에 따르도록 되어 있으므로 발행인의 기명과 날인 또는 서명이 있어야 한다.

(2) 임의 기재사항

임의 기재사항은 어음 자체의 효력에는 아무런 영향을 미치지 않으나 어음의 성격과 내용을 명확히 하기 위하여 그 기재를 요하는 것이며, 신용장에서 별도의 기재를 요구하는 경우에는 반드시 기재하여야 한다.

가. 대가수취 문구

대가수취 문구란 "value received and charge the same to account of ~"가 그것인데 이 문언은 어음발행인이 어음의 대가를 영수하였으며 동 대가에 해당하는 어음금액을 ~ 계정으로부터 징수를 요한다는 뜻으로 "account of ~ "의 공란에는 신용장 발행의뢰인의 명칭이 기재된다.

나. 신용장에 관한 문구

신용장에 의하여 발행되는 어음에는 "drawn under ~ L/C No.dated ~"라는 문구를 기재한다.

다. 파훼 문구

복수어음(set bill)은 각 통이 똑같은 법적 효력을 가지고 있으나 어느 1통에 대하여 지급이 이루어지면 다른 것은 자동적으로 무효가 된다. "this First Bill of Exchange(Second of the same tenor and date being unpaid)", "this First Bill of Exchange(Second unpaid)" 등이 그것이다.

여기에서 "First" 또는 "Second"는 통상 2통 발급되는 환어음의 복본번호의 표시이며, 이와 같이 2매 이상 발행되는 Bill을 Set bill, 1매만 발행되는 경우를 Sola bill이라고 한다.

이러한 번호가 없으면 복본으로 발행되더라도 양자가 독립적으로 유통된다.

라. 어음번호

특별한 의미는 없고 다만 후일 참조할 경우가 생길 때 편리하게 하기 위해서 기재한다.

마. 복기금액

"The Sum of ~" 이하에 표제금액을 문자로 복기한다. 표제금액(숫자금액)과 복기금액(문자 금액)이 일치하여야 하지만, 만일 불일치할 때에는 문자에 의한 금액이 우선한다.

바. charge to Account of

이것은 은행이 지급인에게 지시하는 내용으로서 당해 환어음이 지급인에 의하여 결제되면 그 자금은 "Account of ~" 이하에 기재되는 자로부터 차기하라는 의미이다.

따라서 "Account of ~" 이하는 신용장상의 Accountee가 기재된다. 이 문구는 법적인 필수 문구는 아니나 오랜 상관습상 계속 사용되고 있다.

사. 기타 기재사항

① D/A, D/P 표시

D/A, D/P 계약서 방식인 경우에는 어음에 화환어음의 종류를 표시하여야 하며 신용장거래의 경우에는 기재할 필요가 없다.

② 이자문구

신용장에서 이자문구의 기재를 요구하는 경우 어음의 여백에 표시한다.

③ 거절증서작성 면제문구

신용장 등에서 요구하는 경우 "waived protest" 또는 "protest waived"를 기재한다.

④ 무담보문구(without recourse to drawer)

신용장에서 무담보문구의 기재를 요구하는 경우에는 어음여백에 "without recourse to drawer"를 기재한다. 미국이나 영국에서는 어음상에 지급무담보 문언을 기재하면 발행인은 그 어음의 지급거절을 당해도 상환의무를 지지 않으나 우리나라의 어음법상에서는 하등의 효력이 없다. 우리나라에서는 어음법 제9조에서 소구권의 행사는 언제든지 가능하도록 규정하고 있는 한편, 국제사법 제17조에서는 어음의 효력은 행위지법에 따른다고 명시하고 있어 환어음의 부도반환의 경우 어음의 소구권행사는 국내에서 이루어지므로 어음의"without recourse"란 기재가 있더라도 소구권을 행사할 수 있다.

5 환어음의 유통

환어음의 유통방식에는 배서(endorsement)에 의한 경우와 교부(delivery)에 의한 경우가 있다. 우리나라의 경우는 선택무기명식이나 소지인식은 인정하지 않으므로 배서에 의한 유통방식만 인정되고 있다.

환어음의 배서방식에는 다음과 같은 경우를 들 수 있다.

① 기명식배서(special endorsement)

다음에 배서할 자를 명시하여 배서하는 방식으로 이러한 배서가 있는 어음을 다시 유통시키기 위해서는 다음 배서인인 피배서인의 배서가 다시 필요하게 된다.

② 백지식배서(blank endorsement)

피배서인을 명시하지 않고 단순히 배서하는 방식으로 'Pay to the order'로 단순하거나 문언의 기재 없이 약식으로 백지배서하는 경우가 있다.

③ 조건부배서(conditional endorsement)

조건이 있는 배서는 조건이 없는 것으로 간주한다.

④ 추심위임배서

환어음을 수입지 추심은행 앞으로 추심의뢰하는 경우이며, 'pay to the order of ~ Bank for collection'으로 기재한 후 배서한다.

6 실무상 유의사항

신용장에서 규정하고 있는 환어음에 관한 사항은 일반적으로 환어음의 발행인, 지급인, 지급기일 및 어음금액이다. 그러나 환어음에는 어음법상의 필수기재사항이 있으므로 이들 필수기재사항과 당해 신용장에서 특별히 요구한 임의기재사항을 중심으로 다음 사항을 점검한다.

① 어음의 2매 1조(set bill) 발행여부 및 어음발행일 확인

어음의 발행일은 신용장의 유효기일 이내에서 선적일자 이후이며 어음의 발행일을 특정일로 지정한 경우(예 : B/L date)에는 동 지정일이 된다.

② 어음금액은 신용장의 유효금액 범위이내이며 상업송장금액과 일치하는가?

어음금액의 표시는 문자(wording)와 숫자로 병기하되 반드시 일치하여야 하며, 신용장에서 별도 명시가 있는 경우를 제외하고는 환어음의 금액은 상업송장금액과 일치하여야 하는 한편 표기통화명도 신용장의 통화명과 일치하여야 한다.

③ 기한부어음인 경우 기간 또는 기한은 정확히 표시 또는 선정되었는가?

④ 신용장발행은행명, 발행일자와 지급인은 정확히 표시되었는가?

⑤ 어음발행인의 기명날인 또는 서명은 제출된 서명감과 일치하는가?

⑥ 어음은 타신용장과 병행하여 발행된 것은 아닌가?

신용장에서 별도 명시가 없는 한 타신용장과 병행하여 발행한 어음은 수리할 수 없으며, 신용장에서 "combined shipment with other credits acceptable"과 같은 표시가 있으면 하나의 어음을 발행할 수 있으나 실무상 신용장별로 어음을 발행하는 것이 무난하다.

실무사례

지금까지 배운 신용장 및 서류에 대한 기본지식을 바탕으로 서류심사 실습을 해보기로 한다. 이 실습은 수입실무중 신용장과 무신용장에 의한 서류인도업무와 수출실무중 선적서류의 매입업무에서 서류심사 능력을 제고시키는 데 도움이 되리라 본다.
다음에 제시된 서류는 홍콩에서 파나마로의 수출거래로서 발행은행 Banko Binko의 신용장 번호 1234에 대하여 제시된 서류들이다. 서류에 어떤 하자가 있는지 검토하고 하자의 이유에 대하여 설명해 보기 바란다.

〈제시 서류의 명세〉

1. 신용장 No. 1234
2. 환어음
3. 상업송장
4. 원산지증명서
5. 선화증권

하자의 내용

서류명	하자의 내용 및 이유
환어음	
상업송장	
원산지증명서	
선화증권	

▌예시 1▌ 신용장

Name of Issuing Bank:
Banko Binko
Panama, Rep. of Panama

Irrevocable Documentary Credit — Number: 1234

Place and Date of Issue: Panama, May 29, 1994

Expiry Date and Place for Presentation of Documents
Expiry Date: June 17, 1994
Place for Presentation: Hong Kong

Applicant:
Importadores Electronicos S.A.
147 Avenida San Jose
Panama, Rep. of Panama

Beneficiary:
Electronic Distributors Associates
217 Des Voeux Road, Central
Hong Kong

Advising Bank: Reference No
Asian International Bank and Trust Co.
Hong Kong

Amount: Approximately USD110,000.-

Partial shipments ☐ allowed ☒ not allowed

Transhipment ☐ allowed ☒ not allowed

☒ Insurance covered by buyers

Credit available with Nominated Bank: Freely Negotiable
☐ by payment at sight
☐ by deferred payment at:
☐ by acceptance of drafts at:
☒ by negotiation

Shipment as defined in UCP 500 Article 46
From: Port of Hong Kong
For transportation to: Puerto Armuelles, Panama
Not later than: June 9, 1994

Against the documents detailed herein
☒ and Beneficiary's draft(s) drawn on
Banko Binko
Panama, Rep. of Panama

Signed Commercial Invoice

Certificate of Origin

Full set of clean "on board" ocean bills of lading consigned to Transitarios Panama,

Covering:
Televisions, VCRs, Video Recorders and spare parts of Japanese origin and 10,000 VHS cassettes of Chinese origin as per purchase order 1714-X, CFR Puerto Armuelles, Panama, INCOTERMS 1990

Draft to be marked "Drawn under Banko Binko, Panama Documentary Credit 1234 issued on May 29, 1994"

Documents to be presented within ☐ days after the date of shipment but within the validity of the Credit

We hereby issue the Irrevocable Documentary Credit in your favour. It is subject to the Uniform Customs and Practice for Documentary Credits (1993 Revision, International Chamber of Commerce, Paris, France, Publication No. 500) and engages us in accordance with the terms thereof. The number and the date of the Credit and the name of our bank must be quoted on all drafts required. If the Credit is available by negotiation, each presentation must be noted on the reverse side of this advice by the bank where the Credit is available.

Name and signature of the Issuing Bank
Banko Binko
Panama, Rep. of Panama

This document consists of [1] signed page(s)

▮예시 2▮ 환어음

Draft

USD122,500.- Hong Kong, June 18, 1994

At Sight

Pay to the order of: Electronic Distributing Associates

One hundred twenty-two thousand five hundred US Dollars

For Value Received and charge same to account of

To:
Banko Binko
Panama

Electronic Distributing Associates

▮예시 3▮ 상업송장

Electronic Distributing Associates

June 17, 1994

Sold to: Importadora Electronica S.A.
Panama, Rep of Panama

Terms: Documentary Credit

Invoice N° 741 **Contract N° 1714**

Packaging	**Description**	**Price**
1 Container	Televisions, VCRs, Video Recorders	USD 100,000.-
	VHS cassettes	USD 5,500.-
	FOB Factory	USD 105,500.-
	Handling	USD 150.-
	Freight	USD 16,850.-
	Total C & F Panama	USD 122,500.-

Electronic Distributing Associates
Hong Kong Consolidators Inc., as agents

▌예시 4▌ 원산지증명서

Cosigner Electronic Distributing Associates, Hong Kong Consolidators, Inc., as agents	No. HK 764187 / Original Certificate of Origin
Consignee : Banko Binko Panama, Rep. of Panama	Country of Origin : JAPAN
Transport details Ocean MV Altamares	
Item, number, marks, number and type of packages, description of goods: Container Containing Televisions, VCRs, Video Recorders and spare parts and 10,000 VHS cassettes as per purchase order 1714	
The undersigned authority certifies that the goods described above originate in the country shown above. PANAMANIAN - HONG KONG CHAMBER OF COMMERCE Place and date of issue, name and signature of competent authority June 9, 1994, Hong Kong Panamanian - Hong Kong Chamber of Commerce	

▌예시 5▌ 선화증권

For multimodal transport or port to port shipment

Shipper : Electronic Distributing Associates, Hong Kong Consolidators, Inc., as agents	**Voyage N°** 59E **??? N°** 7 **Shipper's reference :** EDA-PA 4576
Consignee : To order of Transitarios Panama	**Carrier :** *PHK Lines*
Notify address (carrier not responsible for failure to notify): Importadora Electronica S.A. 147, Avenida San Jose Panama, Rep. of Panama	**Place of receipt (Applicable only when document used for MULTIMODAL transport) :**
Ocean Vessel : M/V Altamares **Port of loading** Hong Kong **Port of discharge** Puerto Armuelles Panama	**Place of delivery (Applicable only when document used for MULTIMODAL transport) :**

Container Nos. Seal Nos; Marks and Nos.	Number and type of packages; description of goods	Gross weight (kg)	Measurements (cbm)
1 Container	TVs, VCRs, Spare Parts and Cassettes ON BOARD June 9, 1994		

ABOVE PARTICULARS AS DECLARED BY SHIPPERS

Total No. of Containers/Packages received by the Carrier	Shippers declared value
1	USD 122,500

Movement :

		Collect
Freight and charge		
Freight and charge		
Origin THC /LCL Charge		
Sea Freight		
Sea Freight		
Destination Land Freight / Transp. Add'l		

Collect USD16,800.-

Appropriate columns to be marked by "X"

RECEIVED from the Carrier from the Shipper in apparent good order and condition (unless otherwise noted herein) the total number or quantity of Containers or other packages or units indicated in the box opposite entitled "Total No of Containers/Packages received by the Carrier" for carriage subject to all the terms and conditions hereof (INCLUDING THE TERMS AND CONDITIONS ON THE REVERSE AND THE TERMS AND CONDITIONS OF THE CARRIER'S APPLICABLE TARRIF) from the Place of Receipt or the Port of Loading, whichever is applicable, to the Port of Discharge or the Place of Delivery, whichever is applicable. In accepting this document the Merchant expressly accepts and agrees to all its terms and conditions whether printed, stamped or written, or otherwise incorporated, notwithstanding the non-signing of this document by the Merchant.

Freight payable at :	Place and date of issue : Hong Kong - June 9, 1994
Number of Originals issued 1	Signature XYZ Company as agents

제시된 서류를 심사한 결과 모두 24건의 하자를 지적할 수 있음을 알 수 있다.

거래내용	하자의 내용 및 이유
환어음	1. credit expirde : E/D 19 x x. 6월 17일이 지난 6. 18일 제시 2. overdrawing : US$121,000 이내여야 하나 US$1,500 초과 3. payee's name : Electronic Distributors Associates가 정당 4. drawer's name : Electronic Distributors Associates가 정당 5. drafts not claused L/C No., issuing date and bank name
상업송장	1. beneficiary's name : Electronic Distributors Associates가 정당 2. applicant's name : Impotadores Electronicos S.A.가 정당 3. purchase order No. : 1714 . X가 정당 4. not covered shipment of spare parts 5. not mentioned thr origin of thr goods 6. shipping terms : CFR Puerto Armulles, Panama가 정당 7. not signed by the seller, Eldectronic Distributors Associates
원산지증명서	1. consignor's name : Electronic Distributors Associates가 정당 2. consignor's name : Transitarios, Panama 3. country of origin : Japan and China가 정당 4. purchase order No. : 1714 . X가 정당
선화증권	1. shipper's name : Electronic Distributors Associates가 정당 2. consignee's name : Transitarios, Panama가 정당 3. notify party's name : Impotadores Electronicos S.A.가 정당 4. not included the shipment of video recorders 5. overdrawing : US$121,000 이내여야 정당 6. shipping terms : CFR Puerto Armulles, Panama가 정당 7. freight amount : US$16,800로서 상업송장과도 일치시켜야 함. 8. capacity of agent : as agents 다음에 for the carrier 또는 for LHK Lines 가 추가되어야 정당

1. 신용장 예시 해설

Name of Issuing Bank: ③
Banko Binko
Panama, Rep. of Panama

Irrevocable Documentary Credit ①
Number: 1234 ②

Place and Date of Issue: Panama, May 29, 20xx. ④

Expiry Date and Place for Presentation of Documents ⑤
Expiry Date: June 17, 20xx,
Place for Presentation: Hong Kong

Applicant:
Importadores Electronicos S.A.
147 Avenida San Jose
Panama, Rep. of Panama

Beneficiary: ⑦
Electronic Distributors Associates
217 Des Voeux Road, Central
Hong Kong

Advising Bank: ⑥ Reference No
Asian International Bank and Trust Co.
Hong Kong

Amount: ⑧ Approximately USD110,000.-

Partial shipments [ ] allowed [X] not allowed ⑨

Transhipment [ ] allowed [X] not allowed ⑩

[X] Insurance covered by buyers ⑬

Credit available with Nominated Bank: Freely Negotiable ⑪
[ ] by payment at sight
[ ] by deferred payment at
[ ] by acceptance of drafts at
[X] by negotiation

Against the documents detailed herein ⑫
[X] and Beneficiary's draft(s) drawn on
Banko Binko
Panama, Rep. of Panama

Shipment as defined in UCP 500 Article 46 ⑭
From Port of Hong Kong
For transportation to Puerto Armuelles, Panama
Not later than June 9, 20xx

Advice for the Beneficiary

⑮

Signed Commercial Invoice

Certificate of Origin

Full set of clean "on board" ocean bills of lading consigned to Transitarios Panama,

⑯

Covering:
Televisions, VCRs, Video Recorders and spare parts of Japanese origin and 10,000 VHS cassettes of Chinese origin as per purchase order 1714-X, CFR Puerto Armuelles, Panama, INCOTERMS 2010

⑰

Draft to be marked "Drawn under Banko Binko, Panama Documentary Credit 1234 issued on May 29, 20xx

Documents to be presented within [ ] days after the date of shipment but within the validity of the Credit ⑱

We hereby issue the Irrevocable Documentary Credit in your favour. It is subject to the Uniform Customs and Practice for Documentary Credits (2007 Revision, International Chamber of Commerce, Paris, France, Publication No. 600) and engages us in accordance with the terms thereof. The number and the date of the Credit and the name of our bank must be quoted on all drafts required. If the Credit is available by negotiation, each presentation must be noted on the reverse side of this advice by the bank where the Credit is available. ⑲

Name and signature of the Issuing Bank ㉑
Banko Binko
Panama, Rep. of Panama

This document consists of [1] signed page(s) ⑳

① 신용장의 종류 : 취소불능(irrevocable) 화환(documentary)신용장
② 신용장 번호 : 1234
③ 신용장 발행은행 : Panama에 소재한 Banko Binko
④ 신용장 발행일자 및 장소 : 20××. 5월 29일 파나마
⑤ 신용장의 유효기일 및 제시장소 : 20××. 6월 17일이며, 서류제시장소는 수출지인 홍콩임.
⑥ 수입상 : Panama의 Impotadores Electronicos S.A.이며 명칭에 유의
⑦ 수익자 : Hong Kong의 Electronic Distributors Associates이며 명칭에 유의
⑧ 신용장 금액 : 'approximately'가 있어 UCP 600 제30조 a항에 따라 상하 10%를 허용하므로 US$99,000 ~ US$121,000 범위 내에서 환어음 발행 가능
⑨ 분할선적 여부 : 금지
⑩ 환적 여부 : 금지
⑪ 신용장의 사용방법 : 일람지급(sight payment), 연지급(deferred payment), 인수(acceptance), 매입(negotiation) 신용장 중 매입신용장이며, 매입은행 지정 여부는 'freely negotiable'이므로 자유매입신용장임.
⑫ 환어음 조건 : 어음기간 표시가 없으므로 Sight조건이며, 발행은행인 Banko Binko, Panama를 지급인으로 하는 환어음을 제시하는 조건
⑬ 보험부보 여부 : 수입상이므로 수출상은 보험서류를 제시할 필요가 없음.
⑭ 선적항, 도착항 및 선적기일 : 홍콩항, 푸에르토 아물레스항, 20××. 6월 9일
⑮ 서류의 명세
- 사인이 된 상업송장 원본 1부
- 원산지증명서 원본 1부
- 무하자 본선적재된 해상선화증권 원본 3통을 제시하고 Consignee란에 'Tansitarios, Panama'로 표기

⑯ 상품 명세 : 원산지가 일본인 TV, VCR, VTR과 동 부품
중국이 원산지인 VHS Cassettes 1만 개, 계약서 번호 1714 - X
가격조건은 Incoterms 2010에 의한 CFR Puerto Armulles 조건
⑰ 환어음상의 부기 : 신용장 발행은행, 발행일자, 번호 기재
⑱ 서류제시기간 : 명시가 없으므로 선적일 이후 21일 이내 제시
⑲ 신용장통일규칙 준수문구 등 : UCP 600 명시, 매입은행은 신용장 매입시 신용

장 뒷면에 매입내역을 기재요망

⑳ 신용장 발행매수 : 1매

㉑ 발행은행의 인증 : 신용장 발행 책임자의 서명

2. 환어음 예시 해설

BILL OF EXCHANGE ①

③ USD122,500.-　　　　Hong Kong, June 18, 20xx ②

④ At Sight

Pay to the order of: ⑤ Electronic Distributing Associates

③ One hundred twenty-two thousand five hundred US Dollars

For Value Received and charge same to account of ⑥

To: ⑨
⑦ Banko Binko
Panama

⑧ Electronic Distributing Associates

① 환어음의 표시 : 'Draft' 또는 'Bill of Exchange'이어도 좋음

② 발행지 및 발행일 : 수출지인 홍콩, 발행일이 20××. 6월 18일로 되어 있으나 신용장 유효기일인 6월 17일 이내에 제시되어야 하므로 신용장 유효기일이 경과되어 하자임(credit expired).

③ 금액 : US$122,500이 발행되어 최고 발행한도 US$121,000보다 US$1,500 초과 발행되어 하자임(overdrawing).

④ 어음조건 : Sight조건으로 일치함.

⑤ 수취인(payee) : 국내에서는 통상 매입은행이 기재되나, 은행을 통하지 않고 수출상이 신용장 발행은행 앞 직접 제시하는 경우에는 수출상 본인이 기재되어야 한다. 그러나 명칭이 'Electronic Distributing Associates'로 표기되어 있어 'Distributors'가 불일치하여 하자임(name of payee).

⑥ 수입상의 표시 : 임의 기재사항이므로 하자는 될 수 없으나 통상 "to account of" 이하에 수입상을 표기함.

⑦ 지급인 : 신용장 조건대로 발행은행인 Banko Binko, Panama이므로 일치함.

⑧ 발행인 : 수출상인 'Electronic Distributors Associates'가 발행하여야 하나, 앞의 5항과 마찬가지로 명칭이 불일치하여 하자임(name of drawer).

⑨ 발행근거 표시 : 신용장상에 환어음의 여백에 신용장 발행은행, 발행일자 및 번호를 명기하도록 하는 조건이 있으나 환어음상에는 누락되어 하자임(drafts not claused "credit number, issuing date and bank name").

따라서 환어음상의 하자는 모두 5건이다.

3. 상업송장 예시 해설

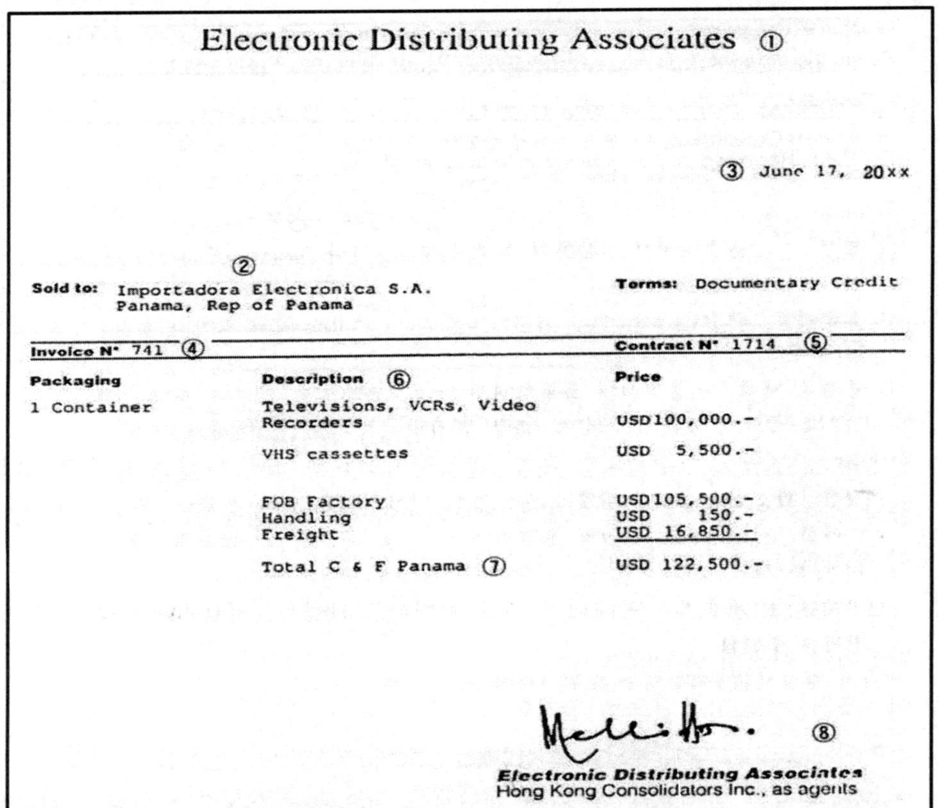

Electronic Distributing Associates ①

③ June 17, 20xx

②
Sold to: Importadora Electronica S.A.
Panama, Rep of Panama

Terms: Documentary Credit

Invoice N° 741 ④ Contract N° 1714 ⑤

Packaging	Description ⑥	Price
1 Container	Televisions, VCRs, Video Recorders	USD 100,000.-
	VHS cassettes	USD 5,500.-
	FOB Factory	USD 105,500.-
	Handling	USD 150.-
	Freight	USD 16,850.-
	Total C & F Panama ⑦	USD 122,500.-

⑧
Electronic Distributing Associates
Hong Kong Consolidators Inc., as agents

① 수출상의 명칭 : 'Electronic Distrbutors Associates'이나 Distributing이 잘못 표기되어 있어 하자임(beneficiary's name).

② 수입상의 명칭 : "Impotadores Electronicos S.A."이나 "Impotadora Electronica S.A"로 잘못 표기되어 있어 하자임(applicant's name).

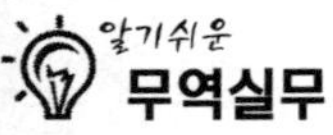

③ 송장 발행일 : 20××. 6월 17일로 신용장 유효기일 이내이므로 하자가 아님.

④ 송장 번호 : 하자와 무관함.

⑤ 계약서번호 : 신용장상에 "1714 – ×"이나 "1714"로 기재되어 있어 하자임 (purchase order number).

⑥ 물품의 명세 : 신용장상의 물품명세와 일치하여야 하나, "spare parts"가 누락되어 있어 하자이며(not covered shipment of spare parts), 신용장상에 분할선적도 허용되어 있지 않고 환어음도 전액 발행되었다. 그리고 원산지의 표기도 누락되어 있어 하자임(not mentioned the origin of the goods).

⑦ 가격조건의 표기 : 신용장상에 "CFR Puerto Armulles, Panama"이나 "C&F Panama"로 되어 있다. Incoterms 2010에 따라 CFR 다음에는 국가가 아닌 수입지 항구가 표시되어야 한다. 따라서 선적조건이 상이한 것이 하자임(Shipping terms).

⑧ 송장의 발행인 : 수출상의 명칭이 "Electronic Distributors Associates"가 아니고 "Dustributing"이 앞의 1항과 같이 잘못 기재되어 하자임(not signed by the seller).

따라서 상업송장에서의 하자는 모두 7건이다.

4. 원산지증명서 예시 해설

Cosigner ① Electronic Distributing Associates, Hong Kong Consolidators, Inc., as agents	No. HK 764187 / Original Certificate of Origin
Consignee : ② Banko Binko Panama, Rep. of Panama	Country of Origin : ③ JAPAN
Transport details ④ Ocean MV Altamares	
Item, number, marks, number and type of packages, description of goods: ⑤ Container Containing Televisions, VCRs, Video Recorders and spare parts and 10,000 VHS cassettes as per purchase order 1714	
The undersigned authority certifies that the goods described above originate in the country shown above. PANAMANIAN – HONG KONG CHAMBER OF COMMERCE ⑥	
Place and date of issue, name and signature of competent authority June 9, 19XX, Hong Kong ⑦ Panamanian – Hong Kong Chamber of Commerce	

① 선적인(consigner)의 명칭 : "Electronic Distributors Associates"가 정당하나 'Distributors' 대신 'Distributing'으로 잘못 표기되어 하자임(name of consigner).

② 수하인(Consignee)의 명칭 : 신용장상의 수하인이 "Transitarios Panama"로 되어 있으나 "Banko Binko, Panama"로 잘못 표기되어 하자임(consignee's name).

③ 원산지 : 신용장상에서는 일본과 중국이 원산지이나 "Japan"만 표시되어 있어 하자임(country of origin).

④ 운송내용 : 해상(ocean)이고 선박명칭은 "MV Altamares"호이나 하자여부와는 무관함.

⑤ 물품의 명세 : 신용장상의 물품명세와 상호 모순되지는 않으나 계약서 번호가 "1714-X"가 아닌 "1714"로 잘못 표기되어 하자임(Purchase Order Number).

⑥ 발행기관 : 신용장상에 발행기관에 대한 명시가 없으므로 서류는 제시된 대로 수리할 수 있으므로 하자와 무관하다. 그러나 실무에서는 통상적으로 수출국의 상공(또는 상업)회의소에서 원산지증명서를 발급받는다.

⑦ 발행일 및 발행지 : 19××. 6월 9일 홍콩에서 발행되어 유효기일 이내이므로 하자와 무관함.

따라서 원산지증명서에서는 모두 4건의 하자가 발견된다.

5. 선화증권 예시 해설

For multimodal transport or port to port shipment ①

Shipper : ② Electronic Distributing Associates, Hong Kong Consolidators, Inc., as agents	**Voyage N°** 59E ③ / **B/L N°** 7 ④
	Shipper's reference : EDA-PA 4576 ⑤
Consignee : ⑥ To order of Transitarios Panama	**Carrier :** ⑦ *PHK Lines*
Notify address (carrier not responsible for failure to notify): Importadora Electronica S.A. 147, Avenida San Jose Panama, Rep. of Panama ⑧	**Place of receipt (Applicable only when document used for MULTIMODAL transport) :**
Ocean Vessel : M/V Altamares ⑨ / **Port of loading** Hong Kong ⑩	**Place of delivery (Applicable only when document used for MULTIMODAL transport) :** ⑫
Port of discharge ⑪ Puerto Armuelles Panama	

Container Nos. Seal Nos; Marks and Nos.	Number and type of packages; description of goods	Gross weight (kg)	Measurements (cbm)
1 Container	⑬ TVs, VCRs, Spare Parts and Cassettes		
	ON BOARD June 9, 20xx ⑭		

ABOVE PARTICULARS AS DECLARED BY SHIPPERS

Total No. of Containers/Packages received by the Carrier: 1	**Shippers declared value** ⑮ USD 122,500
Movement :	

[illegible] DING THE TERMS AND CONDITIONS ON THE REVERSE AND THE TERMS AND CONDITIONS OF THE CARRIER'S APPLICABLE TARIFF) from the Place of Receipt or the Port of Loading, whichever is applicable, to the Port of Discharge or the Place of Delivery, whichever is applicable. In accepting this document the Merchant expressly accepts and agrees to all its terms and conditions whether printed, stamped or written, or otherwise incorporated, notwithstanding the non signing of this document by the Merchant.

	⑯	Collect
Freight and charge		
Freight and charge		
Origin THC/LCL Charge		
Sea Freight		
Sea Freight		
Destination Land Freight / Transp. Add'l		
⑰ Collect USD16,800.-		

All original charges to be marked by "X"

Freight payable at :	**Place and date of issue :** ⑱ Hong Kong - June 9, 19XX
Number of Originals issued 1 ⑲	**Signature** ⑳ XYZ Company as agents

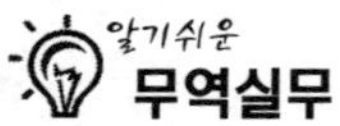

① 선화증권의 종류 : 선화증권상에 복합운송(for multimodal transport) 또는 항구간 선적(port to port shipment)이라고 표시되어 있어 어느 선화증권인지 구분하는 방법은 B/L의 ⑨ ~ ⑫항을 보면 해상운송이고 환적 사실이 없기 때문에 복합운송이 아닌 항구 간, 즉 홍콩항에서 푸에르토 아물레스항까지의 해상 선화증권인 것을 알 수 있고 하자와는 무관함.

② 선적인 명칭 : 수출상인 선적인은 신용장상 "Electronic Distributors Associates"이나 'Distributing'으로 잘못 표기되어 있어 하자임(shipper's name).

③ 항해번호 : 선박회사의 항해관리번호 "59E"이므로 하자와 무관함.

④ 선화증권 번호 : 선화증권 발급기관의 일련번호이므로 하자와 무관함.

⑤ 선적인 참조번호 : 수출상과 관련된 번호로 하자와 무관함.

⑥ 수하인 : 신용장상 "Transitarios, Panama"로 기명식으로 요구하고 있으나 지시식(to order)으로 발급되어 하자임(consignee's name).

⑦ 운송인 명칭 : 운송회사의 명칭(name)은 "LHK Lines"이며, 자격(capacity)은 운송인(carrier)으로 되어 있음.

⑧ 통지처 : 신용장상의 수입상인 "Impotadores Electronicos S.A."가 아니고 "Impotadora Electronica S.A."로 잘못 표기되어 있어 하자임(notify party's name).

⑨ 선박명 : "M/V Altamares"호로서 원산지증명서상의 표기와도 일치하므로 하자와는 무관함.

⑩ 선적항 : 홍콩으로 신용장조건과 일치함.

⑪ 양륙항 : 파나마의 푸에르토 아물레스항으로 신용장 조건과 일치함.

⑫ 최종목적지 : 환적이 이루어져 복합운송이 될 경우 기재되나 공란임.

⑬ 물품의 명세 : UCP 제18조 c항에 따라 신용장상의 물품명세와 상호 모순되지 않는 일반적인 용어로 표기되어도 좋으나, "video recorders"가 누락되어 있어 하자임(not included the shipment of video recorders).

⑭ 본선적재 부기 : 본선적재(on board)의 뜻과 적재일자가 표시되면 요건에 일치하며, 20 ××. 6월 9일로 신용장상의 선적기일과 일치하므로 하자가 아님.

⑮ 선하증권 금액 : 수출상이 신고한 금액이 US$122,500이나 상기 환어음과 상업송장에서 지적한 바와 같이 신용장 금액초과가 하자임(overdrawing).

⑯ 운임표기 : 신용장상의 가격조건이 'CFR'이므로 운임을 수출상이 수출지에서 선불하는 조건이므로 "Freight Prepaid"로 표기하여야 하나 "Collect"로 잘못 표기되어 있어 하자임(shipping term).

⑰ 운임액 : B/L상 US$16,800이나 상업송장상의 Freight는 US$16,850로서 상호 불일치하여 하자임(freight amount).

⑱ 증권발행일자 및 장소 : 홍콩에서 20××. 6월 9일로서 하자가 아님.

⑲ 원본 발급통수 : 1부가 발행되었으므로 1부만 제시되면 하자가 아님. 통상 3통이 발급되는 것이 국제 관례임.

⑳ 발급기관의 서명 : UCP 600 제20조 a항 i호에 의하면, 선화증권의 발급자격은 운송인 또는 그 대리인과 선장 또는 그 대리인의 자격이 있는 자가 발급하고 서명하여야 한다고 되어 있다. 여기에서는 자격(capacity)은 대리인(as agents)으로서 대리인의 명칭(name)은"XYZ Company"로 표기되어 있으나, 대리인이 운송인의 대리인인지 선장의 대리인인지를 알 수 없으므로 중대한 하자로 지적되어야 한다. 한편 선화증권의 우측 상단 ⑦항의"Carrier LHK Lines"가 있으므로 운송인의 대리인(as agents for the Carrier)으로 추정할 수 있겠으나, 신용장거래는 어디까지나 서류의 문면상 일치여부를 심사하여야 하므로 중대한 하자임에 유의하여야 한다(capacity of agent).

참고로 올바른 표기방법을 소개하면,

①	(signed) ______________________ XYZ Company as agents for Carrier, LHK Lines
②	(signed) ______________________ XYZ Company as agents for Carrier
③	(signed) ______________________ XYZ Company as agents for LHK Lines

의 3가지 모두 수리할 수 있다. 좀 더 설명을 추가한다면 ②와 ③은 선화증권의 우측 상단에 운송인(carrier)과 운송인의 명칭(LHK Lines)이 표기된 경우에 수리할 수 있다. 즉, carrier와 LHK Lines가 모두 표기가 없거나 LHK Lines만 표기되어 있을 경우에는 상기 ①항의 표기방법만이 수리가능하다.

선화증권의 심사 결과 하자는 모두 8건이다.

제 4 부

우리나라의 무역관리제도

학습목표

제1장에서 우리는 무역과 관련된 법규로, 우리나라 무역의 일반법이요 기본법규인 대외무역법, 수출입통관과 관세부과 등을 다루는 관세법과 무역대금 결제와 관련된 외국환거래법이 있다고 배웠다.

본 장에서는 기본법규인 대외무역법에서 다루고 있는 우리나라의 무역관리 규제내용과 외국환거래법에서 규제하고 있는 무역대금의 결제방법에 대하여 알아보자.

첫째, 무역관리제도의 개괄적인 내용을 이해한다.

둘째, 무역거래의 주체에 대하여 어떻게 관리하고 있는가를 이해한다.

셋째, 무역거래의 객체인 물품의 관리는 어떻게 하는가를 이해한다.

넷째, 수출입승인의 의의와 내용을 이해한다.

다섯째, 외화획득용 원료를 조달할 경우 내수용에 비해 어떠한 우대제도가 있는지를 이해한다.

여섯째, 원산지의 판정기준은 무엇이며 원산지의 확인과 표시는 어떤 규제가 있는지 그 내용을 이해한다.

일곱째, 외국환거래법상 제한이 있는 수출입대금의 결제방식을 이해한다.

여덟째, 기타 수출입 대상지역에 대한 규제내용, 플랜트수출 관리제도 및 수출입실적 관리내용을 이해한다.

본 장에서는 앞의 제1장에서 언급한 무역관리의 기본법인 대외무역법의 주요내용과 외국환거래법에서 규제하고 있는 대금결제관련 내용을 설명하고자 한다.

15-1 무역관리제도 개요

1 의의 및 목적

국가간에 이루어지고 있는 물자의 교류현상인 무역거래행위에 대하여 국가가 이를 자유방임상태에 두지 아니하고 각국은 자국의 이해와 관련하여 국가가 추구하는 특정 목적을 달성할 수 있도록 하기 위해 수출입에 관계되는 행위에 대해 일정한 간섭 내지 통제를 가하고 있는데, 이것을 무역관리(貿易管理, trade control)라 한다.

원래 국제무역은 자유경제원칙을 바탕으로 국제분업과 비교우위의 이점을 활용하기 위하여 자유기조하에서 이루어져야 함에도 불구하고, 세계 각국은 정도의 차이는 있지만 무역에 대하여 사전적·사후적 관여를 하고 있는 것이 보편적인 실정이다. 각국의 이와 같은 무역관리를 '수량제한'이라고도 하는데, 외국환관리나 관세와 함께 자유무역을 제한하는 3대 장벽을 이루고 있다.

한 나라의 국민경제 발전이나 성장은 여러 가지 요인에 의하여 이루어지지만, 오늘날 무역부문의 역할이 국민경제성장·고용유발·산업유발·소득유발 등 제 측면에 기여하는 비중이 더욱 높아지고 있기 때문에 비록 세계 경제적 차원에서 요청되는 무역자유화나 개별기업의 이익에 다소 상충되더라도 국가가 단순한 대외경제 질서의 외부적 보호자로서가 아니라 적극적인 규제자 및 조정자로서 대외무역거래에 대하여 구체적인 방향을 제시하고 정책표명을 통하여 합리적인 지도를 실시하는 것은 매우 중요한 일이라고 아니할 수 없다.

우리나라도 부존자원의 부족, 국내시장의 협소, 자본부족 등으로 인한 국제경쟁력의 취약성 때문에 무역관리를 행하고 있으나, 자유롭고 공정한 무역을 조장하는 개방체제로의 전환을 위하여 1987년 7월 '대외무역법'이 제정되면서 무역관리에 따른 각종 규제를 우리나라의 실정에 맞게 점진적으로 완화해 나가는 과정에 있다.

외국환이 부족한 과거에는 원칙적으로 모든 수출입거래에 대하여 국가관리체제를 유지하여 오다가, 물품의 수출입 및 수출입대금의 결제는 원칙적으로 자유로우며, 대외신용도 확보 등 자유무역질서를 유지하는 범위 안에서 자기 책임하에 성실하게 무역거래를 이행하도록 하고 있다. 특히 1995년 WTO체제가 출범되고 1996년 우리나라가 OECD(Organization for Economic Cooperation and Development)에 가입함에 따라 규제를 위주로 하는 우리나라의 무역관리제도는 근본적으로 규제완화 차원에서 개편되지 않을 수 없었다.

무역관리의 목적은 '대외무역법' 제1조에 명시되어 있는 바와 같이 대외무역을 진흥하고 공정한 거래질서를 확립하여 국제수지의 균형과 통상의 확대를 도모함으로써 국민경제의 발전에 기여하는 데 그 목적이 있다.

2 대상 및 법체계

가. 대상

무역관리는 국민의 대외 경제생활이 그 대상으로 되어 있다. 여기서 대외 경제생활이라 함은 수출입되는 물품이나 수출입하는 행위가 중핵을 이루고 있기 때문에 관리대상도 자연히 수출입행위와 물품을 내용으로 하고 있으며 관리 또한 사경제(私經濟) 주체의 대외경제생활에 관련된 물품이나 구체적인 수출입 실현행위가 관리의 대상이 되고 있다.

나. 법체계

앞의 제1장에서 설명하였지만, 무역에 관한 일반법으로는 대외무역을 진흥하고 공정한 거래질서를 확립하여 국제수지의 균형과 통상의 확대를 도모함으로써 국민경제의 발전에 이바지하기 위한 '대외무역법'이 있으며, 이와 관련되는 법규로서는 관세의 부과 징수 및 수출입 물품의 통관을 적정하게 하여 국민경제의 발전에 기여하는 동시에 관세수입의 확보를 위한 '관세법'이 있다.

▌표 4-1▌ 우리나라의 무역관리체계

법 규	관리대상	수 단
대외무역법	물품의 수출입(총괄) → 무역관리의 기본법	수출입공고, 승인 등
관세법	통관과 과세(이동) → 통관절차와 과세절차	수출입신고수리 및 납세
외국환거래법	지급과 영수(결제) → 지급 등의 방법	결제방법의 확인

또한 무역이 국가간의 물자의 교류현상인 데 비추어 이에 대한 반대급부의 흐름, 즉 대금의 결제관계를 관리하여 국제수지의 균형, 통화가치의 안정, 외화자금의 효율적 운용을 목적으로 한 '외국환거래법'이 있다.

그리고 일반법에 대한 예외를 규정하는 특별법으로서 '외국인투자촉진법' 등이 있으며, 또한 수출입관계에 관한 고시, 공고, 예규, 통첩 등은 수출입거래의 구체적인 절차를 규정하고 있다.

3 무역관리의 방법

무역관리의 방법을 무역정책적 입장에서 살펴보면, 이는 나라와 시대에 따라 다양하지만 크게 간접적 통제와 직접적 통제로 나누어 볼 수 있다. 전자는 외환시장 조작, 금융정책, 조세정책, 보조금정책 등 경제주체의 이윤동기에 따라 영향을 줌으로써 간접적으로 경제주체의 행위를 국가가 원하는 방향으로 유도하려는 것임에 비추어, 후자는 국민의 권리를 제한하거나 의무를 부과함으로써 직접 그 경제행위를 통제하는 것이다.

간접적 통제에는 여러 가지 형태가 있는데 외국환관리에서는 외환시장의 조작과 외환 시세의 공정, 국제적 자본이동의 허가제, 무역 기타 경상거래에 수반되는 외환결제의 인허가제, 외화집중의무 및 외환보유의 인허가제, 외환할당제, 국가간의 외환청산협정의 체결 등을 들 수 있으며, 일반적으로 외국환관리는 간접적 통제를 의미하고 있다.

무역관리에 있어서의 직접통제는 수출입허가제, 할당제, 국가간 무역협정의 체결, 링크제와 바터제를 활용하는 경우가 많다.

이상과 같이 대외무역을 관리, 통제, 규제하고 감독을 하는 데는 여러 가지 수단과 방법들이 복합적으로 혼합되어 운영되나 허가제도는 등록제 · 신고제, 또는 폐지되는 등 자유화되고 있는 것이 오늘날 보편적인 현상이다.

4 무역관리의 주체

무역관리의 주체라 함은 수출입 무역관리를 직접적으로 담당하는 기관과 직접적 관리 기관에 자문과 정보제공 등을 행하는 협조기관 내지 유관단체를 말한다. 전자에는 무역행정의 최상급 중앙행정 관청인 산업통상자원부장관을 비롯하여 그 소속기관과 산업통상자원부장관의 권한을 위임 또는 위탁받은 여러 기관이 포함되며, 후자에는 각종 위원회와 KOTRA 등의 기관이 포함된다.

우리나라의 무역관리는 주무관청인 산업통상자원부가 독점하는 관리주의를 취하지 아니하고 이를 협조기관에 분산시키는 위탁관리방식을 택하고 있다. 즉, 무역행정의 신속 및 능률적인 운영을 꾀하려는 취지에서 그리고 관리행정의 민주화 경향에 따라 산업통상자원부장관이 그 권한의 일부를 소속기관의 장, 서울특별시장, 직할시장 또는 도지사에게 위임하거나 세관장, 한국은행 총재, 외국환은행의 장 또는 수출진흥이나 수입질서의 유지를 목적으로 하여 설립된 법인에게 위탁하는 관리방식을 택하고 있다.

▌표 4-2▐ 무역관리의 주체

구 분	기 관 명
무역관리에 대한 최고 중앙행정관청	산업통상자원부장관
협조 중앙행정기관	각 주무부처장관(기획재정부, 안전행정부, 외교부, 국토교통부, 문화체육관광부장관 등)
무역정책에 관한 심의기관	무역위원회(산업통상자원부 소속)
산업통상자원부장관의 권한 위임에 의한 무역관리 행정기관	서울특별시장, 직할시장, 도지사, 자유무역지역 관리원
산업통상자원부장관의 권한 위탁에 의한 무역관리기관	한국은행총재, 외국환은행의 장, 세관장, 한국무역협회장, 한국외국기업협회장, 한국수입업협회장, 각 수출조합의 장
기타 유관기관	KOTRA, 대한상사중재원, 산업디자인포장개발원, 코리안리, 수출검사기관 등

무역정책에 관한 심의기구로는 특정물품의 수입이 국내산업에 미치는 영향의 조사에 따른 조치와 '대외무역법'에 위반되는 사항에 대한 처분을 하기에 앞서 이를 심의·의결하기 위하여 지식경제부 내에 설치운영하고 있는 무역위원회가 있는데, 동 위원회도 무역관리의 주체에 포함된다 할 수 있겠다.

5 기본원칙

우리나라의 무역관리는 수출진흥과 수입조정 등을 기조로 하는 관리무역체제로부터 대외개방정책과 경제 및 무역의 국제화에 부응하는 체제로의 점진적인 전환을 도모하고, 각종 규제의 완화, 제반절차의 간소화, 수출입질서의 유지, 공정무역의 구현 등을 통한 대외 무역의 건전한 발전을 촉진함으로써 국제수지의 균형과 국민경제발전에 기여함을 목적으로 다음과 같은 무역관리의 기본원칙을 취하고 있다.

첫째, 전면관리주의를 취하고 있다. 따라서, 무역업자의 제반 업무처리절차는 물론, 거래의 사후관리에 이르기까지 전반적으로 관리하는 방식을 취하고 있으나 최근 무역업자의 자격요건을 자유화하는 등 업계의 자율성을 인정하고 있는 추세이다.

둘째, 위탁관리방식을 택하고 있다. 즉 모든 무역관리가 산업통상자원부장관의 권한으로 되어 있으나 일정범위 안에서 그 권한의 일부를 타 기관에 위임 또는 위탁하고 있는 것이다. 예컨대 외국환은행의 장에 대한 권한의 위탁범위가 상당부분 존재하는데 이는 종래의 정부 주도형에서 민간 주도형으로 변천하는 과정에서 계속 확대되고 있으며, 이와 같이 무역관리의 상당부분을 은행으로 하여금 관리하도록 하는 원칙을 은행주의라고도 부른다.

셋째, 우리나라 무역관리는 원칙적으로 공개하는 방향으로 운영되고 있다. 수출입의 공고가 그 좋은 예이며, 이는 또한 우리나라의 무역관리방식이 민주적인 관리방식을 취하고 있다는 증거이기도 한 것이다.

끝으로, 현행의 무역관리는 일반 수출입에 대한 무역관리와 대금결제에 관한 외국환관리로 양분하여 이원적 관리방식을 택하고 있으며, 관리의 간소화를 위한 조치가 계속 추진되고 있다.

6 제도의 변천

우리나라의 무역관리제도는 관련법 체계의 개편에 의하여 크게 변천되어 왔는데, 대체로 다음과 같이 4기로 나누어 생각할 수 있다. 제1기는 소위 '미군정령'의 시기로서 1948년 정부수립 후부터 1957년 12월 '무역법'이 제정되기까지의 시기이고, 제2기는 1957년 '무역법' 제정 후부터 1967년 1월 '무역거래법'이 제정되기 전까지로 볼 수 있다. 제3기는 1967년 '무역거래법'에 의하여 무역관리가 시행되던 시기이며, 1987년 '대외무역법' 제정 이후 오늘에 이르기까지를 제4기라 할 수 있겠다.

가. 미군정령 시기(1948~1957년)

해방 후 무역에 관한 법령이 처음 공포되어 무역허가제를 내용으로 하는 무역통제원칙을 확립하였으며, 뒤이어 수출입품목통제, 수출입가격 사정, 조선환금은행 설치, 무역금융제도 설정, 수출입물품의 쿼타제 등 제한시책을 내용으로 하는 무역진흥을 위한 제도적 토대를 마련했다.

나. 무역법 시기(1957~1966년)

다기산만한 제1기의 무역행정을 법적으로 일원화하고 무역의 안정을 제도화할 필요성이 고조됨에 따라 정부는 근대적인 무역관련 법규의 마련에 착수하여 '무역법'을 제정, 실시하게 되었다.

동 법은 한국경제 발전을 위하여 긴요한 요건이 되는 수출을 신장시키고 수입을 억제함으로써 국민경제상의 가장 큰 어려움의 하나였던 국제수지의 현저한 역조를 극복하려는 것이 그 의도였다.

이의 중요한 골자를 들면 지금까지의 무역 자격 허가제에서 등록제로 변경하되 수출입업자의 등록요건을 강화하고 자격유지를 엄격히 규제하였으며, 무역위원회를 두어 무역계획과 중요사항에 대한 자문, 특정 수출품의 표준화와 검사의 규정화, 수출장려금의 교부, 수출조합의 설치 등으로 수출진흥을 위한 기본조건을 마련하였다.

다. 무역거래법 시기(1967~1987년)

경제발전과 경제규모의 확대 후 경제개발의 연차계획에 따라 무역정책상의 제반 욕구를 감당할 수 없게 되어 정부에서는 1967년 1월 법률 제1878호로 '무역거래법'을 제정, 시행하게 되었다.

라. 대외무역법 시기(1987년~현재)

'무역거래법'이 제정된 1967년에 비하여 우리나라의 경제규모가 크게 증대되어 세계 10위권의 무역국으로 부상하는 등 대내외 무역환경에의 능동적 대응이 필요하게 되었다.

이에 따라 개방체제에 효율적으로 대응하고 이의 기초를 다지기 위한 민간 주도의 자율성 제고와 공정무역 구현의 필요성에 부응하여 무역관련법령(무역거래법, 산업설비 수출촉진법, 수출조합법)을 통합한 '대외무역법'이 1987년 7월 1일부터 제정 시행되어 오늘에 이르고 있다.

대외무역법이 시행된 이후 수차례에 걸쳐 부분적인 개정이 이루어졌으며, 1993년도에는 무역업 허가제를 등록제로 전환하고, 1994년도에는 무역대리업의 등록제를 신고제로 완화하였고 1996년도에도 대폭적인 개정이 되었다.

대외적으로는 WTO의 출범과 OECD에의 가입 등에 따라 국내 무역관련제도를 국제규범에 일치시킬 필요성이 증대됨은 물론, 무역업 등록제가 무역업에 대한 진입규제로 오인되거나 모든 수출입품목에 대하여 수출입승인을 얻도록 하는 수출입승인제가 수량 규제로 오인될 우려가 있어 무역업을 신고제로, 수출입승인제도를 '원칙자유·예외규제'라는 negative list system으로 일대 전환을 하게 되었다. 대내적으로는 무역규모의 확대와 거래형태의 다양화로 인해 개정 전의 사전적 관리체제로는 효율적인 무역활동을 수행하기가 어려울 뿐만 아니라 치열한 경쟁 속에서 첨단기술 획득 및 시장확보를 위하여 노력하고 있는 국내기업을 효율적으로 지원하기 위해 개정의 필요성이 계속 제기되고 있는 것이다.

7 무역관리의 내용

우리나라의 무역관리는 GATT 정신에 입각하여 가능한 한 무역자유화를 추구하되 국제수지의 균형과 국민경제의 발전을 도모하는 방향으로 이루어지고 있다. 따라서 수출입질서를 유지하고 공정무역을 조장하기 위하여 다음과 같은 방향에서 무역관리를 시행하고 있다.

- 주체에 대한 관리
- 거래내용에 대한 관리
- 대상품목별 관리
- 수출상품 품질에 대한 관리
- 결제방법에 대한 관리
- 특별법에 의한 관리
- 기타 수출입관리 등

15-2 무역주체의 관리

무역은 국가와 국가간의 거래로서 대외신용과 무역질서의 유지를 위하여 무역업에 대한 효율적인 관리의 필요성이 있다.

이와 관련하여 과거 우리나라는 물품의 수출 또는 수입을 업으로 하고자 하는 무역업자(貿易業者)와 외국의 수출입업자를 대신하여 계약체결이나 무역알선 등의 업무를 수행하고자 하는 무역대리업자(貿易代理業者)자는 산업통상자원부장관이 위임한 기관에 신고를 하도록 되어 있었으나, 현재는 이들 업종을 통칭하여 무역거래자(貿易去來者)라고 부르며, 완전 자유화되어 사업자등록증이 있으면 누구나 자유롭게 무역거래를 할 수 있게 되었다.

이하에서는 무역거래자로 통칭하더라도 무역업무내용이 다르므로 구분 설명한다.

왜냐 하면 제2부 제6장 무역계약에서 설명했듯이 무역계약의 형태가 수출상과 수입상, 즉 본인들끼리만 이루어지는 게 아니고 수출입 당사자 본인과 무역대리업자간에도 이루어지고 있기 때문이다.

▮무역계약 체결 형태▮

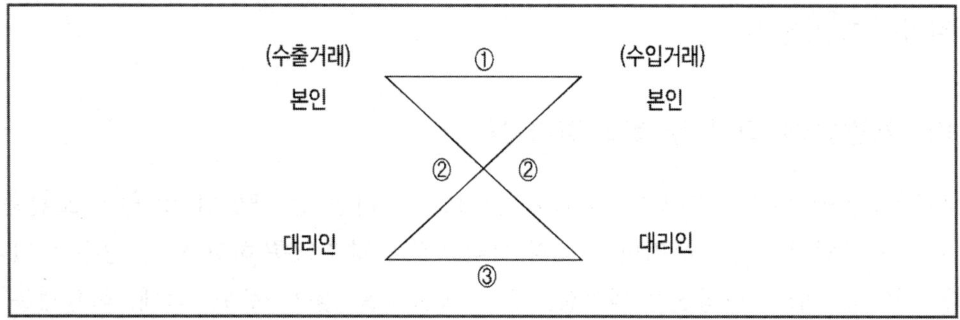

1 무역업

가. 개념

대외무역법에서 무역이라 함은 물품의 수출과 수입을 말하며, 무역업이란 영리를 목적으로 수출입행위를 계속적으로 반복하여 행하는 것으로서 자기명의로 자기책임하에 수출입업무를 영위하는 것을 말한다. 따라서 국가기관, 지방자치단체 등에서 자기수요를 위하여 수출입행위를 하는 것은 무역업이라고 볼 수 없다.

나. 무역업 자유화

과거에는 무역업을 누구나 할 수 있는 것이 아니라 자격 있는 사람이 할 수 있었다. 따라서 허가제(1993년 6월 말 이전), 등록제(1993년 7월 1일 이후), 신고제(1997년 3월 1일 이후)라는 형태로 관리했으며, 2000년 1월 1일부터는 완전 자유화되어 사업자등록증이 있으면 별도 제한 없이 영위할 수 있다. 다만, 정부의 무역통계 작성, 수출입실적 확인 등의 목적으로 기존에 무역업 신고필증을 소지한 자는 무역업신고번호를, 신규로 무역업을 하고자 하는 자는 한국무역협회에 무역업고유번호를 우편, 팩스, 이메일, EDI 등에 의해 신청하여 수출입신고 등에 사용하여야 한다. '한국무역협회'는 이들 무역업자들이 회원인 민간단체이다. 무역업고유번호를 부여하는 경우 종전의 무역업신고제와의 차이점은 '한국무역협회'와 '대한상사중재원'의 회원가입 의무가 없다는 점이다(예시 3-1).

다. 개별법에 의한 무역업 허가 등

대외무역법에 의한 무역업은 자유화되었지만, 약사법 등 개별법(49개)의 소관품목에 대하여 무역업을 영위하려면 별도의 자격요건을 갖추도록 하고 있는 경우가 있다.

즉, 의약품, 마약, 향정신성 의약품, 대마, 동물약품, 농약, 종묘, 담배, 석유제품 및 독극물 등을 취급하려면 무역업자와 위탁자(실수요자)가 모두 해당요건을 갖추어야 수출입을 할 수 있으며, 외국영화, 식품 및 주류 등의 품목은 위탁자만 요건을 갖추어야 한다.

▌예시 4-1▐

무역업고유번호신청서

APPLICATION FOR TRADE BUSINESS CODE

처리기간(Handling Time)
즉 시(Immediately)

<table>
<tr><td colspan="2">① 상 호
(Name of Company)</td><td></td><td>② 무역업고유번호
(Trade Business Code)</td><td></td></tr>
<tr><td colspan="2">③ 주 소
(Address)</td><td colspan="3"></td></tr>
<tr><td rowspan="2">④</td><td>전화번호
(Phone Number)</td><td></td><td>⑤ 이메일주소
(E-mail Address)</td><td></td></tr>
<tr><td>팩스번호
(Fax Number)</td><td></td><td>⑥ 사업자등록번호
(Business Registry Number)</td><td></td></tr>
<tr><td colspan="2">⑦ 대표자 성명
(Name of Rep.)</td><td></td><td>⑧ 주민등록번호
(Passport Number)</td><td></td></tr>
</table>

「대외무역법 시행령」 제21조 제1항 및 대외무역관리규정 제24조에 따라 무역업고유번호를 위와 같이 신청합니다.

I hereby apply for the above-mentioned trade business code in accordance with Article 24 of the Foreign Trade Management Regulation.

신청일 : 년 월 일
Date of Application Year Month Day
신청인 : (서명)
Applicant Signature

사단법인 한국무역협회 회장
Chairman of Korea International Trade Association

유의사항 : 상호, 대표자, 주소, 전화번호 등 변동사항이 발생하는 경우 변동일로부터 20일 이내에 통보하거나 무역업데이타베이스에 수정입력하여야 함.

2 무역대리업

가. 개념

무역대리업이라 함은 외국의 수입업자 또는 수출업자의 위임을 받은 자가 국내에서 수출물품의 구매 또는 수입계약의 체결과 이들에 부대되는 행위를 업으로 영위하는 것을 말하며, 과거 갑류 무역대리업과 을류 무역대리업으로 구분하였으나 대외무역법 개정으로 업무형태는 남아있으나 용어는 사라졌다.

갑류무역대리업은 외국의 수출업자의 위임을 받은 자 또는 외국의 수출업자의 지사 또는 대리점이 국내에서 외국수출업자를 대리하여 물품매도확약서(offer)의 발행을 주된 업으로 하고 부수적으로 수출물품의 구매알선행위를 업으로 영위하는 것을 말하며, 이를 오퍼상(Offer Agent 또는 Selling Agent)이라고 부르며 이들 업종의 단체가 '한국수입업협회'이며, 위 그림에서 수입지에 있는 수출상의 대리인 역할이 오퍼상이다.

을류무역대리업은 외국의 수입업자의 위임을 받은 자 또는 외국의 수입업자의 지사 또는 대리점이 국내에서 수출할 물품의 구매와 구매알선 및 이에 부대되는 시장조사 등의 행위를 업으로 영위하는 것을 바잉오피스(Buying Office 또는 Buying Agent)라고 부르며, 이들의 단체가 '한국외국기업협회'인 것이며, 위 그림에서 수출지에 와있는 수입상의 대리인이다.

나. 무역대리업의 자유화

무역대리업은 대외무역법 제정 당시는 등록제이었으나 1995년 1월부터 신고제로 전환된 이후 무역업과 마찬가지로 갑류 을류를 막론하고 2000년 1월 1일부터 완전 자유화되어 별도의 행정절차가 필요 없으며, 다만 관련 단체로 갑류 무역대리업의 한국수입업협회(구 한국무역대리점협회)와 을류 무역대리업의 한국외국기업협회(구 한국수출물품구매자협회)가 존재한다.

▌무역거래자 관리방법▐

시행일	무역업자	무역대리업자
1987.7.1	허가제	등록제
1993.7.1	등록제	등록제
1995.1.1	등록제	신고제
1997.3.1	신고제	신고제
2000.1.1	자유화(무역업고유번호)	폐지

참고로, 무역대행업자는 앞서 설명한 무역업자가 대행위탁자와의 '무역대행계약'에 따라 일정 수수료를 받고서 자기명의로 거래하는 것이며, 자기명의로 거래한다는 점에서 무역대리업자와 구별된다. 따라서 무역대행업자는 무역을 대행하는 것일 뿐 무역업자인 것이다.

15-3 수출입물품의 관리

수출입품목에 대한 관리제도는 수출, 수입에 대한 직접규제방식으로서 개별품목의 수출입 제한여부에 대한 종합관리체계이다. 따라서, 수출 또는 수입을 하고자 하는 자는 해당 품목의 수출입이 규제되는지의 여부에 대하여 사전에 점검한 후 만일 동 품목이 규제조치에 해당할 경우 이 규제를 해제할 수 있는 요건을 갖추어야 수출입을 할 수 있다.

수출입의 대상품목은 산업통상자원부장관이 대외무역법에 근거하여 수출입금지 또는 수출입제한품목을 정하여 공고하는 '수출입공고'와 약사법 등 49개 개별법에 의한 제한내용을 취합해서 공고하는 '통합공고'에 따라 품목별 수출입거래의 관리가 이루어진다.

1 수출입공고

가. 의의

대외무역법의 규정에 따라 산업통상자원부장관은 국제무역규범상의 합의이행, 생물자원보호 등을 위해 필요한 경우 상품의 수출 또는 수입에 관하여 수출입 제한 또는 금지품목 등을 구분하고 상품의 종류별 수량 또는 금액의 한도, 규격 또는 지역별 제한에 관한 사항과 그 각 제한조치에 따른 추천 또는 확인에 관한 사항을 종합적으로 책정하고 공고하도록 되어 있는데 이를 수출입공고라 한다. 즉, 수출입품목을 관리하기 위한 기본공고로서 본문에 우리나라의 수출입 품목관리를 위한 기본원칙을 정하고 있다.

수출입공고와 2항에서 설명하는 통합공고는 상호 독립적이므로 수출입공고에 수출입 자유품목이라 할지라도 통합공고에서 수출입을 제한하고 있는 경우 그 조건을 충족시켜야 수출입이 가능하다.

참고로, 수출입공고의 적용범위에서 제외된 물품의 수출·수입에 대하여 산업통상자원부장관이 별도로 공고한 「수출입별도공고」는 2001년 12월 본 수출입공고에 통합되어 폐지되었다.

나. 발전과정

1) 품목관리방식의 발전

무역관리의 객체로서의 수출입품목을 수출입공고를 통하여 관리하는 방식에는 아래의 두 가지 방식이 있다.

① 포지티브 리스트 시스템(Positive List System) : 1967년 7월 25일 이전

수출입을 할 수 있는 품목만을 공고하고 이 공고에 포함되지 않는 물품은 원칙적으로 수출을 금지하는 강력한 무역관리방식

② 네거티브 리스트 시스템(Negative List System) : 1967년 7월 25일 이후

수출입에 관해 금지 및 제한 품목만을 열거하여 공고하고, 공고에 포함되지 않는 품목은 자동적으로 수출입을 허용하는 방식

2) 품목분류방식의 변천

수출입품목을 관세부과, 무역통계 등의 목적상 일정한 분류기준에 따라 국제적으로 통일된 분류코드를 사용하게 되는데 현재는 HS방식을 사용하고 있으며, 참고로 발전과정을 설명하면 다음과 같다.

① S.I.T.C(Standard International Trade Classification) : 1971년 이전
국제연맹이 1938년 제네바 상품분류표(Geneva Nomenclature)를 기초하여「국제무역통계를 위한 상품의 최소목록」을 발간하였으며, 이 최소 목록은 1950년 UN통계위원회에 의해 S.I.T.C로 개칭됨과 함께 UN경제사회이사회가 각국은 대외무역 통계분류에 있어 S.I.T.C를 사용토록 하는 권고안을 채택하였다. 이에 따라 우리나라의 경우에도 S.I.T.C 분류방식을 채택하여 왔다.

② C.C.C.N(Customs Cooperation Council's Nomenclature) : 1971. 1.~1987. 12. 31
유럽관세동맹연구단이 제네바 상품분류표를 기초로 하여 B.T.N(Brussels Tariffs Nomenclature)을 제정, 1959년부터 효력이 발생하도록 하였으며, 이 B.T.N은 1976년 CCC총회에서 C.C.C.N으로 명칭이 개칭되었다. 우리나라의 경우 1971년 1월 1일부터 수출입공고상의 품목분류를 종전의 S.I.T.C 분류방식에서 B.T.N 분류방식으로 변경하였으며, 이는 당시 선진국들의 관세율체제가 BTN 분류방식이었고 이에 따라 우리나라의 관세율표가 B.T.N으로 표시됨으로써 상품분류에서 「관세율표」와 「수출입공고의 품목분류방식」을 일치시켜 무역행정의 효율화를 기하기 위한 조치였던 것이다. 그 후 B.T.N의 명칭이 C.C.C.N으로 바뀜에 따라 우리나라도 명칭을 C.C.C.N으로 변경 사용하였다.

③ H.S(Harmonized Commodity Description and Coding System) : 1988. 1. 1 이후
C.C.C.N 채택국과 미채택국간의 상품분류 등에 대한 상이한 기준 등 여러 가지 불편을 해소하고 다양한 목적에 공통적으로 사용할 수 있는 상품분류표의 제정 필요성에 따라 관세협력이사회(Customs Cooperation Council; C.C.C.)에서 주관하여 제정한 것이 H.S제도이다. 우리나라의 경우 대외무역관리규정, 수출입공

고 등이 1987년 12월 개정되어 종전의 C.C.C.N 상품분류체제가 폐지되고 1988년 1월 1일부터 H.S제도가 시행되고 있다.

HS는 CCC에서 CCCN을 골격으로 하여 보완된 것이기 때문에 New CCCN이라고도 하며, 6단위까지 세계 공통이고, 우리나라에서는 4단위를 추가 분류하여 10단위를 사용하고 있다.

다. 수출입공고의 주요내용

수출입공고체제는 산업통상자원부고시로 발표하며「총칙, 수출제한승인품목 및 수입제한승인품목」으로 편제되어 있고,「총칙」에 명시된 내용은 전체 수출입품목에 적용되는 바, 그 주요내용은 다음과 같다.

(1) 품목분류 통칙

수출입공고상의 품목분류는「HS 상품분류」에 의하며 동 분류된 품목의 세분류는 한국통일상품분류(HSK; Harmonized System in Korea)에 의한다.

참고로 HS 상품분류체제를 보면, HS는 무역거래 대상상품을 21부의 대분류, 96류의 중분류(section), 1,241호의 소분류(headings), 5,113개의 소호(basic)로 세분류하며, 분류순서는 일반적으로 가공 정도에 따라 원재료, 미가공 제품, 반제품, 완제품의 순으로 하고 있다. 부와 류의 표제는 단지 참조의 편의를 위해 설정하여 법적인 구속력은 없으며, 호와 소호의 본문은 상품분류의 법적 구속력을 지닌다.

(2) 품목분류

수출입공고는 품목별로 수출입가능여부를 금지, 제한승인, 자동승인품목의 3종으로 구분하고 있다.

① 수출입 금지품목

수출입공고상 금지품목이라고 별도 구분 게기하지는 않지만 다음과 같은 경우 금지품목이다.

㉮ 수출 및 수입 제한품목의 수출입요령에「산업통상자원부장관이 별도 공고하는 요령에 의함」으로 표시된 품목으로「…은 수출입할 수 없음」으로 표시된

품목

㉯ HS 불표시품목으로서 산업통상자원부장관의 품목분류를 받지 아니한 경우

㉰ 특별법상 수출입이 금지되어 있는 경우

② 수출입 제한 품목

수출 및 수입제한품목의 수출입요령에 「산업통상자원부장관이 별도 공고하는 요령에 의함」으로 표시된 품목으로 「…의 추천을 받아 수출입할 수 있음」 등으로 표시된 품목

③ 수출입 자동승인품목

㉮ 수출입공고상 제한 품목으로 게기되지 아니한 품목

㉯ 제한 품목으로 게기되어 있더라도 수출입요령에 「…은 자동승인 품목임」으로 표시된 품목

(3) 불표시품목에 대한 품목분류

신개발품과 같이 HS분류가 아직 되어 있지 않은 품목을 수출입하고자 할 경우에는 관세청에 품목분류에 관하여 질의를 한 후 '품목분류 사전 회시서'를 부여받아 동 품목이 수출입공고상 「제한품목」으로 분류될 때에는 제한내용에 합당한 절차를 밟아야 수출입할 수 있다.

2 통합공고

산업통상자원부장관이 수출입대상 품목에 대한 기본적인 관리를 수출입공고를 통하여 수행하는 반면, 여타 관계 행정기관의 장은 약사법 등 49개 개별법에 의해 품목별 수출입 제한을 할 수 있는데, 무역업자가 이를 파악하기 어려우므로 각 법에서 정한 수출입 제한내용을 산업통상자원부장관에게 알리고 산업통상자원부장관은 이를 통합하여 공고하는 것으로서 수입물량 규제보다는 품질검사, 형식승인 등 절차상의 요건확인을 통한 규제가 대부분이다. 즉 수출입공고와는 달리 경제정책목표 달성을 위한 규제가 아니라 경제외적 목적을 달성하기 위한 공고체계이다.

따라서 공중도덕 보호, 국민보건 및 안전보호, 사회질서유지, 문화재보호, 환경보호 등을 위하여 해당품목을 관장하는 개별법에서 수출입을 제한하고 있는 경우에는 동 개별법상의 제한요건을 수출입 통관 시까지 충족해야만 수출입을 할 수 있다.

3 전략물자 수출입고시

전략물자 수출입고시는 산업통상자원부장관이 국제평화 및 안전유지, 국가안보를 위하여 필요하다고 인정하는 물품을 관계 중앙행정기관과의 협의를 거쳐 고시한 것으로서 전략물자의 수출제한 및 수입증명서 발급에 관한 사항을 규정하고 있다.

전략물자 수출입고시에서 수출통제하고 있는 품목은 주로 원자력, 미사일, 생화학무기 등의 전략적으로 중요한 물품이며, 전략물자로 지정 고시된 물품 등을 수출하려는 자는 산업통상자원부장관이나 관계 행정기관의 장(국방부장관 또는 미래창조과학부장관)의 수출허가를 받아야 한다. 또한 전략물자 등의 무역거래자는 전략물자관리원에서 전략물자에 해당하는지에 대한 사전판정을 신청할 수 있으며, 사전판정의 유효기간은 2년이다.

15-4 수출입승인에 의한 관리

1 수출입승인의 의의

수출입승인이란 수출입물품이 수출입에 제한이 있는 경우 수출입이 가능하도록 유보상태에 있던 수출입의 자유를 회복해 주는 행정행위이다.

종래에는 원칙적으로 모든 수출입물품에 대하여 수출입을 이행하기 전에 산업통상자원부장관으로부터 수출승인, 수입승인 또는 수출입승인을 받도록 하여 외국환은행이 위임을 받아 수행했었으나, 1997년부터는 수출입승인대상의 관리체계를 Negative List System으로 전환하여 수출입공고상 수출입이 제한되는 품목에 한하여 사전에 산업통상자원부장관이 지정, 고시한 기관 단체의 장(승인기관이라 하며, 주로 해당물품의 협회 또는 조합임)에게 수출입승인을 받도록 하였다. 따라서 수출입이 제한되는 극히 소수의 일부품목으로 제한함에 따라 사전적인 확인절차로서의 수출입승인제도의 의의가 크게 퇴색하게 되었다.

2 수출입승인기관

물품의 수출입승인권한은 산업통상자원부장관에게 있으나 절차 간소화, 무역업무의 효율화와 신속화를 위하여 승인권한의 대부분을 각 기관에 위임하고 있다.

종전에는 수출입승인권한을 외국환은행장에게 위탁하고 있었으나, 1996년 12월 30일 개정된 대외무역법에서는 대금결제에 관한 사항을 승인대상에서 제외함에 따라 각 품목별 관계행정기관 또는 단체의 장으로 변경하여 위탁하고 있다.

가. 산업통상자원부장관

일괄수주방식에 의한 플랜트수출로서 고용노동부장관과 국토교통부장관의 동의를 받아야 하는 경우에는 승인을 받아야 하며, 4항에서 설명할 특정거래형태의 수출입 중 극히 예외적인 사항에 대해서는 산업통상자원부장관의 인정(認定)(승인이라 하지 않음)을 받아야 한다.

〈참고〉 플랜트수출

플랜트라 함은 농업, 임업, 어업, 광업, 제조업, 전기가스업 및 방송통신업을 영위하기 위하여 설치되는 기계 · 장치 등을 말하며, 플랜트수출이란 산업통상자원부장관이 정하는 일정 규모 이상(본선인도가격으로 미화50만 불 상당액 이상)의 플랜트수출과 이와 같은 플랜트와 함께 기술용역 및 시공을 포괄적으로 하는 수출(이를 일괄수주방식에 의한 플랜트수출이라 함)을 말한다.
플랜트수출은 과거 산업설비수출이라고 부르기도 하였으며, 기계 · 장치 · 설비를 가동가능상태에서 인도한다는 점에서 턴키방식(turn-key base)수출이라고도 한다.

나. 통일부장관

남북교역대상물품 중 반출·반입시 산업통상자원부장관이 고시한 수출입공고 등에서 수출입제한이 있는 경우에는 통일부장관의 승인을 받아야 한다.

참고로, 남북한간의 교역은 국내거래로 보아 수출입이라 하지 않고 반출입이라 한다.

다. 한국수출입은행장

연불금융이 지원되는 플랜트수출인 경우에는 한국수출입은행장의 승인을 받아야 한다.

라. 한국기계산업진흥회장

일괄수주방식 또는 연불금융 지원거래를 제외한 기타의 플랜트수출인 경우

마. 기타 승인기관

산업통상자원부장관이 고시한 수출입공고 등에 게시된 물품에 대하여는 각 공고별로 지정·고시한 기관 또는 단체의 장으로부터 수출입승인을 받아야 한다. 따라서 이들 공고상 수출입이 제한되지 않은 물품은 자유로이 수출입할 수 있다(예시 3-2, 3-4).

3 수출입유효기간의 설정

수출입승인을 얻은 자는 수출입승인의 유효기간 내에 물품의 수출입을 완료하여야 한다. 이러한 유효기간을 설정하는 목적은 승인된 거래의 이행을 강제함으로써 대외신용을 유지하고 수출입승인의 사후관리 및 외환관리를 쉽게 하기 위해서이다. 수출입승인의 유효기간은 원칙적으로 승인을 한 날로부터 1년으로 한다. 다만 물품인도조건, 기타 거래의 특성에 의해 필요하다고 인정하는 경우에는 20년의 범위에서 유효기간을 초과 설정할 수 있다.

4 특정거래형태 수출입의 인정

가. 의의

특정거래형태의 수출입인정제도는 점점 다양화되고 있는 거래형태를 제한된 범위 내에서나마 원활하게 수용하기 위한 제도이다.

특정거래형태라 함은 수출 또는 수입의 제한을 면탈할 우려가 있거나 산업보호에 지장을 초래할 우려가 있는 거래, 외국에서 외국으로 물품의 이동이 있고 그 대금의 지급 또는 영수가 국내에서 이루어지는 거래로서 대금결제상황의 확인이 곤란하다고 인정되는 거래, 대금결제가 수반되지 아니하고 물품의 이동만 이루어지는 거래를 말한다.

이는 다양한 형태의 거래가 출현하고 있는 현실을 감안하여 특정거래형태 중 예외적인 경우에만 산업통상자원부장관의 인정을 받도록 개선하였다. 즉 특정거래형태 인정제도는 Negative List System으로 운용되고 있다. 즉, 인정을 받아야 할 대상거래가 대외무역법에 열거되어 있으며, 열거되지 않은 여타 거래는 자유롭게 수출입할 수 있다.

특정거래형태로서 산업통상자원부장관의 인정을 얻어야 수출할 수 있는 거래(수출입승인대상이 아닌 물품 등을 포함)는 ① 중계무역으로서 대금의 영수 및 지급을 하나의 외국환은행을 통하여 행하지 아니하는 송금방식의 거래와 선적서류를 하나의 외국환은행을 통하여 인수 및 송부하지 아니하는 거래(단, 수입대금 결제은행이 수출대금 영수은행을 지정하고 수출대금 영수은행의 수출환어음 매입사실을 관련 서류를 통하여 확인할 수 있는 경우에는 인정 없이 거래 가능)와 ② 무환수출로서 신고가격기준 미화 5만 불 상당액 초과물품 등을 수출승인 면제에 해당하지 않는 사유로 무환수출하는 거래를 말하며, 수위탁판매무역, 수위탁가공무역, 임대차수출입, 연계무역에 해당하는 무역거래를 위한 무환수출은 제외된다.

▮예시 4-2▮

수출승인(신청)서
Export License(Application)

처리기간 : 1일 Handling Time : 1 Day

① 수출자 무역업고유번호 (Exporter) (Trade Business Code) 상호, 주소, 성명 (Name of Firm, Address, Name of Rep.) (서명 또는 인) (Signature)	④ 구매자 또는 계약당사자 (Buyer or Principal of Contract) ⑤ 신용장 또는 계약서 번호(L/C or Contract No.)
② 위탁자 사업자등록번호 (Requester) (Business No.) 상호, 주소, 성명 (Name of Firm, Address, Name of Rep.) (서명 또는 인) (Signature)	⑥ 금액(Total Amount) ⑦ 결제기간(Period of Payment) ⑧ 가격조건(Terms of Payment)
③ 원산지(Origin)	⑨ 도착항 (Port of Dispatch)

⑩ HS 부호 (HS Code)	⑪ 품명 및 규격 (Description/Size)	⑫ 단위 및 수량 (Unit / Quantity)	⑬ 단 가 (Unit Price)	⑭ 금 액 (Amount)

⑮ 승인기관 기재란(Remarks to be filled out by an Approval Agency)

⑯ 유효기간(Period of Approval)

⑰ 승인번호(Approval No.)

⑱ 승인기관 관리번호(No. of an Approval Agency)

⑲ 위의 신청사항을 「대외무역법」 제11조제2항 및 동법 시행령 제18조제1항에 따라 승인합니다.
(The undersigned hereby approves the above-mentioned goods in accordance with Article 11(2) of the Foreign Trade Act and Article 18(1) of the Enforcement Decree of the said Act.)

년 월 일

승인권자 (인)

※승인기관이 둘 이상인 경우 ⑮ ~ ⑱의 기재사항은 이면에 기재하도록 합니다.
※이 서식에 의한 승인과는 별도로 대금결제에 관한 사항에 대하여는 외국환거래법령이 정하는 바에 따라야 합니다.

2812-281-01611민 210㎜ × 297㎜
'98.1.12. 승인 일반용지 60g/㎡

▌예시 4-3▐

수입승인(신청)서
Import License(Application)

처리기간 : 1일 Handling Time : 1 Day

① 수입자 무역업고유번호 (Importer) (Trade Business Code) 상호, 주소, 성명 (Name of Firm, Address, Name of Rep.) (서명 또는 인) (Signature)	⑤ 송하인(Consignor) 상호, 주소, 성명 (Name of Firm, Address, Name of Rep.)
② 위탁자 사업자등록번호 (Requester) (Business No.) 상호, 주소, 성명 (Name of Firm, Address, Name of Rep.) (서명 또는 인) (Signature)	⑥ 금액(Total Amount) ⑦ 결제기간(Period of Payment) ⑧ 가격조건(Terms of Payment)
③ 원산지(Origin)	④ 선적항(Port of Loading)

⑨ HS부호 (HS Code)	⑩ 품명 및 규격 (Description/Size)	⑪ 단위 및 수량 (Unit/Quantity)	⑫ 단 가 (Unit Price)	⑬ 금 액 (Amount)

⑭ 승인기관 기재란(Remarks to be filled out by an Approval Agency)
⑮ 유효기간(Period of Approval)
⑯ 승인번호(Approval No.)
⑰ 승인기관 관리번호(No. of an Approval Agency)
⑱ 위의 신청사항을 「대외무역법」 제11조제2항 및 동법 시행령 제18조제1항에 따라 승인합니다. (The undersigned hereby approves the above-mentioned goods in accordance with Article 11(2) of the Foreign Trade Act and Article 18(1) of the Enforcement Decree of the said Act.) 년 월 일 승인권자 (인)
※승인기관이 둘 이상인 경우 ⑭～⑰의 기재사항은 이면에 기재하도록 합니다. ※이 서식에 의한 승인과는 별도로 대금결제에 관한 사항에 대하여는 외국환거래법령이 정하는 바에 따라야 합니다.

2812-281-01711민 210㎜ × 297㎜
'98.1.12. 승인 일반용지 60g/㎡

▌예시 4-4▐

수출입승인(신청)서
Export-Import License(Application)

처리기간 : 1일 Handling Time : 1 Day

① 수출입자 무역업고유번호 (Ex-Importer) (Trade Business Code) 상호, 주소, 성명 (Name of Firm, Address, Name of Rep.) (서명 또는 인) (Signature)		⑥ 신용장 또는 계약서번호 (L/C or Contract No.)
② 위탁자 사업자등록번호 (Requester) (Business No.) 상호, 주소, 성명 (Name of Firm, Address, Name of Rep.) (서명 또는 인) (Signature)		

	수 출 (Export)	수 입 (Import)		
			수 출 (Export)	⑦ 금 액 (Total Amount)
				⑧ 결제기간 (Period of Payment)
				⑨ 가격조건 (Terms of Payment)
③ 원산지 (Origin)			수 입 (Import)	⑩ 금 액 (Total Amount)
④ 선적항 (Port of Loading)				⑪ 결제기간 (Period of Payment)
⑤ 도착항 (Port of Dispatch)				⑫ 가격조건 (Terms of Payment)

수출물품의 명세

⑬ HS부호 (HS Code)	⑭ 품명 및 규격 (Description/Size)	⑮ 단위 및 수량 (Unit/Quantity)	⑯단 가 (Unit Price)	⑰금 액 (Amount)

수입물품의 명세

⑱ HS부호 (HS Code)	⑲ 품명 및 규격 (Description/Size)	⑳ 단위 및 수량 (Unit/Quantity)	㉑ 단 가 (Unit Price)	㉒금 액 (Amount)

㉓ 승인기관 기재란(Remarks to be filled out by an Approval Agency)

㉔ 유효기간(Period of Approval)

㉕ 승인번호(Approval No.)

㉖ 승인기관 관리번호(No. of an Approval Agency)

㉗ 위의 신청사항을 「대외무역법」 제11조제2항 및 동법 시행령 제18조제1항에 따라 승인합니다.
(The undersigned hereby approves the above-mentioned goods in accordance with Article 11(2) of the Foreign Trade Act and Article 18(1) of the Enforcement Decree of the said Act.)

년 월 일

승인권자 (인)

※승인기관이 둘 이상인 경우 ㉓ - ㉖의 기재사항은 이면에 기재하도록 합니다.
※이 서식에 의한 승인과는 별도로 대금결제에 관한 사항에 대하여는 외국환거래법령이 정하는 바에 따라야 합니다.

2812-281-01811민
'98.1.12. 승인

210㎜ × 297㎜
일반용지 60g/㎡

▮예시 4-5▮

특정거래인정신고서

처리기간
1일

① 신고인(상호, 주소, 전화번호)	무역업고유번호 사업자등록번호 (서명 또는 인)	② 신용장 또는 계약서 번호 ③ 특정거래인정 유효기간 : 신고수리(인정)일로부터 1년

수출명세						
④ 수 출 물 품			⑤ 결 제 내 용		⑥ 물 품 이 동	
품 명	HS No		결제금액		원 산 지	
	규 격		결제기간		선 적 항	
	단 위		가격조건		도 착 항	
	수 량		결제방법		송수하인	
수입명세						
⑦ 수 입 물 품			⑧ 결 제 내 용		⑨ 물 품 이 동	
품명	HS No		결제금액		원 산 지	
	규 격		결제기간		선 적 항	
	단 위		가격조건		도 착 항	
	수 량		결제방법		송수하인	

대외무역관리규정 제22조에 따라 위와 같이 특정거래 인정 사항을 신고합니다. 년 월 일 신고인 (서명 또는 인)	위의 사항을 신고수리(인정)합니다. 년 월 일 산업통상자원부장관(인)

210㎜ × 297㎜
일반용지 60g/㎡

나. 특정거래형태의 종류

① 위탁판매수출 · 수탁판매수입

위탁판매수출이라 함은 '무환으로 수출하여 당해 물품이 판매되는 범위 안에서 대금을 결제하는 계약에 의한 수출'을 말하며, 그 반대의 경우가 수탁판매수입이다.

위탁판매수출은 위탁자가 자기의 계산과 위험부담하에 수출하는 것으로 물품이 이동되더라도 그 소유권은 위탁자에게 있으며 판매하고 남은 물품은 위탁자에게 반환된다.

그러므로 수탁자는 계약된 조건에 따라서 당해 물품을 판매하고 그 판매대금 중에서 경비 및 수수료 등을 공제한 금액을 위탁자에게 송금하는 것이 일반적인 거래방식이다.

이 거래방식은 수탁자 입장에서 보면, 수입에 따른 현금부담이 없고 클레임제기 등의 불편이 없으며 시간과 노력 그리고 수입부대경비를 절감할 수 있는 이점이 있으며, 위탁자는 거의 전적인 부담을 지기 때문에 위탁자에게 자금여유가 있는 상태에서 적극적으로 새로운 시장을 개척하고자 할 때 활용된다.

② 위탁가공무역 · 수탁가공무역

위탁가공무역이라 함은 가공임을 지급하는 조건으로 외국에서 가공(제조, 조립, 재생, 개조 포함)할 원자재의 전부 또는 일부를 거래 상대방에게 수출하거나 외국에서 조달하여 이를 가공한 후 가공 물품을 수입하거나 외국으로 인도하는 수출입을 말하며, 수탁가공무역은 가득액을 영수하기 위하여 원자재의 전부 또는 일부를 거래상대방의 위탁에 의하여 수입하여 이를 가공한 후 위탁자 또는 그가 지정한 자에게 가공물품을 수출하는 수출입을 말한다.

위탁가공무역은 외국의 저렴한 노동력을 활용하거나 외국의 고도 기술을 이용하고자 하는 경우에 주로 이용되는 거래로서 국내의 인건비가 상승함에 따라 동남아, 서남아, 중국 등에서 현지 생산하기 위하여 활용되고 있는 거래 형태이다.

③ 임대수출 · 임차수입

임대수출이라 함은 임대(사용임대 포함)계약에 의하여 물품을 수출하여 일정기간 후 다시 수입하거나 그 기간의 만료 전 또는 만료 후 당해 물품의 소유권을 이전하는 수출을 말하며, 임차수입은 그 반대의 경우를 말한다.

임대수출, 임차수입은 그 원인행위를 임대차계약 및 사용대차계약에 한정하고 있으므로 차주가 소유권을 취득하고 같은 가치의 물건을 반환하는 소비대차계약에 의한 수출·수입은 제외된다.

'소유권을 이전하는 수출'이라 함은 원칙적으로 임차인에게 소유권을 이전하는 것을 의미하며, 임차인 이외에 현지 판매하거나 제3국에 수출할 경우에 외국인도수출의 적용여부가 문제된다. 이 경우 계약서상에 명문으로 규정한 경우에는 당연히 임대수출에 포함되어 외국인도수출 규정이 적용이 없을 것이나, 명문 규정이 없는 경우에는 외국인도수출 규정이 적용될 것이다.

이 거래형태는 주로 시설기계의 수출 시에 이용되는데 우리의 기계공업이 발달함에 따라 후진국을 대상으로 동 형태의 수출이 증가하고 있으며, 시설기계의 제공에 따른 생산제품의 시장확보, 기술의 상호협력 등에 활용될 수 있는 거래이다.

④ 연계무역

연계무역이라 함은 물물교환(Barter Trade), 구상무역(Compensation trade), 대응구매(Counter purchase), 제품환매(Buy Back) 등의 형태에 의하여 수출·수입이 연계되어 이루어지는 수출입을 말한다.

연계무역은 상계방법, 계약서 작성방법, 대응구매비율 및 대응구매기간 등의 요건에 따라 물물교환, 구상무역, 대응구매 및 제품환매 등으로 대별되며, 1998. 2. 1 규정 개정 시 제품환매를 포함한 수출입이 연계된 거래를 연계무역에 포함되도록 하였다.

〈참고〉

(1) 물물교환(Barter Trade)

물물교환은 환거래가 발생하지 않고 상품이 직접 교환되는 물물교환 방식의 단순한 거래형태로서 수출에 대한 대가로 동액 가치의 상품을 수입하는 방식의 수출입

① 하나의 계약서로 거래가 성립함.
② 신용장개설이 없는 직접적인 물물교환의 형태
③ 환거래가 발생하지 않으며 교환상품의 양 및 질에 의해 쌍방간 지불의무가 상계됨.
④ 통상 상품의 인수도가 거의 동시에 이루어짐.
⑤ 대응 수입의무를 제3국으로 전가할 수 없음.

(2) 구상무역(Compensation Trade)

환거래가 발생하고 대응 수입의무를 제3국에 전가할 수 있는 점 등을 제외하고는 물물교환 형태와 동일함.

① 하나의 계약서로 거래가 성립되며 Escrow L/C 등 특수신용장을 사용함.
② 환거래가 발생하며 합의된 통화로 대금을 결제함.
③ 대응수입 이행기간은 통상 3년 이내임.
④ 대응수입 비율이 통상 20% 내지 100%임.
⑤ 대응수입의무를 제3국으로 전가할 수 있음.

(3) 대응구매(Counter purchase)

수출액의 일정비율에 상응하는 상품을 대응 수입해야 하는 의무를 지게 된다는 점에서 구상무역과 차이가 없으나 Two-way-trade의 성질상 두 개의 계약서로 거래가 이루어지는 점이 다름.

① 두 개의 별도계약서에 의하여 거래가 이루어짐.
② 두 개의 일반신용장이 개설됨.
③ 형식상 완전히 분리된 두 개의 일반거래 형태임.
④ 대응수입 이행기간은 통상 5년 이내임.
⑤ 환거래가 발생하며 쌍방간 합의된 통화로 결제를 함.
⑥ 대응수입 의무를 제3국으로 전가할 수 있음.

(4) 제품환매(Buy Back)

플랜트, 장비, 기술 등의 수출에 대응하여 동 설비나 기술로 생산되는 제품을 수입하는 형태

① 대응수입상품이 수출상품의 관련 물품임.
② 대응수입은 별도의 계약서에 의해 이루어지며 제3국으로 전환 가능
③ 대응수입 이행기간은 통상 3년 내지 25년 정도임.
④ 대응수입은 1회에 한하지 않고 그 비율도 100%를 초과할 수 있음.
⑤ 대응수입은 상품에 국한되지 않고 판매망 제공 등으로 상계 될 수 있음.

⑤ 중계무역

중계무역이라 함은 수출할 것을 목적으로 물품을 수입하여 보세구역 또는 보세구역 외 장치 허가를 받은 장소 또는 자유무역지역 이외의 국내에 반입하지 아니하고 원형

그대로 제3국으로 수출하여 수출가격과 수입가격의 차액, 즉 일정한 중계차익의 취득을 목표로 하는 수출입을 말한다.

중계무역은 수출입 주체가 외국환거래법상 거주자인 경우, 즉 거주자의 책임하에 수입하여 수출하고, 수출입 대금결제도 거주자 책임하에 이루어지는 경우에는 대외무역법상 중계무역이 성립되나, 거주자가 수출입의 주체가 되지 아니하고 단순히 중개수수료만을 취득하는 경우, 즉 단순중개의 경우에는 대외무역법상의 중계무역이 성립되지 않으며 이를 중개무역이라 한다.

중계무역은 원칙적으로 자유로우나, 대금의 영수 및 지급을 하나의 외국환은행을 통하여 행하지 아니하는 송금거래와 선적서류를 하나의 외국환은행을 통하여 인수 및 송부하지 아니하는 거래는 산업통상자원부장관의 인정대상 거래이다. 단, 수입대금 결제은행이 수출 대금 영수은행을 지정하고 수출대금 영수은행의 수출환어음 매입사실을 관련 서류를 통하여 확인할 수 있는 경우에는 인정 없이 거래 가능하다.

⑥ 외국인수수입 · 외국인도수출

외국인수수입이라 함은 수입대금은 국내에서 지급되지만 수입물품을 외국에서 인수하는 수입을 말하며, 외국인도수출은 그 반대의 경우, 즉 수출대금은 국내에서 영수하지만 국내에서 통관되지 아니한 물품을 외국으로 인도하는 수출을 말한다.

외국인수수입거래는 플랜트수출, 해외건설, 해외투자, 위탁가공무역 등에 필요한 기자재 또는 원자재를 외국에서 수입하여야 할 경우 운송시간과 경비를 절감하기 위하여 수입대금은 국내에서 지급하고 물품은 직접 해외 현장에서 인수하고자 하는 경우에 이용된다.

중계무역과 외국인수수입은 물품이 외국에서 외국으로 이동한다는 점에서는 동일하나, 중계무역은 수입과 수출 2건의 거래가 각각 발생하나 외국인수수입은 1건의 수입 행위만이 있으며, 중계무역은 수입 후 수출함으로써 소유권이 제3자에게 이전되나 외국인수수입은 외국에서 각종 사업에 필요한 기자재를 수입하여 사용함을 목적으로 하므로 소유권이 수입자, 즉 국내에서 수입대금을 지급하는 자에게 있다는 점에서 다르다.

플랜트수출, 해외건설공사의 경우 외국인수수입에 의하여 수입된 물품이 당해 사업에 공급되어진 후 최종적으로 소유권이 당해 사업이 시행되는 국가에 이전된다는 점에서 중계무역과 동일하다고 볼 수 있으나, 이는 플랜트수출 및 해외건설공사가 도급계약에 의해 이루어지고, 당해 사업이 완성될 때까지는 수입된 물품의 소유권이 도급자에게 있으므로, 수입·수출이 동시에 이루어져 수출입 물품의 소유권이 변경되는 중계무역과는 다르다.

기타 요건의 경우에도 외국인수수입 후 당해 물품의 처리를 위하여 국내반입 또는 외국인도수출 등 별도의 원인행위가 필요한 점에서 중계무역과는 다르다.

⑦ 무환수출입

무환수출입이라 함은 외국환거래가 수반되지 아니하는 물품의 수출을 말한다. 대외무역법에서는'무상(無償)수출입'과 '무환(無換)수출입'을 구분하고 있는데, 무상수출입은 '대가를 지급하지 아니하는 물품의 수출입'을 의미하며, 무환수출입(무상수출입 포함)은 외국환거래가 수반되지 아니하는 물품의 수출입 또는 대금결제가 수반되지 아니하고 물품의 이동만 이루어지는 거래를 의미한다.

무환수출입은 다시 무상무환(無償無換)과 유상무환(有償無換)으로 구분되며, 무상무환에는 증여, 상속, 유증 등이 있고, 유상무환에는 위·수탁판매무역, 위·수탁가공무역시 원자재 수출입, 임대차수출입, 무환 상계결제(연계무역 중 물물교환방식의 거래) 등이 있다.

무환수출로서 신고가격 기준 미화 5만 불 상당액 초과물품을 수출승인의 면제대상(대외무역관리규정 ; 별표 3.1)에서 정한 사유에 해당하지 않고 기증·증여 등을 원인으로 국내에서 외국으로 무환수출되는 경우 인정대상이다(외국에서 외국으로 인도되는 무환수출은 제외).

다. 수출입인정 절차

특정거래형태의 수출입인정 신청은 원칙적으로 수출입신고 이전에 하여야 한다.

특정거래형태의 수출입을 하고자 하는 자는 본인이 거래하고자 하는 형태가 '인정(認定)'을 받아야 하는 거래인지 여부를 확인하고, '인정'이 필요없는 거래이면 별도의 조치 없이 수출대금을 영수하거나 수입대금을 지급할 수 있다. 특정거래 인정대상이면 산업통상자원부장관에 인정을 신청하여야 한다.

외국환은행에서는 무역거래자가 특정거래형태로 수출입하고자 수입대금의 지급 및 수출대금의 영수를 위하여 방문하면 외국환은행은 계약서, 수출입승인서 등 관련서류 및 무역거래자의 진술을 통해 '인정'이 필요한 거래인지 여부를 외국환거래법 제10조

(업무상의 확인의무)의 규정에 의하여 확인하여야 하며, 인정이 필요 없는 거래이면 수출입대금 업무를 처리하고, 인정이 필요한 경우에는 무역거래자로부터 규정 제3-5호 서식에 의한 「특정거래인정서」를 제출받은 후 수출입대금 업무를 처리하면 된다.

라. 특정거래형태의 수출입 인정 유효기간

특정거래형태의 수출입 인정 유효기간은 인정일로부터 1년으로 한다. 다만, 산업통상자원부장관은 인도조건, 기타 거래상의 특성에 따라 유효기간을 달리 정할 수 있다.

5 수출입승인사항의 변경

수출입승인사항의 변경은 당초 승인한 기관의 장이 승인하며, 수출입승인 유효기간 내에 신청하여야 한다.

15-5 외화획득용 원료의 조달

1 외화획득용 원료의 개념 및 범위

우리나라는 수출진흥을 위하여 수출 등 외화획득을 위한 물품의 생산에 소요되는 원료, 시설, 기계 및 제품을 확보, 조달하는 데 대하여 일반 내수용의 경우와 비교하여 차별적인 혜택을 부여하고 있다. 즉, 수출물품 등 외화획득용 물품의 생산에 공여되는 원료에 대하여는 수출상품의 경쟁력을 제고하기 위한 정책수단으로 원료 등의 조달과 관련하여 부담을 줄여 주기 위한 각종 수출지원제도가 운용되고 있다.

즉, 외화획득용 원료에 대하여는 수출입공고 등의 제한조치에도 불구하고 수입이 가능할 뿐만 아니라 수입에 소요되는 자금에 대하여는 무역금융을 지원하고 있으며, 환급특례법에 따라 관세환급을 받을 수 있다.

이와 같은 우대조치는 수출품 생산에 필요한 원료에 대하여 최대한 부담을 줄여서 우리나라 수출품의 국제경쟁력을 높이기 위한 수출지원제도의 일환이다.

외화획득을 하는 수단은 수출, 군납, 관광, 해외건설 등 여러 가지 방법이 있으나, 그 중 대표적인 것은 수출이다. 이러한 외화획득에 제공되는 물품을 생산(물품의 제조·가공·조립 등)하는 데 필요한 원자재, 부자재, 부품 및 구성품을 외화획득용 원료라 한다.

이와 같이 외화획득용 원료란 다양한 경로를 통하여 수출품의 생산에 사용되는 것으로서 해당 수출품을 직접 구성하고 있지 않더라도 물품 생산과정에 직접 투입된 소모성 원료도 외화획득용 원료에 포함된다. 외화획득용 원료를 수입하거나 국내에서 구매 또는 양도받은 외화획득의무 이행자는 다음의 정한 기간 내에 외화획득을 이행하여야 한다.

① 외화획득 행위의 경우에는 수입통관일 또는 공급일로부터 2년
② 국내공급(양도 포함)인 경우에는 양수일로부터 1년
③ 외화회득 물품의 선적기일이 2년 이상인 경우에는 생산하거나 비축하는 데에 걸리는 상당하는 기간

수출물품의 확보는 크게 보아, 다른 회사에서 생산한 완제품을 조달하는 방법과 수출업자가 수출물품을 직접 제조·생산하기 위하여 원료를 조달하는 두 가지의 방법에 대하여 검토할 수 있다. 여기에선 수출물품의 직접 제조·생산을 위하여 소요되는 원재료의 확보를 위하여 먼저 외국으로부터 외화획득용 원료를 수입하는 경우와 국내에서 원자재 또는 완제품을 구매하는 방법이 있다.

2 외화획득용 원료의 수입

여기서 외화획득이라 함은 수출, 군납, 관광, 용역 및 건설의 해외진출과 외화표시 국내 거래 모두를 의미한다. 이러한 외화획득에 제공하여지는 물품을 생산하는 데 필요한 원자재, 부자재, 부품 및 구성품을 외화획득용 원료라 한다. 외화획득용 원료는 직접 생산에 소요되는 재료뿐만 아니라 최종 외화획득 물품에 구성되어 있지 않더라도 생산과정에서 투입되는 소모성 원료 및 포장재까지 포함하는 개념이다.

외화획득용 원료의 수입에 대하여는 수량의 제한을 받지 아니하며, 수출입공고상 수

입 제한된 품목이라 하더라도 수량제한을 받지 않고 공고상 지정·고시된 기관 또는 단체의 장이 수입승인하며, 원산지 표시면제, 폐기물부담금 면제, 수입신용장 발행수수료 우대적용과 무역금융의 지원, 관세환급의 시행 등 우대조치가 있다(예시 4-6).

3 외화획득용 원료의 국내구매

외화획득용 원료 또는 물품을 해외에서 수입하지 않고 국내에서 구매하는 방법으로는 내국신용장 발행에 의한 방법과 구매확인서의 발급에 의한 방법이 있다. 내국신용장은 한국은행이 정한 무역금융규정을 적용받아 발행되며, 구매확인서는 대외무역관리규정의 적용을 받아 발급된다.

내국신용장(local L/C)은 원자재를 구매하고자 하는 자가 자신의 거래은행을 발행은행으로 하여 원자재 공급자 앞으로 발행한 국내거래 신용장을 말하며, 수출물품 제조에 필요한 원자재의 국내 구매를 촉진시키기 위하여 시행하고 있다.

내국신용장은 무역금융관련규정에 근거를 두고 있으므로 원자재금융한도가 없거나 수혜자격이 없는 경우에는 이용할 수 없으므로 대외무역법에 근거를 두고 있는 구매확인서에 의하여 외화획득용 원자재를 구매할 수 있도록 하였다.

외화획득용으로 사용하는 원료를 국내에서 공급하는 경우 이를 수출로 인정하여 금융·세제상의 혜택을 부여할 뿐만 아니라 관세를 환급받을 수 있고 부가가치세 영세율이 적용되는 등의 차별적인 우대조치를 한다.

▌예시 4-6▐

외화획득용 원료수입승인(신청)서
Import for Re-Export License(Application)

처리기간 : 1일 Handling Time : 1 Day

① 수입자 (Exporter) 무역업고유번호 (Trade Business Code) 상호, 주소, 성명 (Name of Firm, Address, Name of Rep.) (서명 또는 인) (Signature)		⑥ 송하인 (Consignor) 상호, 주소, 성명 (Name of Firm, Address, Name of Rep.)
② 위탁자 (Requester) 사업자등록번호 (Business No.) 상호, 주소, 성명 (Name of Firm, Address, Name of Rep.) (서명 또는 인) (Signature)		⑦ 금액 (Total Amount) ⑧ 결제기간(Period of Payment)
③ 원산지(Origin)	④ 선적항(Port of Loading)	⑨ 가격조건(Terms of Payment)
⑤ 사후관리 기관명		

⑩ HS부호 (HS Code)	⑪ 품명 및 규격 (Description/Size)	⑫ 단위 및 수량 (Unit/Quantity)	⑬ 단 가 (Unit Price)	⑭ 금 액 (Amount)

⑮ 승인기관 기재란(Remarks to be filled out by an Approval Agency)
⑯ 유효기간(Period of Approval)
⑰ 승인번호(Approval No.)
⑱ 승인기관 관리번호(No. of an Approval Agency)
위의 신청사항을 「대외무역법」 제11조제2항 및 동법 시행령 제24조제1항에 따라 승인합니다. (The undersigned hereby approves the above-mentioned goods in accordance with Article 11(2) of the Foreign Trade Act and Article 24(1) of the Enforcement Decree of the said Act.) 년 월 일 승 인 권 자 (인)
※이 서식에 의한 승인과는 별도로 대금결제에 관한 사항에 대하여는 외국환거래법령이 정하는 바에 따라야 합니다.

2812-281-01911민 210㎜ × 297㎜
'98.1.12. 승인 일반용지 60g/㎡

▌예시 4-7▐

외화획득용원료・기재구매확인신청서

① 구매자	(상호) (주소) (성명) (사업자등록번호)
② 공급자	(상호) (주소) (성명) (사업자등록번호)

1. 구매원료・기재의 내용

③ HS부호	④ 품명 및 규격	⑤ 단위 및 수량	⑥ 구매일	⑦ 단가	⑧ 금액	⑨ 비고

2. 외화획득용 원료・기재라는 사실을 증명하는 서류

⑩ 서류 및 번호	⑪ HS부호	⑫ 품명 및 규격	⑬ 금액	⑭ 선적기일5	⑮ 발급기관명

3. 세금계산서(외화획득용 원료・기재를 구매한 자가 신청하는 경우에만 해당)

⑯세금계산서 번호	⑰ 작성일자	⑱ 공급가액	⑲ 세액	⑳ 품목	㉑ 규격	㉒ 수량

㉓ 구매원료・기재의 용도명세 : 원자재구매, 원자재 임가공위탁, 완제품 임가공위탁, 완제품구매, 수출대행 등 해당용도를 표시하되, 위탁가공무역에 소요되는 국산원자재를 구입하는 경우는 "(위탁가공)" 문구를 추가표시

* 한국은행 총액한도대출관련 무역금융 취급절차상의 용도표시 준용

위의 사항을 대외무역법 제18조에 따라 신청합니다.

신청일자 년 월 일
신 청 자
전자서명

* ③은 HS부호 또는 자사관리코드 중 어느 하나를 반드시 기재하여야 합니다.
⑳ 내지 ㉒은 1. 구매원료・기재의 내용과 금액이 다른 경우에는 반드시 기재하여야 합니다.

210mm × 297mm
일반용지 60g/m^2

가. 구매확인서의 의의

구매확인서는 국내에서 생산된 물품이나 수입된 물품을 외화획득용 원료 또는 물품으로 사용하기 위하여 구매하고자 하는 경우 내국신용장에 준하여 발급하는 것으로 무역금융한도 부족, 송금방식 수출 등으로 내국신용장을 발행하기 어려운 경우에 이용되어 왔으나, 현재는 내국신용장 발행에 따른 비용이나 시간을 절감하기 위해 사용되기도 한다.

구매확인서는 은행의 대금지급확약이 없는 점이 내국신용장과 다르며, 공급자의 수출실적 인정, 외화획득용 원료의 사후관리, 원자재 또는 수출용 완제품의 구매 등에 사용되는 점은 내국신용장과 동일하다.

구매확인서에 의해 구매할 수 있는 물품은 국내, 즉 대한민국의 주권이 미치는 지역에서 생산되거나 수입된 물품이다. 그리고 내국신용장에 의해서는 수출용 원자재와 완제품을 구매하는 반면 구매확인서에 의해서는 수출보다 광의의 개념인 외화획득용 원료와 물품을 구매한다는 측면에서 서로 차이가 있다.

구매확인서는 기존 외국환은행이 발급하였으나, 2011년 7월부터 전자발급제도로 변경되어 전자무역 포털인 'utradeHub'[9]를 통해 온라인 발급으로 바뀌었다. 온라인 발급기관은 거래 외국환은행과 전자무역기반사업자인 KTNET 중에서 자유롭게 선택할 수 있다.

구매확인서의 전자발급으로 전자무역 포털 'utradeHub'에서 신청서만 작성하면 곧바로 발급되므로 빠르고 편리하며, 부가세 영세율 신고시 구매확인서를 제출하지 않아도 된다. 또 기업이 발급받은 구매확인서는 5년간 KTNET 전자문서 보관소에 보관되어 언제라도 이용할 수 있으며, 구매업체가 인편 또는 우편으로 구매확인서를 공급업체에 전달하지 않아도 공급업체가 「uTradeHub」에서 바로 출력할 수 있는 장점이 있다.

나. 구매확인서 발급절차

구매확인서 발급이 필요한 모든 기업들은 먼저 국가 전자무역포털인 'utradeHub'회원으로 가입해야 하며, 회원가입 시점에서 발급기관을 KTNET 또는 거래 외국환은행으로 선택하면 된다.

---

9) utradeHub는 전자무역기반사업자인 한국무역정보통신(KTNET)이 운영하는 국가 전자무역 시스템임.

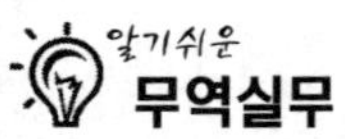

1) KTNET을 발급기관으로 지정할 경우

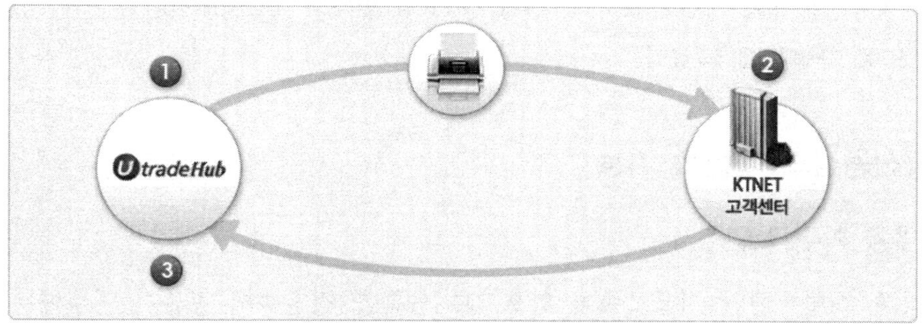

①utradeHub(www.utradehub.or.kr)에 접속하여 회원가입
②가입신청서를 출력하여 법인 인감증명서와 사업자등록증 사본과 함께 KTNET로 Fax 송부
③가입확인 후 utradeHub 로그인, 「구매확인서」 메뉴를 이용 신청 · 발급

2) 은행을 발급기관으로 지정할 경우

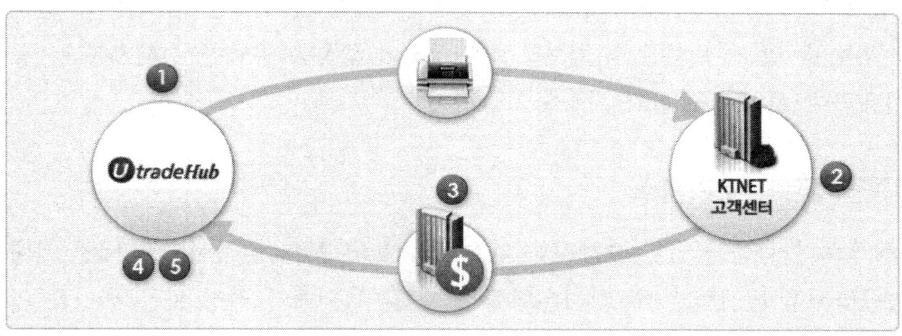

①utradeHub(www.utradehub.or.kr)에 접속하여 회원가입
②가입신청서를 출력하여 법인 인감증명서와사업자등록증 사본과 함께 KTNET로 Fax 송부
③거래은행과 EDI약정체결을 위해 utradeHub가입승인서를 출력하여 거래은행에 제출(은행방문 필요)
④utradeHub에 로그인하여 My Trade 메뉴 중 '거래약정관리'를 통해 약정 체결등록 및 관리
⑤가입확인 후 utradeHub 로그인, '구매확인서' 메뉴를 이용 신청 · 발급

4 내국신용장 제도

내국신용장(Local L/C)은 국제간의 거래를 필연적으로 하는 일반 상업신용장과는 달리 수출용 또는 외화표시 공급 원자재의 국내조달을 촉진하고 수출 물자 또는 외화표시 공급물자의 생산 공급을 원활히 하기 위하여 국내 수출업자의 의뢰에 의하여 국내의 은행이 수출용원자재 또는 수출용완제품의 국내공급업자를 수혜자로 하여 개설

되는 신용장을 말한다. 2014년 2월 14일부터 내국신용장 업무가 전면 전자화되어 은행방문 없이 내국신용장의 개설·통지 및 결제 등의 전 업무가 'utradeHub'를 통한 인터넷 접속만으로 가능하게 되었다.

가. 내국신용장의 일반적 기능

① 물품대금 회수의 안정성

내국신용장은 개설은행의 지급보증이 있으므로 물품을 정당하게 공급한 경우에는 개설 신청인이 지급불능상태에 놓이더라도 물품공급자의 입장에서는 대금을 안전하게 회수할 수 있는 장점이 있다.

② 무역금융 융자수혜 가능

내국신용장에 의하여 수출용원자재 또는 수출용완제품을 구매하는 업체는 동 결제자금을 융자받을 수 있고, 반대로 내국신용장에 의하여 물품을 공급한 수혜자도 동 공급실적을 이용하여 무역금융 융자수혜가 가능하다.

③ 물품공급대전의 조기회수

내국신용장으로 물품을 공급한 수혜자는 개설신청인으로부터 원칙적으로 10일 이내에 물품수령증명서를 발급받은 후 거래은행을 통한 환어음 매입 신청 또는 추심을 의뢰하여 조기에 물품공급대전을 회수할 수 있다.

④ 세금 면제

내국신용장에 의한 거래시에는 부가가치세를 면제('0'세율 적용) 받는다.

⑤ 관세환급 가능

내국신용장에 의하여 거래한 경우에도 직수출과 마찬가지로 관세환급을 받는다.

나. utradeHub 가입 및 은행과의 약정체결

내국신용장의 전자적 이용을 위해 개설의뢰인(구매자) 및 수혜자(공급자)는 전자무역 기반시설을 이용한 전자문서로 하여야 하며 이를 위해 기반시설(KTNET)에 사전에 가입하여야 한다.

▌내국신용장 업무구성도▐

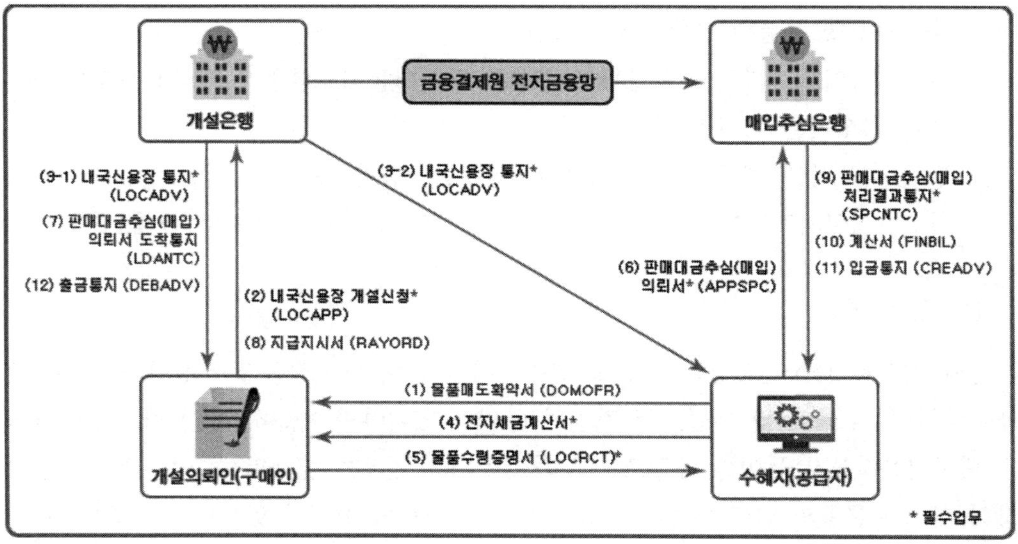

개설은행
금융결제원 전자금융망
매입추심은행
(3-1) 내국신용장 통지* (LOCADV)
(7) 판매대금추심(매입) 의뢰서 도착통지 (LDANTC)
(12) 출금통지 (DEBADV)
(2) 내국신용장 개설신청* (LOCAPP)
(8) 지급지시서 (RAYORD)
(3-2) 내국신용장 통지* (LOCADV)
(6) 판매대금추심(매입) 의뢰서* (APPSPC)
(9) 판매대금추심(매입) 처리결과통지* (SPCNTC)
(10) 계산서 (FINBIL)
(11) 입금통지 (CREADV)
(1) 물품매도확약서 (DOMOFR)
(4) 전자세금계산서*
(5) 물품수령증명서 (LOCRCT)*
개설의뢰인(구매인)
수혜자(공급자)
* 필수업무

다. 내국신용장 개설신청

① 개설대상

외국환은행은 수출용 수입원자재와 국내에서 생산된 수출용 원자재 또는 수출용 완제품을 구매(임가공 위탁 포함)하고자 하는 업체의 신청에 의하여 내국신용장을 개설할 수 있다. 또한 내국신용장 수혜자는 당해 내국신용장을 근거로 수출용원자재 및 완제품을 구매하기 위하여 또 다른 내국신용장을 개설할 수 있는데, 이전에는 원 내국신용장 발급 후 3차까지만 허용하였으나 현재는 개설 차수의 제한이 폐지되어 융자한도 범위 내에서 원하는 대로 또 다른 내국신용장의 개설을 의뢰할 수 있다.

② 내국신용장의 개설금액

수출용 원자재를 구매하기 위한 내국신용장의 개설금액에는 당해 공급물품의 제조 또는 가공에 투입된 수입원자재 및 관련 제세공과금 부담액을 포함할 수 있다.

③ 내국신용장 개설시 징구서류

내국신용장의 은행영업점 창구발급은 폐지되고, 2013년 2월부터는 전자문서교환방식에 의해 전자개설만 가능하며, 개설의뢰인은 내국신용장 개설신청서를 작성하여 아래서류와 함께 전자문서로 전송하여야 한다.

㉠ 공급자발행 물품매도(수탁가공 포함)확약서
다만, 실적기준금융 이용업체의 신청으로 전자문서교환방식 내국신용장을 개설하는 경우에는 예외로 한다.

㉡ 당해 내국신용장의 개설근거가 되는 원수출신용장 등
다만, 개설의뢰인이 실적기준금융 이용업체인 경우에는 예외로 한다.

④ 조건 변경

일단 개설된 내국신용장의 조건을 변경하려면 당해 내국신용장의 관계 당사자, 즉 개설의뢰인, 수혜자 및 개설은행 전원의 합의가 있어야만 가능하다. 한편, 이미 개설된 내국신용장을 부득이한 사유로 취소하고자 하는 경우가 발생할 수 있는데 내국신용장의 취소는 물품의 인도 이전에는 관계 당사자 전원의 합의가 있으면 가능하나, 대상물품의 인수 후에는 취소가 불가능하다는 점에 유의하여야 한다.

⑤ 내국신용장의 종류

내국신용장은 표시통화에 따라 원화표시 외화부기 내국신용장, 외화표시 내국신용장 및 순수원화표시 내국신용장으로 구분된다. 외화표시 내국신용장은 외화로, 순수원화표시 내국신용장은 원화로 결제하고 원화표시 외화부기 내국신용장의 경우에는 부기외화 금액을 기준으로 환산된 원화자금으로 결제한다. 개설근거별 용도에 따라서는 원자재내국신용장과 완제품내국신용장으로 구분되며, 이는 다시 각각 신용장기준금융과 실적기준금융으로 나뉜다.

라. 내국신용장의 조건

내국신용장은 다음 각 호의 조건에 일치하는 경우에 한하여 이를 개설할 수 있다.

① 양도가 불가능한 취소불능신용장이어야 한다.

② 표시통화는 순수원화, 외화, 원화로 하되 개설일 현재 최초고시 매매기준율로 환

산한 외화금액이 부기된 것 중 자유롭게 선택할 수 있다.

③ 내국신용장의 금액은 물품대금 전액으로 하고 원화표시 외화부기에 의한 내국신용장의 경우 금액은 부기외화금액을 내국신용장어음 매입일(추심시는 추심의뢰일) 현재의 최초고시 매매기준율로 환산한 금액으로 하여야 한다.

④ 물품의 인도기일은 대응수출 또는 물품공급이 원활히 이행되는 데 지장이 없도록 책정되어야 한다.

⑤ 유효기일은 물품의 인도기일에 최장 10일을 가산한 기일이어야 한다. 다만, 원수출신용장 등을 근거로 하여 개설되는 내국신용장의 유효기일은 대응되는 원수출신용장 등의 선적 또는 인도기일 이전이어야 한다.

⑥ 서류제시기간은 물품수령증명서 발급일로부터 최장 5영업일 범위 내에서 책정된 것이어야 한다. 다만, 개설의뢰인과 수혜자의 소재지가 원격지인 경우(전자문서교환방식 내국신용장을 판매대금추심의뢰서로 결제하는 경우 제외)에는 물품수령증명서 발급일로부터 7영업일까지로 할 수 있다.

⑦ 어음의 형식은 개설의뢰인을 지급인으로 하고 개설은행을 지급장소로 하는 일람출급환어음이어야 한다.

⑧ 어음대금은 개설의뢰인이 자체자금으로 결제하는 일람불 내국신용장이거나 개설은행이 융자하여 결제하는 기한부 내국신용장에 의한 방식이어야 한다.

⑨ 어음의 발행조건은 원수출신용장 매입조건부 결제 등 수혜자에게 불리한 조건이 아니어야 한다. 다만, 선박 또는 「대외무역법」에서 정하는 산업설비의 수출을 위하여 개설되는 완제품내국신용장의 경우에는 원수출신용장 등의 대금결제조건에 따른 제조공정별 분할지급 조건으로 할 수 있다.

⑩ "전자무역 촉진에 관한 법률"에 의하여 "전자문서교환방식 내국신용장"을 개설할 수 있는데, 이 경우에는 법이 정하는 정당발급문서 표시의무를 준수하여야 한다.

⑪ 상기 내국신용장의 필수조건 이외에 일반적인 거래조건은 국제상업회의소(ICC) 제정 「화환신용장에 관한 통일규칙 및 관례」를 준용한다는 문언을 기재하여야 한다.

마. 개설근거 및 용도의 표시

내국신용장 개설 외국환은행은 당해 내국신용장의 앞면에 동 내국신용장의 개설근거가 된 원수출신용장 등의 내용과 동 내국신용장의 용도를 나타내는 문언을 표시해야 한다.

바. 내국신용장 개설 사실의 통지

내국신용장을 개설한 외국환은행은 내국신용장의 개설사실을 수혜자에게 통지하고 전자적으로 전달하여야 하며, 전자무역 기반시설은 수혜자가 전자문서로 통지받을 수 있도록 내국신용장 자동통지 서비스를 제공한다.

사. 물품수령증명서 발행

물품수령증명서는 물품을 공급받은 구매자(개설의뢰인)이 공급자(수혜자)에게 발급하며, 수혜자가 매입추심 의뢰시 매입추심은행에 제출하는 필수서류이다. 2014년 2월 14일 매입추심 전자화 시행에 따라 구매자와 공급자는 물품수령증명서를 전자문서방식으로 송수신해야 한다.

아. 내국신용장의 결제(매입) 업무

내국신용장을 발급받은 수혜자는 내국신용장의 조건에 따라 물품을 공급한 후 개설의뢰인으로부터 10일 이내에 물품수령증명서를 발급 받고 5영업일(개설의뢰인과 수혜자의 거리가 원격지인 경우에는 7영업일) 이내에 내국신용장에서 요구하는 환어음 및 제반서류를 구비하여 수혜자의 거래은행에 물품대금의 회수를 위임하게 되는바 이와 같은 절차를 내국신용장어음의 매입 또는 추심이라고 한다. 2014년 2월 14일부터 매입추심 관련 절차가 전면 매입추심은행에 '판매대금추심(매입)의뢰서'를 작성하고 다음 서류를 첨부하여야 한다.

① 원 내국신용장

② 물품수령증명서

물품수령증명서는 공급자발행 세금계산서 건별로 대응하여 발급되어야 한다.

③ 공급자발행 세금계산서 사본

다만, 세금계산서의 교부대상과 내국신용장의 개설의뢰인은 반드시 일치하여야 한다.

자. 매입추심결과통지

매입추심 정상승인의 경우 매입추심은행은 매입추심 승인시 판매대금추심(매입)응답서를 정상통보하고 오류통보의 경우에 은행은 수혜자에게 오류통보를 전송하게 된다.

4 자율소요량계산제도

소요량제도는 수출용 원재료 등을 수입하여 제조할 때 필요한 분량을 정하는 제도이며, 이를 통해 수출완료 후 수입시 납부한 관세를 환급받을 수 있다. 외화획득용 원료 조달시에는 금융·세제상으로 여러 가지 특혜가 부여되고 있으므로 원료의 양을 정확히 산출해야 할 필요가 있다.

대외무역법상의 소요량제도는 1998년까지는 관세환급 자료로 활용이 되었으나, 그 이후에는 관세법에 의한 자율소요량에 의거하여 관세환급을 받게 되어 있다. 또한 대외무역법상의 소요량제도는 수출입공고에 고시되어 수입제한품목을 수입한 경우에만 관리를 하게 되어 있으며, 수입이 자유로운 품목에 대하여는 소요량제도를 통한 사후관리가 필요 없다. 대외무역법상의 소요량의 고시는 품목을 관장하는 중앙행정기관장이 하고 있으며, 수입제한품목을 외화획득용으로 수입한 경우 품목에 따라 고시된 소요량에 따라 사후관리를 하여야 하며, 소요량이 고시되어 있지 않은 품목의 경우에는 관련 기관에 소요량 신청을 하게 되어 있다.

15-6 원산지 관리제도

1 원산지 관리의 의의

원산지 관리제도는 최종소비자를 보호하기 위하여 수입물품에 원산지를 표시하도록 하는 제도를 말하며, 원산지표시품목과 원산지확인품목으로 나누어 1991년 7월 1일부터 시행하고 있다.

먼저, 원산지 표시제도는 최종소비자를 보호하기 위하여 수입물품에 대한 원산지 표시를 보완, 강화하고 국제적으로 인정되는 원산지 적용기준을 마련하여 수출 또는 수입하는 물품에 원산지 표시를 명확히 하여 불법수입행위를 근절하기 위하여 시행하고 있는 것이며, 원산지확인제도는 1990년대 들어 수입선 다변화 품목에 해당하는 일본제 전자제품 등이 태국, 말레이시아, 인도네시아 등지로부터 수입되는 현상이 빈번하자 원산지 정밀확인을 위하여 일부 특정물품에 대하여는 부가가치기준으로 별도의 원산지 확인품목을 지정, 운용하고 있다.

2 원산지 표시제도

수출물품에 대하여도 원산지가 우리나라인 경우 원산지표시를 'Made in Korea'로 하여야 한다는 강제규정이 있으나, 원산지 관련제도는 수입물품에 대한 원산지를 관리하는 데 주목적이 있다.

수입물품의 원산지표시 대상물품은 일반소비자가 직접 구매, 사용하는 품목을 대상으로 하고 있으며, 원산지표시를 할 범위는 당해 수입물품 및 부속품까지 포함하고 있다.

원산지 표시는 최종구매자가 판독하기 용이한 형태와 방법으로 상품 자체의 식별하기 용이한 위치에 각인, 특수인쇄 등 영구적으로 보존될 수 있는 방법으로 제조국의 국명을 한글, 영문 또는 한문으로 명확하게 표시하여야 한다. 따라서 쉽게 제거할 수 있는 라벨 등을 부착하여 원산지를 표시하는 것은 인정되지 않는다.

원산지 표시단위는 최소 포장단위로 당해 수입물품의 현품에 표시하는 것이 원칙이나 당해 물품에 원산지를 표시하는 것이 불가능한 물품(예, 밀가루 등)이나, 원산지표시로 인하여 당해 물품이 크게 훼손되는 물품(예, IC 등), 기타 상거래 관행상 최종구매자에게 포장된 상태 또는 용기에 담아 봉인된 상태로 진열 또는 판매된 물품으로서 세관장이 타당하다고 인정하는 물품(예, 비누 등)은 포장, 용기 등에만 원산지표시가 가능하다.

또한 원산지 표시요령은 물품의 제조과정에서 주물활자 또는 식각(蝕刻) 및 금속철판, 특수인쇄품 등으로 표시하는 것이 원칙이며, 타 물품과 결합하여 유통되는 경우에는 당해 수입물품만이 해당 원산지의 것임을 명백하게 표시하여야 한다.

3 원산지 확인제도

우리나라 무역정책의 일환으로 품목별로 수입금지품목 또는 수출입공고, 통합공고 등에서 수입제한지역을 정하고 있는 품목과 원산지 정밀확인대상 품목을 대상으로 한다.

원산지 확인물품에 대하여는 수입신고 시 원산국의 세관이나 발급권한이 있는 상공회의소가 한국어, 영어, 불어로 표기된 원산지증명서를 제출하여야 한다.

원산지증명서는 당해 물품의 기호, 번호, 품명, 수량, 가격 및 생산지와 수출업자, 수하 인명과 기타 참고사항이 기재된 것이라야 하며, 그 양식은 반드시 일치할 필요는 없으나 가급적 표준양식에 준하여 작성되어야 한다.

4 원산지 결정기준

원산지 결정기준에는 완전생산기준과 실질적 변경기준이 있으며 이들을 보완하는 보충적 기준이 있으며 이에 대한 설명은 제3장 2절에서 설명하고 있다.

15-7 수출입 대상지역에 대한 관리

수출입은 원칙적으로 세계 어느 지역이나 국가를 막론하고 자유롭게 할 수 있으며 공정한 무역을 지향하고 있다. 그러나 이러한 원칙적인 개방에도 불구하고 실제로는 통상정책 또는 국제관계 등의 차원에서 여러 가지의 법규적(法規的) 또는 행정적 규제(行政的規制)가 있음을 유의하여야 한다. 그 몇 가지 예를 소개하면 다음과 같다.

1 수출자율규제

특정품목의 특정지역에 대한 수출에 대하여 우리 업체 간의 과당경쟁으로 통제의 필요성이 있거나 수입국의 수입규제에 사전 대처할 필요성이 있는 경우, 수입국과의 쌍

무협정(다자간협정)에 따라 물량규제를 하고자 할 때에 당해 품목을 수출제한 품목으로 지정, 동 품목의 수출에 대해 물량규제, 상사규제 또는 가격규제 등의 방법으로 과당경쟁을 지양하고 질서 있는 수출을 통한 적정수출의 도모와 수입국의 수입규제 등을 예방하기 위해 취해지는 조치를 말하며, 다자간 섬유협정에 의한 섬유쿼터, 대미 철강 쿼터 등이 좋은 예이다.

2 전략물자수입증명서

한미간 체결된「전략물자 및 기술자료 보호에 관한 양해 각서(MOU: Memorandum of Understanding)」의 이행을 통하여「대공산권 수출통제 위원회(COCOM)」회원국으로부터 전략물자의 도입을 촉진하고 공산권제국으로의 전략물자 유출을 방지함으로써 서방 진영과 안보유대 강화를 도모하기 위하여 전략물자를 수입하는 경우 수입승인시 산업통상자원부장관이 발급하는 전략물자수입증명서(IC; Import Certificate)를 첨부하여야 한다.

3 상대국의 국제수입증명서

산업통상자원부장관은 따로 공고하는 전략물자를 수출하고자 하는 자에 대하여는 당해 물품의 수입국정부가 발행하는 전략물자수입증명서를 제출하도록 할 수 있다.

4 수입물품의 원산지증명서

산업통상자원부장관은 특정지역으로부터 특정물품을 수입하고자 하는 자에 대하여는 당해 특정물품이 선적국 또는 원산지국 세관, 관공서 또는 상공회의소에서 발행하는 원산지증명서를 수입신고를 할 때 세관장에게 제출하도록 할 수 있다.

5 수출물품의 원산지증명서

수출하는 물품에 대한 교역상대국의 관세양허를 받기 위하여 수출하는 물품의 원산지 증명서를 발급받고자 하거나 관세양허 목적 외에 발급받고자 하는 자는 대한상공회의소에 원산지증명서 발급을 신청하여야 하며, 관세양허 목적의 원산지증명서는 자유무역지역관리원장 또는 세관장도 발급가능하다.

15-8 수출입 결제방법에 대한 관리

1 수출입 결제방법 개요

외국과의 수출입 거래 시 부당한 거래조건의 방지와 상품의 수급관계 및 국제수지의 균형유지를 위하여 외국환거래법에서 일정한 제한을 가하고 있다. 다시 말하면, 대외거래에 수반하는 지급 및 영수방법에 대하여 원인행위와는 별도로 외국환거래법의 규정한 바에 따른 규제를 함으로써 외국환관리의 효율화를 기하고자 함이다. 이와 같이 국가가 외국환거래에 대하여 결제방법을 규제하는 이유는 다음과 같다.

① 용역·수출입대금의 정확·신속한 회수 및 지급
② 교환성 및 안전성이 높은 외국통화(지정통화)에 의한 거래 도모
③ 결제시점의 고의적인 변경에 의한 투기적인 자본이동 방지
④ 해외 자본도피 방지
⑤ 무리한 지급대금의 선급, 영수대금의 후취를 제한
⑥ 국제 상관습의 적용을 통한 외국과의 무역거래질서 유지
⑦ 민간기업간의 과당경쟁 억제와 국제시장 경쟁력의 약화 방지

따라서, 수출입 거래를 포함하여 외국환의 수급을 수반하는 모든 대외거래에 있어 외국환거래법이 규정한 바에 따라 지급 및 영수방법의 허가 등을 받아야 하는 바, 종

전에는 원칙적으로 금지하고 예외 규제 방식으로 허가(인증)를 받도록 하였으나 (positive system), 우리 경제의 대외 거래 규모의 확대 및 국제화·개방화 추세에 따라 원칙적으로는 자유화 하며 허가(인증)를 받아야 하는 지급 및 영수방법을 유형별로 열거한 Negative System을 1992년 9월 1일자로 개정 시행하고 있으며, 1999년 4월 1일 이후 외국환거래법령 제정으로 자유화의 정도는 더욱더 확대되었다.

현행 외국환거래규정은 지급 등의 방법을 각 유형별로 ① 허가나 신고를 요하지 않는 결제방법, ② 외국환은행의 장의 확인이 필요한 결제방법, ③ 외국환은행의 장앞 신고해야 하는 결제방법, ④ 한국은행 총재 앞 신고해야 하는 결제방법, ⑤ 한국은행 총재의 허가가 필요한 결제방법 등으로 제한을 두고 있다.

이와 더불어 외국환은행은 미화 2만 불을 초과하는 외국환의 매입 시 허가대상 여부 인지를 확인하도록 하고 있다.

본 절에서는 외국환거래법에서 규제하고 있는 상기 지급 및 영수 방법 중에서 무역에 관계되는 결제방법에 대해서만 설명하기로 한다.

2 수출입 결제방법 규제내용

가. 상계 등 계정의 대기 또는 차기에 의한 지급 및 영수

(1) 허가가 불필요한 상계거래

상계 등 계정의 대기 또는 차기에 의한 수출입 대금의 결제 시 허가가 불필요한 거래는 다음과 같다.

① 연계무역, 위탁가공무역에 의한 수출대금과 수입대금을 상계하고자 하는 경우
② 물품의 수출입대금과 당해 수출입거래에 직접 수반되는 중개 및 대리점 수수료 등을 상계하고자 하는 경우

(2) 외국환은행의 장에게 신고해야 하는 상계거래

수출입대금 결제와 관련하여 상대방과 거래가 빈번하여 상호계산방법으로 지급 등을 하고자 하는 경우 지정거래 외국환은행의 장에게 상호계산신고서를 제출하여 거래할 수 있다. 이때 결산은 1년 이내 월 단위로 실시하여야 하며, 결산 후 3개월 이내 지정거래 외국환은행의 장에게 신고한 후 지급 또는 영수하여야 한다.

(3) 한국은행총재에게 신고해야 하는 상계거래

상기 (1), (2)에 해당하지 않는 기타 상계에 의한 수출입대금의 결제(해외 본지사 또는 현지법인간의 일괄상계 포함)인 경우 한국은행총재에게 신고해야 한다.

나. 제3자 지급 및 영수

제3자 지급이란 거주자가 당해 거래의 당사자가 아닌 자와 지급 등을 하거나 당해 거래의 당사자가 아닌 거주자가 당해 거래의 당사자와 지급 등을 하는 경우를 말한다.

제3자 영수 등에 의한 수출대금 영수 시에는 거주자가 비거주자로부터 영수하는 경우와 인정된 거래에 따른 채권의 매매 및 양도, 채무의 인수에 의한 영수의 경우에는 허가가 불필요하나, 그 외의 영수방법인 경우에는 한국은행총재 앞 신고해야 한다.

한편 수입대금 지급의 경우, 인정된 거래에 따른 채권의 매매 및 양도, 채무의 인수에 의한 지급은 허가 불요 사항이나, 상기 허가불요 사항을 제외한 지급방법에 대하여는 한국은행총재 앞 신고사항이다.

다. 외국환은행을 통하지 않은 지급 및 영수

외국환은행을 통하지 않고 수출대금을 영수하는 것은 허가불요사항이다. 그러나 수입대금 결제 시 외국환은행을 통하지 않는 경우에는 한국은행총재 앞 신고해야 한다.

라. 기획재정부장관이 정하는 기간을 초과하는 수출입 대금의 지급 및 영수

(1) 한국은행 총재 앞 신고 대상 수출입대금 결제

수출대금 영수로서 계약 건당 5만 불을 초과하는 수출대금을 다음의 방법으로 영수하고자 하는 경우에는 한국은행총재 앞 신고해야 한다.

① 본지사간 수출거래로 D/A방식에 의하여 결제기간이 선적 후 또는 수출환어음의 일람 후 3년을 초과하는 경우

② 본지사간 수출거래로 수출대금을 물품의 선적 전에 영수하고자 하는 경우

③ 본지사간이 아닌 수출거래로 수출대금을 선적 전 1년을 초과하여 영수하고자 하는 경우(다만, 착수금 대상품목, 즉 선박, 철도, 항공기, 대외무역법에 의한 산업설비 및 중화학공업제품 또는 기계류의 경우는 제외)

한편, 수입대금 결제로서 아래의 거래인 경우에도 한국은행총재 앞 신고해야 한다.

① 계약 건당 5만 불을 초과하는 미가공 재수출 목적의 금을 수입하는 경우로 수입대금을 선적서류 또는 물품의 영수일로부터 30일을 초과하거나 내수용 30일을 초과하여 연 지급 수입한 금을 미가공 재수출 하는 경우

② 계약 건당 미화 2만 불을 초과하는 수입대금을 선적서류 또는 물품의 영수 전 1년을 초과하여 송금방식에 의하여 지급하고자 하는 경우

(2) 대응수출입 이행의무

수출입거래자는 아래 거래의 경우 대응 수출 또는 수입을 이행하여야 한다.

① 5만불 초과 수출대금을 물품선적 전 영수한 경우 대응수출 또는 동 대금 반환 시

② 선적서류 또는 물품의 영수 전에 송금방식에 의하여 건당 미화 2만 불을 초과하여 수입대금을 지급한 자는 동 대금을 반환받거나 대응수입을 이행한 경우

바. 기타

(1) 한국은행 총재의 허가사항

대외무역법이 정하는 수입에 의하지 않는 물품대금의 지급은 다음의 경우를 제외하고 한국은행총재의 허가를 받아야 한다.

① 해외에서 판매하기 위해 해외에서 구입한 석유류의 구입대금을 지급하는 경우

② 거주자와 비거주간에 납품계약을 체결한 후 국내에서 생산한 물품을 다른 거주자에게 판매함에 따라 동 물품을 구입한 거주자가 당해 비거주자에게 대가를 지급하는 경우

이해를 돕기 위해 예를 들어 설명하자면, 해외의 비거주자가 국내 생산자에게 기술을 제공하여 어떤 상품을 제작하여 국내에 공급하고자 할 경우, 국내 수입자는 비거주자와 수입계약을 체결하고(대가도 비거주자에게 지급), 물품은 국내에서 인도받게 된다.

그러나 수입은 외국에서 물품이 들어와야 하는데, 이 거래는 국내에서 국내로 이동되어 수입이라고 볼 수 없게 되나, 대가지급시 지급사유와 금액을 입증하는 서류를 외국환은행의 장에게 제출하여 확인 받게 되므로 예외 인정되고 있는 것이다.

(2) 관세청 통보 사항

아래의 거래는 외국환은행의 장이 관세청장 앞 익월 말까지 보고해야 하는 사항이다.

· 수출입대금 지급 또는 영수
· 수출입 관련 용역대가, 화물운임 및 중개·대리 수수료 등
· 수출입대금의 10% 또는 미화 10만 불을 초과하는 중개·대리 수수료 사전공제

(3) 수출채권 회수의무 면제

다른 일반적인 외화채권과 마찬가지로 수출채권의 경우에도 건당 미화 50만불 이하인 경우 회수의무가 면제되며, 동 금액을 초과하는 경우 회수의무가 있으나 아래에 해당하는 경우에는 외국환은행의 장이 인정하는 경우 수출채권 회수의무가 면제된다.

① 거래상대방의 파산 행방불명, 기타 이에 준하는 불가항력으로 대금회수가 불가능함을 현지의 거래은행, 상공회의소 또는 공공기관에 확인하는 경우
② 거래 당사자간에 분쟁이 발생되어 중재기관, 법원 또는 보험기관이 결정한 수출금액 등 일부를 감액하기로 결정하거나 그 소요경비로 하기로 확정된 경우
③ 거래상대방의 인수거절, 지급거절로 수출대금의 회수가 불가능하거나 불가피하게 거래당사자간 합의에 의하여 수출대금 중 일부를 감액하기로 한 경우로서 현지 거래은행 검사기관 공공기관 또는 공증기관이 확인한 경우
④ 해외투자자금으로 사용하고자 하는 경우
⑤ 거래당사자간의 합의, 거래상대방의 지급거절 또는 지급불능에 의해 채권의 최초만기일로부터 1년 이내에 기한연장을 하고자 하는 경우
⑥ 산업통상자원부장관이 무역정책상 채권회수 연장이 불가피하다고 인정하는 경우

상기 경우를 제외한 기타의 경우에는 한국은행총재의 허가를 받아야 하며 채권의 회수 기간의 연장을 하고자 하는 경우에는 한국은행총재의 허가를 받아야 한다.

15-9 플랜트수출

1 플랜트수출의 의의 및 범위

플랜트수출은 각종 상품을 제조하기 위한 기계·장치 등의 하드웨어와 그 설치에 필요한 엔지니어링, 노우하우, 건설시공 등의 소프트웨어가 결합된 생산단위체의 종합수출을 말하며, 농업·어업·임업·광업, 제조업·전기·가스수도업, 운송창고업 및 방송·통신업을 영위하기 위해 설치하는 기계장치로서 미화 50만 달러(FOB 가격기준) 상당액 이상의 플랜트와 이와 함께 기술용역 및 시공을 포괄적으로 하는 수출(일괄 수주방식에 의한 수출)이 이 범주에 해당된다.

무역업신고필증(무역업고유번호 포함)을 받은 자는 일반적으로 플랜트수출자의 자격이 있는 것으로 볼 수 있다. 다만, 일괄수주방식에 의한 수출의 경우에 해외공사 중 건설용역 및 시공부문에 있어서는 해외건설촉진법에 의하여 해외건설업의 면허를 받은 자만이 할 수 있다.

2 플랜트수출 승인기관

가. 산업통상자원부장관

일괄수주방식에 의한 수출로서 국토교통부장관과 고용노동부장관의 동의가 필요한 경우이다. 이 경우 국토교통부장관의 동의는 해외건설촉진법에 의한 해외공사수행계획을 신고한 것으로 보며, 고용노동부장관의 동의는 직업안정법에 의한 국외취업자의 모집신고의 수리로 간주한다.

나. 수출입은행장

중장기 연불금융 지원거래의 경우

다. 한국기계산업진흥회장

상기 가와 나를 제외한 플랜트수출의 경우(예시 3-8)

3 국내 기자재의 반출

플랜트수출의 승인을 얻은 자가 당해 플랜트수출의 이행에 필요한 기계장치 및 자재를 국내에서 가공·조립 또는 제조하여 설치장소로 반출하고자 할 때에는 반출확인을 받아야 하며, 산업통상자원부장관이 수출승인한 경우에는 승인 시 지정하는 기관의 장의 확인을 받는다.

4 외국기자재의 수입승인

플랜트수출의 승인을 얻은 자가 당해 플랜트수출의 이행에 필요한 기계·장치 및 자재의 일부를 외국으로부터 수입하여 조달하고자 할 때에는 외국인수수입 승인요령에 따라 수입승인을 받아야 한다.

▮도 4-2▮ 플랜트수출 절차도

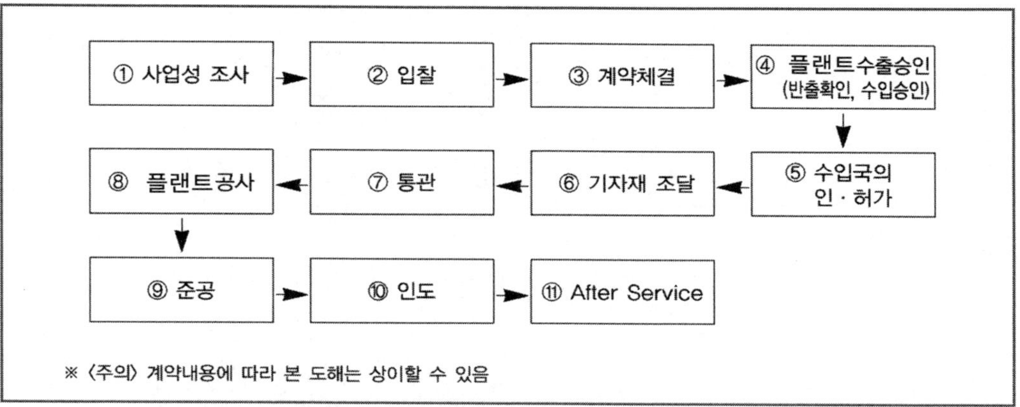

① 사업성 조사 : 수출자가 플랜트 프로젝트에 대한 사업비용을 극소화하기 위한 수출사업 및 현지사업에 대한 타당성 검토

② 입찰 : 국제입찰 방식에 의한 직접응찰 및 간접응찰로서 사전에 국제입찰승인기관의 참가 승인

③ 계약체결 : 낙찰 후 발주자의 입찰서에 바탕을 둔 수출계약 체결

④ 플랜트 수출승인 : 승인기관별 플랜트 수출승인

⑤ 수입국의 인·허가 : 현지 건설공사 등의 경우 수입국의 각종 인·허가

⑥ 기자재 조달 : ④항의 국내기자재 반출확인 및 외국기자재 수입승인에 의한 국내 및 외국에서 외국인수수입방식에 따라 각종 기자재 조달

⑦ 통관 : ④항의 국내기자재 반출확인 및 외국기자재 수입승인에 의한 국내기자재 수출통관 또는 외국기자재 수입통관

⑧ 플랜트공사 : 수출계약조건에 따라 설계를 토대로 기자재를 조달하여 플랜트공사 진행

⑨ 준공 : 준공의 시기는 대단히 중요한 것이므로 시공자가 계약의 유형에 따라 소정기일 내에 완성

⑩ 인도 : 수출계약조건에 따라 플랜트 성능이 달성된 경우 발주자 앞 플랜트인도

⑪ After Service : 설비시공이 포함된 경우 일정기간 성능보장, 하자보증 등의 책임 이행

▌예시 4-8▐

플랜트 수출승인(신청)서

처리기간
5 일

(　　　　　　용)

<table>
<tr><td rowspan="3">① 신청인 무역업고유번호
(상호, 주소, 성명)

(서명</td><td rowspan="3">또는 인)</td><td>③ 신용장 또는 계약서 번호</td></tr>
<tr><td>④ 수출승인유효기간</td></tr>
<tr><td>⑤ 지급보증기관</td></tr>
<tr><td colspan="2" rowspan="3">② 구매자 또는 계약상대자</td><td>대금결제방식 및 수출승인 금액(계:　)</td></tr>
<tr><td>⑥ 신용장　　⑦ 송금환</td></tr>
<tr><td>⑧ 기타</td></tr>
<tr><td colspan="2">⑨ 산업설비명</td><td>⑩ 설치장소</td></tr>
<tr><td colspan="3">⑪ 수출의 범위
(설계)　(기자재)　(설치)　(건설)　(운전) (일괄수출)</td></tr>
<tr><td colspan="2" rowspan="3">⑫ 수출대금결제조건</td><td>⑬ 송출인력직종 및 인원</td></tr>
<tr><td>⑭ 기술용역수행자</td></tr>
<tr><td>⑮ 건설시공수행자</td></tr>
<tr><td colspan="3">⑯ 승인조건</td></tr>
<tr><td colspan="3">⑰ 승인번호</td></tr>
<tr><td colspan="3">위의 신청사항을 「대외무역법 시행령」 제50조에 따라 승인합니다.

년　　월　　일

승인권자　　　　　　(인)</td></tr>
</table>

2812-281-03911민
'98.1.12. 승인

210㎜ × 297㎜
일반용지 60g/㎡

15-10 수출입실적 확인제도

1 수출입실적 확인의 의의

수출실적이란 산업통상자원부장관이 정하여 고시하는 기준에 해당하는 수출 통관액, 입금액, 가득액과 수출에 제공하는 외화획득용 원료, 기재의 국내 공급액을 말하며, 수입실적이란 산업통상자원부장관이 정하여 고시하는 기준에 해당하는 수입 통관액, 지급액을 말한다.

무역업자가 수출·수입실적을 인정받고자 하는 데는 무역업체간의 기업 P.R 및 사회적, 심리적 요인이 있다 하겠으나 무엇보다도 수출·수입 실적과 관련되어 직접적인 혜택이 주어진다는 데 있다. 그 혜택을 보면 ① 해외지사의 설치에 따른 지원, ② 무역금융 한도거래제의 수혜, ③ 비축용 원자재 수입자격 등이 있다. 이 밖에도 수출입실적증명서는 세무서 앞 부가가치세 신고 또는 환급을 받거나, 한국무역보험공사 앞 보험부보 시 첨부하거나, 직물조합 앞 섬유쿼터를 신청하거나, 금융기관 앞 융자신청시 매출실적 확인 또는 해외 바이어 및 거래처 등에 신용확인자료로 활용될 수 있다.

2 수출입실적 인정범위 등

수출입실적의 인정범위 등에 대해서는 〈표 4-3〉과 같다.

또한 전자적 형태의 무체물에 대한 수출입실적 확인은 무역업체가 한국무역협회(또는 한국S/W산업협회)의 수출입확인서에 의하여 외국환은행이 수출입실적증명서를 발급할 수 있다(예시 4-9).

▌도 4-3▌ 전자적 형태 무체물의 수출입확인 절차도

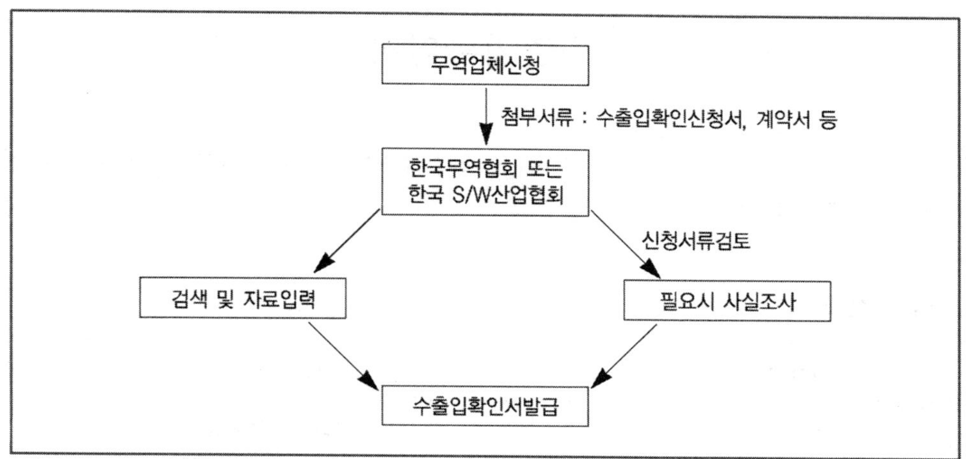

▌표 4-3▌ 수출 · 수입 실적 인정범위, 금액 및 시점

인정범위	인정금액	인정시점	증명발급기관
・수출・수입 중 유상거래분 (대북한 유상 반출실적 포함)	- 수출 : 통관액(FOB) - 수입 : 통관액(CIF)	- 수출신고수리일 - 수입신고수리일	- 무역협회장 또는 산업통산자원부 장관이 지정하는 자
・중계무역 ・외국인도방식 수출 ※ 위탁가공품 외국 판매시 ・외국인수방식 수입 ・원양어업수출분 중 현지 경비사용분	- 가득액 - 외국환은행 입금액 - 가득액 - 지급액 - 외국환은행의 확인분	- 입금일 - 입금일 - 입금일 - 지급일 - 결제일(확인일)	- 외국환은행의 장
・수출물품의 국내 공급실적(Local L/C, 구매확인서, 수출포장용 골판지상자의 공급)	- 외국환은행의 결제액 또는 확인액	- 결제일 또는 당사자간 대금 결제일	- 외국환은행의 장
・수출승인면제 대상거래 - 박람회 출품물품 현지매각분 - 해외 투자, 건설 등 종사업자 앞 무상송부 원료나 생활용품	- 외국환은행입금액 - 수출 : 통관액(FOB)	- 입금일 - 수출신고수리일	- 외국환은행의 장 - 무역협회장
・외국인으로부터 외화를 영수하고 외화 획득용 시설재를 외국인과 임대차계약을 맺은 국내업체에 인도	- 외국환은행의 입금분	- 입금일	- 외국환은행의 장
・전자적 형태의 무체물	- 입금/지급일	- 입금/지급액	- 외국환은행의 장

* 구매확인서 공급실적에 대해 은행을 통한 대금결제시의 발급기관은 공급자 거래은행이며, 당사자간 직접 대금을 결제한 경우에는 구매확인서 발행은행임.

▌예시 4-9▐

수출입확인서

「대외무역법 시행령」 제23조에 따라 아래와 같이 전자적형태의 무체물에 대한 수출입을 확인합니다.

1. 회사개요

회사개요	회사명		대표자명	
	주 소		사업자등록번호	

2. 확인사항

구 분 (수출입)	용 역 명	확인금액 (외화표시)	대상국가	거래 외국환은행

년 월 일

확인권자(인)

210㎜ × 297㎜
일반용지 60g/㎡

무역용어

▮바▮

▮사▮

▮아▮

▮자▮

▮차▮

▮타▮

▮파▮

▮하▮

▮A▮

▮B▮

▮C▮

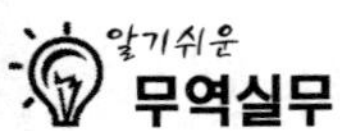

D

E

F

G

H

I

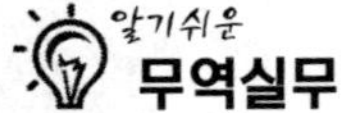

◆저자 약력◆

• 김창선

건국대학교 무역학과 졸업(상학사)
연세대 경영대학원 경영학과 졸업(경영학석사)
명지대 대학원 무역학과 졸업(경영학박사)

상명대 국제통상학과 겸임교수
국민대 경영대학원, 경희대 산업정보대학원, 강남대 국제통상학과 강사
대구대 무역학과 교수,

한국외환은행 외환업무부 근무, 한국외환은행 연수원 교수(수출입)
신지식인 인증
한국금융연수원 자문교수, 강사
한국무역협회 무역아카데미 강사
한국수입업협회 연수원 강사
경기도 국제비즈니스센터 전문위원
대.중소기업협력재단 무역상담위원
벤처기업협회 금융자문위원
중소기업청 수출전문가
한국무역협회 국제무역사 출제위원
한국산업기술평가관리원 평가위원
한국발명진흥회 특허기술 평가위원
코트라, 현대종합상사, 현대자동차, 삼성물산, 대림코퍼레이션, 신원, 중국공상은행, 수협, KPC 등 기업체 출강 다수
(현) 서경대 사회과학대학 경영학부 교수
　　대한상사중재원 중재인

☑ 주요저서 및 논문

무역실무, 신용장통일규칙, 수출입업무1, 수출입업무2, 수출입업무3, 외국환용어해설, 해외투자, 외국인투자, 외국환업무사례, 은행실무3, 무역결제론 외 논문다수

● 알기쉬운 **무역실무**

초　판 1쇄 발행 —— 2014년　8월 25일
초　판 2쇄 발행 —— 2016년　2월 10일
지은이 —— 김 창 선
펴낸이 —— 전 두 표
펴낸곳 —— 도서출판 **두남**
서울시 강동구 성내로6길 34-16 두남빌딩
신 고 : 제25100-1988-9호
TEL : 02) 478-2065, 2066, 2067, 2311
FAX : 02) 478-2068
E-mail : dunam1@unitel.co.kr
http://www.dunam.co.kr

● **정가 26,000원**

ISBN 978-89-6414-546-3　93320